DISCOURS POLITIQUES

DE

M. GAMBETTA

(Juin 1871 — Octobre 1873)

DEUX LETTRES A UN CONSEILLER GÉNÉRAL

PARIS

ERNEST LEROUX, EDITEUR

28, RUE BONAPARTE, 28

—

1875

DISCOURS POLITIQUES

M. GAMBETTA

IMPRIMERIE EUGÈNE HEUTTE ET Cᵗᵉ, A SAINT-GERMAIN.

DISCOURS POLITIQUES

DE

M. GAMBETTA

DEUX LETTRES A UN CONSEILLER GÉNÉRAL

PARIS

ERNEST LEROUX, ÉDITEUR

28, RUE BONAPARTE, 28

—

1874

AVERTISSEMENT

Cette nouvelle édition des différents discours prononcés par M. Gambetta, depuis le 2 juillet 1871, a été entreprise pour répondre aux nombreuses demandes parvenues à l'éditeur. Les discours de M. Gambetta, livrés au public dans les colonnes de la *République française*, sont, pour la plupart, reproduits *in extenso* par la presse républicaine, dès les premiers jours de leur publication. A cette immense publicité vient s'adjoindre celle de la propagande par brochures populaires à bon marché. Tous les discours que nous réimprimons ici ont d'abord paru en petites brochures séparées, dont le tirage a été souvent renouvelé, et qui ont même eu plusieurs éditions, notamment celle qui contient le discours prononcé à Bordeaux, le 26 juin 1871, au moment où M. Gambetta est venu reprendre sa part dans les travaux et les efforts du parti républicain. Ces différentes brochures réunies formaient une collection aujourd'hui épuisée, qui était fréquemment demandée à l'éditeur et qu'il importe de rendre au public républicain sous une

forme plus durable et plus complète que les brochures séparées.

On trouvera donc dans le présent volume les dix-neuf discours
que M. Gambetta a prononcés depuis le discours de Bordeaux
jusqu'au récent discours d'Auxerre, depuis le 26 juin 1871
jusqu'au 3 octobre 1873. La sympathique attention avec laquelle
le parti républicain a toujours écouté la parole de M. Gambetta prouve assez l'intérêt de ces allocutions. Les voyages
entrepris par M. Gambetta dans toutes les contrées de la France
peuvent compter au nombre des plus sérieux services qu'il lui
a été donné de rendre à la cause de la démocratie républicaine.
L'orateur républicain s'est exprimé lui-même sur ce sujet en
des termes qui ne laissent plus rien à dire : il avait voulu
reconnaitre l'état vrai de l'opinion publique en France ; il s'est
mis en route ; il est allé du nord au midi, de l'est à l'ouest, et
partout il a trouvé que la France était unanime dans sa volonté de fonder la République comme gouvernement définitif
de la démocratie, unanime dans son espoir de trouver enfin le
repos après tant de révolutions, la prospérité après tant de
désastres, la fierté et l'honneur après tant d'humiliations et de
hontes, à l'ombre d'institutions libres, larges, ouvertes à tous
es hommes de bonne foi, capables d'assurer l'ordre véritable
et de favoriser tous les progrès politiques et sociaux que
peut souhaiter un grand et généreux pays comme le nôtre.

Les discours de M. Gambetta, prononcés devant des audi-
toires si différents, traitent de bien des sujets, et la variété le
dispute à l'ampleur dans ces harangues qui ont obtenu, non-
seulement en France, mais en Europe, un si profond et si légitime retentissement. Toutefois, il ne serait pas difficile de re-

connaître qu'une pensée commune anime tous ces discours et en fait comme une œuvre unique que l'on pourrait appeler l'œuvre de la constitution du parti républicain à l'état de parti de gouvernement. Cette pensée se retrouve à toutes les pages du présent volume, et c'est, à proprement parler, l'inspiration maîtresse de cette éloquence qui, par un singulier privilége, éclaire encore les intelligences après qu'elle a cessé de remuer les cœurs. Nulle part d'ailleurs la politique proposée au parti républicain par M. Gambetta, politique toute nouvelle par la méthode autant que par l'inspiration, n'a été plus largement, plus complétement exposée que dans deux *Lettres à un Conseiller général*, écrites par M. Gambetta, l'une au lendemain des élections d'octobre 1871, l'autre à la veille du renouvellement par moitié des Conseils généraux en octobre 1874. L'éditeur a cru devoir donner place à ces deux lettres dans ce recueil de discours. La dernière, la plus récente, revient sur toute la politique conseillée par M. Gambetta, et suivie par le parti républicain depuis trois ans, la caractérise, la développe, en signale les bienfaits et les heureuses conséquences. C'est comme une récapitulation de tous les événements de notre histoire intérieure. L'éditeur l'a mise en tête du présent volume, dont elle est la meilleure préface. Quant à la première, celle qui a été écrite en octobre 1871, elle devait aussi trouver place, à sa date, parmi les discours que nous publions, entre celui de Bordeaux et celui de Saint-Quentin. On la trouvera immédiatement avant la série des discours. Les lecteurs auront plaisir à se convaincre que l'auteur des lettres, comme l'orateur des discours, reste fidèle à lui-même, soit qu'il écrive, soit qu'il parle; que sa pensée suit un cours depuis longtemps tracé, et que toutes les idées qu'il expose successi-

vement devant le pays ne sont que le développement nécessaire d'idées antérieurement émises et sur lesquelles il ramène
volontairement la réflexion de ses auditeurs. On sent, à par-
courir ces pages, que l'orateur est à la poursuite d'un utile
et noble dessein, et qu'il s'est proposé un but élevé dont chacun de ses discours et de ses écrits le rapproche, sans que
jamais le découragement, la lassitude le gagnent.

C'est en vue de concourir à l'exécution du plan politique
que M. Gambetta s'est tracé, que cette série de discours
est aujourd'hui réimprimée. L'éditeur ose compter que son
entreprise sera comprise et appréciée par le parti républicain,
dont ce livre, qui a déjà porté tant de fruits excellents, peut
encore servir utilement la cause, à la veille des prochaines et
inévitables élections générales.

     Paris, octobre 1874.

                  L'ÉDITEUR.

LETTRES

A UN CONSEILLER GÉNÉRAL

LETTRE

A UN CONSEILLER GÉNÉRAL

Consulté à l'occasion du renouvellement par moitié des Conseils généraux dans toute la France, M. Gambetta vient d'adresser à un de ses amis, président et membre sortant du Conseil général dans l'un des départements du centre, la lettre suivante :

Paris, le 24 septembre 1874.

A M. C..., président et membre sortant du Conseil général du département de.l'Allier.

Mon cher ami,

Vous voulez bien me rappeler qu'il y a trois ans, à pareille époque, j'eus l'occasion, après l'imposante manifestation électorale qui ouvrit la porte des Conseils généraux à tant de républicains, d'exprimer mon opinion réfléchie sur le caractère et la mission des nouveaux délégués de la démocratie républicaine. A la veille du renouvellement par moitié des Conseils des départements, vous me demandez de faire connaître l'appréciation que me

suggère cette nouvelle et importante opération du suffrage
universel. Je défère d'autant plus volontiers à votre désir
que les circonstances de la politique générale imposent aux
élections partielles qui vont avoir lieu un caractère de
lutte politique, et attachent par avance au scrutin du
4 octobre 1874 une signification qu'il est nécessaire de
bien marquer pour faire justice des critiques et des accusations que les adversaires de la République ne manqueront
pas de diriger contre la conduite de nos amis. Je vais donc,
puisque vous m'y invitez, m'expliquer sur la nature des
élections qui vont avoir lieu, sur le rôle spécial que les
élus du 4 octobre devront s'efforcer de prendre dans l'accomplissement de leur mandat, enfin sur les conséquences
politiques qui doivent, à mon sens, en découler dans un
prochain avenir.

I.

Au lendemain de la signature du traité de paix arraché
par la force triomphante à une nation que l'abandon de
sa propre souveraineté aux mains d'un seul avait conduite
aux extrémités du malheur, la France se préoccupa de
créer des institutions qui pussent la mettre à l'abri, dans
le présent et dans l'avenir, des aventures et des folies du
gouvernement personnel : elle demanda la reconnaissance
et l'organisation du gouvernement de la République
française. Les députés qu'elle avait choisis, dans un moment de trouble et de confusion, refusèrent obstinément
d'écouter la voix du pays, et cherchèrent dans les combi-

naisons les plus tortueuses le moyen de déjouer le vœu
national en faveur de la République. Surpris et même
irrité de ce qu'il considérait comme une violation de promesses solennelles, dont le recueil des professions de foi et
des engagements des candidats aux élections du 8 février 1871 demeure l'irrécusable témoin, le pays s'empara
dès lors de tous les moyens légaux laissés à sa disposition,
pour signifier hautement qu'il n'entendait pas être déposs-
sédé de sa souveraineté et qu'il poursuivait avec persévérance l'établissement du régime républicain. C'est ainsi
qu'il faut expliquer le spectacle si intéressant que donne
depuis trois ans la nation, ne perdant, ne négligeant
aucun moyen, aucune occasion de faire éclater ses sympa
thies, ses vœux, ses légitimes exigences. Qui ne se rappelle
avec émotion cet admirable mouvement municipal qui,
dès le mois d'avril 1871, remua toutes les communes de la
France? Le pays sentait dès lors le besoin de ne laisser
planer aucun doute sur ses résolutions et sur ses volontés,
et il couvrit la France d'Administrations et de Conseils municipaux républicains. Les élections municipales furent
politiques et républicaines.

Vinrent les élections des Conseils généraux en octobre 1871. Les politiques de la monarchie étaient restés
sourds aux réclamations du suffrage universel : le suffrage
universel parla plus haut encore, et, pour la première fois
depuis trois quarts de siècle, on vit, sur toute la surface
du territoire, la démocratie républicaine prendre part aux
élections cantonales et remporter un succès éclatant,
gage précurseur d'une prise de possession définitive de ces

anciens postes dont la réaction avait pour habitude de se
faire comme autant de citadelles, et d'où elle savait sortir
à l'heure propice pour refouler la démocratie. L'échec fut
rude et significatif pour les partisans du régime des classes
dirigeantes; ils étaient battus par la démocratie sur leur
terrain le plus favorable. On remarqua l'instinct et la précision qui avaient dirigé les coups du suffrage universel
sur la personnalité des membres de l'Assemblée nationale les plus engagés et les plus compromis dans les intrigues monarchiques. « C'est un grand pas, vous écrivais-je
alors, le plus considérable peut-être qui ait été fait vers
l'établissement et l'organisation de la République. » On le
vit bien, par les événements qui ne tardèrent pas à se
dérouler. La révolution parlementaire du 24 Mai ayant
renversé du pouvoir l'homme qui, le premier dans le camp
monarchique, avait entendu et recueilli les vœux de la
France, les ardeurs royalistes ne rencontrèrent plus dans le
pouvoir ni obstacle ni frein ; elles éclatèrent ouvertement,
et la France ni l'Europe n'ont oublié les prétentions inso-
lentes d'une faction qui annonçait la résolution d'imposer
au pays, malgré la résistance du suffrage universel, la
monarchie héréditaire à une voix de majorité dans le Parlement. C'est à ce moment de crise suprême, d'où la
guerre civile pouvait sortir à chaque heure, que les esprits
réfléchis purent apprécier l'utilité des choix faits dans les
scrutins municipaux et cantonaux d'avril et octobre 1871.
Le pays manifesta, d'une extrémité à l'autre de ses frontières, ses répugnances et son aversion pour une politique
qui ne tendait à rien moins, comme on l'a dit avec autant

de force que de justesse, qu'à prendre une revanche sur
la Révolution de 1789 ; et c'est à l'intervention calme,
loyale, résolue des représentants des assemblées locales
que la France doit certainement d'avoir échappé à une
nouvelle commotion, qui aurait été « la plus effroyable de
toutes. »

Délivré aujourd'hui du fantôme de la restauration monarchique, le pays n'en reste pas moins exposé à toutes les
inquiétudes et à toutes les craintes qu'inspirera toujours
un gouvernement incertain sur la nature de ses pouvoirs,
dépourvu d'un principe de droit capable de mettre fin aux
compétitions des partis.

Aucun d'eux, en effet, n'a renoncé ni à ses espérances
ni à ses ambitions ; la bande du 2 Décembre elle-même
ose reparaître pour tenter de nouveau la spoliation du
pays, et ce n'est pas un gouvernement sorti de la coalition
de ces factions rivales qui peut trouver en lui seul l'autorité et l'énergie nécessaires pour les dominer et assurer au
pays la direction et la conduite de ses propres affaires.
C'est pour donner à ce pouvoir la force et le crédit dont il
ne peut se passer, qu'on réclame de toutes parts qu'il soit
entouré d'institutions nettement définies et capables de lui
survivre. Ces institutions, le pays seul peut les indiquer.
En face d'une Assemblée qui s'est proclamée constituante,
et dont l'impuissance manifeste à remplir un tel mandat
est depuis longtemps établie, il faut que la France parle ;
et c'est là la raison supérieure et invincible qui exige que
les élections du 4 octobre 1874, pour le renouvellement
partiel des Conseils généraux, soient comme celles d'octo-

bre 1871 , des élections politiques , partant républicaines.

II.

Au surplus, une fois élus, les républicains qui iront s'asseoir dans les Conseils généraux n'auront qu'à persévérer
dans la ligne de conduite suivie par nos amis depuis le
mois d'octobre 1871. Les esprits les plus prévenus contre
la démocratie française sont obligés de confesser aujour-
d'hui l'injustice de leurs accusations contre les élus des
derniers scrutins. Outre la vie, l'activité dont les Conseils
généraux ont fait preuve, on a constaté le zèle, l'aptitude,
la compétence croissante des nouveaux venus dans le maniement des affaires départementales. C'est une véritable trans-
formation qui s'est opérée dans le rôle de ces Conseils
locaux. Au lieu de ces banales et rapides sessions qu'on
bâclait lestement sous les anciennes monarchies, on a vu
les Conseils tenir à honneur de consacrer tout le temps qui
leur est imparti par la loi à la discussion publique et au
règlement des plus graves intérêts. L'intervalle des sessions
n'a pas été non plus un temps de loisir : il a presque partout servi à la préparation de rapports circonstanciés sur
les branches les plus importantes de la vie départementale,
sur l'état des services publics au point de vue de la voirie,
du régime pénitentiaire, de l'hygiène, de l'assistance publique, des chemins de fer, des exploitations minières, des
canaux, des débouchés et des tarifs pour la production

locale; mais l'honneur par excellence de ce grand développement d'activité et de zèle pour le bien public, c'est la
passion que les Conseils généraux ont montrée dans toutes
les questions qui touchent à l'éducation nationale. Les
vœux que soixante-cinq d'entre eux ont fait publier, avec
les discussions théoriques et pratiques à l'appui, révèlent
mieux qu'aucun autre genre de travaux l'esprit de progrès et de justice, pour tout dire d'un mot, le patriotisme
qui anime ces représentants de la France moderne. Républicains et hommes politiques, nos conseillers généraux se
sont sévèrement interdit la politique pure, l'ingérence passionnée dans les querelles des partis. Ils ont admirablement
compris que bien étudier, bien gérer les affaires de leurs
électeurs, c'est, au vrai sens du mot, faire de la bonne
politique.

En effet, la politique, pour la démocratie contempo-
raine, ce n'est pas une lutte plus ou moins brillante concentrée tout entière dans l'enceinte des assemblées nationales : c'est l'élaboration sur place, dans chaque
communauté administrative de la France, de toutes les
questions qui touchent aux droits, aux intérêts, aux besoins, à l'émancipation morale et matérielle de tous les
membres de cette grande démocratie dont on suit le lent
et douloureux affranchissement à travers notre histoire,
mise hors de tutelle par la Révolution de 1789, investie
de tous ses droits par celle de 1848, et qui, après avoir
été constamment asservie, refoulée ou trompée par des
maîtres divers, veut aujourd'hui faire elle-même ses
affaires, par l'intermédiaire d'hommes sortis de son sein

2

et décidés à ne jamais séparer ni leur cause ni leur fortune de celles du peuple.

La politique ainsi comprise, dans la grande majorité des Conseils, a eu pour premier avantage de faire ressortir aux yeux de tous la capacité de ces élus d'une démocratie que le travail a créés, que le travail maintient, développe et grandit tous les jours : ils apportent naturellement, dans les fonctions et les charges dont ils sont revêtus, cette forte application, cette patience obstinée, ce scrupule et cette attention, fruits de leur existence laborieuse, qui leur permettent de se trouver à la hauteur de toutes les exigences et de toutes les difficultés. C'est cette démocratie, petite bourgeoisie, ouvriers et paysans, que j'ai appelée un jour les nouvelles couches sociales, et c'est entouré de conseillers généraux nouvellement élus que j'ai salué son avénement.

Cette initiation des nouvelles couches sociales au maniement des affaires publiques a exercé la plus salutaire influence sur l'esprit démocratique. Rapprochés de la réalité des choses, aux prises avec les difficultés qui naissent pour toute réforme de l'entrecroisement et de la multiplicité des intérêts, de la résistance et de la coalition des préjugés, la partie représentative de la démocratie a promptement pu faire un juste départ, dans ses aspirations, entre les idées mûres, pratiques et réalisables, et celles qui sont encore incohérentes, prématurées ou chimériques. L'expérience, cet organe supérieur de l'acquisition de la vérité dans le domaine de la science, n'est ni moins nécessaire ni moins féconde dans la sphère de la politique, et nul pro-

grès au monde n'est plus désirable pour la démocratie
que de s'instruire, par elle-même et par la gestion de la
commune et du département, des règles et des nécessités
du gouvernement de l'État. Ainsi se formera une nation
nouvelle, véritablement libre et libérale, assez sûre d'elle-
même, assez jalouse de sa dignité pour être respectueuse
des droits de tous et ne faire de l'État que le garant des
libertés publiques. Ainsi peut-être, grâce à cette éducation
expérimentale de la démocratie, finiront les cruelles et
dangereuses guerres de mots, l'esprit public cessant de se
repaître de vaines formules. Je regarde, en effet, ce qui se
passe autour de nous, et je crois découvrir que nous
avons déjà fait de notables progrès. Il me semble que partout s'est répandue une notion juste et vraie, dont nous
verrons plus tard se produire les heureuses conséquences :
c'est qu'en somme, les abus, les excès, les entraves, les
infériorités de toute nature dont pâtissent encore, en dépit
de la Révolution française, les innombrables couches laborieuses de ce pays, ne dépendent pas d'une solution
théorique, uniforme, capable de les effacer et de les
abolir, comme une formule d'algèbre sert à résoudre une
équation. L'idée d'une telle solution, abstraite, insaisissable, la démocratie la perd infailliblement au contact de
la réalité et, comme on dit vulgairement, en mettant la
main à la pâte. Par contre, la démocratie acquiert simul-
tanément une notion non moins précieuse : c'est que
toute plaie sociale, tout vice social a ses racines dans une
des dépendances de la législation politique, commerciale,
judiciaire, administrative, économique du pays ; mais que

ce mal doit être considéré en lui-même, pris à partie en quelque sorte, et qu'il doit être combattu avec les moyens et par les procédés même qui ont aidé et facilité sa propagation dans le corps social, de telle sorte que, pour ceux de nos amis qui les étudient de près dans les affaires, il y a autant de problèmes sociaux, divers, variés qu'il y a de conditions politiques, administratives ou économiques différentes, et pour chacun desquels il faut chercher un procédé spécial de solution, ce qui fait que toute question dite sociale se résout en fin de compte, et par l'action immédiate des mandataires du pays, en question d'ordre politique.

Ce sont les résultats d'une si prompte et si efficace éducation qui me font désirer ardemment de voir s'augmenter le nombre des membres de ces nouvelles couches sociales qui, dans tous les corps électifs du pays, pourront s'initier à leur tour à la connaissance et à la gestion des intérêts vitaux d'une démocratie qu'ils composent pour la plus grande part. Un pareil progrès ne va pas sans le progrès même de l'esprit de légalité dans les rangs du suffrage universel. Si dure que soit la légalité, si gênante que la fassent parfois des interprétations captieuses, notre démocratie a compris admirablement que c'est par le respect systématique de la légalité qu'elle forcerait ses adversaires à se découvrir, pour apparaître à tous les yeux comme des provocateurs et des violents, et qu'elle ne tarderait pas, pour sa part, à gagner la confiance des véritables conservateurs, des esprits vraiment modérés. C'est pour faire cette démonstration que nos élus, à l'exemple de leurs commettants, sont restés fermes et impassibles depuis trois ans, sous les injures, les intimidations, les menaces, les rigueurs, se couvrant à leur tour de la légalité qu'ils avaient respectée en toute occasion et l'opposant aux artifices et aux empiétements d'agents qui se proposaient de les pousser à bout. Ils ont rempli leur tâche dans les conditions les plus difficiles, défendant hautement les droits et les intérêts de leurs électeurs, en dépit des sévérités de cet arbitraire légal, l'état de siége, établi contre l'étranger et maintenu contre l'opinion. Les nouveaux élus persévéreront dans cette conduite si sage et si patriotique. Ils contribueront à maintenir, en face des ardeurs et des partis réactionnaires, cette union, cette concorde, cette inaltérable patience de toutes les fractions de la démocratie républicaine ; ils prépareront par là le triomphe, lors des élections générales, des défenseurs de la démocratie dans tous les départements.

III.

C'est, en effet, une véritable préparation aux élections générales que tous les partis s'accordent à voir dans le scrutin du 4 octobre.

La conspiration monarchique a épuisé, pendant ces quatre dernières années, toutes les ressources dont elle disposait pour surprendre la France et lui imposer la royauté. Impuissante à ramener le régime de ses vœux, elle est également impuissante à retarder bien longtemps

encore l'établissement définitif de la République, et c'est
avec terreur qu'elle envisage le moment où il lui faudra
avouer publiquement sa défaite et rendre la parole au pays.
Ces réacteurs ont cherché à se débarrasser du suffrage
universel : ils n'ont réussi qu'à le molester et à le rendre
plus vigilant et plus hostile. Ils ont frappé d'ostracisme
toutes les municipalités républicaines, et ils n'ont réussi
qu'à donner, dans toutes les communes de la France, un
chef et un guide à l'opposition démocratique en faveur des
franchises municipales. Ils ont chassé de leurs postes tous
les fonctionnaires suspects d'esprit républicain ou même
libéral, et ils n'ont réussi qu'à constituer une administration divisée, hétérogène, inerte, quand elle n'est pas
tracassière. Ils ont combattu sur le terrain électoral tous
les candidats républicains, et ils n'ont réussi qu'à rassembler, qu'à concentrer toutes les forces républicaines dans
un même faisceau. Ils ont presque partout porté la main
sur la presse républicaine, et ils n'ont réussi qu'à susciter
le zèle et l'activité des citoyens, obligés de suppléer au
silence forcé des journaux par un redoublement d'efforts
personnels. Ils ont affecté le pouvoir constituant, et ils
n'ont réussi qu'à mettre en lumière cette idée, depuis longtemps en possession de l'opinion publique, que la France
seule est de taille à se donner des institutions. Ils sont à
bout de ressources. Les vacances exagérées qu'ils se sont
données prendront bientôt fin, et il faut qu'à leur retour,
on les mette en présence du plus récent et du plus significatif des verdicts du suffrage universel.

Grâce à ces élections du 4 octobre, qui vont mettre en

mouvement la moitié de la France, sous l'attention passionnée du reste du pays, on peut faire parvenir à Versailles une grande et décisive parole. Chaque canton, convoqué au scrutin du 4 octobre, doit tenir à honneur de
faire connaître sans équivoque, par l'intermédiaire d'un
homme ferme et convaincu, que son choix est fait, et qu'il
attend désormais, du gouvernement de la République aux
mains des républicains, la protection de ses droits, la sécurité de ses intérêts. Nul des serviteurs de la démocratie
n'a le droit, en pareille conjoncture, de décliner le mandat
qui lui serait offert par ses concitoyens. Les raisons privées, les refus tirés des goûts et des convenances domes-
tiques ne sauraient être accueillis, quand il s'agit d'un
service que le pays est en droit de réclamer de tous ceux
qui s'intéressent à son relèvement et à sa prospérité. Les
adversaires de la démocratie ne manquent pas d'objecter
que cette préoccupation politique, de la part des républicains, est une nouvelle cause d'agitation pour le pays ; et
certes oui, c'en est une. Mais à qui la faute ? Si l'Assemblée de Versailles avait mieux compris les intérêts de la
patrie, si elle avait voté cette dissolution que rendaient
nécessaire ses avortements successifs et la situation périlleuse de la France, nous n'en serions pas réduits à tenir
un tel langage. Si même elle avait, au dernier moment,
dans un élan de bon sens et de clairvoyance, adopté la
proposition de M. Casimir Périer, le pays, rassuré sur le
sort de la République, ne serait pas forcé de se servir de
tous les moyens pour affirmer sa volonté de l'adopter pour
forme de gouvernement. Oui, c'est une agitation ; mais

elle est légitime, elle est salutaire ; tous les bons citoyens doivent désirer qu'elle serve enfin à mettre un terme à la politique de résistance et de combat. Enfin, il est souhaitable que les triomphes électoraux, que le zèle et l'activité des républicains s'efforcent d'obtenir, éclairent et dissipent les dernières hésitations de ce groupe de députés qui, sans aversion marquée pour le régime républicain, n'ont pas osé se confier encore au gouvernement de droit de la démocratie, et qui ont cherché, dans un expédient politique sans prestige et sans assiette, les garanties d'ordre et de sécurité qu'ils ne peuvent trouver que dans la satisfaction des vœux de la France.

Le besoin que la France ressent depuis tantôt quatre ans de se donner un gouvernement définitif pour mettre fin à ses divisions intérieures et vaquer, sans souci du lendemain, au développement de ses merveilleuses ressources naturelles, est, pour ainsi dire, surexcité encore par les appréhensions redoutables qui lui viennent du dehors. La France ne peut pas s'accommoder plus longtemps de la situation précaire, fragile, périlleuse, où elle est aujourd'hui. Sa politique extérieure, sans dessein ni plan arrêté, soumise aux tiraillements des partis les plus divers, exposée à toutes les surprises, reste à la merci des événements : elle ne retrouvera de direction précise qu'avec un principe précis et fermement adopté dans le gouvernement. L'histoire ne voudra pas croire qu'après les malheurs qui ont assailli la France, les terribles leçons qu'elle a reçues de la fortune, elle a pu passer quatre ans, grâce à l'impiété des partis, sans institutions, sans direction et par consé-

quent sans diplomatie véritable. Jamais les heures n'ont
été plus précieuses, jamais on ne les a plus témérairement
gaspillées. Qui oserait dire cependant, dans l'état d'armement où sont les divers peuples de l'Europe, au milieu des
haines et des convoitises surexcitées de toutes parts, qui
oserait dire que le temps nous sera donné pour réparer les
fautes du passé et nous trouver, le cas échéant, en état de
porter le drapeau de cette nation à qui l'Europe n'a
jamais retiré son admiration ?

La responsabilité en pèsera tout entière sur ces hommes
de parti qui, moins préoccupés de l'avenir de la patrie
que de la satisfaction de leurs passions politiques, auront,
par leur détestable conduite, retardé tout ensemble, mais
heureusement sans pouvoir y échapper ni l'empêcher,
l'avénement de la République et le relèvement de la
France.

Pendant que ces partis s'épuisaient dans leurs dis-
sensions intestines, la démocratie grandissait, s'instrui-
sait, travaillait, se disciplinait, en un mot prenait possession du pays, en faisant sortir tous les jours de ses rangs
les meilleurs de ses fils, pour les installer à tous les degrés
dans les Conseils électifs ; elle préparait ainsi le nombreux
personnel nécessaire au fonctionnement des institutions
qui réaliseront réellement le gouvernement du pays par
le pays, la République. C'est ce personnel que la démocratie doit toujours avoir en vue dans les diverses manifestations électorales. Le scrutin du 4 octobre 1874, j'en ai
la ferme assurance, augmentera ce brillant et solide
effectif.

C'est d'ailleurs, mon cher ami, l'espoir que j'entends partout exprimer autour de moi, et c'est mon excuse de cette longue lettre.

Salut fraternel.

LETTRE

A UN CONSEILLER GÉNÉRAL

Consulté sur la conduite à tenir par les élus de la démocratie dans les Conseils généraux, M. Gambetta vient d'adresser à un de ses amis, nommé conseiller général dans l'un des départements du centre, la lettre suivante :

Paris, le 16 octobre 1871.

A M. C..., membre du Conseil général du département de l'Allier.

Mon cher ami,

Au moment d'aller prendre votre place au Conseil général, vous voulez bien me demander mon opinion sur les élections qui viennent d'avoir lieu et sur la conduite que doivent tenir les élus de la démocratie républicaine dans ces nouvelles assemblées. Comme la maladie me fait actuellement des loisirs forcés, je vais m'expliquer librement et complétement avec vous sur cet important sujet. J'ai beaucoup réfléchi aux avis que je vais vous donner,

sur votre propre demande; vous verrez d'ailleurs, à la
lecture, que mes réflexions ont un caractère personnel et
qu'elles sont toutes inspirées de cette pensée : que ferais-je,
que proposerais-je, si j'étais membre d'un Conseil général? C'est donc la règle de ma propre conduite que je prends
la liberté de vous communiquer.

I.

Les élections qui viennent d'avoir lieu dans toute l'étendue de la République doivent être envisagées à plusieurs
points de vue, si l'on veut en bien saisir le caractère et
l'importance.

Le premier, le plus apparent et le plus grave de ces
points de vue, c'est qu'elles ont été des élections politiques. Le pays, fatigué d'intrigues monarchiques dont les
unes sont audacieuses et impudentes, et les autres dis-
crètes et perfides, quelque peu irrité, d'ailleurs, de voir
l'Assemblée de Versailles rester sourde aux manifestations
de la volonté nationale dans les scrutins des 30 avril et
2 juillet, a voulu affirmer une fois encore sa résolution de
se rattacher à la République, de mettre un terme au provisoire et à l'équivoque et de confier à des mains républicaines le soin d'administrer et de relever ses affaires. Ce
sentiment s'est fait jour de deux manières, à la ville et à
la campagne, par l'échec que le suffrage universel vient
d'infliger non-seulement aux monarchistes avérés ou honteux, mais aussi aux républicains légitimement suspects

de tiédeur et de mollesse. Donc, sans nous laisser aller à aucun entraînement, nous pouvons conclure que les élections sont politiques et qu'elles sont républicaines.

Le second point de vue, moins éclatant que le premier, mais à coup sûr aussi consolant et aussi décisif, c'est que ces élections des Conseils généraux qui étaient souhaitées et préparées par la réaction comme un moyen sûr et déjà éprouvé de ressaisir la France, de refouler le parti républicain hors de toute administration publique, d'organiser et de hâter, grâce au concert des influences locales savamment accouplées, le renversement même de la forme républicaine, ces élections ont tourné à la confusion de toutes ces espérances rétrogrades. Désormais, les Conseils généraux, ces assemblées locales qui, depuis trois quarts de siècle, n'ont servi que de point d'appui à tous les despotismes, au centre comme aux extrémités du corps social, vont échapper à la direction exclusive, soit des agents du pouvoir central, soit des représentants des monarchies déchues. Elles ne seront plus, comme par le passé, des instruments dociles aux mains, soit des préfets du gouvernement établi, soit des fauteurs de restauration. C'est un grand pas, le plus considérable peut-être qui ait été fait vers l'établissement et l'organisation de la République.

Le troisième point de vue sous lequel je considère ces élections me paraît pouvoir être indiqué d'un seul mot : Elles sont profondément démocratiques. Par là, elles marquent jusqu'à quel point le suffrage universel prend tous les jours une plus grande possession de lui-même. La

lumière se fait dans ses couches les plus profondes. Il est
visible qu'il est résolu à écarter les vieilles lisières, à rompre avec les traditions inintelligentes et serviles du passé
et qu'il s'affranchit des influences locales que ne légitime
pas une supériorité d'intelligence ou de dévouement. Le peuple, petite bourgeoisie, ouvriers et paysans, conçoit de jour
en jour plus clairement l'étroite relation de la politique et
de ses affaires; il veut être représenté pour lui-même; il
se représentera bientôt lui-même : c'est une Révolution.
Dans un grand nombre de cantons, le suffrage universel a
repoussé le vieux personnel politique de tous les partis,
personnel épuisé dans sa moralité ou dans son intelligence,
et il a porté ses choix de préférence sur des hommes nouveaux dont les déclarations sont empreintes de l'esprit
démocratique le plus net et le plus novateur. Ce n'est pas
un des moindres enseignements de cette période électorale que d'observer la différence du langage tenu par les
candidats prétendus conservateurs et par les candidats
républicains. D'un côté tout est équivoque et dissimula-
tion; sauf de très-rares exceptions, il n'y a pas eu un
candidat de la monarchie qui ait osé l'avouer. De l'autre
côté, tout est franchise et loyauté. Les républicains déclarent hautement leurs préférences, leurs dévouements à la
République dont ils veulent non-seulement la proclamation nominale, mais toutes les conséquences politiques et
sociales; et ils le disent. Ils entreront dans les Conseils
généraux avec l'autorité que donne un mandat publiquement débattu et déterminé. Leur origine leur assure d'a-
vance, s'ils y restent fidèles, une influence qui ne fera

qu'aller en s'accroissant; par leur exemple, ils encoura-
geront le suffrage universel à persévérer et à s'avancer
dans sa nouvelle voie, et le jour n'est pas éloigné où la
démocratie, qui est évidemment le nombre, sera le pouvoir. Il lui suffira de prendre ses représentants à tous les
degrés dans ses propres rangs, et c'est ainsi qu'elle chas-
sera de la politique les oisifs et les intrigants.

Je ne vous parle pas, mon cher ami, si ce n'est pour
mémoire, de la défaite des députés compromis dans la
Chambre par leur hostilité excentrique aux idées modernes.
La déroute de ces champions du passé n'est faite ni pour
nous émouvoir ni pour nous étonner. Créatures de la surprise et de la peur, ces pseudo-mandataires du peuple
devaient rentrer dans le néant d'où le peuple ne les a tirés
que par erreur. Leur échec n'avance pas la question de la
dissolution sur les bancs de l'Assemblée, mais on peut
dire que le pays vient de la prononcer. En face d'un tel
arrêt, messieurs les élus du 8 février n'ont plus que le
choix entre une usurpation et la retraite. Mais je n'insiste
pas. Et après avoir établi les divers caractères des scrutins
des 8 et 15 octobre, j'ai hâte de vous dire comment je
comprends la conduite des élus de la démocratie dans les
conseils des départements.

II.

Tout d'abord, je m'interdirais sévèrement toute ingérence sur le terrain de la politique générale. Et ne voyez

pas de contradiction entre ce ferme propos et le jugement
que je portais tout à l'heure sur le caractère politique des
élections. Nommé comme républicain, je ne croirais pas
pour cela devoir altérer la nature et la compétence du
Conseil. Plus que jamais, je chercherais à séparer l'administration de la politique. Je me garderais de confondre
les attributions et de transformer les conseils généraux en
assemblées législatives au petit pied. Ce serait à la fois
commettre un empiétement et donner un mauvais exemple. Je ne réclamerais donc ni la dissolution de l'Assemblée de Versailles, ni la proclamation de la République,
ni toute autre mesure de politique générale. Je concen-
trerais tous mes efforts sur le terrain de l'administration
et des intérêts locaux. Je me considérerais comme l'homme
d'affaires de mes commettants; la tâche est déjà assez
lourde : heureux ceux qui pourront y suffire ! En effet, que
de questions à étudier ! que de détails à connaître ! que de
solutions à rechercher et à faire prévaloir ! Je voudrais me
réunir et m'associer préalablement avec mes collègues, et
arrêter de concert avec eux une méthode de travail. Car le
temps est passé des sessions rapides et stériles, où l'on en-
registrait à la hâte les projets du préfet, où l'on donnait
lecture de quelques rapports rédigés dans les bureaux, où
le dîner à la préfecture était la grande affaire de la session !
Ce n'est point ainsi qu'on va procéder. Il ne faudra plus
se contenter d'enregistrer les déclarations préfectorales,
et l'examen sommaire du budget départemental ne saurait
suffire. Je comprends et je me fais en esprit un autre
rôle pour les élus et les interprètes du suffrage universel.

Il faudra qu'ils portent leurs investigations et leurs études, non-seulement sur tous les services établis, mais encore sur tous les éléments économiques, politiques, sociaux, dont la réunion forme le département.

Nos élus doivent demander et faire eux-mêmes des enquêtes approfondies sur l'état de la population, ses divisions, son développement, son hygiène, son bien-être, ses ressources, ses misères ; ils doivent mettre en première ligne de leurs travaux l'enquête sur la situation scolaire, sur le nombre des écoles existantes, l'état des édifices, la qualité des maîtres, la nature des programmes, et indiquer toutes les réformes, tous les progrès que réclame cette question qui, pour le peuple, prime toutes les autres ; ils doivent tracer également un fidèle tableau de la situation agricole du pays, décrire minutieusement la condition des propriétaires de tous rangs et des manouvriers, indiquer quelles améliorations peuvent être apportées par le crédit ou par la science au sort des populations laborieuses qu'ils représentent : ils doivent encore exposer le régime industriel de leur département, et nous donner sur ses intérêts, sur ses besoins, tant au point de vue des ouvriers que des patrons, des renseignements circonstanciés et sûrs ; ils doivent dresser le bilan exact des revenus et des dettes du département, étudier ses forces contributives, analyser les conséquences économiques ou sociales des divers impôts, et rechercher, sans autre préoccupation que celle de la justice, les réformes financières qui, sans porter atteinte aux ressources nécessaires à l'État, permettraient cependant de répartir plus équitablement le fardeau des contributions publiques; ils doivent mettre à l'ordre du jour de leurs plus instants travaux les questions relatives aux indigents, aux invalides, aux abandonnés, reprendre de fond en comble les institutions de secours, hospices d'aliénés, asiles départementaux, etc., et proposer la refonte complète du système actuel d'assistance publique; ils doivent s'enquérir, par des inspections même personnelles, de l'état des routes et des chemins, des rivières et des canaux, et dresser une statistique critique de tous les moyens de communication que le département possède ou réclame : en un mot, et ceci n'étant qu'une ébauche, je voudrais qu'à force de travail et de zèle, nos élus ouvrissent et réalisassent une enquête approfondie sur le département, qui permettrait de voir, dans l'ensemble comme dans les détails, l'état vrai de ses ressources et de ses besoins. Cette étude nécessaire et préalable leur permettrait alors en toute sécurité de proposer, pour ces nombreuses questions, les solutions démocratiques.

Une telle investigation, quelque laborieuse et difficile qu'elle paraisse, s'impose aux nouveaux Conseils généraux : premièrement, parce que leurs attributions, par une récente loi, se sont singulièrement accrues; et secondement, parce que le parti républicain entre, pour la première fois, d'une poussée aussi générale dans ces assemblées locales jusqu'ici fermées aux représentants de la classe la plus nombreuse et la plus pauvre, et parce que le parti républicain doit y apporter, avec son goût traditionnel du libre examen, le souci d'intérêts jusqu'à présent relégués au dernier rang des préoccupations administra-

tives. C'est un monde nouveau qui arrive. Il a le droit et
le devoir de prendre connaissance, sous bénéfice d'inven-
taire, de la succession léguée par les régimes antérieurs.
Quelle lumière, quels enseignements sortiraient d'une semblable enquête, entreprise et poursuivie par chaque Conseil général, dans tous les départements de la République !
Quelle éducation pratique en retireraient les hommes qui
y auraient pris part ! Quelle occasion de se produire pour
les intelligences et les aptitudes de tout ordre, sans
compter que la France n'aurait jamais possédé de plus
complets ni de plus sincères renseignements sur elle-
même !

Vous voyez, mon cher ami, que la tâche est rude et que
les sessions dont la durée a été trop parcimonieusement
mesurée par la loi nouvelle seraient vite remplies. Sous la
pression de l'opinion publique qui ne manquerait pas de
s'intéresser à un pareil travail, le Conseil général pren-
drait vraiment le rôle et l'importance qu'il doit avoir. Il
deviendrait la pépinière des administrateurs et des hommes
politiques du pays. La vie locale reprendrait son éclat et sa
fécondité, et cela au bénéfice commun de la France et de
la République.

III.

Il va sans dire, mon cher ami, que cette route est
longue et semée d'obstacles. Il faut d'abord que tous nos
amis s'entendent, se disciplinent et se dévouent au travail ;

qu'ils se partagent le fardeau, et se distribuent, d'après les goûts et les aptitudes de chacun, leurs diverses besognes. Et tout ne sera pas fait. Il faudra faire prévaloir les solutions déjà trouvées, en proposer de nouvelles. Vous rencontrerez dans les Conseils des résistances opiniâtres, mais ne vous découragez pas. Restez surtout en communication incessante avec le suffrage universel; faites-le constamment votre arbitre ; adressez-lui des communications imprimées sur les sujets importants; qu'il sache que vous agissez, que vous luttez, que vous peinez pour lui, et chaque jour vous ferez un progrès de plus dans l'opinion. Les populations au milieu desquelles se produiront ces efforts se rapprocheront de plus en plus de vous. En vous voyant laborieux et dévoués, soucieux de ses affaires, jaloux de ses droits, le peuple saura faire justice des calomnies et des redites misérables dont le parti républicain est poursuivi par des adversaires de mauvaise foi.

L'ambition de ce parti est de démontrer, en effet, par la pratique, en se faisant, à tous les degrés de la vie sociale comme de la vie publique, le défenseur de tous les intérêts légitimes, en se préparant à cette noble tâche par l'étude et le maniement même de ces intérêts, qu'il ne conçoit la politique que comme un moyen de protéger, de développer et d'assurer les droits de tout ce monde du travail, bourgeoisie et prolétariat, qui fait le fond de la démocratie française. Cette conception de la politique démocratique est la tradition même de la Révolution, qui n'a voulu changer l'état politique de la France que pour donner le sol, le capital et l'outil, à ceux qui, jusqu'à elle, soit aux champs, soit à l'atelier, ne possédaient rien, n'acquéraient rien et ne comptaient pour rien dans le monde. Nous devons nous maintenir dans cette tradition ; et, quand patiemment, laborieusement, nous aurons donné de notre activité et de nos aptitudes des preuves réitérées et certaines, le concours assuré de cette démocratie, pour laquelle nous aurons livré sous ses yeux tous nos combats, nous sera unanimement acquis. La démocratie haussera les épaules aux paroles de dénigrement et d'outrecuidance de nos adversaires, qui sont aussi les siens, et elle se chargera, d'un coup de scrutin, de remettre toutes choses et toutes personnes en leur place. Il ne sera plus possible de retarder bien longtemps son avénement dans les institutions et dans les lois ; elle ne voudra plus se contenter d'une façade républicaine ; elle voudra élever de ses propres mains son propre temple. Ainsi s'évanouiront les impertinentes théories politiques qui parlent de fonder la République sans les républicains.

C'est à cette œuvre, mon cher ami, que vous êtes convié et que vous pouvez apporter un si utile concours ; et c'est parce que cette œuvre expérimentale est éminemment politique que je trouve superflu, pour ne pas dire périlleux, d'aborder, au Conseil général, les questions de politique pure, même sous la forme la plus indirecte. En faisant ce que je propose, il me semble que nous aurons plus efficacement servi la République que par des discussions passionnées et abstraites. Imitons ce Conseil municipal de Paris qui, bien qu'élu sous l'état de siége, au lendemain des plus cruelles épreuves, compte dans ses rangs des citoyens et des politiques ardents. Il a volontairement écarté les incidents de la politique générale et confondu, par la sagesse et l'intelligence de ses actes, toute la tourbe des insulteurs à gages qui avait prédit que l'avénement de pareils hommes serait la consommation de la ruine de Paris. L'enquête qui est sortie de ses études a mis en lumière deux choses dont nous devons profiter, l'excellence de la ligne de conduite adoptée et l'utilité de premier ordre qu'il y a pour des gens qui entrent aux affaires de se rendre compte des besoins et des difficultés avec lesquels ils vont se trouver aux prises.

C'est la politique qui se préoccupe surtout et avant tout de l'étude des questions et de leur solution démocratique, qui est la politique du parti radical. En effet, le radicalisme n'est pas un vain mot; ce n'est pas une nuance : c'est un parti et une doctrine. A la différence du parti républicain formaliste qui se contente d'une pure devise, qui a conservé jusqu'ici toutes les institutions monarchiques, et qui s'accommode de compromis et d'alliances souvent coupables, toujours funestes, le parti radical se préoccupe avant tout des institutions organiques qui ne fassent plus de la démocratie un mensonge et de la République un leurre. Donnez donc, dans ces Conseils généraux, l'exemple du travail ; démontrez votre compétence dans le maniement des affaires publiques ; répandez partout vos idées et vos principes, et le pays saura bien vous appeler à les mettre en pratique, le jour où les solutions radicales seront connues de tous ceux qui ont intérêt à les appliquer.

C'est par l'application suivie d'une pareille méthode à l'intérieur que la démocratie parviendra à mettre en œuvre ses admirables ressources et les trésors de force et de puissance que recèle notre grand pays, et qu'il sera donné à la France de reprendre sans précipitation, sans aventures, le rang qui lui appartient dans le monde, de ressaisir les provinces violemment arrachées et de faire de son intégrité restaurée le gage de la paix européenne.

Pardonnez-moi, mon cher ami, ces longs développements. Je crains cependant de n'avoir pas assez dit sur un aussi grave sujet. Pensez-y vous-même et faites-moi connaître vos impressions.

Salut fraternel.

DISCOURS POLITIQUES

DISCOURS

PRONONCÉ A BORDEAUX

Le 20 Juin 1871

MESSIEURS ET CHERS CONCITOYENS,

Je n'ai pas voulu remettre le pied sur le sol d'où j'étais parti, après les fatigues que vous savez; je n'ai pas voulu rentrer en France pour y prendre ma part de responsabilité et d'efforts dans les travaux du parti républicain, sans m'arrêter à Bordeaux.

Je devais vous exprimer, à vous qui représentez l'union faite dans le parti républicain, tout ce que, de loin comme de près, je vous garde de sympathie et de reconnaissance pour les sentiments que vous m'avez toujours témoignés, et aussi, pourquoi ne le dirais-je pas? j'ai voulu, à propos des élections, à propos de la situation si grave où se trouve le pays, vous dire, sans aucune arrière-pensée personnelle, puisque je ne suis pas candidat dans ce département, ce que j'espère, ce que je désirerais accomplir. (Ici l'orateur est interrompu par les applaudissements; il reprend :)

N'applaudissez pas, messieurs? L'heure est beaucoup trop solennelle pour que nous ayons, les uns et les autres, d'autres paroles que celles de l'estime et de la confiance réciproques. (Très-bien!)

La situation actuelle de la France, quand on l'examine de très-près, quand on est animé, pour cet examen, de la passion de la justice et de la vérité, c'est-à-dire que l'on a, pour se garantir des illusions du cœur, les règles de la raison, est bien faite pour nous inspirer les plus profondes tristesses, mais nous invite aux mesures les plus viriles et nous interdit le découragement; étudions-la, et nous arriverons à cette conclusion que si le parti républicain veut, il peut, et que s'il sait, il parviendra à régénérer ce pays et à y fonder un gouvernement libre, à l'abri des surprises, des réactions et des défaillances.

C'est cette démonstration qu'il est utile de faire aujourd'hui, et qu'il importe surtout de faire en face des compétitions des partis monarchiques, non-seulement pour amener le triomphe des principes auxquels nous sommes attachés, mais surtout, il ne faut pas cesser une minute de le répéter, pour donner à la France son salut.

A l'heure où nous sommes, que voit-on dans le pays? On voit les hommes qui, dans tous les temps, ont médit de la démocratie, qui l'ont eue en haine, ou par ignorance ou par intérêt personnel, exploiter à leur profit la crédulité et la panique, défigurer systématiquement les hommes et les choses, et s'efforcer d'attribuer les excès des derniers mois à la République, à laquelle ils doivent cependant de n'avoir pas été emportés.

Et je trouve qu'il y a entre la situation actuelle et la situation qui se déroulait au mois de mai 1870 une analogie pleine d'enseignements.

Au mois de mai 1870, la France a été interrogée; vous savez par qui et comment. Mais il n'en est pas moins vrai qu'elle était investie du droit de prononcer sur ses destinées. A l'aide de la coalition de toutes les peurs, surexcitée par une presse stipendiée, à l'aide de la coalition des intérêts les plus bas — intérêts dynastiques, intérêts de parasites — on a surpris la France, on a surpris son vote; mais elle n'en a pas moins prononcé son arrêt, et, avec une rapidité foudroyante, trois mois après, l'arrêt s'accomplissait, et elle était punie, châtiée au

delà de toute justice, pour s'être abandonnée aux mains criminelles d'un empereur.

On lui pose aujourd'hui, sous des noms divers, la même
question : veut-elle, une fois encore, abdiquer et verser dans
l'ornière des dynasties ?

De quelque nom qu'on déguise les choses, vous le voyez,
c'est toujours la question de savoir si la France veut se gouverner librement, ou si elle veut se livrer, et si la terrible expérience d'où elle est sortie saignante et mutilée lui a enfin
appris à se conduire seule et par elle même.

Chose consolante, malgré les excès qui ont été commis, et
les crimes qui ont marqué la chute de la Commune à Paris,
malgré le courant de calomnies qui avait été déchaîné contre
le parti républicain, en pleine guerre civile le pays a conservé
son sang-froid ; les élections municipales ont attesté qu'au lendemain de cette effroyable crise, le pays ne se laissait pas aller
à la réaction. Il y a là une espérance qui doit nous inspirer la
patience et la sagesse dans l'action politique. Je crois que, grâce
à l'union faite entre les diverses nuances de l'opinion républicaine, nous pouvons donner à la France le spectacle d'un parti
discipliné, ferme en ses principes, laborieux, vigilant et résolu
à tout pour arriver à convaincre la France de ses facultés gouvernementales. En un mot, un parti acceptant la formule : Le
pouvoir au plus sage et au plus digne.

Il faut donc être les plus sages. Eh bien ! cela ne nous coû-
tera pas, par cette excellente raison qu'il n'y a de politique
vraiment sage, vraiment féconde, que celle du parti républicain. (Très-bien !)

Il faut ne nous laisser détourner du droit chemin ni par les
calomnies ni par les injures ; et j'ai la conviction que si nous
voulons tenir bon et rester au poste, si nous voulons incessam-
ment, sur toutes les questions posées, produire les solutions
républicaines, nous arriverons à démontrer bientôt, par voie
de comparaison et de contradiction, aux prétentieux qui nous
dédaignent ou nous ignorent, que nous valons mieux que les
injures, que nous sommes un parti de gouvernement capable

de diriger les affaires, le parti de l'intelligence et de la raison, et que c'est parmi les hommes se réclamant de nos principes qu'on trouvera vraiment les garanties de science, de désintéressement et d'ordre, sans lesquelles un gouvernement n'est qu'une affaire au profit de quelques-uns.

Il faut donc maintenir et appuyer notre gouvernement, la République, en fait et en droit. Sans discuter sur les nuances puériles, permettez-moi de vous dire qu'un gouvernement au nom duquel on fait des lois, on fait la paix, on lève des milliards, on rend la justice, on dompte des émeutes qui auraient suffi à emporter dix monarchies, est un gouvernement établi et légitime, qui prouve sa force et son droit par ses actes mêmes. Ce gouvernement s'impose au respect de tous, et quiconque le menace est un factieux. (Bravo! bravo!)

Aux plus sages! aux plus dignes! Parfaitement! C'est une gageure qu'on doit accepter. Ce n'est pas une formule nouvelle pour des républicains; c'est leur dogme, de ne voir attribuer les fonctions publiques qu'au mérite et à la vertu. C'est à ce respect du mérite et de la moralité que nous avons vainement rappelé l'Empire; c'était même parce que la morale s'oppose à toute transaction avec un pouvoir fondé sur le crime et maintenu par la corruption, que notre opposition était alors irréconciliable et révolutionnaire.

Aujourd'hui, l'opposition, sous le gouvernement républicain, change de caractère et modifie sa nature et ses plans de conduite; elle doit presser et contrôler, et non détruire. Oui, nous serons respectueux de votre autorité, respectueux de votre légalité, respectueux de vos choix, mais nous n'abandonnerons pas le droit de critique et de réforme; et, comme nous n'avons jamais demandé de faveurs à personne, nous laisserons le suffrage universel prononcer entre ceux qui nous dédaignent et ceux qui ont eu la patience et la constance de lutter pour la République et la liberté. (Vifs applaudissements.)

Cette conception du rôle de l'opposition sous la République tient à des différences d'âge et de temps. Il est certain que l'âge, je dirai héroïque, chevaleresque du parti, est passé depuis la réalisation d'une partie de ses espérances. Et nous avons, aujourd'hui qu'il s'agit de développer l'application de nos principes, le devoir d'être aussi froids, aussi patients, aussi mesurés, aussi habiles, que nous avons été enthousiastes, véhéments, alors qu'il s'agissait de rejeter dans le néant les contrefaçons du Bas-Empire. (Très-bien! très-bien!)

Oui, sous un gouvernement qui, pour maintenir l'ordre, a été obligé de se réclamer de la légalité de la République, il faut savoir patienter, s'attacher à une chose; il faut que cette chose soit immédiatement réalisable, et se tenir à elle jusqu'à ce qu'elle soit réalisée.

Et, messieurs, permettez-moi de vous le dire, plus nous spécialiserons, plus nous centraliserons nos efforts sur un point donné, plus promptement nous susciterons des auxiliaires dévoués dans les rangs du suffrage universel, qui prononce en dernier lieu, et plus nous abrégerons les délais qui nous séparent du succès. L'unité, la simplicité du but, tel doit être le mot d'ordre; mais il ne suffit pas d'avoir le ferme propos de faire du parti républicain un parti à la fois de principes et pratique, un parti de gouvernement; il faut à ce parti un programme net, précis, ennemi des utopies, ennemi des chimères; surtout il ne faut se laisser détourner par rien de sa réalisation, et ne jamais se rebuter ni se lasser dans la lutte entreprise pour refaire le pays, refaire ses mœurs, et, en le ravissant aux intrigants, l'empêcher d'être constamment ballotté entre le despotisme et l'émeute provoquée. Il faut faire disparaître le mal, cause de tous les maux: l'ignorance, d'où sortent alternativement le despotisme et la démagogie. Pour combattre ce mal, de tous les remèdes qui peuvent solliciter l'attention des hommes politiques, il en est un qui les domine et les résume tous: c'est l'éducation de tous. Il faut savoir à l'aide de quelles mesures, de quels procédés, au lendemain de nos désastres, qui sont imputables, non-seulement au gouvernement que nous avons subi, mais encore à la dégénérescence de l'esprit public, nous pourrons nous garantir des chutes, des surprises, des erreurs, des infériorités qui nous ont tant coûté. Étudions nos malheurs, remontons aux causes, à la première de toutes : nous nous sommes laissé distancer par d'autres peuples, moins bien doués que nous-mêmes, mais qui ont marché pendant que nous restions stationnaires.

Oui, on peut établir, preuves en main, que c'est l'infériorité de notre éducation nationale qui nous a conduits aux revers. Nous avons été battus par des adversaires qui avaient mis de leur côté la prévoyance, la discipline et la science : ce qui prouve, en dernière analyse, que même dans les conflits de la force matérielle, c'est l'intelligence qui reste maîtresse. Et à l'intérieur, n'est-ce pas l'ignorance dans laquelle on a laissé croupir les masses qui engendre, presque à époque fixe, ces crises, ces explosions effroyables qui apparaissent dans le cours de notre histoire comme une sorte de mal chronique, à ce point qu'on pourrait annoncer à l'avance l'arrivée de ces vastes tempêtes sociales ?

« Oh ! il faut nous débarrasser du passé. Il faut refaire la France. » Hélas ! tel fut le cri qui, au lendemain de nos désastres, est sorti de toutes les poitrines. Pendant trois mois on a entendu ce cri sacré, illumination subite d'un peuple qui ne voulait pas périr. Ce cri, on ne l'entend plus. On n'entend plus parler aujourd'hui que de complots et d'intrigues dynastiques ; il n'est plus question que de savoir quel prétendant s'attribuera les débris de la patrie en péril. Il faut que cela cesse ; il faut écarter résolûment ces scandaleuses convoitises et ne plus penser qu'à la France. Il faut se retourner vers les ignorants et les déshérités, et faire du suffrage universel, qui est la force par le nombre, le pouvoir éclairé par la raison. Il faut achever la Révolution.

Oui, quelque calomniés que soient aujourd'hui les hommes et les principes de la Révolution française, nous devons hautement les revendiquer, poursuivre notre œuvre, qui ne sera terminée que lorsque la Révolution sera accomplie (Applaudissements) ; mais j'entends, messieurs, par ce mot : la Révolution, la diffusion des principes de justice et de raison qui l'inspiraient et je repousse de toutes mes forces l'assimilation perfide, calculée, de nos adversaires avec les entreprises de la violence. La Révolution a voulu garantir à tous la justice, l'égalité, la liberté ; elle proclamait le règne du travail, et voulait en assurer à tous les légitimes fruits ; mais elle a subi des retards, presque des éclipses. Les conquêtes matérielles nous sont restées en partie, mais les conséquences morales et politiques sont encore à venir pour les plus nombreux : les ouvriers et les paysans ; ces derniers, surtout, n'en ont retiré que des bénéfices matériels, précieux assurément, dignes de tous nos respects et de toute notre sollicitude, mais insuffisants toutefois à en faire de libres et complets citoyens.

Aussi, rien de plus logique, de plus naturel que les votes et les actes des paysans dont on se plaint quelquefois, sans vouloir tenir compte de l'état d'infériorité intellectuelle où la société les maintient. Ces plaintes sont injustes, elles sont mal fondées, elles se retournent contre ceux qui les profèrent ; elles sont le fait de l'organisation d'une société imprévoyante. Les paysans sont intellectuellement en arrière de quelques siècles sur la partie éclairée du pays. Oui, la distance est énorme, entre eux et nous qui avons reçu l'éducation classique et scientifique, même imparfaite, de nos jours ; qui avons appris à lire dans notre histoire ; nous qui parlons notre langue, tandis que, chose cruelle à dire, tant de nos compatriotes ne font encore que la balbutier. Ah ! ce paysan voué au travail de la terre, qui porte si courageusement le poids du jour, sans autre consolation que de laisser à ses enfants le champ paternel allongé d'un arpent, toutes ses passions, ses joies, ses craintes sont concentrées sur le sort de ce patrimoine. Il ne perçoit du monde extérieur, de la société où il vit, que des rumeurs, des légendes ; il est la proie des trompeurs et des habiles ; il frappe sans le savoir le sein de la Révolution sa bienfaitrice ; il donne loyalement son impôt et son sang à une société pour laquelle il éprouve autant de crainte que de respect. Mais là se borne son rôle, et si vous lui parlez principe, il ignore, et naturellement il vous répond intérêt ! C'est justice ! C'est donc aux paysans qu'il faut s'adresser sans relâche,

c'est eux qu'il faut relever et instruire. Les mots, que les partis
ont échangés, de *ruralité*, de Chambre *rurale*, il faut les relever et ne pas en faire une injure.

Ah ! il faudrait désirer qu'il y eût une chambre rurale dans
le sens profond et vrai de ce mot, car ce n'est pas avec des
hobereaux que l'on fait une Chambre rurale, c'est avec des
paysans éclairés et libres, aptes à se représenter eux-mêmes;
et alors, au lieu d'être une raillerie, cette qualification de
Chambre rurale serait un hommage rendu aux progrès de la
civilisation dans les masses. Cette nouvelle force sociale serait
utilisée pour le bonheur général. Malheureusement, nous n'en
sommes pas là, et ce progrès nous sera refusé aussi longtemps
que la démocratie française ne sera pas arrivée à démontrer,
à démontrer jusqu'à l'évidence, que l'intérêt vital des classes
supérieures, si l'on veut refaire la patrie, si on veut lui rendre
sa grandeur, sa puissance et son génie, c'est précisément
d'élever, d'émanciper au moral ce peuple de travailleurs qui
tient en réserve une séve encore vierge et des trésors inépuisables d'activité et d'aptitudes. Il faut apprendre et enseigner
aux paysans ce qu'ils doivent à la société et ce qu'ils peuvent
exiger d'elle. (Applaudissements.)

Le jour où il sera bien entendu que nous n'avons pas d'œuvre plus grande et plus pressante à faire, que nous devons
laisser de côté, ajourner toutes les autres réformes, que nous
n'avons qu'une tâche, instruire le peuple, répandre l'éducation
et la science à flots, ce jour, une grande étape sera marquée
vers notre régénération ; mais il faut que notre action soit
double, qu'elle porte sur le développement de l'esprit et du
corps ; il faut, selon une exacte définition, que dans chaque
homme elle nous donne une intelligence réellement servie par
des organes. Je ne veux pas seulement que cet homme pense,
lise et raisonne, je veux qu'il puisse agir et combattre. Il faut
mettre partout, à côté de l'instituteur, le gymnaste et le militaire, afin que nos enfants, nos soldats, nos concitoyens,
soient tous aptes à tenir une épée, à manier un fusil, à faire
de longues marches, à passer les nuits à la belle étoile, à sup-

porter vaillamment toutes les épreuves pour la patrie. (Mouvement.) Il faut pousser de front ces deux éducations, car autrement vous ferez une œuvre de lettrés, vous ne ferez pas une œuvre de patriotes.

Oui, messieurs, si l'on nous a devancés, oui, si nous avons subi cette suprême injure de voir la France de Kléber et de Hoche perdre ses deux plus patriotiques provinces, celles qui contenaient à la fois le plus d'esprit militaire, commercial, industriel, démocratique, nous ne devons en accuser que notre infériorité physique et morale. Aujourd'hui, l'intérêt de la patrie nous commande de ne pas prononcer de mots imprudents, de clore nos lèvres et de refouler au fond du cœur nos ressentiments, de reprendre à pied d'œuvre ce grand ouvrage de la régénération nationale, d'y mettre tout le temps nécessaire, afin de faire œuvre qui dure. S'il faut dix ans, s'il faut vingt ans, il faudra mettre les dix années, les vingt années ; mais il faut commencer tout de suite ; il faut que chaque année on voie s'avancer dans la vie une génération nouvelle, forte, intelligente, aussi amoureuse de la science que de la patrie, ayant au cœur ce double sentiment qu'on ne sert bien son pays qu'en le servant de son bras et de sa raison.

Nous avons été élevés à une rude école ; nous devons, si cela est possible, nous guérir du mal vaniteux qui nous a causé tant de désastres.

Nous devons prendre aussi conscience de ce qui nous revient à tous de responsabilité, et, voyant le remède, nous devons tout sacrifier à ce but immédiat : nous refaire, nous reconstituer ; et pour cela, rien, rien ne doit nous coûter ; nous ne produirons aucune réclamation avant celle-là : l'éducation la plus complète de la base au sommet des connaissances humaines.

Naturellement, il faut que ce soit le mérite reconnu, l'aptitude révélée, éprouvée, qui monte cette échelle ; des juges intègres et impartiaux, choisis librement par leurs concitoyens, en décideront publiquement, de telle sorte que le mérite seul ouvrira les portes. Rejetons comme les auteurs néfastes de tous nos maux ceux qui ont mis la parole à la place de l'action, tous ceux qui ont mis le favoritisme à la place du mérite, tous ceux qui se sont fait du métier des armes non un moyen de protéger la France, mais un moyen de servir les caprices du maître et quelquefois de se faire les complices de ses crimes. (Applaudissements.)

En un mot, rentrons dans la vérité, et que, pour tout le monde, il soit bien entendu que lorsqu'en France un citoyen est né, il est né un soldat ; et que quiconque se dérobe à ce double devoir d'instruction civile et militaire, soit impitoyablement privé de ses droits de citoyen et d'électeur. Faisons entrer dans l'âme des générations actuelles et de celles qui vont naître la pensée que quiconque, dans une société démocratique, n'est pas apte à prendre sa part de ses douleurs et de ses épreuves, n'est pas digne de prendre part à son gouvernement. (Applaudissements.)

Par là, messieurs, je le répète, vous rentrez dans la vérité des principes démocratiques, qui est d'honorer le travail, qui est de faire du travail et de la science les deux éléments constitutifs de toute société libre. Ah ! quelle nation on ferait avec une telle discipline, religieusement suivie pendant des années, avec les admirables aptitudes de notre race à produire des penseurs, des savants, des héros et des libres esprits ! C'est en pensant à ce grand sujet qu'on s'élève vite au-dessus des tristesses du présent pour envisager l'avenir avec confiance.

Messieurs, je le dis avec orgueil, sur le terrain de la science, la France peut soutenir la rivalité avec le monde entier ; et, malgré l'affaiblissement du niveau de l'esprit public que j'ai dû constater tout à l'heure, il est constamment, grâce au ciel, resté dans notre pays une élite d'hommes qui, tous les jours, ont reculé les limites de la science, qui, tous les jours, ont avancé les progrès de l'esprit humain ; et c'est par là que la France, quels que soient, quels qu'aient été les désastres qui ont accablé le pays, reste le guide du monde. (Sensation.)

Savez-vous ce qu'on disait, pendant la guerre, à l'étranger ?
« Il n'y a plus de livres ! » Et, en effet, tout entière occupée
à sa défense, la France ne produisait plus rien pour l'intelligence des peuples. (Mouvement.)

Mais, messieurs, ce que je demande, c'est que de la science
sortent des livres, des bibliothèques, des académies et des
instituts ; je demande que ceux qui la détiennent la prodiguent
à ceux qui en ont besoin ; je veux que la science descende sur
la place publique, qu'elle soit donnée dans les plus humbles
écoles.

Oui, faisons appel aux savants ; qu'ils prennent l'initiative :
c'est eux qui doivent hâter le plus puissamment notre restauration morale et nationale. Mais si nous voulons que la régénération soit rapide, il faut ne plus se défier des intelligences
à peine éveillées ; il faut ne point craindre de distribuer dans
les colléges et dans les écoles toute la vérité. Il faut résolûment
savoir et résolûment pratiquer que ce sont les vérités supérieures de la science et de la raison qui saisissent le mieux
les jeunes intelligences ; et c'est pour cela qu'un des grands
penseurs de ce siècle, Auguste Comte, faisait commencer l'instruction par les sciences exactes. Il a été fait des expériences
nombreuses à cet égard, qui ont donné toujours le même résultat, à savoir que les plus jeunes ont toujours le mieux recueilli les enseignements même les plus élevés qui s'offraient
à elles : elles n'étaient pas encore faussées par des habitudes
de paresse ou d'erreur !

Mais vous comprenez que ce n'est pas ici que nous allons
discuter un programme d'éducation. J'ai dit ce que je tenais
surtout à dire devant vous, parce que ces questions nous ont
un instant arraché aux difficultés et aux amertumes de la situation présente. Je voulais vous entretenir de l'avenir. J'ai la
conviction que le parti démocratique, ayant la sagesse et la
résolution de ne pas demander autre chose, mais de l'exiger
infatigablement, arriverait bientôt à montrer au paysan, qui
le considère comme hostile, qu'il est son plus sincère ami ;
oui, nous arriverions vite à lui faire comprendre et retenir que

nous avons conscience de nos devoirs envers lui. Nous sommes des frères aînés, et nous serions des frères ingrats si nous quittions la vie sans avoir assuré son émancipation matérielle et morale. (Vifs applaudissements.)

Messieurs, ces idées ne m'appartiennent point. Elles sont familières à tous les penseurs, à tous les patriotes. Le propre de la politique est de s'emparer de ces idées essentiellement justes et de les fixer dans les lois. Oh! les politiques qui inventeraient, qui auraient la prétention de faire des choses inopinées, imprévues, ne seraient pas des politiques! Qu'il y a d'années que l'ignorance est combattue : et qu'elle est encore épaisse et terrible! Nous offrons au monde ce spectacle d'avoir été le peuple qui a le premier revendiqué les droits de la raison, et d'être encore réduits à ne les point pratiquer et enseigner pour notre propre compte. (Vive sensation.)

Nous ne pouvons cependant rester plus longtemps insensibles à ce qui s'accomplit sous nos yeux, et ne pas avouer que toutes nos crises sociales viennent de l'ignorance. Comment admettre que des hommes qui ne connaissent la société que par le côté qui les irrite, que par la peine et que par le travail, un travail sans lucre suffisant, sans récompense légitime, ne s'aigrissent pas dans les misères, et n'apparaissent pas à un jour donné sur la place publique avec des passions effroyables? Aussi, je déclare qu'il n'y aura de paix, de repos et d'ordre qu'alors que toutes les classes sociales auront été amenées à la participation des bienfaits de la civilisation et de la science, et considéreront leur gouvernement comme une émanation légitime de leur souveraineté et non plus comme un maître jaloux et avide. Jusque-là, en persévérant dans la voie funeste où nous sommes, vous ferez des ignorants, tantôt les soutiens des coups d'État, et tantôt les auxiliaires des violences de la rue, et nous resterons exposés aux fureurs impies de multitudes inconscientes et égarées, portant la main sur tout ce qui environne, sans respect même pour les choses de leur tradition, parce qu'elles ne peuvent arriver à la satisfaction d'appétits impossibles, et qui cherchent à se venger en accumulant des ruines. Alors il est bon de se rappeler le mot de l'Américain Channing : « Les sociétés sont responsables des catastrophes qui éclatent dans leur sein, comme les villes mal administrées où on laisse pourrir les charognes au soleil sont responsables de la peste. »

Eh bien ! c'est mon sentiment.

Il faut, par conséquent, que l'homme politique, dans l'accomplissement de sa tâche, s'attaque vivement à celui de tous nos maux qui engendre les autres, à l'ignorance, sans laquelle il serait établi qu'il n'existe pas de gouvernement qui convienne plus à la nature, à la dignité, au bonheur de l'homme, que la République. Et quant à l'erreur pratique chez le paysan, elle a la même origine que celle de l'ouvrier : toujours l'ignorance. Qu'est-ce qui fait que le paysan est comme incliné aujourd'hui, par exemple, vers le parti bonapartiste? Et pourquoi, aujourd'hui que la lutte est ouverte entre les partis monarchiques, voit-on les partis bourboniens se tourner vers les paysans, déguiser leur monarchie et leurs prétendants, tandis que les autres ne craignent pas d'accuser qu'ils veulent le retour de l'empereur? Cela tient, je crois, messieurs, à un état mental particulier au paysan. On lui a dit, on lui a répété que sa propriété avait été instituée et maintenue par Napoléon. Le paysan n'est pas un homme à fines nuances, à fines distinctions; il mêle et confond Bonaparte et la Révolution; il n'a pas l'esprit de distinction et de critique; mais il a la perception des gros résultats, et il sait que cette terre, que son grand-père avait acquise, il l'a gardée sous Napoléon Ier, et qu'à la suite de l'invasion on a menacé cette terre, pour la défense de laquelle, sous la République, il a versé héroïquement son sang, sauvant du même coup son bien et la patrie.

Le paysan sait ces choses. Il voit même, toutes les fois que la Restauration, l'ancien régime reparaît, que la Restauration menace sinon la détention immédiate de la terre, du moins son morcellement. Il y a quelques jours à peine — et nous ne sommes pas encore sous les fleurs de lis — une proposition a été introduite à l'Assemblée pour rétablir le droit d'aînesse et ses conséquences. Vous pouvez être certains que le paysan, qui est à l'affût, a parfaitement reconnu l'ennemi impitoyable et traditionnel, et qu'il sait non moins parfaitement qu'il n'a rien de bon à attendre de pareils restaurateurs et de pareils sauveurs de sociétés.

D'un autre côté, grâce à une équivoque et à une altération perfide des principes de la Révolution, Bonaparte lui apparaît comme le protecteur naturel de ses intérêts. C'est ainsi, je vous le disais tout à l'heure, qu'il attribue à Napoléon le Code civil, qui est le bouclier, l'arche sainte où il a trouvé la garantie de son domaine.

Il n'est pas loin de croire, sinon de dire, avec madame de Staël, que Napoléon, c'est « Robespierre à cheval! » Eh bien! il faut démonter ce cavalier. Il ne faut pas permettre à Napoléon, ni dans son passé, ni dans sa descendance, de bénéficier de cette admirable conquête du sol que nous devons à la Révolution. Il faut rompre cette tradition; prouvons, au contraire, au paysan que c'est à la démocratie, à la République, que c'est à nos devanciers qu'il doit, non-seulement la terre, mais le droit; que par la Révolution seule, il est devenu propriétaire et citoyen. Son esprit ne s'élève pas encore au-dessus de la propriété matérielle, qui doit devenir le moyen de son progrès moral. La Révolution et la justice ne séparent pas ces deux progrès.

Il faut que cette propriété qu'il possède soit moralisatrice; qu'à l'aide de cette indépendance acquise par le travail et la possession, il puisse arriver à une autre indépendance : l'indépendance de l'esprit. La société le lui doit; et alors, quand il saura d'où lui vient son accroissement de bien-être et de dignité, il pourra être visité et fréquenté par les gens qui veulent créer de lourds impôts, fonder des majorats et rétablir des noblesses : il ne se laissera plus ni séduire ni tenter.

Présentons-nous donc à lui comme ayant subi sans amertume les coups qu'il nous a portés, l'aimant dans la bonne comme dans la mauvaise fortune, soucieux de son avenir, soucieux de son bien-être. (Très-bien! très-bien!)

Aussi bien, pour ma part, je ne me défie nullement de ce qu'on a appelé l'antagonisme des villes et des campagnes. Et vous le voyez bien, puisque, loin de croire à la prétendue perpétuité de cet antagonisme, je ne m'attache jamais dans mon esprit qu'à le faire disparaître. Je dis qu'il n'existe pas d'hostilité, ni d'antagonisme; il existe seulement des hommes qui exploitent l'ignorance de ceux-ci et les passions de ceux-là. L'antagonisme, il est la création des partis dynastiques, il est une invention, une spéculation de nos ennemis; l'antagonisme, il disparaîtra devant une opération d'arithmétique loyalement faite. Il suffirait qu'à côté du dénombrement électoral on voulût faire la place des personnalités urbaines, et leur assurer leur juste part d'influence et de représentation.

Nous pourrions rentrer ici dans l'examen du programme de la décentralisation. Et quoique la question soit brûlante, elle pourrait être traitée sans inconvénient et avec modération par des esprits qui savent toujours s'élever et maintenir les principes au-dessus des excès des hommes; mais pour aujourd'hui, je crois avoir suffisamment indiqué la tâche à poursuivre par le parti républicain, soit dans les assemblées, soit dans la presse, soit dans les réunions publiques et privées, par les correspondances et les livres, par tous ces mille moyens de propagande et d'éducation qui sont ouverts, dans un pays libre, à la libre initiative des citoyens.

Je voudrais, dis-je, pour me résumer, que notre opposition fût une opposition de gouvernement; je voudrais n'y apporter d'autre préoccupation que celle de faire le bien ou de forcer les autres à le faire (Bruyants applaudissements); car je connais une passion plus vive que celle d'exercer le pouvoir : c'est de surveiller avec équité, avec fermeté, avec bon sens, un pouvoir loyal (Applaudissements), et sous la simple pression des idées et de l'esprit public, de voir accomplir par d'autres mains que les siennes les réformes les plus éclatantes. (Applaudissements.)

Quant à moi, je m'emploierais parfaitement, je l'avoue, à cette tâche, sous un état politique dans lequel la République serait acceptée comme le gouvernement de droit; car, contre le droit, il ne saurait surgir que des prétentions illégitimes, et il ne peut pas se faire qu'on nous oppose, pour l'abattre et le fouler aux pieds, ni un consentement surpris à l'ignorance et à la faiblesse, ni un coup d'État de prince, ni un complot de la rue.

C'est en ce sens qu'on a pu dire du droit républicain qu'il est au-dessus des attentats de la force et des caprices de la multitude. Si la République est le gouvernement de droit par excellence, est-ce que tous les partis ne peuvent pas s'y donner rendez-vous? Est-ce que ce n'est pas le seul gouvernement où l'accès du pouvoir soit ouvert à tous ceux qui, sous l'œil de l'opinion publique, ont le mieux affirmé leurs talents et leurs vertus? (Applaudissements.) Et dès lors, est-ce que nous ne pouvons pas nous tourner vers ceux qui ont professé des opinions contraires à la République, et leur dire : Ah! vous voulez gouverner la République, vous voulez la fonder, eh bien! nous ne vous demandons qu'une chose, c'est d'abord de la reconnaître. Mais une fois que vous l'aurez reconnue, nous admettrons parfaitement votre passage aux affaires. Car nous voulons présenter au pays ce spectacle de républicains de naissance qui restent dans l'opposition, en face de monarchistes convertis, et forcés, par la cohésion du parti républicain et la légitimité de la République, d'accomplir les réformes qu'elle demande. (Applaudissements.)

Ce ne serait pas là, messieurs, un médiocre triomphe, et, dans tous les cas, la chose, puisque nous en sommes aux essais, mérite d'être tentée. Le jour où on entrerait dans cette méthode politique, la République ne serait pas en péril, même avec des hommes qui ne lui auraient pas toujours été dans leur passé des amants bien fidèles.

Mais il faut pour cela que le parti républicain soit d'une absolue sévérité sur les principes; et nous le déclarons ici : oui, nous serons indulgents pour les personnes; oui, nous nous montrerons faciles à ouvrir la porte, mais nous demeurerons implacables sur les principes. Nous admettrons que des hommes se trouvent éclairés; nous admettrons que d'autres, sans être encore tout à fait convaincus, mais à cause des nécessités d'une situation sociale exceptionnelle, acceptent de bonne foi les conséquences du principe de la République. Sur le devoir seul nous ne transigerons point.

Toutes ces choses sont possibles, si toutes ces choses sont loyalement pratiquées. Je dis seulement qu'en pareille matière il ne faut pas s'en tenir aux déclarations; et au jour et à l'heure où la contradiction se produit entre les actes du pouvoir et ses déclarations publiques, il faut la relever et en faire le pays juge.

Si on fait cette garde sévère autour des institutions, soyez convaincus que nous maintiendrons la République beaucoup mieux avec une minorité républicaine, ferme, énergique, vigilante sur les actes de la majorité, qu'avec une majorité d'hommes inconsistants et tièdes, qui serait exclusive des personnes, et facile aux compromis sur les principes.

Après cette première ligne de conduite, je voudrais qu'on démontrât, par les raisons que j'indiquais tout à l'heure, au pays tout entier, qu'on lui démontrât qu'il n'y a pas possibilité de tenter aujourd'hui autre chose, en fait de réforme, que l'éducation et l'armement national.

En voyant accomplir cette double réforme : élever et armer la nation, je prendrai patience de ne pas voir légiférer sur d'importantes questions qui peuvent attendre, qui ne sont que des questions latérales, subordonnées à la réalisation de ces premières et capitales nécessités.

Il s'agit de refaire le sang, les os, la moelle de la France, entendez-le bien. Il faut tout donner, le temps et l'argent, à cet intérêt suprême. Le peuple, soyez-en sûrs, ne marchandera pas les millions pour l'éducation de ceux qui souffrent et qui ignorent; il les marchanderait pour ceux dont les desseins ne tendent jamais qu'aux restaurations monarchiques, aux dépenses fastueuses et à l'écrasement du pays; et, en passant, voilà, messieurs, une des raisons qui démontrent qu'il n'est plus possible de relever la monarchie parmi nous : nous ne

sommes plus assez riches pour la payer. (Très-vifs applaudissements.)

En conséquence, nous aurions résolu, par là, le plus vital
de tous les problèmes, que je résume ainsi : égaliser les classes, dissiper le prétendu antagonisme entre les villes et les
campagnes, supprimer le parasitisme, et, par la diffusion de
la science pour tous, rendre au pays sa vigueur morale et politique.

Et ainsi vous mettriez à une double caisse d'assurances :
l'une, contre les crimes de droit commun, par l'élévation du
niveau de la moralité ; l'autre, contre les risques de révolution, en donnant satisfaction et sécurité aux droits acquis des
uns, aux aspirations légitimes des autres. (Applaudissements.)

Tel est le programme à la fois radical et conservateur que la
République seule peut accomplir. Et alors, dans le monde entier, les amis de la France pourront se rassurer : elle sortira
régénérée de ces grandes épreuves, et, sous les coups mêmes
de la mauvaise fortune, elle apparaîtra plus grande, plus
prospère, plus fière que jamais. (Triple salve d'applaudissements.)

L'Assemblée se sépare aux cris de : Vive la République!

DISCOURS

PRONONCÉ AU BANQUET COMMÉMORATIF

DE LA DÉFENSE DE SAINT-QUENTIN

Le 17 Novembre 1871.

MESSIEURS,

Vous avez raison d'associer le retour du patriotisme au retour
même de la République, et je désire avant de nous séparer, et
sous le coup des douloureux et héroïques souvenirs de la journée du 8 octobre, tirer des événements qui ont fondu sur nous
la leçon qu'ils comportent, afin d'y puiser la résolution qui
nous est nécessaire pour nous mettre à l'œuvre de la régénération de la patrie.

En effet, on a pu se demander ce qui serait arrivé si toutes
les villes de France avaient suivi l'héroïque exemple de Château-
dun et de Saint-Quentin ; si elles avaient eu, comme ces deux
villes, désormais sœurs, la volonté de mourir plutôt que de céder.

Les peuples sont comme les individus, à chaque crise qui se
produit dans leur existence, ils ne peuvent la traverser qu'avec
les forces de réserve qu'ils ont su accumuler, et quand ces ré-
serves manquent, ils tombent malgré leur courage, victimes de
leur imprévoyance. Quand nous nous sommes trouvés face à
face avec cette invasion germanique que l'on préméditait de-

puis cinquante ans, quelles étaient [les povisions morales et matérielles que nous avions faites ? Pendant vingt ans on nous a vus courbés sous la main d'un seul homme, obéissant à tous ses caprices, à toutes ses volontés, oublieux de notre dignité de citoyen et de notre sécurité de Français.

Eh bien, il faut nous l'avouer à nous-mêmes, au lendemain de l'effroyable chute de Sedan, au lendemain de ces capitulations que vous connaissez, nous n'étions pas dans un état moral, dans un état social et militaire qui permet à un peuple de se lever tout entier.

Et cependant il n'est pas bon, il n'est pas juste de répéter que la France s'est abandonnée elle-même. Non, la France, au contraire, s'est vue, en face de cette guerre préméditée depuis cinquante ans, savamment conduite, admirablement préparée par les hommes d'État les plus subtils, les plus attentifs et les plus sérieux, et par les militaires les plus expérimentés ; elle elle s'est vue tout à coup en face d'ennemis qui avaient tout, et elle n'avait rien. Elle a résisté pendant six mois, et sa capitale n'a succombé que par le concours réuni de la famine et de la... Je ne répéterai pas le mot, mais je dirai de la mollesse. (Oui ! oui ! Explosion d'applaudissements.)

Et, au dehors de Paris, le pays n'a rien négligé ; il a tout donné avec générosité, son sang, son or, ses ressources matérielles de toutes natures. Ce qui a manqué, c'est ce qui manque à tous les peuples qui se sont laissé asservir trop longtemps, c'est la foi en eux-mêmes et une haine suffisante de l'étranger.

Mais toutes ces choses, ces défaites, ces capitulations, ces lamentables résultats, sont les fruits d'une politique dont on n'avait pu mesurer l'effroyable corruption. Pendant vingt ans, un pouvoir indigne s'était attaché à abaisser les âmes, à avilir les consciences ; et, le jour où il a fallu faire des efforts, l'effort était possible, mais il n'y avait plus entente, ni énergie, ni efficacité en faveur du pays : on l'avait garrotté trop longtemps. Les conséquences de l'empire étaient toutes fatales, elles étaient inévitables.

C'est à nous à nous pénétrer de cet enseignement. Il faut re-

commencer, non pas un peuple, non pas notre existence nationale, grâce à Dieu, car, si nous sommes malheureux et châtiés
au delà de toute mesure, la France compte encore dans le
monde, avec ses admirables ressources de toute espèce, avec la
force ascendante de son peuple, qui a toutes les séves et toutes
les richesses, et qui n'a besoin que d'un peu d'ordre, d'un peu de
calme, d'une organisation politique appliquée à ses sentiments,
pour réparer avec une rapidité prodigieuse les pertes doulon-
reuses qu'elle a essuyées. Avec un tel peuple, il n'y a pas à désespérer. Mais il faut que la France soit constamment penchée
sur cette œuvre de régénération. Il lui faut un gouvernement
qui soit adapté à ses besoins du moment et surtout à la nécessité qui s'impose à elle de reprendre son véritable rôle dans le
monde. Là-dessus, messieurs, soyons très-réservés, ne prononçons jamais un mot téméraire ; cela ne conviendrait pas à
notre dignité de vaincu, quand il est tombé victime du sort et
non pas de sa propre faute. (Applaudissements prolongés.)
Soyons gardiens de cette dignité, et ne parlons jamais de l'é-
tranger, mais que l'on comprenne que nous y pensons toujours... (Nouveaux applaudissements) ; alors vous serez sur le
chemin de la revanche, parce que vous serez parvenus à vous
gouverner et à vous contenir vous-mêmes.

Que faut-il pour cela ? Quand on a la satisfaction morale
d'appartenir au parti républicain démocratique, on ne doit
avoir qu'une ambition, c'est de lui gagner des adhérents,
d'augmenter sa puissance, afin qu'il exprime par le suffrage
universel et son esprit et sa volonté indiscutable.

Eh bien, le suffrage universel, c'est vous ; vous l'avez, il est
à votre disposition. Seulement il faut donner de votre conduite, de vos idées, de votre moralité, de votre valeur politique, de votre aptitude aux affaires, une preuve telle devant
l'opinion publique, que cette démocratie, que vous avez constituée, impose à tous, par le suffrage universel, sa force et sa
puissance. (Applaudissements.)

Voyez, en effet, les progrès accomplis depuis six mois, d'une
manière tout à fait réelle et tout à fait pratique ; le parti dé-

mocratique, dans toutes ses nuances, est entré dans les conseils locaux à tous les degrés, et a donné dans toutes les Assemblées l'exemple de la modération sans rien céder sur les principes; ce qui démontre que, si l'on voulait poursuivre avec entente, avec zèle, cette œuvre de persuasion dont je vous parle, eh bien ! les fréquentations démocratiques amèneraient à nous ceux, encore trop nombreux dans les villes comme dans les campagnes, qui nourrissent contre les institutions républicaines des préventions et des préjugés qui leur ont été glissés dans l'esprit, de fausses idées qu'on leur a inculquées et qu'ils répètent sans trop s'en rendre compte. Si vous tous, qui êtes placés dans le milieu de cette démocratie rurale et qui pouvez vous faire à vous-mêmes cette démonstration, que ce n'est jamais en vain qu'on appelle le peuple à discuter sur ses intérêts, vous vouliez vous charger, entre vous et pour vous, de cette propagande nécessaire, vous ne tarderiez pas à voir les fruits naître sous vos mains, et chaque scrutin vous apporterait une récompense, un encouragement et une victoire. (Vifs applaudissements.) Car, entendez-le bien, ce qui assure aujourd'hui le triomphe du parti démocratique, c'est qu'il a raison ; quand on a ce grand avantage pour soi, il faut parler, il faut agir, ne se laisser déconcerter par aucune intrigue, arrêter par aucun obstacle, il faut se dévouer patiemment à faire la conquête de l'opinion, se tenir ferme sur les principes, être très-tolérant sur les personnes, ne donner jamais son opinion que comme un moyen d'accroissement du bien-être général, et alors se faire pour soi-même une sorte de *memento* dans lequel on inscrit, pour les réclamer, les réformes, les progrès, les institutions que le peuple est en droit d'attendre de la République démocratique. (Approbation prolongée.)

Messieurs, ne craignez pas que j'oublie l'objet principal de notre réunion, c'est-à-dire le sacrifice héroïque par lequel vous vous êtes immolés et où vous avez perdu des héros inconnus, mais des héros. Non, je ne les oublie pas, ces morts qui vous sont si chers, mais c'est à dessein que je ne veux

plus parler de ce qui pourrait aviver les plaies de la patrie.
J'aime mieux vous inviter à nous recueillir, à nous replier sur
nous-mêmes. Il faut que nous examinions nos questions intérieures et que nous n'ayons d'autre ambition que celle d'un
peuple qui veut vraiment se refaire lui-même. Car, sachez-le,
vous ne serez véritablement en état de vous faire respecter en
Europe que le jour où vous serez puissants à l'intérieur ; et
quand je me demande quelle est la plus pressante, la plus
urgente de toutes les réformes, j'en reviens à considérer que
rien ne sera fait, que rien ne sera fructueux, que rien ne
pourra pacifier les âmes, rapprocher les classes, — car, malgré la loi, il y a encore des classes, quoi qu'on en dise, —
comme une bonne somme d'éducation, d'instruction bien distribuée, obligatoire, gratuite, et, permettez-moi le mot, quoiqu'il ne soit pas fort à la mode, absolument laïque. (Applaudissements.)

En effet, si l'on faisait une véritable éducation nationale, si
cette éducation était donnée d'une manière véritablement moderne, véritablement démocratique, on aurait résolu le problème de l'harmonie dans la société, et assuré le retour de
notre influence au dehors.

Mais ouvrez les livres d'histoire : vous y verrez malheureusement que toujours le dernier progrès accompli, c'est le
progrès de l'éducation publique. Ils comprennent, en effet,
ceux qui ont intérêt à exploiter les hommes et à perpétuer
leur halte dans la confusion, ils comprennent que toutes les
fois qu'on fait un lecteur, on leur fait un ennemi. (Applaudissements.)

Et ce n'est pas, à mon sens, par l'enseignement primaire,
sur l'étendue duquel il faudrait encore s'entendre, — donné
gratuitement et reçu obligatoirement, que ce progrès doit
s'accomplir : c'est surtout par l'enseignement secondaire, par
ce qu'on appelle l'enseignement supérieur, car c'est de l'élévation de ce niveau de la science qu'il faut se préoccuper, si
l'on veut que l'éducation fasse un plus grand nombre d'hommes
justes, libres et forts.

C'est pourquoi, dans le programme républicain, comme première réforme, j'ai toujours placé l'enseignement du peuple; mais cet enseignement a besoin d'être, avant tout, imbu de l'esprit moderne civil et maintenu conforme aux lois et aux droits de notre société.

Là-dessus je voudrais vous dire toute ma pensée. Eh bien, je désire de toute la puissance de mon âme qu'on sépare non-seulement les églises de l'État, mais qu'on sépare les écoles de l'Église. (Vifs applaudissements.) C'est pour moi une nécessité d'ordre politique, j'ajoute d'ordre social.

D'abord, je repousse complétement l'objection apparente opposée à ceux qui sont partisans de l'enseignement laïque. On leur dit : Vous voulez faire des athées, et vous voulez installer dans les écoles un enseignement anti-religieux.

Messieurs, ma conviction est qu'il n'y a rien de plus respectable dans la personne humaine que la liberté de conscience, et je considère que c'est à la fois le plus odieux et le plus impuissant des attentats que d'opprimer les consciences.

Non, je ne suis pas hostile à la religion : c'est même pour cela que je demande la séparation de l'Église et des écoles. Je suis convaincu que c'est parce qu'un parti dominant dans l'Église s'est arrogé le droit presque exclusif de distribuer l'enseignement dans nos écoles, de pétrir et former l'enfant, pour saisir l'homme et le citoyen, pour arriver à l'État lui-même, que le clergé a cessé d'être un grand corps religieux pour tomber au rang d'une faction politique ; c'est parce qu'on est sorti de l'Église, que l'Église a beaucoup perdu du respect qu'on portait aux ministres des cultes, qu'on les a vus cesser d'être des apôtres pour devenir les instruments du pouvoir, sous les régimes les plus corrompus et les plus usurpateurs. (Applaudissements.) C'est ainsi qu'on les a vus eux-mêmes perdre le sentiment de leur propre dignité, au point de n'être plus que des agents passifs entre les mains d'un pouvoir occulte et étranger, s'habituant à ne plus se considérer comme des citoyens de France, se faisant honneur d'être les serviteurs de la puissance théocratique qui leur envoie ses dogmes et ses ordres. (Profonde sensation.)

C'est donc à la fois rendre le sacerdoce à sa dignité et l'homme à sa conscience, que de dire aux ministres des cultes : Sortez de ce milieu de colère et de passion, où vous n'êtes plus l'Église, et où vous n'êtes qu'un parti politique?

Est-ce à dire que le clergé sera destitué de toute influence sociale? Est-ce à dire que la religion sera sacrifiée? Nullement, messieurs ; mais chacun restera dans son rôle, chacun sera maintenu dans ses attributions ; la morale sera enseignée laïquement, et la religion sera enseignée dans les endroits consacrés à la religion, et chaque père de famille choisira pour son enfant le culte qui lui conviendra, chrétien, juif ou protestant ; mais renonçons à confier aux divers clergés l'éducation des enfants si nous voulons, avant tout, en faire des citoyens français, si nous voulons en faire des hommes chez lesquels l'idée de justice et de patrie domine. A l'église, ils recevront l'enseignement des dogmes et apprendront tout ce qui est du domaine de la foi. A l'école, on leur enseignera les vérités de la science, dans leur rigueur et leur simplicité majestueuse ; et ainsi vous aurez concilié le respect de la liberté de conscience avec le devoir, qui est imposé à l'État, de préparer des citoyens dont l'éducation, dont les principes ne soient pas renfermés dans des dogmes théologiques, mais tiennent à des bases sur lesquelles repose notre société tout entière.

Rappelez-vous qu'il y a déjà sept ans, à la suite de grands efforts de la libre pensée française, le pape a jugé opportun de passer en revue tous les principes modernes d'où découlent nos lois civiles et politiques : la constitution de notre famille, de notre propriété, de notre État, les grandes séries de droits qui font l'indépendance de chacun de nous, la liberté d'examen, la liberté de la presse, le droit de réunion, d'association. Eh bien ! sur chacun de ces droits, le pape a crié anathème.

Est-il concevable, quand le pouvoir religieux s'exprime avec cette franchise, avec cette loyauté, qu'on abandonne l'éducation des générations futures à des hommes qui, par leur conscience, sont engagés à se faire les propagateurs de semblables doctrines? (Bravo! bravo!) Si vous leur confiez l'éducation, quand vous aurez à faire appel à l'énergie d'hommes élevés par de tels maîtres, quand vous voudrez mettre en mouvement ce peuple tout entier, quand vous lui parlerez de ses devoirs de citoyens, quand vous voudrez exciter en lui les idées de sacrifice, de dévouement à la patrie, vous vous trouverez en présence d'une espèce humaine amollie, débilitée, résignée à subir toutes les infortunes comme des décrets de la Providence. (Profonde sensation.)

C'est là, messieurs, le plus grand péril que puisse courir la société de 89, dont nous sommes les héritiers et les représentants. La société de 89 a pour principal objectif de faire dépendre le système politique et social de l'idée de la suprématie de la raison sur la grâce, de l'idée de la supériorité de l'état de citoyen sur l'état d'esclave. Au lieu de la doctrine romaine, qui habitue l'esprit à l'idée d'une Providence mystérieuse qui a seule le secret de ses faveurs et de ses disgrâces ; qui enseigne que l'homme n'est dans la main de Dieu qu'un jouet, la Révolution enseigne la souveraineté de la Raison, l'autorité et la responsabilité des volontés humaines, la liberté de l'action, et trouve la cause des souffrances, des malheurs de l'humanité, dans l'ignorance ou les fautes des hommes.

Depuis quatre-vingts ans, ces deux systèmes sont en présence ; ils se sont partagé les esprits et ont entretenu au cœur même de la société un antagonisme, une guerre acharnée qui explique pourquoi, faute d'unité dans l'enseignement, nous roulons, sans jamais pouvoir nous fixer, de la révolte à la compression, de l'anarchie à la dictature.

Il faut effacer cette contradiction, dissiper ce trouble des intelligences ; et il n'y a qu'un moyen, c'est de se désintéresser dans l'éducation publique d'une façon absolument impartiale de toutes les doctrines, de tous les systèmes, de toutes les sectes, de toutes les communions : c'est de laisser au libre choix ou même au caprice l'enseignement des doctrines religieuses, c'est de réaliser la séparation de ces deux mondes : le monde civil et politique et le monde religieux, pour lequel je conçois d'ailleurs qu'on ait infiniment de respect. Celui pour lequel nous sommes faits, pour lequel nous devons tout donner, nos facultés, nos efforts, notre vie, c'est le monde moderne ; le monde qui repousse la domination théocratique, le monde qui entend, non pas satisfaire seulement les intérêts matériels, mais les intérêts politiques, c'est-à-dire ne relever que d'une autorité de droit humain ; le monde qui a soif de science, de vérité, de libre arbitre, d'égalité, ce qui arrive à la déclaration et à la pratique des devoirs sociaux par l'émancipation et la glorification de la personne humaine considérée dans le plus humble comme dans le plus élevé. (Applaudissements.)

Mais cette réforme dans l'éducation et cette distinction à apporter entre l'enseignement religieux et l'enseignement laïque se relient elles-mêmes à la solution d'un autre problème depuis longtemps posé : la séparation de l'Église et de l'État.

Je ne trouve pas opportun de nous entretenir des phases différentes que cette question a parcourues ; mais je veux, en passant, appeler votre attention de républicains intelligents et pacifiques sur le côté démocratique de la question du clergé.

Il y avait autrefois dans la vieille monarchie française un grand clergé, fidèle à des traditions d'indépendance religieuse et nationale. L'Église de France avait toujours su se tenir au-dessus des prétentions ultramontaines ; par là, elle avait imposé le respect au monde entier.

Eh bien ! cette Église a disparu, parce que, sous prétexte de lutter contre les principes de la Révolution, mais en réalité par instinct de domination, le haut clergé s'est, peu à peu d'abord, mais bientôt exclusivement, recruté parmi les représentants de la doctrine romaine toute pure ; de sorte qu'aujourd'hui il n'y a réellement plus de clergé français, au moins dans ses rangs supérieurs. Toutefois, il reste encore une portion du clergé qui pourrait nous donner une idée de celui de l'ancienne France : c'est le *bas clergé*. Le bas clergé ! On l'a appelé ainsi parce que, comme un esclave entre les mains de ses maîtres, il est tout à fait en bas : c'est le plus humble, le plus résigné, le plus modeste des clergés. Le bas clergé, « c'est un régiment, — a dit en plein Sénat un hautain cardinal ; — quand je parle, il faut qu'il marche. »

Je n'ai jamais lu sans un mouvement de colère cette impérieuse parole. Oui, je suis acquis à la libre pensée, je ne mets rien à l'égal de la science humaine, et cependant je ne puis m'empêcher d'être saisi de respect et d'émotion quand je songe à ces hommes dont on parle avec tant de hauteur et qui constituent le bas clergé. Non, je ne suis pas froid pour l'humble desservant, pour cet homme qui, après avoir reçu quelques notions très-courtes, très-incomplètes, très-obscures, rentre au sein de ces robustes et saines populations rurales dont il est sorti. Tenant à la fois du paysan et du prêtre, il vit au milieu d'elles, il voit leurs luttes difficiles et rudes pour l'existence. Sa mission est d'alléger leurs souffrances; il s'y emploie de toute son âme; il les assiste et les console. Dans les dangers et les périls de l'invasion, j'en ai vu se montrer patriotes ardents et dévoués; ils appartiennent à la démocratie, ils y tiennent, et s'ils pouvaient se laisser aller aux confidences, plus d'un se reconnaîtrait démocrate et républicain.

Eh bien, messieurs, c'est ce clergé des campagnes qu'il faudrait élever, qu'il faudrait affranchir, qu'il faudrait émanciper, dont il faudrait former le clergé tout entier, afin de l'arracher au rôle et à la servitude que désigne ce mot cruel bas clergé. Vous voyez donc bien que, loin d'être les ennemis du clergé, nous ne demandons qu'à le voir revenir aux traditions démocratiques de ses aînés de la grande Constituante, et s'associer comme le reste des Français à la vie d'une nation républicaine.

Je le répète, je jette cette idée en passant.

Je reprends, et je dis que l'avenir dépend chez nous du

nombre des écoles, de la qualité des maîtres, de la fréquentation obligatoire des écoles, d'un programme étendu et varié ; de telle sorte qu'au lieu d'une science tronquée, on dispense à l'homme toute la vérité, et que rien de ce qui peut entrer dans l'esprit humain ne lui soit caché. Mais cette tâche réclame beaucoup d'efforts, du travail et de la persévérance : le travail, c'est la loi même de la démocratie, et c'est à substituer le règne du travail au règne de l'oisiveté ruineuse que consiste tout l'effort du parti républicain. Il y a maintenant une politique du travail : c'est l'opposé de l'ancienne politique de la guerre et de la conquête. Ne séparons pas cette politique du travail de l'idée même de la grandeur et de la richesse de la patrie.

Pourquoi désormais le peuple sera-t-il prêt au dernier sacrifice, quand il croira l'heure du sacrifice venue? Ce sera pour sauver les conquêtes du travail, pour ne rien laisser perdre de cette richesse créée à force de labeur et d'épargne, pour ne pas laisser porter atteinte à cette civilisation dont on l'aura rendu capable de goûter tous les fruits, et à laquelle il sera redevable du capital par excellence, qui est le capital intellectuel. (Vive approbation. — Applaudissements.)

Mais cet avénement du monde du travail, ce triomphe de l'idée de justice, dans l'accomplissement des devoirs sociaux, n'est possible — et c'est pour cela que nous avons foi dans l'idée républicaine — que dans la République, et c'est ainsi, messieurs, qu'à la question du progrès des masses se rattache la grande solution des problèmes sociaux, insolubles hors cette forme par excellence, où tous les partis peuvent se mesurer et conquérir le pouvoir sans avoir recours les uns contre les autres aux entreprises de la force. (Vifs applaudissements.)

C'est sous ce gouvernement, seul digne de ce nom, où chacun comparaît armé de son bulletin de vote et ayant un droit égal à celui de son voisin, que l'on peut créer des règles durables, fonder des institutions qui n'ont pas besoin d'être violemment détruites, parce qu'elles ne sont pas faites au profit

d'une famille ou d'un seul, que tous prennent part au gouvernement et à la souveraineté, que l'ordre véritable découle de
la capacité de chacun et de la volonté de tous, et où le pouvoir
toujours surveillé et restreint ne tente même plus les ambitions
factieuses, sûres d'ailleurs du châtiment.

Cette idée de République pure et simple n'était tombée que
dans la tête de gens que l'on considérait comme des rêveurs ;
mais quand on a vu toutes les monarchies installées depuis
cinquante ans s'écrouler les unes sur les autres ; oh ! alors, il
a été nécessaire de penser aux institutions républicaines, non
pas d'une manière platonique, mais pour elles-mêmes, pour
leur vertu propre.

On a, il est vrai, laissé de côté les hommes qui s'en étaient
faits les défenseurs ; mais on a abordé la question dans ses
profondeurs, et l'on s'est demandé si la République n'était pas,
après tout, le régime sous lequel on pouvait à la fois maintenir
le plus longtemps la stabilité et en même temps assurer le
développement des droits de tous. Et alors vous avez vu des
hommes qui avaient passé leur jeunesse à traiter de pur sophisme l'avénement de la République s'en faire les plus sérieux
partisans, devenir ses défenseurs officiels, défenseurs d'autant
plus autorisés que leur passé ne les prédisposait pas à jouer
un tel rôle. Il faut s'en réjouir ; mais il faut les harceler sans
cesse, il faut veiller sur eux sans trêve ni repos ; il faut reconnaître avec eux que leur conversion peut être sincère, que
rien ne nous serait plus profitable que leur acquiescement, et
que, par conséquent, nos griefs se réduiraient à ceci : l'achè-
vement d'une conversion bien justifiée, et l'amélioration de
l'État républicain.

Nous ne sommes pas, en effet, dans la situation où nous
étions autrefois, et notamment à la veille du plébiscite de mai
1870. Nous n'en sommes pas au désespoir ni à l'impatience ;
notre âme, au contraire, est pleine de confiance, pleine d'espoir. Oui, nous avons la conviction qu'après les leçons répétées
de la fortune, sauf le sinistre coupe-jarret de Décembre, il
n'est pas de prétendant qui puisse tenter par la force une

restauration monarchique. (Applaudissements prolongés.)

Non, nous n'avons aucune inquiétude sur la consolidation
de la République ; mais pour qu'elle ne perde pas la faveur
populaire, qu'on ne puisse nous la dérober, il faut qu'elle soit
féconde, qu'elle soit agissante, et que ce soit sous son égide
qu'on voie s'accomplir le progrès ; c'est pour cela, messieurs,
qu'on nous trouve si ardents contre tout ce qui est un obstacle
à l'accomplissement de ce programme que j'ai repris et exposé
devant vous ; c'est pour cela qu'en face d'une Assemblée qui
s'obstine à retarder la constitution de la République, qui refuse au pays sa capitale, et qui affecte de tenir comme provisoire, comme nominale, la forme de gouvernement qui nous
régit, nous sommes portés à critiquer ses actes et à les dénoncer au pays comme une véritable usurpation.

C'est pour cela que nous invitons tous nos amis à se réunir
à nous pour demander, non pas dans un intérêt de parti, mais
dans un intérêt exclusivement national, qu'une Assemblée nouvelle, une majorité incontestable et certaine prenne en mains
la préparation de toutes ces réformes.

Que peut-on objecter à cette conduite ? Que le pays s'est
prononcé ? Non ! non ! car le moindre examen de ses votes et
de ses scrutins démontre jusqu'à l'évidence que la volonté du
pays, c'est de fonder la République. (Applaudissements et acclamations.) Mais en dehors même des scrutins solennels, il y a
un fait qui s'impose et qui est encore plus significatif, si c'est
possible, c'est l'impuissance de l'Assemblée elle-même à rien
oser, à rien tenter de contradictoire à ces récents arrêtés de la
volonté nationale. (Sensation.) Quoi, lorsque, d'une part, la
nation a ordonné, et que, de l'autre, l'Assemblée a reconnu
qu'elle ne peut contredire cette volonté, pourrait-on plus
longtemps, sans commettre un véritable déni de justice envers le pays, sans compromettre ses intérêts matériels et
moraux, pourrait-on ajourner encore, se traîner plus longtemps dans le provisoire, refuser de résoudre aucune question
et dire obstinément : Nous avons reçu un mandat et des pouvoirs non limités ; toutes les manifestations électorales posté-

rieures ne peuvent rien contre ce titre primitif dont nous sommes revêtus ; la France n'a pas le droit de parler ; nous allons
décider de son sort ? (Profond mouvement.)

Heureusement que ce langage n'est point officiel, et qu'il
ne sera rien fait, même de la part des plus ardents, pour réaliser de tels défis à la souveraineté nationale. Condamnés à
l'impuissance, voués, par la composition même de l'Assemblée,
aux luttes stériles des partis, les députés comprendront eux-
mêmes qu'il est temps de sortir de ce chaos et de rendre au
suffrage universel la libre disposition de lui-même. (Applaudissements.)

Et d'ailleurs, messieurs, ce sacrifice est-il donc si pénible,
et est-ce, en vérité, exiger par trop de la nature humaine que de
réclamer un acte de sagesse et véritablement politique ? Examinons la question.

Au mois de mai 1870, au moment où, sous la pression des
agents de tout ordre et à l'aide de toutes manœuvres, l'empire surprenait la confiance de la France, la trompant à l'aide
d'une question captieuse, obtenait six millions de suffrages,
six millions de suffrages qui demandaient la paix, et à qui on
a donné la guerre ; six millions qui disaient stabilité, et qu'on
a voués à la ruine; six millions qui disaient ordre, et sur lesquels on a déchaîné une effroyable tempête ; six millions qui
voulaient dire sollicitude de l'intérêt national, et auxquels on
répondait par un défi insensé et criminel ; car le despote avait
l'espérance coupable de trouver dans les hasards de la guerre
un rajeunissement de forces qui permît encore une fois d'étouffer le pays. C'était encore la tradition de Bonaparte signant
l'acte additionnel et disant : « Nous verrons après la victoire. »

Vous savez ce qu'il nous en a coûté; seulement il est peut-
être utile de tirer du pébliscite lui-même et des événements
qui l'ont suivi un nouvel enseignement.

Au lendemain de cette catastrophe de Sedan, comme toujours depuis près d'un siècle dans ce pays, la France étant à
deux doigts de sa perte, la République a surgi; elle est sortie
de la conscience populaire et des nécessités du salut national ;

elle hérite d'un passé et d'une succession que rien ne peut liquider, et ses adversaires la voudraient rendre responsable des désastres amenés par la monarchie.

Cette perfidie ne trompera pas le pays.

Pour la troisième fois, et par les mêmes mains, l'existence nationale était menacée, et, aujourd'hui, j'ose dire qu'à l'heure où la République ramassait le pouvoir au milieu de l'épuisement de toutes nos ressources, elle seule pouvait vaincre ; mais trahie par la fortune et les hommes, elle a sauvé le bien le plus précieux des nations : l'honneur. (Applaudissements.)

Eh bien, cette République, que le suffrage universel paraît de plus en plus disposé à consolider, est au-dessus des discussions et des attaques ; et je me demande en définitive d'où provient un si grand résultat. Il n'est pas dû seulement à l'activité et à la sagesse du parti républicain ; il vient de plus loin, et si vous le voulez, nous allons décomposer l'ensemble de ces six millions de suffrages qui se sont rencontrés dans l'urne plébiscitaire.

J'admettrais que, en dehors des excitations, des manœuvres, des pratiques de toute sorte auxquelles se livraient les agents de l'empire, il y ait eu une certaine fraction de voix acquises, coûte que coûte, au gouvernement impérial ; mais le reste, on peut le décomposer en deux parts, dont la plus considérable — au moins quatre millions — représentait, sous l'empire même, ce qu'on appelait la démocratie césarienne, qui voulait l'installer dans le pays, et qui croyait à ses progrès, à son organisation, par la main d'un maître, au dedans et même au dehors.

Erreur fondamentale qui a coûté à la France l'avilissement de ses mœurs et ses deux plus belles et plus fières provinces. Oui, ces électeurs confiants et trompés demandaient le développement des principes de 89, inscrits au frontispice de la Constitution. L'empire, lui, les réclamait pour les exploiter, pour séduire les masses, garder les ouvriers et garder les paysans ! Mais il les réclamait néanmoins.

Je dis et je répète que, parmi ces voix plébiscitaires, ils

étaient nombreux les esprits honnêtes, loyaux, qui ont été abusés, car ils voulaient la suprématie des principes de 89 dans la société démocratique; ils voulaient l'égalité devant la loi; ils voulaient l'instruction assurée, l'impôt du sang obligatoire, la diminution des priviléges du clergé, et la répartition équitable des charges publiques : c'étaient des gens trompés qui croyaient à la suite de la Révolution, et qui croyaient possible l'alliance adultère de l'empire et de la démocratie. Par conséquent, nous avons le droit de les revendiquer. Instruits par le malheur, débarrassés des suggestions napoléoniennes, ils sont de droit, de sentiments, acquis à la cause de la République et de la démocratie. Oui, j'ai cette conviction qu'à part la bande dorée des parasites qui depuis vingt ans avait mis la France en coupe réglée, à part ces conducteurs de la mascarade impériale (Rires), le suffrage universel, dans ses masses, s'est laissé tromper.

Ainsi donc, soyons avec eux d'une parfaite tolérance pour le passé, ne récriminons pas; qu'ils entrent dans nos rangs, et poursuivons ensemble la réalisation d'idées qui n'ont couru de périls que par leur égarement, aujourd'hui dissipé.

Et à côté de cette force immense que le parti républicain a le droit de revendiquer et de mettre en œuvre, il ne reste guère qu'un parti dont les prétentions sont connues, ce sont les hommes du passé. Leur rôle est de représenter l'ancien régime; mais le démembrement de ce parti est un fait accompli. Il reste à ses représentants à se pénétrer des aspirations contemporaines, à renoncer à un idéal usé et qui a disparu à jamais. Nous n'oublierons pas, pour notre part, les glorieuses pages que leurs aïeux ont écrites dans l'histoire de France, et cela même les invite à s'adapter, à l'heure qu'il est, aux intérêts de France moderne. Poursuivre plus longtemps, quatre-vingts ans après 89, le retour d'un régime qui a disparu sous les forces réunies de la société française, c'est se vouer à l'impuissance et à l'isolement sans espoir.

Ils n'ont qu'un seul parti à prendre, c'est de considérer que le pouvoir républicain est le plus libéral de tous les pouvoirs;

que leurs aptitudes, leurs talents, leur éducation, doivent leur
y faire jouer un rôle important, et qu'ils y seront comme la
parure de l'État.

Quant à ceux qui se disent conservateurs-libéraux, ceux-là
n'ont pas d'idéal, ni en avant ni en arrière. Ils ont des principes, ce sont de pures maximes; ils ne pratiquent point; ils
n'ont, à vrai dire, aucune préférence de cœur : le cœur ne tient
pas grande place dans leur politique. (Applaudissements.) Ils
ont des intérêts, ils les défendent; je ne trouve pas cela mauvais, quand les intérêts sont légitimes et respectables.

Je suis très-disposé à classer en deux parts les hommes de
ce parti : ceux qui sont d'une parfaite indifférence pour tout
ce qui n'est pas leur bilan, et qui, pendant vingt ans, ont
donné des blanc-seings à ce fameux sauveur qui répondait de
l'ordre, naïfs et sceptiques tout ensemble, qui sont tout surpris,
à l'expiration de ce bail, de se trouver plus menacés, un peu
moins riches et plus troublés qu'auparavant. (Hilarité et approbation.)

Tout cela pour n'avoir pas pris eux-mêmes la protection de
leurs intérêts, et pour s'obstiner à ne concevoir la société que
comme une association en commandite où le gérant se charge
de fournir les soldats, les prêtres et les gendarmes. (On rit.)

Ce sont là des institutions utiles, messieurs, nécessaires,
mais qui ne sauraient remplacer la force morale, seul fondement de l'autorité; et vous en avez un triste et récent exemple.

Il y a aussi parmi eux de véritables et sages conservateurs;
ce sont d'utiles contradicteurs. Dans le système démocratique,
il faut deux partis, se combattant au plein jour et luttant pour
le pouvoir sans violence, avec les armes de la raison et de la
science. Il faut un parti des réformes, le parti novateur; un
parti plus particulièrement préoccupé des progrès et des améliorations, qui prend la tête de la société, qui a l'impatience
de la justice, mais qui pourrait se jeter hors de l'orbite, s'il
n'était retenu et même retardé dans sa marche par un second
parti non moins nécessaire qui lui sert de frein. Il faut donc
un autre parti plus calme, plus timide, toujours résistant,

mais qui sache céder à la voix de l'opinion et accomplir les réformes qui sont mûres. C'est dans l'équilibre de ces deux fractions politiques, sous la protection des lois et la garantie des droits que je place véritablement le fonctionnement du gouvernement républicain et la condition de l'ordre.

Mais, du moment que l'un veut opprimer l'autre par la force, c'est la guerre sociale organisée, et vous n'êtes plus des conservateurs.

Ainsi donc, nous pouvons nous séparer en affirmant que la France s'est définitivement ralliée à la République, et qu'avant peu il faudra bien que tous les partis se renouvellent; les plébiscitaires désabusés, les conservateurs instruits par l'expérience, comprendront tous les jours mieux les garanties d'ordre et de liberté qu'offre seul le gouvernement républicain. Il nous sera peut-être donné, et je tiens à exprimer même cette espérance dans le deuil même qui nous a réunis, d'assister, avec le concours de tous les citoyens, à la fondation du grand parti républicain national, qui n'a d'autre ambition que de rétablir la prospérité du pays, de sceller l'union de tous les Français par la reconnaissance et l'harmonie de tous les droits. Alors la nation, ramassant toutes ses forces, unie et libre, pourra se tourner vers l'Europe, se faire rendre ce qui lui appartient et la place qui lui est due. (Vives acclamations et cris : Vive la République! Vive Gambetta!)

DISCOURS

PRONONCÉ A ANGERS

Le 7 Avril 1872

———

MESSIEURS ET CHERS CONCITOYENS,

Il m'est particulièrement doux de me trouver au milieu
d'une démocratie qui a des représentants comme ceux qui
sont assis à cette table ; il m'est particulièrement doux de sentir,
dans l'accueil que vous me faites, que vous avez voulu surtout
distinguer le sentiment, le zèle avec lesquels il m'a été donné
d'unir, d'allier ensemble le drapeau de la République à celui
de la France.

Car ce sont de véritables calomniateurs, des détracteurs du
passé comme de l'avenir, ceux qui prétendent que, pendant
une seule minute, à une époque quelconque de notre histoire,
nous avons mis en opposition ou en balance l'intérêt du parti
et l'intérêt de la France. (Très-bien ! très-bien !)

Non, pas plus que nous n'avons séparé le suffrage universel
de la République, nous n'avons jamais séparé la France de la
République.

C'est avec le prestige de cette indissolubilité que le parti
républicain a droit de se présenter devant les factions rivales
et devant le monde entier ; c'est dans ces sentiments de soli-

darité, d'union indissoluble que nous devons toujours nous placer, pour la contradiction, en face de ceux qui disputent encore à la France la constitution permanente et définitive du gouvernement républicain. (Applaudissements.)

Je vous en prie, mes amis, vous disiez tout à l'heure : Vive Gambetta ! et plusieurs d'entre vous faisaient dominer, et avec raison, le cri de : Vive la République ! eh bien, ce que je vous demande, c'est de ne pas me prodiguer des applaudissements qui, certainement, partent chez vous de cette profonde affection que je vous ai vouée, et que vous me rendez, — mais qui sont inutiles entre hommes libres. (Très bien ! — Marque unanime d'assentiment.)

Eh bien ! puisque nous voici réunis, je peux bien profiter de la circonstance et de l'occasion, en réponse aux excellentes paroles que vous avez entendu prononcer tout à l'heure par mon excellent ami, et votre vétéran dans les luttes politiques de ce pays, l'honorable M. Guitton aîné — je peux bien, dis-je, profiter de la circonstance pour vous dire toute ma pensée.

L'honorable M. Guitton aîné vous exposait quelles sont nos espérances et quelle est, au vrai, notre situation, et il vous montrait comment notre politique, — la politique républicaine, — que l'on doit présenter avant tout comme une politique nationale, est à la fois protectrice de l'ordre, de la liberté, et de tous les intérêts, sans distinction aucune, qui ont le droit d'avoir leur place au soleil.

Oui, je maintiens qu'aucun autre parti ne se présente au pays avec une politique comportant les mêmes avantages, — et je fais, croyez-le bien, quand je parle des partis, des distinctions entre ceux qui méritent de figurer dans l'arène et ceux qui doivent en être constamment exclus.

J'estime donc que nous sommes arrivés à une période particulière de l'histoire de la Révolution française, et je tiens ce langage au lendemain de ces désastres sans nom qui ont mutilé la France, qui l'ont accablée, mais qui ne l'ont pas ruinée, entendez-le bien ! car, de tous les côtés, on voit distinctement les germes de la vitalité reparaître, les cœurs se refaire, l'avenir se dégager, en sorte que l'on peut prédire, à coup sûr, que cette nation, qui a su sauver son honneur, saura reprendre véritablement le rang qui lui appartient dans le monde. (Oui ! oui ! — Longs applaudissements.)

C'est, en effet, par la conservation de l'honneur que se conservent les peuples. Les peuples ne périssent jamais par des convulsions intérieures, par des luttes de partis ; non, ils ne périssent que lorsque, autour d'eux, les autres peuples font le silence, que lorsque tous signes de vie particuliers, toutes communications voisines leur sont interdites, ou bien lorsque ces relations avec leurs voisins ne peuvent avoir lieu que le joug sur la tête. Oh ! c'est alors que tout est compromis et que tout va périr. (Sensation.)

C'est par l'expansion, par le rayonnement de la vie au dehors, par la place qu'on prend dans la famille générale de l'humanité que les nations persistent et qu'elles durent. Si cette vie s'arrêtait, c'en serait fait de la France, mais cet arrêt est impossible, j'en atteste le besoin qu'on a d'elle dans le monde ! (Bravos et applaudissements.)

Revenons aux paroles qu'on a prononcées, et, à l'heure où je peux me trouver en communication intime avec vous, mes chers concitoyens, laissons de côté ces grands sujets de philosophie politique et causons de nos affaires, comme dans une véritable démocratie, entre égaux, avec les seules différences que créent le travail et l'intelligence, ces instruments supérieurs de l'activité humaine, que l'on a le droit d'invoquer et de faire valoir, pour parler à des hommes. (Approbation.)

Eh bien, s'il faut que je vous dise ma pensée, j'ai été attiré vers vous, messieurs, surtout par un besoin de visiter une partie de la France que l'on méconnaît, que l'on rabaisse, et à laquelle on ne rend pas toute la justice qui lui est due, la justice du patriotisme.

Oui, vous savez bien de qui et de quoi je veux parler. On considère constamment cette partie de la France, circonscrite par la Loire et par l'Océan, comme une espèce de forteresse, de citadelle que les préjugés gardent pour en empêcher l'accès à toutes les idées autres que les idées du passé !

Et l'on ajoute : « Que parlez-vous de République, d'intérêts démocratiques dans ces pays ? ce sont des landes, des steppes habitées par des esprits mal faits et chagrins ; ce sont des populations abandonnées : c'est la Vendée, c'est le Bocage, c'est le Maine-et-Loire... c'est fini, c'est une terre pour laquelle toute culture est inutile ! »

C'est souvent ce qui arrive en France. On l'a dit avec raison : On ne voyage pas assez en France, et ce que nous connaissons le moins, c'est notre propre géographie. (Vive approbation.)

Autrefois ces pays étaient le terrain des priviléges par excellence ; c'est là que se firent les grandes attaques et les longues résistances, c'est là qu'il en a le plus coûté pour installer les bienfaits de la Révolution française : mais c'est précisément à cause de ces luttes que vous gardez le souvenir de ces bienfaits avec plus de piété et de ferveur ; et parce que vous n'avez pas pu profiter de la vivacité du courant énergique et rapide qui a entraîné d'autres populations de notre pays, qui n'avaient pas à secouer autant de siècles d'iniquités que vous-mêmes, ce n'est pas une raison pour qu'il soit permis de dire que vos populations n'ont pas un cœur véritablement français et républicain. (Marques unanimes d'assentiment. — Bravos.)

Vous en avez d'ailleurs donné de mémorables témoignages. Je ne rappellerai pas votre passé, parce que je crois qu'il n'est pas bon de rappeler le passé quand il s'appelle la guerre civile. (Très-bien ! très-bien !) Je préfère rappeler vos manifestations plus voisines de nous, toutes récentes, depuis le jour où il vous a été donné de pratiquer la liberté électorale, depuis que vous avez cessé d'être placés sous le coup des incitations de l'empire, de cet empire maudit, dont le nom ne devrait être prononcé qu'avec une sorte de dégoût physique, de cet empire qui avait eu l'impudeur et l'étrange fortune, — soutenu par les moyens de corruption de toute nature que vous savez, — de recourir aux voix du plébiscite, de cet empire qui osait soutenir dernièrement qu'il avait été renversé par une émeute, alors qu'il a été expulsé par une sorte de hoquet public. (Double salve d'applaudissements. — Interruption de quelques instants.)

En bien, cet empire avait interrogé, consulté le suffrage universel ; il avait mis aux voix non-seulement son propre arrêt, mais l'arrêt de la patrie ; et, chose inouïe, chose unique dans l'histoire ! trois mois après le vote de ce peuple, qui avait livré sa fortune, sa destinée, le patrimoine de sa gloire passée, ses frontières, la garde de son unité à un aventurier parjure et criminel, — trois mois après le vote, cet implacable arrêt s'exécutait, et c'était sous le coup du plébiscite que nous perdions l'Alsace et la Lorraine ! (Sensation prolongée.)

Quand je dis : nous perdions l'Alsace et la Lorraine, je m'entends et je n'insiste pas, vous me comprenez aussi, nous ne les avons ni perdues ni cédées. (Adhésions unanimes.)

Mais sur ce sujet il faut être sobre. Ce n'est pas ici, dans cette assemblée, où je vois des hommes qui ont si noblement et si fièrement fait leur devoir pendant la guerre, qu'il convient de dire que leur sang a coulé en vain pour la défense de la France. (Bravos enthousiastes.)

Quand je suis venu chez vous, messieurs, je savais bien que je n'étais pas sur la terre stérile et inconnue dont je parlais tout à l'heure, je savais bien que j'allais dans une ville où le Conseil municipal, où la mairie, où les autorités voisines de Saumur, de Baugé et d'autres endroits, sont dans les mains non pas de gens de parti, mais de mandataires libres, loyaux et responsables, choisis par la majorité de leurs concitoyens, dignes de leurs mandants et à la hauteur de leur mandat. (Applaudissements.)

Et alors, pendant que les uns me font voyager au delà des frontières (Rires), que d'autres me promènent au milieu des populations du Midi, que d'autres enfin me contestent même le droit de me déplacer (Nouveaux rires), je me suis dis que le meilleur moyen d'utiliser les quelques jours de vacances que les Conseils généraux font à l'Assemblée de Versailles, c'était de venir parmi vous, pour vérifier une fois de plus à quel point l'Assemblée de Versailles ne représente plus le pays (Applaudissements prolongés), même dans les endroits d'où étaient venus les plus arrogants de ses membres (Rires), lesquels, à l'heure qu'il est, ne représentent plus qu'eux-mêmes, et, en vérité, ce n'est pas assez ! (Nouveaux rires d'approbation.)

Eh bien, je suis fort satisfait de mon voyage, et veuillez croire, messieurs, que je n'ajoute rien de trop personnel dans cette satisfaction. Je ne suis pas seulement édifié sur les dispositions que vous avez bien voulu me manifester, mais je trouve qu'il y a une telle concordance, une telle alliance entre vos idées et les idées des populations qui sont de l'autre côté de la Loire, qui sont sur les bords du Rhône, sur les bords du Var, qui bordent toute la Méditerranée, que je me dis : Il est percé à jour ce calcul de nos adversaires qui consiste à représenter une partie de la France comme étrangère à l'autre, ceux-ci à ceux-là. Non ! c'est toujours le même esprit, partout homogène et partout semblable à lui-même, qui anime, qui enflamme et qui réunit toutes les parties de la France et, au nom des intérêts républicains, je salue l'unité morale de la patrie. (Applaudissements prolongés.)

C'est, en effet, un des calculs les plus habituels de nos détracteurs en face des populations différentes du Nord, du Centre ou de l'Ouest de la France, — populations qui ont gardé par devers elles, au milieu de la nationalité française, une empreinte particulière, un air de race, des mœurs, des habitudes, des pratiques qui, dans l'admirable faisceau de l'unité française, conservent une variété harmonieuse, — c'est le calcul de nos détracteurs, profitant de cette diversité, de dire par exemple aux Provençaux : Si vous saviez comme telles populations sont alourdies, comme elles ont peu l'instinct du progrès, comme elles vous sont étrangères et indifférentes !

Et aux populations du Nord ou de l'Ouest ils disent, en parlant du Midi : C'est une population absolument volcanique ; on n'y parle que de s'égorger ; c'est une race indisciplinée et impossible à gouverner ; c'est un peuple de démons !

Et voilà comment on présente les deux frères l'un à l'autre ! (Rires. — Applaudissements.)

Or, messieurs, à voyager, à visiter les différentes localités des pays, on acquiert cette conviction, toujours grandissante, que la République est la même partout, que les populations obéissent à leurs tempéraments qui sont différents : les unes la réclament, les autres la préparent ; les unes la pressent, d'autres l'attendent, d'autres enfin l'exigent. (Vive approbation.)

Mais toutes ces variétés, — n'en déplaise aux moroses et aux chagrins de la monarchie, — ne signifient qu'une chose : nous avons la République, nous voulons la garder, nous voulons la développer. (Oui ! oui ! — Bravos.)

Et c'est à ce travail de consolidation, de développement, d'accroissement, que chacune de ces factions de la nation apporte son contingent spécial et personnel de lumières, d'activité, d'aptitudes. Et c'est par là que je conçois qu'il déplaise beaucoup à certains esprits de vous voir voyager, parce que ce qu'ils redoutent, c'est le contact, parce que quand on se voit, l'on se compte et l'on s'unit, et parce que notre union fait notre force. (Approbation.)

Oui, c'est l'union qui, jusqu'ici, a fait votre force, c'est l'union qui vous a permis de vous relever d'une chute qui, pour être glorieuse, n'en a pas été moins profonde ; c'est l'union qui vous a permis, comme on l'a rappelé, de traverser les mauvais jours, qui vous a permis d'attendre que l'heure du rappel et de la justice sonnât ; et c'est cette union sacrée, à laquelle il faut faire tous les sacrifices, cette union, gage certain du triomphe prochain, c'est elle qui vous permet aujourd'hui d'assister l'œil tranquille, l'observation parfaitement sagace, à la pulvérisation des partis adverses ; car si votre union est consommée, si votre pacte est fait, si, laissant de côté résolûment les dissidences d'origines et de théories que comporte toujours, dans un grand parti comme le nôtre, la discussion des idées, nous nous trouvons ramenés, avec une inflexible rigueur de méthode, devant l'urne électorale, si tout le monde est d'accord pour demander ce que nous devons réclamer, nous vaincrons. A ce titre, dans ces conditions, mais à ce titre seulement, et dans ces conditions seules, nous vaincrons, et pour toujours.

Vous avez déjà vu les premiers fruits de la victoire : ils ont été doubles. Non-seulement vous avez pu faire apparaître un personnel, dans notre parti, à tous les degrés de l'échelle sociale ou administrative ; mais, par votre union, vous avez immédiatement jeté le désordre, la confusion et l'incohérence dans les rangs de vos adversaires, et c'est depuis que vous êtes unis qu'ils se divisent. (Vive approbation.)

En effet, où en sont-ils ces adversaires ?

Il y a, comme vous le savez, un parti qui, je m'empresse de le dire, est composé de gens beaucoup plus innocents que méchants, de gens appartenant à une éducation de classe, de religion, de fortune qui explique intellectuellement et psychologiquement leurs affections intimes ; mais ce n'est pas de cela qu'il s'agit ; il s'agit de savoir ce que veut ce parti et où il nous mènerait.

Eh bien, ce parti, qui ne tient aucun compte des événements accomplis depuis près d'un siècle, qui n'en tient compte ni ici, ni là, ni en France, ni en Europe, ni en Amérique, qui ne tient compte ni des faits qui se sont produits depuis le retour de la Restauration, ni du système général politique des gouvernements, ni des principes de l'économie sociale, ni des conquêtes de l'esprit d'examen, ni de celles de la science, s'obstine à demeurer attaché à tous les éléments qui ont disparu les uns après les autres. De telle sorte que, si nous voulions lui céder, il ne serait pas plus difficile de ramener parmi nous n'importe quelle civilisation éteinte depuis des siècles que son système disparu depuis 1789. (Applaudissements. — Très-bien ! très-bien !)

Ce parti est composé d'hommes qui croient que des obligations de cœur, qu'une certaine noblesse de caractère, qu'une véritable générosité de sentiments les obligent à jouer, au milieu de notre société, ce rôle de paladins inconvertissables. (On rit.)

Ne leur parlez pas raison, ils ne connaissent que la foi; ne leur parlez pas de ces forces, à la fois terribles et nouvelles, qu'on appelle les forces de la démocratie; ne leur dites pas que, désormais, il est impossible de faire rentrer sous terre ce fleuve qui ne déborde pas, mais qui coule à pleins flots d'un cours régulier et sûr; ne cherchez pas à leur faire comprendre que la terre aux mains des paysans, que l'atelier aux bras de l'ouvrier, que les capitaux eux-mêmes, que l'on a réussi à acquérir par des efforts accumulés, aux mains du capitaliste et du financier, ce sont les forces de la démocratie; ne leur dites pas que nul ne doit échapper aux charges de la société, ce qui est une des lois de la démocratie; ne leur dites pas que l'armée elle-même représente une vaste fonction sociale à laquelle chaque citoyen doit concourir, ce qui est encore une loi de la démocratie; ne leur dites pas que l'armée de 1797 comme celle de 1832 sont des institutions démocratiques; ne leur dites pas tout cela, ils ne vous comprendraient pas; ils vous diraient que vous êtes des sacriléges et ils vous accuseraient de vouloir attenter à leur foi. (Approbation.)

Vous ne pouvez discuter avec eux, ils se servent de leur langue et de leur esprit, mais ils détestent la raison; ils ont de véritables grâces d'État : ce sont les naïfs; c'est là, permettez-moi le mot, la fine fleur du parti légitimiste. Je les respecte infiniment; ils ont le goût de la tradition, et ils la défendent, mais ils ne la comprennent pas.

Ce n'est pas, à coup sûr, qu'il faille rayer de notre histoire le magnifique développement de la monarchie qui a fait la France avec le concours, avec les efforts associés du peuple, de la bourgeoisie et de la noblesse. (Vive approbation.) Mais ce passé a fourni sa carrière, c'est une force épuisée dont la source est tarie et qui doit disparaître pour faire place à un monde nouveau qui commence.

En conséquence, — et que nul ne se trompe à mon langage, — s'ils se croient les continuateurs de la tradition, c'est une erreur ; car si cette civilisation disparue avait pu convenir au déve-, loppement de la démocratie, elle se fût associée elle-même aux nécessaires progrès de cette force moderne. Cet équilibre a été tenu, on a essayé de faire un pacte et, après l'expérience, il a fallu se poser ce dilemme : Ou il n'y a pas de souverain ou il n'y en a qu'un seul, et c'est le peuple. (C'est cela ! — Très-bien !)

Alors la monarchie a apparu sous deux aspects : une fois, elle s'est posée en maître du peuple ; une autre fois, elle a été son serviteur subjugué ; dans l'un et l'autre cas, elle a dû disparaître.

Toutefois, ceux qui se croient les serviteurs de la tradition sont sortis comme par hasard, comme par surprise, du fond de je ne sais quelles gentilhommières, ils sont arrivés, se sont présentés à la France, et la France ne les a pas reconnus ; ils le savent eux-mêmes aujourd'hui, et c'est pour cela qu'ils ne veulent pas s'en aller. (Hilarité.)

Car, remarquez-le bien, si l'on passe en revue tous les arguments pour ou contre la dissolution, au fond on voit qu'il n'y en a qu'un : c'est la certitude de revenir ou de ne pas revenir. Messieurs, je ne veux rien dire de désagréable, mais je suis convaincu qu'il y en a un bon nombre, à l'Assemblée de Versailles, qui sont fixés à cet égard.

Du reste, ils ont quelque raison d'être fixés, car le 8 février 1871, — époque à laquelle ils ont été nommés, je dis ceci entre parenthèses, non pas seulement comme des députés et des législateurs, mais comme des parlementaires, permettez-moi ce mot, entre deux armées, — à cette époque, dis-je, ils avaient une mission spéciale et limitée. Le suffrage universel ne s'y était pas trompé : il se trompe fort rarement, et il sait très-bien ce qu'il veut faire. A ce moment il voulait faire une certaine chose : cette chose a été faite, obtenue, et, lorsqu'elle a été terminée, tout le monde a considéré qu'il n'y avait plus rien à faire pour ceux qui en avaient été chargés.

C'est tellement vrai qu'aussitôt qu'on a voulu consulter à nouveau le suffrage universel, que s'est-il produit? le suffrage universel consulté, sous quelque forme que ce soit, à quelque degré de la hiérarchie qu'on se place, a répondu d'une façon uniforme ; il a dit : Rendez-moi ma souveraineté ! (Applaudissements prolongés.)

On l'a consulté pour les élections municipales, et il a donné là un merveilleux exemple, bien nouveau, bien rassurant ; il s'est prononcé au milieu de la guerre civile, au bruit des déclamations dirigées contre le parti républicain, sans émotion, avec un sang-froid imperturbable, sur tous les points de la France. Et qu'est-ce qui a triomphé dans les élections municipales, leur esprit gagnant de proche en proche, de la commune au chef-lieu de canton, du chef-lieu de canton au chef-lieu d'arrondissement, qu'est-ce qui a triomphé? le parti de la République, le parti de la paix sociale, le parti qui voyait dans ces élections une manifestation politique, — peut-être à tort, — mais enfin on disait que c'étaient des élections politiques. Nos adversaires avaient placé la lutte sur ce terrain, et vous les avez exclus. Ils ont été battus et vous avez triomphé.

Vous savez mieux que moi, messieurs, de quels noms on se servait alors, de quels reproches et de quelles calomnies on assaisonnait les discussions. Vous avez triomphé par le suffrage universel qui a dit : Il n'y a qu'un moyen de ramener la paix sociale, c'est de faire une autre Chambre. (Oui! oui! — Applaudissements.)

Et l'affirmation qui se traduisait ainsi s'est reproduite plus tard dans d'autres actes du suffrage universel. Elle s'est renouvelée dans les élections aux Conseils généraux, assemblées réunies à l'heure actuelle. Le succès a été tel que véritablement on ne se lasse pas d'envisager les conséquences fructueuses, les conséquences, permettez-moi de le dire, incalculables pour nos idées, de ces élections aux Conseils généraux.

Rappelez-vous, messieurs, dans quelles circonstances elles ont eu lieu.

On disait — c'est une théorie qu'on n'oserait plus faire aujourd'hui, — qu'il y avait une centralisation trop forte depuis longtemps, que les préfets avaient trop d'action, qu'il fallait les mâter; — c'est qu'on était en République; vous comprenez bien ! (Rires) — car, sous une bonne monarchie héréditaire ou quasi héréditaire, on n'eût pas été si pressant; mais il y avait là une démocratie, un suffrage universel qui montait toujours et dont les flots finissent par engloutir tout ce qui reste des anciens priviléges.

On regardait monter le flot et l'on disait : Nous ne trouverons donc pas le moyen d'endiguer ce flot débordant; il faudrait peut-être mettre la main sur les départements.

Et alors on organisa cette petite loi que vous connaissez, qui ne paraissait être rien ; qui avait un air innocent ; elle rencontra, dans la discussion, bien des difficultés, bien des résistances, mais enfin elle fut votée et on arriva à l'exécution. C'était fort simple, il s'agissait de faire en sorte que les chefs, que leurs amis, que l'état-major qui avait préparé la loi, fussent nommés conseillers généraux, entrassent dans la forteresse, en prissent les clefs et les missent dans leur poche.

Intervient alors le suffrage universel, et il choisit ses mandataires départementaux avec un tact parfait, et à 120 députés, appartenant à ce parti rétrograde parfaitement connu, — je ne veux pas citer de noms, parce que je ne veux pas faire de personnalités, — on a opposé des républicains, quelquefois des républicains de la nuance la plus accentuée. Et que s'est-il passé? Ce sont les fils des croisés qui ont mordu la poussière. (Rires. — Bravos.)

Or, voilà cette loi des Conseils généraux qui, au lieu d'être une loi agréable, utile, devient une loi tout à fait détestable. En effet, à quoi sert-elle? à mettre en lumière les progrès accomplis par le suffrage universel dans toutes les couches sociales, à faire arriver dans les Conseils généraux — qui n'avaient été jusque-là que des foyers de réaction —des hommes dévoués, sincères, apportant, dans la discussion des intérêts de leurs commettants, des intentions droites, connues et une conscience pure. Ces hommes se sont assis, la plupart pour la première fois, devant le tapis vert de la table du Conseil, et je dois dire qu'ils ont donné, par leur activité, par leur zèle, par leur compétence, un éclatant exemple de ce qu'ils peuvent faire.

Ces Conseils ont été la grande consolation de la France alors que, de tous côtés, on cherchait sur quels hommes, sur quels groupes on pourrait s'appuyer, si des moments de détresse se représentaient, ces Conseils se sont offerts comme une véritable force pour le pays, et l'on a parfaitement senti qu'avec une démocratie ainsi préparée, non-seulement pour l'ordre, mais pour la pratique des affaires, la situation changeait et que la République s'était élevée au-dessus des atteintes des partis. (Applaudissements.)

Tout le monde l'a compris ainsi, et soyez convaincus que le désarroi qui s'est mis chez les uns et certaines facilités qui se sont produites chez les autres ne viennent pas d'ailleurs que de cette expérience récente, que de ce trait de lumière, que de cette volonté deux fois répétée du pays, manifestée d'une façon intime, personnelle, toute locale, sur ce terrain rétréci de la lutte dans les cantons, lutte dont le résultat a été de faire savoir aux hommes de l'Assemblée qu'ils n'avaient pas reçu le mandat de conspirer contre la République. Ces membres de l'Assemblée sont venus devant les électeurs en leur demandant un mandat local, départemental, et ils ont échoué là où leur influence passait pour la plus considérable et paraissait le mieux assise. Aussi ont-ils compris le sort qui leur était réservé s'ils tentaient d'aborder une arène plus large. (Approbation.)

Mais il ne faut jamais trop triompher, il ne faut jamais cueillir prématurément le fruit de sa victoire. Quant à nous, nous n'avons pas espéré qu'il suffirait de ces deux manifestations pour amener la conviction, la persuasion dans certains esprits. Les simples, les gens qui croient que les affaires publiques sont toujours menées de bonne foi par les partis, l'ont espéré quelques instants ; leur désillusion a été prompte.

A peine avait-on enregistré ce double résultat des élections aux Conseils municipaux et généraux que les partis sont entrés véritablement en scène, et alors nous avons vu le parti légitimiste — non pas précisément celui dont je parlais tout à l'heure, — mais le parti légitimiste d'une autre nuance et le parti orléaniste se mettre à l'œuvre. Il y a bien eu en scène aussi le parti bonapartiste, mais de celui-là nous n'en parlerons pas, si vous le voulez bien. Car ce n'est pas un parti politique, c'est une bande, c'est une horde, et rien de plus. (Rires.)

Ces partis ont manifestement jugé que, devant cette répulsion du pays, il y avait quelque chose à tenter pour rétablir leurs affaires.

Ce quelque chose, c'était d'aller chercher un roi. On a considéré qu'il fallait peut-être lui demander quelque chose. On a rédigé un programme, quelque chose comme une Charte, et l'on a cherché à y rallier tous les partisans de la monarchie.

Tout cela s'est passé en pleine République — remarquez-le bien, — alors que nous sommes, nous républicains, des hommes de désordre, des hommes d'agitation, des hommes qui ne cherchent qu'à exciter les passions. C'est en pleine République qu'on a fait cette chose tout à fait simple et morale d'aller à l'étranger chercher un roi pour le ramener et l'installer à la place du gouvernement actuel, car, je le pense, c'était pour lui donner la place qui était si bien remplie. Et cela ne s'appelle pas conspirer, cela ne s'appelle pas menacer la fortune et la paix publiques, se livrer à des manœuvres coupables! agir ainsi sous l'œil de l'étranger qui campe sur notre territoire, est-ce mal? non! vous vous trompez, c'est le parti des honnêtes gens qui se conduit ainsi, et ce qu'il fait s'appelle chercher à garantir l'ordre. (Applaudissements répétés.)

Oui, c'était pour affermir l'ordre, pour le sauver dans le présent et dans l'avenir, que l'on se livrait à ces menées et à ces voyages.

Mais il est arrivé que le nombre des prétendants était trop
considérable. (Hilarité.) Il y avait trois prétendants qui s'offraient pour sauver l'ordre. Ils ont eu leurs représentants dans
le sein de l'Assemblée et, au dehors, on a parlementé, on a
échangé un premier programme, puis un second, puis il s'est
même trouvé un esprit subtil qui en a fait un troisième.
(Rires.) Enfin après avoir rédigé, voyagé, modifié, on a abouti
à cette déclaration magnifique :

Que le parti de l'ordre était divisé en trois, qu'il y avait
trois combinaisons : l'ordre avec la monarchie traditionnelle,
l'ordre avec la monarchie constitutionnelle, l'ordre enfin par
une certaine combinaison toute nouvelle appelée le stathou-
dérat. Ces trois combinaisons ne s'entendaient entre elles, ne
se ralliaient que sur un point : faire un acte décisif de conservation et d'ordre, supprimer la République.

Mais, dès qu'il s'agissait de savoir au profit de qui serait
fait cet acte de conservation si régulier, si loyal ; quand il
fallait résoudre cette question, chacun tirait son prétendant,
c'est-à-dire son épée.

Donc, on ne s'est pas entendu. Et l'on peut dire qu'à mesure que les explications continuent entre les prétendants, le
désordre s'accroît entre leurs partisans. (Vif assentiment.)

Pendant ce temps, que faisait le parti de la République ?

Il aurait pu, cédant à de légitimes soupçons, demander et,
au besoin, réclamer publiquement qu'on mît un terme à ces
menées. Il aurait pu, lui aussi, saisir son souverain de la question ; il aurait pu s'adresser au peuple, au pays ; il aurait pu,
lui aussi, faire son voyage en France pendant que d'autres faisaient le voyage d'Anvers. (Vive approbation.)

Il n'en a rien fait et il n'a voulu en rien faire. Il a trouvé
infiniment plus sage, plus expédient de démontrer aux regards
de tous qu'il était véritablement le parti de l'ordre, et que
ceux qui faisaient sonner si haut ce mot n'étaient que de vul-
gaires et impuissants agitateurs. (Applaudissements prolongés)

Et rien que par son silence, par la correction de sa conduite, en prêtant au gouvernement établi, à l'homme qui est à la tête de ce gouvernement son concours et son appui, — appui de deux sortes : appui par omission et appui par action, — il a donné à quiconque a un esprit et une conscience dans ce pays la démonstration qui restait à faire, à savoir qu'il était un parti avant tout dévoué aux intérêts suprêmes du pays : à l'émancipation, à la délivrance de la patrie et à la paix sociale. (Nouvelle approbation.)

Il l'a démontré, et il y avait à faire cette démonstration plus qu'un intérêt, il y avait une vérité à sauver, — ce qui vaut mieux qu'un intérêt, — il fallait qu'il affirmât que, minorité par hasard dans l'Assemblée, il était la majorité dans le pays. (Oui ! oui ! — Applaudissements.)

Il fallait qu'il affirmât qu'il était la majorité, entendez-le bien, dans ce qui est la force, dans ce qui est la vie, dans ce qui est le mouvement.

Par conséquent il a dit : Nous laissons passer vos intrigues, nous les surveillons, mais elles ne nous émeuvent pas, parce qu'elles paraissent ridicules à la France. (Sensation.)

Cette vérité, il fallait la mettre en lumière, elle y est désormais, car vous voyez de quelle bouche tombent aujourd'hui les affirmations et les apostrophes. Vous sentez que ce n'est pas pour rien qu'aux yeux des hommes intelligents se déroule un pareil spectacle. Oui, voilà ce qu'a fait ce parti qui a mis son honneur et sa gloire, depuis la Révolution française, chaque fois qu'il l'a cru nécessaire, à ne marchander aucun sacrifice à la cause du droit ; voilà ce qu'il a fait, parce qu'il connaît la situation de la France, parce qu'il sait que la République est un dépôt dont on a juré la restitution, parce qu'il veut que ce dépôt sacré soit gardé aussi fidèlement et aussi facilement que possible. Il a confiance ; et il ne craint pas de le manifester avec une loyauté qu'il serait criminel de tromper, et dans sa confiance il peut regarder faire ses ennemis, comme il peut donner à ses amis ces conseils de sagesse et de discipline qui n'excluent en rien ni la résolution ni la vigilance. (Vif assentiment.)

Ce n'est pas pour rien qu'un peuple a traversé d'aussi cruelles épreuves. C'est que le parti républicain, notamment, contre lequel, en définitive, depuis quarante-cinq ans, se sont exercées toutes les mesures répressives, a grandi, s'est développé, embrasse aujourd'hui toute la nation. Car a-t-on assez parlé des persécutions, des violences dont il était l'auteur ! Quel perpétuel thème à déclamation ! Mais ouvrez donc l'histoire depuis quarante-cinq ans, et demandez-vous qui on a frappé, emprisonné, proscrit et déporté ? Cherchez si ce sont les sensibles qui s'émeuvent, ou si ce ne sont pas eux qui, avec la sensibilité la plus grande, ont toujours impitoyablement frappé sur nous ? (Sensation.)

Non, nous ne sommes pas le parti de la violence, le parti de l'émeute, ce n'est pas vrai ! (Très-bien !) Ce qui est vrai, c'est que la Révolution française a apporté l'ordre dans ce pays depuis qu'elle y a fait son entrée avec son cortége de bienfaits, qui, s'ils étaient connus par ceux même qui en jouissent et en profitent, la rendraient inattaquable et invincible.

Oui, la Révolution française, depuis qu'elle a commencé, a apporté l'ordre : je le répète, parce que je sais combien il y a d'esprits timides, défiants, circonvenus, à qui l'on jette, comme un venin détestable, que l'esprit de la République est un esprit de désordre, un esprit antisocial ; c'est une calomnie et on le sait.

On dit que nous sommes les ennemis ou plutôt que notre parti menace la propriété, la famille, la liberté de conscience; c'est là une calomnie qu'on colporte de chaumière en chaumière.

Notre parti, l'ennemi de la propriété, de la liberté de conscience, de la famille ! O triples mensonges, et triples vipères qui colportez ce mensonge ! Le parti républicain, le parti de la Révolution française serait l'ennemi de la propriété, lui qui l'a introduite dans le monde français ! Lui qui a pris les deux tiers de la fortune publique, qui ne payaient rien, qui étaient détenus par les mains que vous savez, pour les donner au travail par la division, par l'industrie, et qui a fait qu'à la place du domaine du roi, qu'à la place des majorats, il y a eu la propriété individuelle! La Révolution française, la République, c'est elle qui a donné la terre au paysan, qui l'a arraché de l'esclavage, qui l'a pris dans le limon, l'a enlevé au-dessus du sol, qui en a fait un propriétaire et un citoyen, qui en a fait un homme ! (Applaudissements prolongés.)

Voilà, mes amis, ce qu'il faut vous attacher à dire si jamais vous vous trouvez en face d'imposteurs, ou de victimes de l'imposture, dites-leur que c'est la Révolution française qui a constitué le dogme de la propriété individuelle par le travail, et que le parti républicain ne considère pas seulement la propriété comme un avantage matériel, mais comme une force intellectuelle qui est donnée à l'homme, dont elle assure la liberté d'esprit et garantit l'indépendance morale.

Ils disent encore que nous sommes les ennemis de la liberté de conscience, que nous persécutons les consciences. C'est encore une calomnie ; nous sommes, au contraire, les champions de la liberté de conscience, de la liberté des cultes ; car j'imagine que, lorsqu'ils parlent de la pensée religieuse, ils ne peuvent nous assujettir à la défense d'une seule religion, la leur, de cette religion qu'ils veulent imposer à l'exclusion de toutes autres, de cette religion à laquelle ils ajoutent chaque jour de nouveaux dogmes qui révoltent les plus sincères d'entre eux, et dont ils ont le dessein de faire un bâillon sur toute bouche loyale, de cette religion qui, selon une parole célèbre, voudrait faire de chaque affilié comme un bâton dans la main du voyageur.

Ou ils n'ont pas le droit de parler de religion, ou la liberté de conscience permet à chacun de s'exprimer sur les causes premières et finales du monde et de dire ce qu'il a appris ou ce dont il doute.

Cette liberté de conscience, sous quelque forme qu'elle se produise, de prière, de culte, de réunion ou, au contraire, qu'elle soit la négation de toutes ces choses, est-ce le parti républicain qui l'a jamais poursuivie ?

Ouvrez vos annales et vous verrez quelle quantité d'hommes,

se réclamant de notre opinion, ont payé de leur sang, de leur vie, la revendication de cette liberté ! (Applaudissements.)

Voilà comment nous sommes les ennemis de la liberté de conscience !

Et quant à la famille, oh! ici, permettez-moi de le dire, avec une sorte de révolte, comment ! est-ce qu'il y a eu quelque part un dogme de la famille nié par la Révolution française ? C'est elle qui a affranchi l'homme par le mariage civil; c'est elle qui a arraché, qui a délivré tous ces parias de l'ancienne société — juifs et protestants — dont on ne faisait que des adultérins, quand l'Église n'intervenait pas. (Applaudissements.)

N'est-ce pas encore la Révolution française qui a détruit le privilége jusque dans les successions, en déclarant l'égalité des enfants dans les partages, faisant ainsi disparaître cet attentat, qui consistait à dépouiller les uns au profit d'un seul, dans les familles, pour satisfaire l'orgueil de la race ?

Voilà les hommes qui attaquent la famille !

Non! non ! Il n'est pas permis de soutenir ces accusations sérieusement. Des documents, des preuves, on pourrait en apporter par milliers ; mais si l'on vous en demande, répondez avec l'indignation légitime d'hommes qui connaissent ces grands faits, quand vous vous trouverez en face d'ennemis qui, les connaissant, les nient parce qu'ils vivent de la sottise humaine.

Eh bien, cette Révolution française, elle n'est pas achevée, et c'est là le malheur dont vous souffrez ; elle n'est pas achevée, parce qu'il s'est mis à la traverse des dynasties, des rois, des prétendants, des aventuriers, des scélérats qui ont marqué d'une tache de sang la plus belle page de notre histoire ; mais, à cause de cela, doit-on méconnaître l'esprit de la Révolution française ? Doit-on repousser l'égalité du travail, l'égalité devant la justice, devant les charges, l'égalité dans la famille, dans les successions, la substitution de la raison et de la justice aux caprices, aux fantaisies, aux vengeances et aux absurdités de la monarchie ? Faut-il tout abandonner au bénéfice de

7

gens qui n'auraient même ni le talent, ni l'énergie, ni le caractère de nous ramener à l'ancien régime ?

Cette Révolution française a été menacée, elle l'est tous les
jours ; on se livre contre elle à des attaques, à une sorte de
fabrication mensongère, mais demandez au paysan, à l'ouvrier,
au bourgeois, à tous ceux qui ont le sentiment de la vérité,
demandez-leur s'ils veulent tout laisser compromettre par un
ramassis d'impuissants et d'incorrigibles? (Applaudissements.)

Ce qui fait que j'ai foi dans l'avenir, c'est que ce serait trop
odieux et que la démocratie est tellement le sol sur lequel
nous marchons et l'air que nous respirons, que tout cela est
comme non avenu. Enfin, pourquoi ne le dirai-je pas? ce qui
ajoute à ma foi dans l'avenir, c'est qu'il me semble que celui
qui est à la tête du gouvernement ne peut oublier son origine,
ni ses études, ni les leçons de l'expérience ; il sait, il doit
savoir qu'il y a quelque chose de plus beau que d'avoir écrit
les annales de la Révolution française, c'est de l'achever, en
couronnant son œuvre par la loyauté et la sincérité de son
gouvernement. (Applaudissements prolongés. — Cris répétés
de : Vive la République ! — Vive Gambetta !)

DISCOURS

PRONONCÉ AU HAVRE

Le 18 Avril 1872

———

Messieurs et chers Concitoyens,

Les paroles que vient de m'adresser en votre nom le chef de votre municipalité sont, permettez-moi de vous le dire, trop flatteuses pour moi; et je ne voudrais pas qu'en venant parmi vous m'enquérir surtout de vos sentiments républicains, l'on pût m'accuser de vous faire commettre une véritable faute, en vous fournissant l'occasion de flatteries personnelles. Eh bien! je dois vous dire qu'une des choses qui m'embarrassent le plus, c'est le véritable regret que j'éprouve de n'avoir pu faire davantage, et ce qui me cause une émotion profonde, c'est de sentir à quoi m'engagent et m'obligent de pareils sentiments et une reconnaissance qui a trop tôt commencé.

On vous disait tout à l'heure qu'il ne fallait pas faire de discours. Ce ne sont pas, en effet, des discours que nous devons nous apporter mutuellement, ce sont des conseils, des avis et des impressions. Il faut que, lorsque nous nous sommes vus, visités, fréquentés, nous nous séparions un peu plus forts, meilleurs et plus instruits. (Applaudissements.)

La République que vous acclamez, cette République définitive, selon l'interruption partie de là tout à l'heure, cette République que nous tenons en principe, qu'il ne s'agit que d'affermir et de développer, doit commencer d'abord par guérir la France du plus détestable de ses défauts : la promptitude avec laquelle elle s'abandonne à la flatterie et à la servilité. (Bravos!) Et, puisque vous m'en avez fourni l'occasion, laissez-moi vous le déclarer une fois pour toutes : je dis ce que pense ; et sauf dans les occasions où, moi aussi, j'ai mes emportements que je regrette..., je pense exactement ce que je dis.

Messieurs, après les ruines matérielles qui ont pour ainsi dire couvert le sol de notre malheureuse patrie et qui, grâce au ciel, grâce au zèle de véritables patriotes, au concert et à la concorde des intelligences vraiment françaises, commencent à s'effacer, après ces ruines matérielles, il reste les ruines morales ; et c'est au spectacle de celles-là, malheureusement, que nous pouvons dire que nous ne sommes pas assez sévères pour nous-mêmes.

Au lendemain de cette immense chute de l'empire, qui avait été amené par le crime de quelques-uns qui ont obéi au parjure d'un maître, mais qui avait été maintenu longtemps aussi par la complicité, par la servilité, par l'esprit de convoitise qui dominaient et poussaient au scrutin les masse ignorantes, dont on entretenait et encourageait l'ignorance, quand on n'en surexcitait pas les vaines terreurs (Interruption d'applaudissements)... après nos désastres, une idée doit sortir dominante de nos fréquentations : c'est le côté moral de nos ruines, c'est la réparation de l'honneur français, c'est la pratique des vertus républicaines que nous ne devons pas perdre de vue un seul instant.

Les ruines matérielles n'ont rien d'irréparable dans un pays aussi riche, qui dispose de ressources aussi considérables, où domine l'esprit d'épargne, de travail, d'accumulation. Oui, messieurs, il n'y a rien de plus simple, dans un tel pays, que de guérir ces blessures sous un gouvernement qui assure l'ordre.

Mais ce serait là une restauration, une régénération mensongère, si l'on n'allait pas plus haut dans la recherche du mal,
afin de découvrir le véritable remède.

Or, il faut le reconnaître, la France ne s'est laissée aller au
bord de cet abîme que parce qu'elle avait perdu les véritables
sentiers de la morale en politique. Permettez-moi d'ajouter
que si le gouvernement républicain a paru, au milieu de ces
désastres, comme le seul possible, c'est que seul il s'est trouvé
debout en face du danger. Car, au moment même de l'immen-
sité de la catastrophe, nul n'a pensé à un autre gouvernement.
Où étaient les prétendants ? Qui donc s'est présenté en leur
nom ? qui s'est fait jour au milieu des rangs de nos adversaires
pour disputer ce que l'on appelait le pouvoir, et ce qui n'était
que le fardeau des périls ?

Qui ? personne ! On a attendu à l'écart, avec patience, mais
cette patience était doublée d'un certain remords, le remords
du plébiscite ! On a assisté à des efforts auxquels on ne s'est pas
associé. Et ici, laissez-moi vous exprimer toute la reconnaissance que la France doit à une population comme la vôtre,
qui, elle, n'a jamais marchandé ni son argent, ni son travail, ni
ses hommes, et qui n'a pas méconnu les traditions patriotiques
reçues de ses aïeux.

Messieurs, ce n'est pas un reproche que je veux adresser à
mon pays, car, même lorsqu'il se trompe ou qu'il tombe, je le
respecte. Mais n'est-il pas vrai que sous l'influence d'excitations détestables, on a systématiquement attaqué les efforts de
la défense ? En voulez-vous un exemple entre mille ? Ces attaques se sont tournées aussi vers l'homme qui est à côté de moi
(l'orateur désignant M. Jules Le Cesne), qui fut au jour du
péril votre député, et qui doit le redevenir au jour de la réparation. C'est par son activité, son intelligence, son zèle, qu'il
nous a été donné de mettre entre les mains de la France les
armes qu'il avait su arracher à la concurrence étrangère, alors
que l'empire avait fui en ne nous laissant que des arsenaux
vides.

Que n'a-t-on pas dit ! que de calomnies, d'injures, oserai-je dire que d'ordures! n'a-t-on pas jetées sur la réputation de cet honorable, de ce zélé, de ce grand citoyen, qui, en butte à ces infamies, mais fort de sa conscience, n'a fléchi ni un jour ni une heure, et qui a fait son devoir jusqu'au bout? (Salve d'applaudissements.)

Ces attaques, elles se reproduisent, elles se reproduiront encore; elles sont devenues le seul refuge des partis impuissants. Car les partis savent bien que ce n'est pas par les raisons de théorie, de principes, de doctrine, ni d'expérimentation, qu'ils peuvent avoir quelque influence ou quelque prise sur l'opinion; c'est pourquoi ils se rejettent tout entiers sur la diffamation, et forgent sur les autres hommes de notre opinion des biographies du genre de celle que vous connaissez sur celui-ci.

Mais, messieurs, détournons nos regards de ce que je pourrais appeler les dernières exhalaisons de leur chagrin et de leur humiliation, et revenons à notre véritable *revanche*, qui est la reprise de nos qualités héréditaires, la réformation de la moralité nationale; et alors, quand nous nous serons bien retrouvés, le reste nous sera donné par surcroît. Il faut donc songer à ce que j'appelle les plaies sociales.

Eh bien! dominant toutes les autres causes de nos défaillances, de nos désastres, il y a l'ignorance, cette ignorance particulière, cette ignorance double, qui est propre à la France. Car nous avons l'ignorance de ceux qui ne savent rien, masse obscure, qui change brusquement de direction et roule tantôt à droite, tantôt à gauche, sans souci de la dignité humaine, dont on se fait un coupable jeu; cette ignorance qui fait que l'homme qui en est aveuglé obéit sans s'enquérir des motifs de son obéissance: c'est là l'ignorance inerte, passive, presque heureuse dans sa docilité. Il y en a une autre plus dangereuse, c'est la demi-ignorance, passionnée, violente, qui croit à ce qu'elle dit, qui le répète avec véhémence, qui colporte toute calomnie, qui se nourrit des légendes défigurant la tradition républicaine, qui a horreur de la vérité, parce qu'elle est impropre à la recueillir, et parce que la passion, le parti pris, tout s'y oppose. Ce sont ces demi-ignorants qui garnissent les rangs de nos adversaires.

Cette double ignorance, il faut en avoir raison par un véritable système d'éducation nationale. Jusqu'à présent, ce qui a paru aux réformateurs de tous les temps comme la recette par excellence pour créer des esprits, former les consciences, diriger les intelligences, éclairer les volontés, c'est de fortifier la raison publique. Cette raison, ou elle est inerte, ou à moitié développée, ou nourrie de sophismes, ou pleine de théories adultérées, ou encombrée de contrefaçons de la vérité, ou absolument déréglée, utopique et chimérique.

Qui peut avoir raison de toutes ces plaies de l'esprit? C'est l'éducation nationale.

Ce n'est pas à vous, qui avez pris, sous l'empire, l'initiative d'un grand mouvement de propagande en faveur de l'enseignement populaire, que j'ai besoin de rappeler ces vérités. Rien à tenter, rien à espérer, rien à fonder, rien à tirer de la démocratie et du suffrage universel sans une éducation distribuée à pleines mains, répandue à flots.

Et, sur ce terrain, qu'on ne nous parle pas d'économie, il faut trouver l'argent ; car c'est plus que l'affranchissement du territoire, c'est l'affranchissement du génie national. (Applaudissements unanimes.)

Cette éducation, il faut la faire absolument civile ; c'est le caractère même de l'État. Et qu'on ne crie pas à la persécution ! L'État laissera aux cultes la plus grande liberté, et nos adversaires seront les premiers à le reconnaître. L'État ne peut avoir aucune compétence ni aucune action sur les dogmes, ni sur les doctrines philosophiques. Il faut qu'il ignore ces choses, ou bien il devient arbitraire, persécuteur, intolérant, et il ne peut pas, il n'a pas le droit de le devenir.

Il faut que l'enseignement national soit conforme au principe même des sociétés, de toutes les sociétés, quel que soit leur mécanisme, non-seulement des sociétés démocratiques, mais aussi des sociétés aristocratiques. Qui dit société dit réunion d'hommes voulant défendre leurs droits, remplir leurs devoirs et protéger par l'association leurs intérêts, ce qui est une chose libre, civile, laïque par excellence. L'État, dans les matières religieuses, ne pourrait intervenir qu'au bénéfice de la majorité, et par conséquent à l'oppression de quelques-uns. N'en fût-il qu'un seul, celui-là suffirait pour démontrer que cette intervention est despotique et arbitraire.

Cette éducation civile, il faut la donner avec passion, la poursuivre avec ardeur ; jusqu'à ce que la nation en soit pénétrée, rien ne sera fait, rien ne sera ordonné, rien ne sera régulier. Vous n'aurez pas de repos, vous serez toujours en présence de ces deux périls immenses, ou l'exploitation d'un peuple par des intrigants, des aventuriers, des dictateurs, des coupe-jarrets, ou quelque chose de plus grave encore, l'explosion imprévue d'une masse enflammée qui tout à coup obéit à ses aveugles colères.

Ni l'un ni l'autre, n'est-ce pas ! Et c'est l'instruction primaire seule qui peut protéger le pays contre ces deux excès. Comment n'a-t-on pas compris que le premier degré de l'instruction ne doit pas être un point d'arrêt, constituer la stérilité de l'intelligence, mais qu'elle doit éveiller un désir de progrès constants et successifs ? L'instruction primaire doit être complète, je veux dire qu'il faut la rendre capable, en tant que primaire, de donner des notions exactes, sinon achevées, des droits et des devoirs du citoyen. Elle doit lui apprendre quelle est sa dignité, dans quelle société il vit et quelle est sa place, quel est son lien de solidarité avec ceux qui l'entourent ; elle doit lui montrer qu'il a son rang dans la commune, dans le département, dans la patrie ; elle doit lui rappeler surtout qu'il est un être moral auquel il faut tout donner, tout sacrifier, sa vie, son avenir, sa famille, et que cet être... c'est la France. (Applaudissements enthousiastes.)

C'est cela que j'appelle l'éducation primaire nationale.

Mais il ne faut pas s'arrêter là ; il faut aborder l'éducation secondaire, arracher la jeunesse aux études stériles, ne pas trop l'attarder dans un passé antique que l'on connaît à

peine, dont, au bout de quelques années, elle est incapable
d'épeler la langue, et d'où elle sort les oreilles pleines et
l'esprit vide. Il faut que la jeunesse puise dans l'enseignement
de l'État, vigoureux et humain, les notions des sciences
modernes.

Prenons garde de donner libre carrière à l'imagination, à
des futilités et des fantaisies dont l'exagération maladive produit de véritables difformités morales. Il n'y a qu'une chose
qui fonde les véritables sociétés, qui élève l'homme, c'est la
science ; il faut l'apprendre, la boire à longs traits. La science
est le patrimoine de nos devanciers que nous devons tenir à
honneur de transmettre, agrandi et amplifié, aux générations
qui nous suivent.

Ce n'est pas tout ; il faudra encore monter plns haut, il
faudra aborder l'enseignement supérieur. A celui-là, la
liberté, le droit d'enseigner toutes les théories. N'ayez pas
peur de l'esprit, fiez-vous à la raison pour faire justice des
sophismes du passé, des chimères ; fiez-vous à la raison pour
éviter les écarts d'imaginations qui, par une précipitation
déréglée à marcher en avant, nous ramèneraient au contraire
aux premiers âges de la nature ; fiez-vous à la noble émula-
tion qui naît entre les savants. Que l'arène soit ouverte à
tous, qu'il ne soit pas nécessaire de faire partie d'une coterie
ou d'une Église pour arriver à se faire un nom et à l'inscrire
dans les pages de l'histoire des découvertes de l'esprit
humain.

Ah ! messieurs ! c'est surtout quand on veut refaire l'éducation primaire qu'il faut avoir en vue la réforme de l'enseignement supérieur. Çar, en dernière analyse, c'est le nombre
des savants, c'est le respect que l'on a pour eux, c'est la liberté
qu'on leur donne, la dignité dont on les entoure, qui répandent les lumières jusque dans les couches profondes de la société. C'est par la valeur et le nombre des savants que vous
formerez des instituteurs et des élèves.

Je n'ai touché là qu'un côté, le plus noble, à coup sûr, de
notre régénération morale, mais ce côté se rattache intimement

au régime républicain, car vous savez bien que, lorsqu'on passe en revue les partis et les hommes, on distingue bien vite à leur zèle pour l'instruction ceux qui sont pour et ceux qui sont contre le régime républicain.

Il est hors de doute que, selon que vous aurez en face de vous un gouvernement républicain sérieux, sincère, sage, ordonné, mais ayant le sentiment qu'on ne fonde un gouvernement qu'avec le concours de ceux qui sont acquis à ses principes, vous aurez la possibilité de réformer le régime tout entier de l'éducation nationale.

Si au contraire vous êtes en présence d'un régime monarchique et dynastique, s'appuyant sur la division des opinions et des classes, il fermera la porte à l'éducation supérieure pour assurer sa domination sur ceux qui sont en bas. (Bravos répétés.)

Mais, messieurs, dans un pays qui a le suffrage universel, où la démocratie non-seulement coule à pleins bords, comme on l'a dit il y a quarante-cinq ans, mais constitue la nation elle-même, il n'est plus temps de faire des expériences monarchiques. Il n'est pas de monarchie, despotique ou tempérée, qui puisse tenir tête à la démocratie, à la République, qui a le vote universel à sa disposition, et qui poursuit toute souveraineté artificielle pour s'installer légitimement à sa place. Il n'y a plus de conciliation possible entre ce régime qui a nivelé le sol, qui a abattu tous les priviléges, qui a fait disparaître tout ce qui constitue les éléments des aristocraties et des monarchies, plus de conciliation possible avec les prétentions dynastiques.

Si l'on veut rêver un gouvernement en dehors du gouvernement républicain, qui ait quelque chance de durée, il faut d'abord porter la main sur le suffrage universel, soit en le restreignant, soit en en faisant une délégation du pouvoir royal. Pour durer, pour être stable, il n'y a plus que la démocratie libre, associée, organisée, ayant le suffrage dans sa main pour moyen de contrôle, c'est-à-dire la République. Nous sommes ceux qui peuvent seuls assurer la stabilité et le lendemain.

Avec nous il n'y a plus d'inconnu. Sous le régime monarchique, le suffrage se pose comme un rival qui doit le faire disparaître ; c'est donc la Révolution, le désordre, l'instabilité érigés en institution.

Aussi, messieurs, les conservateurs qui s'attardent à rêver à une restauration monarchique de quelque catégorie qu'elle soit, ne sont-ils pas des conservateurs au sens élevé de ce mot : ou ils savent ce qu'ils font, et alors ce sont des factieux; ou ils ne le savent pas, et alors ils sont des dupes dans les mains qui les mènent et des simples dont on abuse. Voilà la vérité.

Il nous appartient donc, à nous qui avons la conviction de l'alliance intime qui est comme la relation de cause à effet entre le suffrage et la République, il nous appartient de nous présenter comme assurant l'ordre et la stabilité.

En définitive, où donc pourrait se trouver un parti qui eût l'autorité et la force suffisante pour renverser un État politique où tout le monde est souverain, où tout le monde est la loi, où tout le monde est gouvernement?

L'histoire, même la plus récente, démontre que la République a toujours fait face aux tentatives révolutionnaires les plus grosses, aux tempêtes sociales les plus terribles, par cela même qu'elle est le gouvernement de tout le monde.

Considérons donc ce premier point comme établi : le parti républicain non-seulement ne peut pas être taxé de factieux, et ce n'est pas un parti de révolution, mais c'est un parti de conservation, qui garantit le lendemain, et qui assure le développement pacifique, légal, progressif de toutes les conséquences légitimes de la Révolution française.

Aujourd'hui, ce fait est démontré par l'expérience. Car ce n'est pas pour rien que, depuis quinze à dix-huit mois, vous avez donné, soit dans vos Conseils municipaux, soit dans vos Conseils départementaux, soit dans vos réunions, par des actes individuels ou collectifs, cette démonstration que vous êtes le parti de la paix sociale, de l'ordre, de l'union, de la légalité, et que c'est de l'autre côté que l'on rencontre les factieux, l'esprit d'intrigue, l'agitation, les surprises, le désordre et l'impuissance.

Aussi nous pouvons prendre pour ce qu'elles valent les menaces de ceux qui se disent les hommes d'ordre. La France a déjà donné au parti républicain sa récompense en prouvant qu'elle veut être gouvernée républicainement.

Cette manifestation de la pensée de la France n'a pas été unique ; elle s'est produite au dedans et au dehors de l'Assemblée. Vous en connaissez les différentes phases, je ne l e s rapelle pas, si ce n'est pour en tirer un enseignement : il faut nous armer d'autant de patience que de confiance. C'est pour moi le résumé de notre situation politique.

Oui, nous avons confiance dans l'avenir de la République, pour toutes les raisons que nous venons d'exposer. Mais il importe que cette confiance soit réfléchie, raisonnée, il importe que la conduite du parti républicain soit calme, sage, prévoyante, inspirant le respect et l'estime aux indifférents eux-mêmes qui, vous le savez, forment toujours une portion notable de la majorité. Et alors, quand l'esprit d'union, de concorde, qui se dégage tous les jours un peu plus des élus de la démocratie, aura fait impression sur l'opinion publique, lorsque leur aptitude, leur compétence aux affaires aura été démontrée, alors soyez certains que vos destinées seront assurées. La France ne se séparera plus de vous, républicains, car la France n'a jamais demandé que deux choses à un gouvernement : *l'Ordre et la Liberté*.

Or, l'ordre, c'est vous qui pouvez seuls l'assurer, non pas pour un jour, mais pour toujours ; non pas par des mitrailles ou des charges de cavalerie sur les boulevards (Applaudissements) ; non pas l'ordre qui est le silence et la peur (Bravos), non ! mais l'ordre qui repose sur la légalité, une légitimité établie par la volonté générale, sur le sentiment qu'on est en face du droit et de la justice, et non sur la peur d'un tyran. (Applaudissements.)

Et la liberté, messieurs, que de partis l'ont promise, qui, aussitôt arrivés aux affaires, l'ont ravie ! Pour ma part, je ne connais qu'un parti qui ait demandé la liberté pour tous, non pas la liberté oligarchique et restreinte, mais la liberté complète, intégrale, sans restriction, la liberté enfin. Il n'est qu'un parti qui l'ait voulue, au prix des plus douloureux sacrifices, qui l'ait réclamée, exigée sous tous les régimes, au prix de sa vie, de ses biens, de sa réputation même, et c'est le parti de la République, car seul il a défini la liberté qu'il a appelée : les droits de l'homme et du citoyen.

Cette liberté politique, et que j'appelle aussi sociale, parce qu'elle s'étend aux plus humbles de la société française, vous ne pouvez en rencontrer le fonctionnement et en recueillir les fruits que sous le régime républicain, car c'est le seul qui peut résister aux droits de réunion, d'association, aux immenses agglomérations de citoyens, libertés bien redoutables aux monarchies, puisque c'est sur ces libertés qu'on porte les mains dès qu'il surgit un régime réactionnaire. (Applaudissements.)

Ce gouvernement républicain, on lui reproche souvent des griefs sur lesquels nous nous expliquons sans cesse. Nos adversaires ne se lassent pas de les reproduire ; nous nous épuisons à en avoir raison, mais nous ne nous lasserons pas d'y répondre : « Oui, certes, disent-ils, voilà un gouvernement qui « se présente assez bien, sous une forme acceptable pour « l'ordre et la liberté, c'est vrai ; mais il cache derrière lui et « traîne à sa suite un cortége épouvantable de noirceurs. Ce « qu'il dit est pure comédie, artifices, mensonges ! *ce sont des* « *déclamateurs !* » J'en sais quelque chose, c'est avec ce bagage-là que je voyage !... (Explosion de rires approbatifs.)

Il y a même des gens, je puis dire des hommes d'esprit, ma foi ! qui ont cru en faire preuve en m'appelant *commis voyageur !* (Nouveaux applaudissements.) Cela n'est pas fait pour m'humilier. S'ils ont cru toucher en quoi que ce soit ma vanité ou mon amour-propre, en répétant cette plaisanterie, ils se sont cruellement... j'allais dire grossièrement trompés ! Je n'en rougis pas; je suis, en effet, un voyageur et le commis de la démocratie. C'est ma commission, je la tiens du peuple.

Tant pis pour ceux qui passent leur vie à débiter ces misères.

(Double salve d'applaudissements. — Interruption.)

Partout où je me suis présenté face à face avec la démocratie, à qui j'ai voué tout ce que j'ai d'intelligence et de force, je n'ai tenu qu'un langage ferme, à coup sûr régulier, légitime, et je n'ai jamais cherché qu'une chose : le bien de la France ! Eh que voulez-vous ! si je ne le comprends pas autrement et si je crois mon pays perdu en dehors de la République, il faut bien que je le dise ! c'est ma mission ! je la remplis, advienne que pourra. (Oui ! oui ! Bravos enthousiastes.)

Que traînons-nous donc après nous ? quel est ce cortége que nous réservons pour le jour du triomphe ? Nos adversaires, ne pouvant répondre, se rejettent d'un autre côté et nous font un reproche de tenir un langage qui leur paraît peu nouveau ! Ah oui ! la liberté ! les revendications du droit, cela n'est pas nouveau; les murmures douloureux de ceux qui souffrent, hélas ! quoi de moins nouveau dans le monde ? Ce n'est pas nouveau non plus d'être républicain, d'être l'ami de son pays. Non, ce n'est pas nouveau, mais il faut que ce soit général. Il faut que ce sentiment entre dans les mœurs, dans la vie de la nation, qu'il soit sa loi et sa foi. Alors peut-être cette chose vieille deviendra définitive, et c'est un résultat que pour ma part je considère comme suffisant pour nos efforts. (Applaudissements.)

A ceux qui nous suivront dans une génération ou deux, il appartiendra d'assurer un développement plus complet de notre œuvre. Quant à moi, je borne mes vœux, mes réclamations, mes exigences, à ces deux choses : faire une nation armée et une nation instruite.

Une nation instruite et armée, pour qu'elle rende à la famille rançaise des populations qui lui reviendront le jour où la France sera restaurée au moral, réorganisée matériellement, relevée par les véritables applications des lois économiques qui donneront à toutes les ressources le pouvoir de s'épanouir. Alors on assistera à un spectacle qui ne sera pas une illusion, qui ne sera pas un rêve : la reprise par la France d'une place que nulle autre nation ne peut remplir, place nécessaire, indispensable, non pas à nous seulement, mais à la civilisation du monde. (Bravos enthousiastes.)

Bornons là nos exigences, à faire, je le répète, une nation armée et instruite. Et je vois ici ma pensée bien comprise, en exprimant ces idées devant des hommes qui comptent parmi eux des frères de notre patrie mutilée, et des frères aussi d'une République voisine, qui a été pour nous ce qu'elle devait être pour la France, une sœur. (Bravos répétés.)

Ce n'est pas tout ; il ne faut pas se méprendre quand je demande, comme base d'un programme républicain, que dans la République, au-dessus des atteintes des partis, l'on fasse chacun soldat et instruit. Il faut que ce développement de la réorganisation militaire et intellectuelle du pays marche de front avec le respect complet du principe civil dans l'État, de la liberté philosophique, de la régularité dans les finances, de la liberté économique, de la liberté des cultes ; cela me suffit, et je suis convaincu que cela doit suffire à la tâche de la génération à laquelle nous appartenons.

Donnons à la France un gouvernement capable d'assurer la sécurité de la génération qui travaille actuellement, et de léguer à celle qui monte le couronnement de vos efforts qui lu permettront de poursuivre les conséquences les plus extrêmes du principe de la solidarité humaine. Je m'explique : ce n'est pas que je nie en aucune manière les misères, les souffrances, les douleurs légitimes d'une partie de la démocratie. Ce n'est pas moi qui méconnaîtrais jamais ce qu'il y a de puissant dans ce monde du travail, fruit de la science, de l'esprit d'association et aussi de l'apparition des merveilles de la mécanique et de l'industrie. C'est tout un monde nouveau insuffisamment connu, qu'il faut étudier, et qui depuis trop longtemps souffre et gémit. Oh ! il faut se pencher de ce côté, jeter là à pleines mains la liberté et la clarté. Mais tenons-nous en garde contre les utopies de ceux qui, dupes de leur imagination ou attardés dans leur ignorance, croient à une panacée, à une formule qu'il s'agit de trouver pour faire le bonheur du monde. Croyez qu'il n'y a pas de remède social, parce qu'il n'y a pas *une question sociale*. Il y a une série de problèmes à résoudre, de difficultés à vaincre, variant avec les lieux, les climats, les habitudes, l'état sanitaire, problèmes économiques qui changent dans l'intérieur d'un même pays ; eh bien ! ces problèmes doivent être résolus un à un et non par une formule unique. C'est par le travail, par l'étude, par l'association, par l'effort toujours constant d'un gouvernement d'honnêtes gens, que les peuples sont conduits à l'émancipation. Il n'y a pas, je le répète, de panacée sociale, il y a tous les jours un progrès à faire, mais non pas de solution immédiate, définitive et complète.

Cela dit, nous ne demandons pas plus, mais nous ne demandons pas moins. Ceux qui prétendent que nous jetons des paroles dorées, derrière lesquelles se cachent des surprises criminelles, ils mentent ou ils se trompent. Ce que je dis est l'expression complète de ma pensée. Quant à ceux qui soutiennent que nous n'apportons pas d'éléments nouveaux, qu'ils s'en prennent aux gouvernements, surtout aux générations précédentes qui n'ont pas su nous préparer la jouissance de nouveaux bienfaits. Cette conquête doit venir de l'association énergique de nos volontés, de la cohésion de toutes les forces de la France républicaine, d'une discipline volontaire d'autant plus efficace que ce sera une discipline consentie. L'union, le concert, l'entente, voilà ce qui fait le levier des réformes successives et nécessaires.

Au premier rang de ces réformes, vous savez déjà, messieurs, que je place l'élection d'une Assemblée républicaine. Je me suis déjà expliqué sur ce sujet au début de l'excursion si instructive que je viens d'accomplir. J'ai parlé de la dissolution partout où je suis allé ; partout j'ai trouvé cette idée en germe dans les esprits et prête à éclore.

La dissolution, voilà donc la première réforme qu'il faut poursuivre !

Je n'attends rien de l'Assemblée de Versailles. Elle montre tout ce qu'elle craint en n'osant pas rentrer dans ce Paris, berceau de notre civilisation, bouclier de nos libertés publiques, initiateur et guide de l'esprit national, de ce Paris qu'on peut dénoncer à la haine imbécile de quelques ruraux, mais qu'on ne peut parvenir ni à abattre ni à déshonorer. (Applaudissements répétés.)

Ainsi, messieurs, il le faut; au milieu du calme que nous avons la volonté manifeste de maintenir et de faire respecter, sachons nous préparer à des élections qui devraient être déjà arrivées, qui arriveront, et qui doivent vous trouver prêts, unis et compactes, pleins de discernement, sachant qui vous choisissez, qui vous nommez, avec des candidats qui seront hommes libres, faits pour représenter des hommes libres. Et alors, vous aurez fondé la République républicaine.

N'excluons pas les nouveaux venus, les républicains d'hier. On a dit que nous représentons un parti fermé. Ce n'est pas vrai! Ce sont les intrigants qui disent cela, parce qu'ils sont excommuniés parmi nous. Ceux qui ont failli par erreur, ils peuvent venir à nous, nous ne penserons jamais à leur passé si leur conscience est pure, nous les recevrons comme des frères si l'avenir tient ce que leur contrition nous promet.

Une majorité républicaine, tel est notre premier besoin. Nous encourrions devant la postérité et devant nos contemporains le reproche de défaillance (Oui! oui!) si cette majorité ne sortait pas des urnes. Il faut qu'elle en sorte, tôt ou tard.

Un dernier mot : Quand nous insistons, quand on nous voit ramener cette question de dissolution de la Chambre et lui refuser le pouvoir constituant qu'elle est impuissante à exercer, parce qu'elle est stérile, condamnée à l'avortement, eh bien, quand nous disons tout cela, on nous accuse d'être des esprits révolutionnaires, des agitateurs, des ambitieux qui ne songent qu'au pouvoir. Non, non, je vous prends à témoin, si je croyais que les heures et les minutes ne fussent pas précieuses, si je croyais que l'on pût attendre, dans l'état actuel de l'Europe... Attendre!... après la guerre étrangère, après la guerre civile et les ruines qu'elles ont faites; — attendre! quand l'instant nous presse d'agir, de sauver tout ce qui reste de la patrie, mais est-ce que c'est possible, messieurs? (Non! non! — Sensation profonde.)

Si nous avons hâte, ce n'est pas pour nous, ce n'est pas pour le parti républicain; si nous avons hâte, c'est que c'est une question d'existence nationale. Les minutes nous font perdre des siècles. Si cela dure trop longtemps, si nous nous attardons dans ce provisoire qui nous énerve, qui lasse l'attente du pays, nous courons les plus grands périls. Ah! messieurs, n'hésitons pas! Quant à moi, ma conviction est faite, et je l'exprime ici avec toute l'ardeur de mon amour pour la France, entre la dissolution de l'Assemblée ou la dissolution de la Patrie, je vote pour la dissolution de l'Assemblée!

DISCOURS

PRONONCÉ A PARIS, LE 9 MAI 1872

En réponse à l'Adresse suivante

DES DÉLÉGUÉS DE L'ALSACE

MONSIEUR ET CHER DÉPUTÉ,

Nous venons vous offrir, au nom des comités de la sous-cription patriotique Alsacienne, ce bronze dont notre éminent artiste de Colmar a su faire le vivant symbole de nos luttes contre l'étranger, de nos douleurs, de nos invincibles espé-rances.

Cette œuvre traduit le sentiment des milliers de souscrip-teurs qui, de nos villes et du fond de nos campagnes, ont tenu à honneur de contribuer chacun de son obole au souvenir dont nous vous apportons ici le témoignage.

Les Alsaciens ne cessent de vivre avec la France : ils lui resteront fidèles.

Vos nobles efforts nous ont donné et nous donnent chaque jour la mesure de ce que nous pouvons attendre d'elle et de ce que nous lui devons.

Que la France poursuive donc, avec une foi entière dans ses destinées et dans le patriotisme de l'Alsace, le travail de

sa régénération ! Les Alsaciens ont confiance dans son avenir!
Ils sauront avoir la patience, comme ils ont la ténacité.

L'image, toujours présente à leurs yeux, de la République
relevant les ruines de la Patrie et préparant la revanche du
Droit sur la Force, nous soutiendra : nous ne faiblirons point.

L'honneur national, que vous avez maintenu intact au milieu
des plus effroyables effondrements, est pour nous un gage
assuré que nous reviendrons un jour nous asseoir au foyer de
la grande famille française.

Les délégués des comités de la souscription
Léon Gambetta en Alsace.

M. Gambetta a remercié les membres des comités, et prononcé les paroles suivantes :

MESSIEURS ET CHERS COMPATRIOTES,

En recevant de vos mains ce témoignage des liens de solidarité indissoluble qui unissent les uns aux autres les membres de
la grande famille française, comme vous dites, hélas ! momentanément séparés, je ne sais vraiment quel est le sentiment
qui m'oppresse le plus, si c'est celui de la reconnaissance ou
celui de la douleur.

Il m'est véritablement terrible de penser que c'est au jour où
l'on négocie à prix d'or — dur et nécessaire aboutissement de
nos défaites — l'évacuation de nos départements, sans que
cette évacuation puisse encore s'étendre à ce qui est le bien
même de la France, de penser que cet enseignement, cette
exhortation suprême nous sont donnés par l'Alsace.

Je sens bien tout ce qu'il y a de douloureux pour vous à
être obligés de compter, de peser, d'ajourner vos espérances;
je sens bien que vous avez besoin, comme nous-mêmes, de
vous dire que vous ne faiblirez pas ; je sens bien que vous
avez raison de vous répéter que la ténacité est une des qualités de votre race. Ah ! c'est par là que notre chère Alsace
était particulièrement nécessaire à l'unité française ; elle

représentait parmi nous, à côté de cette mobilité et de cette légèreté qui, malheureusement, à certains moments, déparent notre caractère national, elle représentait l'énergie invulnérable. Et, sur ce grand chemin de l'invasion, elle s'était toujours trouvée la première et la dernière à défendre la Patrie !

C'est pour cela que, tant qu'elle ne sera pas rentrée dans la famille, à proprement parler il n'y aura ni de France ni d'Europe.

Mais l'heure est grave et difficile, messieurs, et il est bien à craindre que, si nous ne prêtions l'oreille qu'aux excitations de notre patriotisme et aux amers souvenirs qui nous ramènent aux luttes impossibles, au sentiment de notre isolement dans le monde, à la mémoire des défaillances qui nous ont accablés, — nous ne dépassions la mesure et que nous ne compromettions une cause que nous pouvons mieux servir.

Oui, ce qui — dans l'entretien que nous avons en ce moment — doit être reporté et redit à ces commettants qui m'avaient choisi, qui avaient salué en moi le dernier protestant et le dernier défenseur de leur droit et de leur honneur, ce n'est pas une parole d'excitation ni une parole d'enthousiasme, non ! c'est une parole de résignation, mais de résignation agissante.

Il faut tenir compte de l'état de la France, il faut bien l'envisager.

A l'heure où nous sommes, la République, que vous associez, que vous avez toujours associée non-seulement à la défense de la patrie, mais à son relèvement, à sa régénération, la République s'impose aux uns par nécessité, aux autres par intérêt, et à la généralité des gens sensés par patriotisme.

On commence à comprendre, en France, que tout ce qui est arrivé a été le fait des monarchies successives, et que ce serait à tort qu'on en ferait porter la responsabilité unique au dernier des despotismes que nous avons traversés. Le mal date de loin, et, depuis le premier jour où la République a succombé sous le sabre d'un soldat, d'autres régimes se sont succédé qui n'ont rien fait pour épurer et relever le cœur national et le tenir à la hauteur des événements.

C'est par là, messieurs, qu'il est vrai de dire que le sentiment républicain est un sentiment véritablement national, parce qu'il fait comprendre que tout ce que la monarchie a fait dans ce pays, même dans un sens libéral, que toutes ses tentatives moyennes, toutes ses demi-mesures, au point de vue d'un certain régime d'administration, de contrôle et de presse, que toutes ces choses étaient équivoques, qu'elles affadissaient le sentiment national, parce qu'elles se faisaient au bénéfice d'une classe, en laissant en dehors les autres, parce qu'elles ne s'adressaient pas à tout le pays et qu'ainsi elles tuaient en germe tout patriotisme. Aussi quand il a fallu que tous fussent patriotes, — chose douloureuse à dire ! — plusieurs ont manqué.

Aujourd'hui, sous le coup des événements et des grandes luttes dont nous avons été victimes, on a compris, en France, — au moins il est permis de le croire après les récentes et décisives manifestations qui ont eu lieu, — que la République est désormais comme le gage commun de la renaissance des forces matérielles et morales de notre nation.

Ce grand résultat politique ne pouvait être obtenu qu'à force de réserve et de prudence ; la République ne pouvait gagner les esprits, concilier les intérêts, progresser dans la conscience générale qu'à force de modération parmi les républicains, qu'à force de démonstrations, faites aux yeux de la majorité des indifférents, que de ce côté est l'esprit d'ordre, de paix civile, de progrès, pacifiquement, rationnellement obtenus.

Cette démonstration, elle commence : il faut la poursuivre, la continuer ; il faut déterminer surtout ces convictions tardives à la manifestation desquelles nous assistons depuis quelque temps, mais qui déterminent, à leur tour, d'autres convictions sur lesquelles on n'aurait pas compté, et qui, de proche en proche, sous l'influence d'une agitation républicaine continue, se transforment, s'agrandissent, deviennent la conviction générale.

Le temps est avec nous. Ce n'est pas à dire qu'il faut compter sur le temps pour tout faire, mais nous devons en tenir compte, et nous en servir pour solliciter de tous l'esprit de concorde, l'esprit d'union et, pensez-y bien, l'esprit de résignation et de sacrifice.

Ah! il est bien cruel de demander à ces frères, durement abandonnés, l'esprit de sacrifice et de résignation, et cependant c'est à eux que nous adresserons cette demande suprême de ne pas troubler la patrie dans son travail de reconstruction. Et, de même que vous avez été le pays où le plus de bras se sont armés pour la défense nationale, de même que vous avez donné vos enfants et votre or, de même que vous avez supporté le plus longtemps les balles, le feu, les bombes, les exactions de l'ennemi, de même, pendant cette triste paix, il faut que vous donniez à la France l'exemple d'une population qui sait conserver ses sentiments sans sortir de la mesure, sans provoquer une intervention.

Vous devez à la mère patrie cette suprême consolation de lui faire savoir que, bien qu'elle soit impuissante à vous secourir, votre cœur lui est invinciblement attaché.

Eh bien, cette consolation, cette résignation, vous les lui donnerez : vous les lui donnerez, parce que quelle que soit l'ardeur de vos sentiments, vous n'avez jamais fait de votre cause d'Alsaciens qu'une cause française, et c'est par là que vous avez donné une véritable marque de patriotisme, dédaignant, dans la plus large mesure, vos intérêts personnels pour les subordonner à la cause même de la France. La France doit vous rendre ces grands et nobles sentiments. Si elle était assez oublieuse et impie pour ne pas avoir constamment sous les yeux cette image de votre Alsace sanglante et mutilée, oh! alors vous seriez en droit de désespérer!

Mais tant qu'il y aura, en France, un parti national, n'ayez aucune crainte. Et soyez sûrs que ce parti national se recompose et se reconstitue. L'esprit vrai de la France, saisie et livrée à l'ennemi par le second empire, est mis en lumière aujourd'hui. De tous côtés, des publications viennent nous faire connaître le rôle qu'ont joué nos populations, et l'on aperçoit que la France a été bien plus abattue que battue, bien plus surprise que prise. Et, en même temps qu'apparaît la vérité sur les événements, la conscience du pays renaît. Vous voyez déjà commencer une grande œuvre, légitime quoique douloureuse, de réprobation et de flétrissure; j'espère que vous assisterez aussi aux châtiments nécessaires.

En même temps que le pays, tous les partis se réunissent pour réclamer la punition de ce crime de lèse-France commis sous les murs de Metz, et vous voyez venir dans nos rangs de vrais patriotes, des hommes qui, sans hésiter, sans discuter, ont fait leur devoir et ont été de véritables héros à l'armée de la Loire.

Ah! c'est que l'on sentait, parmi ceux qui luttaient, qu'il n'y avait pas d'autre ressource et pas d'autre honneur pour la France que de faire du drapeau de la République le drapeau même de la nation.

Il y a, dans ce spectacle, de quoi nous convier à nous replier sur nous-mêmes, et à chercher dans un nouvel essor, dans une nouvelle impulsion, à imprimer à l'intelligence française les véritables moyens réparateurs de notre grandeur morale, de notre grandeur scientifique, de notre probité financière, de notre vaillance militaire.

Et, quand on aura, sur tous ces chantiers du travail de reconstruction, refait pièce à pièce la France, croyez-vous qu'on ne s'en apercevra pas en Europe et qu'on n'y regardera pas à deux fois avant de ratifier les violences de la force? Croyez-vous que ce barbare et gothique axiome, qui a eu et qui a encore cours : la force prime le droit, restera inscrit dans les annales du droit des gens ?

Non! non!

Si un silence néfaste a pu accueillir une pareille théorie, c'est parce que la France était abattue. Mais il n'est pas un pays, en Europe, qui ne pense qu'il faut que la France se refasse. On ne songe pas à l'assister, on n'en est pas là ; la force des armes a réduit à cette position les plus bienveillants et les plus sympa-

thiques. Nous n'avons reçu et nous ne recevrons de longtemps
ni aide ni concours, mais le sentiment du voisinage s'est fait
jour. On sent que l'orage, pour être passé sur nous, n'est pas
entièrement dissipé et qu'il pourra visiter d'autres contrées,
visiter d'autres peuples. Le sentiment de la conservation générale surgit, on regarde du côté de la France et on voit le monde
occidental vide.

Montrons à ceux qui nous examinent notre moralité, notre
puissance intérieure, notre force, et non pas, comme on
l'a trop fait jusqu'à présent, le spectacle de querelles dynastiques ou de dissentiments sur des chimères.

Donnons ce gage à l'Europe, que nous n'avons pas d'autre vi-
sée que de prendre tout le temps qu'il faudra pour arriver à
cette situation morale et matérielle où l'on n'a pas même besoin de tirer l'épée ; où on rend au droit les satisfactions qui
lui sont dues, parce qu'on sent que derrière ce droit il y a la
force.

Mais ne nous laissons aller ni à l'effervescence ni au découragement.

Prenons — c'est là une réflexion que vous me permettrez de
vous soumettre en présence du groupe que vous voulez bien
m'offrir — prenons à la lettre la pensée qui a animé l'artiste et
le patriote : comme cette mère qui étend sur le cadavre de son
fils tombé et qui, sentant son sein pressé par son jeune enfant
encore impropre à porter les armes, ne veut compter que sur
l'avenir, tenons la seule conduite digne de gens véritablement
animés d'une pensée sage et ferme ; ne parlons pas de revanche, ne prononçons pas de paroles téméraires, recueillons-nous.
Travaillons tous les jours à acquérir cette qualité qui nous manque, cette qualité dont vous avez si admirablement parlé : la
patience que rien ne décourage, la ténacité qui use jusqu'au
temps lui-même.

Alors, messieurs, quand nous aurons passé par cette réno-
vation nécessaire, nous aurons mis assez de temps pour qu'il
se soit accompli des changements dans le monde autour de
nous. Car ce monde qui nous environne n'est pas dans une

situation bien enviable; le bruit des armes, pour avoir cessé en France, n'a pas cessé ailleurs.

Il ne faut pas faire d'excursion bien lointaine chez ses voisins, pour s'apercevoir que, de tous côtés, on se prépare, que, de tous côtés, on tient la mèche allumée, et que la seule activité qui paraît présider à toutes les opérations des gouvernements, c'est l'activité militaire.

Je ne dis pas qu'il faille tirer de là ni pronostics ni illusions; il faut purement et simplement comprendre que le véritable programme de tout bon Français est, avant tout, de se discipliner chez lui, de se vouer à faire de chaque citoyen un soldat et, s'il se peut, un homme instruit, le reste devant nous arriver par surcroît.

Nos ennemis nous ont donné, sur ce point, des exemples que vous connaissez mieux que nous-mêmes ; car, précisément placés sur les frontières, entre eux et nous, vous aviez pris d'eux une culture intellectuelle plus grande, avec la recherche des notions scientifiques dans leur application à la conduite des intérêts de la vie, en même temps que vous aviez cette flamme, cette énergie, cette vigueur, qui sont le propre de la race française.

C'est avec vous et comme vous que nous voulons travailler, sans nous laisser détourner de notre but par les conspirations monarchiques. Vous pouvez répéter à vos frères d'Alsace qu'il n'y a rien à redouter de ce côté ; cette crainte pourrait être de nature à alarmer singulièrement vos espérances patriotiques. Aussi bien, messieurs, je tiens à dire encore — alors que de tous côtés il se trouve des sophistes pour déclarer que si nous restons en République, nous manquerons d'alliances au dehors et que nous ne trouverons aucun concours, aucune aide dans les gouvernements de l'Europe, — je tiens à dire que s'il est un régime, un système de gouvernement qui ait, avant tout, l'horreur de l'esprit de conquête et d'annexion, c'est l'ordre républicain.

Ce n'est pas, certes, que nous soyons assez peu soucieux des intérêts de notre pays pour n'accorder nos préférences ou nos sympathies qu'aux peuples qui, au dehors, possèdent telle ou telle forme de gouvernement : la politique extérieure doit en tout temps se régler sur les intérêts du pays, dont on veut ou maintenir ou recouvrer les droits, ce qui n'est d'ailleurs que reprendre la véritable tradition de notre plus grande assemblée : la Convention.

Est-ce que, d'ailleurs, le système républicain, dans notre pays, n'a pas encore une autre valeur, et faut-il parler de l'impossibilité où se trouverait toute famille d'offrir aucune stabilité à l'alliance des gouvernements du dehors? La question est jugée aujourd'hui : qui dira restauration dira révolution, et qui dit révolution dit incertitude et impossibilité de contracter ou nouer aucunes relations durables.

Voyez ce que produisent les intrigues monarchiques à nos portes : il n'est bruit que de fusillades, de l'autre côté des Pyrénées. Est-ce que cela ne nous dit pas très-clairement ce qui arriverait chez nous si nous nous abandonnions aux mêmes aventures?

Toute autre combinaison politique que la République serait la guerre civile et l'occupation étrangère, et nous ne devons avoir qu'une passion, qu'un but : nous débarrasser de l'étranger. Nous devons répéter ce cri qui a fait l'Italie, qui n'avait pas nos ressources matérielles et morales, qui n'était, dans un langage cruel, mais vrai, qu'une expression géographique; il lui fallait des héros, elle en a trouvé à point nommé, et c'est une minorité qui, pour réaliser le grand programme de l'unité et de la liberté de l'Italie, a poussé le cri : « Dehors l'étranger! »

Mais un programme ne doit pas seulement être dans les mots, il doit être dans les faits, il doit animer l'administration publique, non pas seulement dans les actes officiels, il doit encore présider à la conduite des citoyens qui se réclament de l'idée républicaine. A tous les degrés de l'administration, dans la commune, au canton, au chef-lieu, au centre et près du gouvernement, les citoyens doivent peser sur le gouvernement pour lui indiquer la voie dans laquelle nous voulons entrer et le but que nous voulons atteindre sans impatience : refaire une France, la France historique, la France qu'il nous faut. Un jour, messieurs, réunis autour du gouvernement républicain, nous serons tous animés de la même pensée, c'est là mon plus ferme espoir. J'en atteste les efforts immenses et les ressources sorties des entrailles de ce pays où, malgré le vide de nos cadres, — puisque tous nos officiers avaient été livrés à l'Allemagne, à Metz et à Sedan, — des hommes qui n'avaient jamais tiré un coup de fusil, chaque fois qu'ils étaient commandés par un homme de cœur, par un officier distingué, se montraient de taille à lutter contre les vieux vétérans de Frédéric-Charles.

Soyez persuadés, soyez certains qu'avec un gouvernement qui sera résolu à suivre une politique véritablement nationale, vous pourrez attendre et ne jamais désespérer.

Quant à moi, vous savez les sentiments que je vous ai voués, vous savez combien je suis vôtre; je n'ai d'autre ambition que de rester fidèle au mandat que vous m'avez donné et que je considère comme la loi et l'honneur de ma vie.

Cela dit, messieurs, que ceux d'entre vous qui auront l'honneur douloureux de se retrouver au milieu de vos compatriotes veuillent dire qu'après vous avoir vus je n'ai pas rencontré dans mon cœur un seul mot qui pût traduire, je ne dirai pas d'une façon suffisante pour moi-même, mais capable de me contenter, la reconnaissance profonde que je vous garde.

DISCOURS

PRONONCÉ A VERSAILLES, LE 24 JUIN 1872

POUR

L'ANNIVERSAIRE DU GÉNÉRAL HOCHE

———

MESSIEURS ET CHERS CONCITOYENS,

Après les paroles que vous venez d'entendre, on a bien voulu me demander d'ajouter quelques mots. Je serai aussi bref que me le permettra l'émotion que je ressens au souvenir de l'homme illustre que nous venons honorer ensemble.

Et tout d'abord, il faut bien que je me décharge d'une dette que j'ai contractée envers vous depuis longtemps.

Je dois vous remercier d'abord de ce que vous avez bien voulu, dans cette réunion à laquelle assistent tous vos députés, ceux que vous avez nommés le 8 février comme ceux que vous avez nommés depuis, me convier à ce banquet d'union, de concorde, et d'où vous avez exclu tout esprit de système. (Approbation.)

Je dois en outre vous remercier, ce que je n'ai pu faire encore personnellement, d'avoir bien voulu, à cette époque funèbre où nous ramènent tous nos souvenirs, au moment où l'on procédait, sous les pas de l'invasion, à l'élection de l'Assemblée, me désigner pour député en face même du quartier général. (Nouvelle approbation. — Bravos.)

Je ne veux que passer sur ce fait, et croyez bien que je serais profondément blessé qu'on vît, dans ces paroles, aucune intention personnelle ; mais je tiens à saisir l'occasion de dire publiquement, et je voudrais que ma parole allât jusqu'au fond de la France, de proclamer combien a été héroïque, noble et digne de ce fils glorieux dont nous célébrons la mémoire, la ville de Versailles, et les magistrats placés à sa tête, en présence de l'occupation militaire étrangère. (Très-bien ! — Salve d'applaudissements.)

Je parle ainsi, quoi qu'il puisse en coûter à la modestie de ceux qui m'écoutent et dont le plus grand nombre ont été à la fois témoins et victimes de l'occupation de ces redoutables ennemis, qui, grâce à vous savez quelles criminelles défaillances, ont pu venir camper, en regard de Paris, dans cette ville dont le passé rappelle la gloire de la vieille monarchie déchue, comme aussi la gloire de la première République, qui l'a chassée pour toujours. (Oui ! — Très-bien ! — Applaudissements.)

C'est que j'ai su, messieurs, c'est que j'ai connu par le détail le rôle de M. Rameau pendant cette occupation ; j'ai appris — ce que beaucoup trop de gens ignorent — avec quelle ardeur, quelle sagesse, quelle prudence, avec quels sentiments dignes d'un Français patriote, avec quelles vertus d'un magistrat intègre et indépendant, il a lutté pied à pied en face d'un adversaire, — vous savez quel il était ! — il a combattu jusqu'au bout pour votre dignité et pour votre honneur. (Approbation unanime. — Bravos.)

Je n'ai qu'un mot à dire à l'honneur de ceux qui, groupés autour de lui, associés à son œuvre, composaient le Conseil municipal. Ils se sont toujours tenus fermes devant l'ennemi et ils n'ont pris aucune part, ni de près ni de loin, à ces capitulations qui, pour n'être pas militaires, n'en étaient pas moins indignes. (Nouvelle approbation générale. — Bravos.)

Aussi bien est-ce ici un lieu véritablement bien choisi, une

occasion excellente à travers les amertumes et les tristesses
de l'heure actuelle, pour se retourner vers le passé, pour évoquer une image chérie et pour chercher, non pas ce que nous
aurait enseigné naguère la satisfaction d'un patriotisme or-
gueilleux, mais les leçons austères qui nous permettront de
fonder enfin notre prospérité intérieure et de reprendre en
même temps notre grandeur dans le monde.

Oui, Hoche fut tout ce que l'on vous disait tout à l'heure :
un grand citoyen, un capitaine d'élite, un homme d'État, un
homme de guerre, un politique, un administrateur, une
grande conscience et un grand héros. Hoche est une des plus
nobles, une des plus radieuses, une des plus attirantes figures
de la Révolution, et l'on ne saurait trop, dans le parti républicain, revenir sans cesse à ce grand modèle, non pas pour
y chercher une imitation que ne comportent ni notre temps,
ni nos mœurs, ni le milieu ambiant qui nous entoure, mais
pour y choisir, avec intelligence, ce qui doit être et rester
comme un enseignement permanent et profitable dans nos
sociétés modernes. Car, c'est là le but de cette réunion,
messieurs, et c'est dans ce seul but qu'il est bon de l'avoir
fondée. C'est afin que tous nous puissions nous retremper au
feu du patriotisme d'un héros comme le général Hoche ; c'est
pour cela aussi qu'il est juste de lui donner, de lui reconnaître la maîtrise souveraine et le premier rang dans cette
fête.

Eh bien ! messieurs, puisque nous sommes ensemble, recherchons donc sous l'influence de quelles conditions, avec le
concours de quels éléments cette fortune, qui semble fabuleuse
et qui paraît tenir du roman plus que de l'histoire, est échue
à Hoche.

On vous l'a dit : Hoche était le fils d'un homme attaché au
chenil de la monarchie. (Explosion de bravos et d'applaudissements.) Il est bon que cette ville de Versailles offre ce con-
traste de réunir à la fois dans son histoire le passé et l'avenir,
ce qu'il y a de plus haut et de plus illustre dans la monarchie
et ce qu'il y a de plus généreux, de plus spontané et, disons

le mot dans la noble acception qu'il comporte, de plus noblement révolutionnaire. (Bravos prolongés.)

Car, et c'est là l'enseignement que je voudrais surtout retirer de la vie de Hoche, c'est que cet homme, qui fut à la fois,
comme on vous le disait, un grand capitaine, un diplomate,
un administrateur consommé, d'une moralité à toute épreuve,
reçut de la Révolution qui l'avait fait, de ses idées, de ses
principes, de ses aspirations qu'il conserva toujours avec une
scrupuleuse fidélité, une autorité, un prestige, une influence
qui, tout à l'heure, si vous me permettez de retracer les grandes lignes de sa vie, en feront un homme complet.

Fils de la Révolution, enfant du peuple créé par la Révolution, dont il faut savoir débarrasser toutes les merveilles des
emportements, des aveuglements momentanés qui ont pu la
ternir, par cette Révolution qu'il ne faut voir que dans ses progrès, dans ses grandeurs et dans son immense influence sur
l'humanité ; — fils de cette Révolution, mère des hommes
comme des peuples, Hoche lui resta toujours fidèle, ce qui ne
l'empêcha pas d'être le plus modéré des hommes, le diplomate le plus adroit, l'administrateur le plus habile et le plus
avisé des capitaines.

Tout jeune, Hoche entre dans les gardes françaises ; il assiste
et collabore à la prise de la Bastille, la plus grande date révolutionnaire ; il ne se dément pas plus tard, et dans toutes les
journées on le retrouve. A Thionville, il fait des prodiges ; à
l'armée des Ardennes, il inaugure le système nouveau et hardi
des reconnaissances, qui le fait remarquer par le général Le-
veneur qui se l'attache ; on l'envoie à Dunkerque qu'il déblo-
que ; puis il est désigné comme suspect et il vient se constituer
prisonnier. Croyez-vous qu'il s'en émeuve ? Du tout : il reste
le fils de la Révolution. Il comparaît devant ses juges, s'explique, affirme nettement ce qu'il pense, sans rien rejeter de ses
idées, on l'acquitte et on le fait brigadier.

On l'envoie immédiatement à l'armée de Moselle.

C'est là qu'il apparaît avec cette figure d'une si étonnante
pureté, cette décision d'esprit, cette promptitude de résolution

qui en font véritablement un homme nouveau dans des temps nouveaux. (Vifs applaudissements.)

En effet, dans quelle situation arrive-t-il prendre le commandement de l'armée de Moselle?

Ce qu'on appelait l'armée de Moselle, c'était une troupe composée de 15 à 20,000 hommes, mal armés, mal équipés, avec l'indiscipline partout. Les chefs n'étaient pas obéis ; les soldats mettaient, permettez-moi le mot, le gaspillage jusque dans les vivres qu'on volait ; partout enfin on ne voyait que la confusion, le désordre et l'indiscipline.

Hoche arrive, et nous voyons aussitôt apparaître un des symptômes les plus visibles de la grandeur de ce caractère, de la nouveauté de cette méthode révolutionnaire.

Dès son arrivée, il aborde immédiatement les soldats, interroge les officiers, ouvre les rangs, se rend compte de tout et parle sévèrement quand il le faut. C'est là qu'il fit cet admirable choix de lieutenants, parmi lesquels Michel Ney.

Il questionne les hommes, les juge sur un mot, leur donne sa confiance, ou bien il reste impénétrable ; il fait sortir de suite des rangs ceux dont il apprécie le mérite ; il fallait des hommes nouveaux, il les improvise. N'était-il pas lui-même un homme nouveau, un chef improvisé, et il rompt avec les vieux représentants, avec les hommes attardés et les souteneurs des vieilles monarchies. (Triple salve d'applaudissements.)

De ces soldats, il fit de jeunes chefs, et ces chefs devinrent, plus tard, les premiers hommes de guerre de leur temps ; ils ont sauvé la France luttant contre l'Europe entière coalisée. C'est à l'âme de Hoche qu'ils avaient allumé leur âme pour soutenir cette lutte jusqu'à la mort, jusqu'à l'immolation d'eux-mêmes, et c'est ainsi que Hoche avait fait des armées républicaines. Elles ont commencé par délivrer la France ; on les a fait servir à conquérir le monde plus tard ; enfin elles ont fini, dénaturées et détériorées par un égoïste ambitieux, par perdre la patrie.

Quand il eut ainsi encadré et formé ses brigades et ses divisions, quand il eut choisi ses généraux, quand il eut passé deux mois à stimuler le zèle de tous, à établir parmi ses soldats la discipline par un travail continuel, il eut l'armée qu'il voulait donner à la République pour sa défense et sa gloire.

Car cet homme, ce fils de la Révolution, ce général républicain qui ne s'est jamais démenti, mettait au-dessus de tout la valeur de la règle et de la discipline, et c'est lui qui a dit ce mot si vrai : Les armées qui n'ont pas de discipline sont toujours battues.

Respectueux des droits de chacun, connaissant la valeur des hommes, il ne se laissait jamais aller ni aux erreurs, ni aux chimères ; il savait que les hommes ne valent pas seulement parce qu'on leur a donné un fusil et un équipement, mais encore par leur instruction, par leur abnégation personnelle, par leur cohésion en masses, par leur discipline et par leur esprit militaire. (Bravos.)

Et, en effet, après qu'il eut préparé, pendant deux mois, cette armée, que fit-il?

100,000 Allemands bordaient la frontière. L'armée du Rhin, sous Pichegru, était neutralisée ; Hoche projette de se jeter entre les Prussiens du Palatinat et ceux des Vosges, de les couper, d'enlever les lignes de Wissembourg et de passer au cœur de l'Allemagne.

C'était là un plan hardi, il l'exécute et réussit malgré la mauvaise volonté de quelques-uns et l'attitude de Pichegru.

Il se couvrit, dans cette campagne, d'une gloire immortelle ; il fut forcé par les envieux de revenir dans ses cantonnements ; on le surveillait, mais comme on ne pouvait pas le frapper au milieu de son armée, on prit le parti de l'en arracher, on le nomma général à l'armée d'Italie.

S'il eût vécu, le cours de l'histoire du monde eût été changé, car on n'eût pas vu, à la tête de cette armée, l'homme qui s'est précipité sur l'Italie comme sur une proie, mais le plus incorruptible des héros. (Applaudissements prolongés.)

Il arrive à Nice, et c'est un général, un frère d'armes qui l'y fait arrêter. — C'est moi que vous faites arrêter, dit-il, vous

êtes donc un gendarme ? C'était déjà un premier avertissement.

Dès qu'il fut arrêté, il demanda à être conduit à Paris; il y
arriva, et c'est ici que je veux reprendre ce que vous disait
tout à l'heure mon très-cher ami M. Rameau sur la détention
de Hoche à la Conciergerie.

On l'interrogea pour la forme; il ne reste aucune trace de
cet interrogatoire.

Malgré ses préoccupations constantes de l'étude, du travail,
de la méditation, sa nature véritablement gauloise apparaissait
et lui faisait supporter sa situation avec une véritable force
d'âme et une grande sérénité ; il se donnait à ses amis, s'arra-
chant à ses occupations, et il savait parfaitement, dans ses relations avec eux, apporter la familiarité et toutes les séduc-
tions de l'esprit que pouvaient avoir les gentilshommes de
l'ancienne monarchie. A telles enseignes qu'il avait déjà été
distingué pour son esprit, dans les gardes françaises, par des
dames qui voulaient le faire passer général. (Rires et applaudissements.)

Cet abandon charmant, il le retrouve à la Conciergerie.

Après avoir lu Sénèque, qu'il trouve insuffisant, il se reporte
sur Montaigne pour aller bientôt plus loin, je veux parler de
Rabelais. Il rasséréna son esprit; et nous avons de lui des observations, des peintures de mœurs, qui donnent de l'esprit
de finesse et de l'humeur de Hoche une idée qui ne serait pas
indigne d'un moraliste du xviiie siècle.

Il était nécessaire de dire comment il supporta cette cruelle
captivité. Le 9 thermidor vint le faire sortir de prison. C'est
ici que je rencontre les plus nobles qualités de son cœur et la
preuve de sa fidélité imperturbable à défendre les hommes de
la Révolution.

Après avoir fait partie de ce pâle troupeau dont parle Ché-
nier, un homme vulgaire se fût retourné, l'injure à la bouche,
contre la Révolution dont il fût devenu, de près ou de loin,
un ennemi acharné. Ah ! que vous connaissez peu cet homme !
Un jour que, le faisant revenir sur son passé, on cherchait à

l'exciter contre ses persécuteurs, il arrêta rudement son interlocuteur et lui dit : Monsieur, est-ce que vous n'avez pas de patrie ?

(Applaudissements prolongés.)

Eh bien, c'est précisément dans sa prison que Hoche a montré la véritable trempe de son caractère; c'est là qu'il a efficacement médité sur ce qu'il y avait de juste, de sage, d'irrésistiblement vrai dans l'œuvre révolutionnaire, sur ce qu'il fallait en laisser, en dégager, en éliminer; et ce sont ces méditations et ces réflexions qui ont fait le grand homme de guerre de la Vendée. C'est parce qu'il avait vu de près ce qu'il y avait au fond des passions politiques; c'est parce qu'il avait pu mesurer ces plaies sociales et politiques, et connaître la vérité des accusations des uns, ainsi que l'effronterie des autres, qu'il va tout à l'heure apporter toutes ses grandes qualités dans la guerre civile et que vous allez le voir apparaître là plus grand, plus sublime encore que devant l'étranger. (Applaudissements.)

Oui, messieurs, à ce moment, la France menacée par l'Europe avait des enfants assez dénaturés pour conspirer son démembrement, sous l'œil même de l'ennemi. C'était le moment où la flotte anglaise bordait nos côtes; c'était le moment qu'on avait choisi pour lever le drapeau de la révolte dans une partie de la France; dix généraux en chef, cent cinquante divisionnaires, des commissaires extraordinaires avaient passé dans ce terrible pays de la chouannerie : tous avaient échoué ! Les guerriers et les politiques s'étaient déclarés impuissants; la Convention, et plus tard le Directoire, en étaient réduits à traiter de puissance à puissance avec ces rebelles. Bonaparte, entre autres généraux, y alla, mais il craignit de s'engager dans une mauvaise voie, il vit le pays, revint, et il ne fut plus jamais possible de l'y réexpédier. (Sourires.)

Hoche est un autre homme, messieurs; et c'est précisément parce qu'il est mis en présence d'une immense difficulté, d'un terrible problème à résoudre, que, quelles que soient les difficultés à vaincre, les tristesses qu'il faudra surmonter, et pro-

bablement, dans sa pensée, la méconnaissance des services
rendus à laquelle il faudra se résigner, il voudra se dévouer à
cette tâche ingrate. Il faut, dit-il, résoudre le problème ou périr ; ce problème, il l'a résolu. Voici comment : il l'a résolu de
deux manières, en général et en homme d'État ; en général,
en sachant opposer à ces chouans, à ces bandes qui apparaissaient au nombre de quinze, de vingt, de cent et de deux
cents hommes, qui fuyaient comme le nuage, qui fondaient
tout à coup sur les troupes, qui étaient insaisissables, qui apparaissaient partout et qu'on ne rencontrait nulle part ; en opposant à ces invisibles ennemis qui sortaient des fossés et faisaient feu derrière les haies, qui avaient recours au pillage et
à l'incendie, en leur opposant à la fois l'immobilité et la mobilité, en faisant un grand nombre de camps retranchés et en
créant des colonnes mobiles. Des camps retranchés se reliaient
depuis le département de Maine-et-Loire jusqu'à la Normandie, et, en même temps, partaient comme les doigts de la
main, des colonnes mobiles chargées d'opérer contre les bandes ; et alors, selon une terrible expression, on n'accordait
que « la capitulation des baïonnettes. »

Mais voici où son génie apparaît. Il dit : Ces rebelles sont
des Français, ce sont des frères, il y a parmi eux deux parts
à faire : il y a les pauvres, les paysans et ceux qui les exploitent, et c'est là que l'on constate ce qu'il y avait de sensibilité exquise, de tendresse démocratique, de véritables entrailles plébéiennes dans ce superbe héros ; en voyant cette
masse de paysans aveuglés, égarés comme un troupeau de
bœufs que pousse par derrière un pâtre irrité, il se dit : Non,
non, il faut leur faire grâce ; il faut leur faire comprendre
qu'on vient les délivrer de la dîme et de la corvée.

A cette politique qui allait au cœur du paysan, il en ajouta
une autre bien autrement hardie pour l'époque ; il dit, il écri-
vit : « Dans ce pays, vous n'aurez la paix, le calme à l'avenir,
qu'avec la tolérance religieuse. » Il fit mieux que de le dire et
de l'écrire : il mit ce principe en pratique. C'est là, dit-il, le secret de la pacification. (Applaudissements.) Vous voyez par là

comment cet homme, parfaitement révolutionnaire, véritablement imbu des principes, des sentiments, des aspirations de
la Révolution, a pu réussir en joignant la modération à l'in-
flexibilité. Il n'est pas inutile de feuilleter la vie de tels hommes et de leur rendre cet hommage suprême que Tacite réclamait pour les grands citoyens, non des louanges, mais une
fidèle imitation de leur conduite.

Cette vie, on pourrait la retourner dans tous les sens, elle
doit devenir le catéchisme des enfants du département de
Seine-et-Oise, il faut leur apprendre l'origine, la vie de
Hoche, les efforts qu'il a faits pour ne pas rester inférieur aux
postes qu'il occupait. Car à mesure qu'il montait, son cerveau
s'agrandissait, s'élargissait, montait aussi, et il finissait par
honorer la fonction dont il était revêtu, si élevée qu'elle pût
être. (Applaudissements prolongés.) Et vous allez voir, messieurs, à quel point il était un homme supérieur, et combien
nous avons besoin de nous instruire à son école ; après avoir
dompté en six semaines la révolte et rendu à la République
l'Anjou, le Maine, la Bretagne, la Normandie, au moyen de
cette force combinée de la répression terrible et de la douceur, après avoir proclamé l'état de siége, le lendemain du
jour où il a vaincu, il proclame l'amnistie. (Bravo ! bravo ! —
Triple salve d'applaudissements prolongés.)

Messieurs, les règles de la politique sont éternelles, parce
qu'elles reposent sur la morale et qu'il n'y a pas de politique
vraie, efficace, fructueuse, quand la force viole, même momentanément et passagèrement, les principes éternels de la justice et de l'humanité. (Nouveaux applaudissements.) Cet
homme de guerre, qui a mis son honneur — c'est là certainement sa plus grande gloire — non pas à s'appeler un grand
capitaine, mais à être un pacificateur, cet homme moissonné
avant la saison, cet homme pouvait rendre à la France le plus
complet, le plus noble de tous les services, oui, il pouvait
montrer au monde de quoi la France est capable, dans la paix
comme dans la guerre, quand elle a des enfants dévoués, résolus, que rien n'ébranle, qui ne veulent pas désespérer.

(Triple salve d'applaudissements.) En face de ces Anglais qu'il avait vus, — admirez la noblesse de cet homme, — qu'il avait vus à Quiberon canonner les royalistes acculés à la presqu'île, il avait conçu contre ce peuple une aversion, une colère qui sont heureusement passées de mode aujourd'hui ; il rêva, non pas ce rêve insensé, que plus tard voulut réaliser, pour son propre compte, un aventurier plus hardi, non, un rêve désintéressé qui n'avait pas pour but d'écraser une nation libre, mais d'affranchir une population noble et malheureuse, il rêva cette expédition d'Irlande ; on la traitait de chimérique ; mais que ceux qui en parlent sans avoir interrogé l'histoire, peut-être, se fassent apporter les rapports, les travaux qui se rattachent à ce projet.

Ils verront que Hoche, sans éducation première, par la seule force de sa volonté, s'était trouvé à la hauteur de la tâche qu'il méditait d'entreprendre. Cette expédition avorta par la faute de la vieille organisation de la marine ; les anciens officiers de la marine royale ne voulaient pas être commandés par un général de l'armée de terre ; Hoche voulait tout simplement étouffer la coalition dans l'œuf. Pitt a eu à ce sujet un mot éloquent et cruel : « L'armée française et Hoche ne nous ont échappé que parce qu'ils se sont mis à l'abri sous les tempêtes. »

Hoche sentit qu'il n'avait échoué qu'à cause de la haine, de l'envie de rivaux qui ne le valaient pas.

Plus tard, il alla commander l'armée de Sambre-et-Meuse ; là, il fut ce vaillant héros qui poussa jusqu'à Vienne, qui, en quatre jours, fit trente-cinq lieues à partir de la frontière, arriva à Francfort, passa la rivière, et là fut arrêté après avoir gagné trois ou quatre batailles dont vous avez les noms sous les yeux et que je ne rappelle pas, parce qu'il est pénible de rappeler des souvenirs de gloire, alors que notre devoir, à nous, nous condamne à ne rappeler que les désastres immérités que nous avons dû subir. (Vive émotion dans l'auditoire.)

Il aurait pu pousser jusque sur le Danube, il fut arrêté par

Berthier, sur un ordre venu d'Italie; Bonaparte venait de conclure un armistice, et Hoche, ce grand soldat, était tellement resté civil, patriote, républicain, qu'il n'eut, au sein de son triomphe, qu'une seule parole : « Ah ! quel bonheur, nous avons la paix, et nous la devons à d'autres. »

Vous savez, messieurs, qu'au retour de cette glorieuse campagne de quatre jours, dans laquelle il avait enlevé 8,000 prisonniers, des canons, et toutes les positions de l'ennemi, il fut récompensé par un ordre du jour qui déclara qu'il avait bien mérité de la patrie.

Il poussa la modestie, qui est une autre qualité du guerrier républicain, jusqu'à éloigner cette couronne et à faire un rapport spécial où il établissait que c'était aux autres qu'il devait tout. Rare exemple, messieurs, qui devait se perdre bientôt dans les armées républicaines, car on vit, moins de deux ans après, toute l'habileté d'un homme s'appliquer, non pas seulement à gagner des batailles, mais à vouloir les avoir gagnées tout seul. (Applaudissements.)

Mais il ne faut pas parler seulement de Hoche comme militaire et comme homme de guerre, au point de vue spécial de l'organisation des armées, de cette sollicitude du général qui veille sur les besoins les plus humbles du soldat, surveillant tous les services, le service de santé, le service des vivres, et par-dessus tout, gardant le secret le plus absolu sur ses opérations, dirigeant lui-même cette organisation de l'espionnage qu'on a laissée de côté, comme s'il suffisait à certains généraux, non pas de vaincre, mais d'être surpris (Applaudissements et rires), il faut encore retenir de cette existence cette qualité dominante, le civisme. Il considérait la guerre, non-seulement comme un exercice des plus difficiles et des plus nobles facultés de l'homme, il la considérait aussi comme un état passager, violent, momentané, et il gardait, aussi loin que le menait la fortune des armes, l'image de la patrie et du foyer, ne séparant jamais la profession militaire des droits et des devoirs civiques.

C'est par là surtout que Hoche est digne d'être cité en

exemple à une nation qui, quels que soient les préjugés, les résistances, les entraves, où les intérêts qui se croiront froissés, fera de tous ses enfants des soldats et des citoyens. (Applaudissements.)

Je ne vous parlerai pas de sa mort ; vous savez, messieurs, combien elle fut subite et mystérieuse ; il faut jeter un voile sur les derniers moments de cette existence, car nous ne sommes pas ici pour résoudre des problèmes historiques, mais pour nous inspirer des rares vertus, des nobles qualités et du grand caractère de notre héros, pour nous dire qu'à son exemple nous pouvons affirmer hautement que la démocratie qui monte, qui travaille, qui étudie, qui ne demande que l'ordre, la paix sociale, sent que tous ses intérêts ne seront satisfaits qu'à la condition que la France soit grande et indépendante comme nation. (Applaudissements.) De là, messieurs, le devoir de ne jamais séparer ces deux buts, le relèvement moral et le relèvement matériel de la patrie, de telle sorte que nous n'ayons d'autre préoccupation que de donner à nos enfants, à la génération qui vient — car celle qui existe, qui a subi le spectacle de tous ces désastres et le contact de toutes ces défaillances, tout en redoublant d'efforts, ne peut plus compter sur elle seule pour refaire la patrie — de confier, dis-je, à la génération qui vient après nous, à ceux qui ont l'âme toute neuve, les germes qui devront s'épanouir plus tard. C'est à eux qu'il faut adresser ces grandes leçons, il n'en est pas de plus juste, de plus nécessaire à leur répéter constamment que la loi du travail, formulée dans cette devise de Hoche que l'on vous citait tout à l'heure : *Res non verba.*

Je retiens une autre formule qu'il avait faite sienne après avoir lu la *Vie d'un président de la République*, de Witt : « *Ago quod ago*, » je fais ce que je fais. Oui, faisons ce que nous faisons, ne cherchons pas à tout résoudre, ne pensons pas qu'il existe un moyen de rendre uniforme le bonheur général, de résoudre tous les problèmes à la fois, *ago quod ago*. Que tous nos amis qui sont ici, que ceux qui sont en province nous donnent cet exemple du travail à tous les degrés, dans les Conseils munici-

paux, dans les Conseils généraux, dans tous les corps électifs ;
qu'ils se souviennent de la grande formule avec laquelle Hoche
et d'autres délivrèrent la France, qui enfanta tant de prodiges et qui nous inspire aujourd'hui la grande formule
moderne : « Du travail, toujours du travail, et encore du travail. »

(Les derniers mots de l'orateur sont couverts de longs et
chaleureux applaudissements.)

DISCOURS

PRONONCÉ A LA FERTÉ-SOUS-JOUARRE, LE 14 JUILLET 1872

POUR

L'ANNIVERSAIRE DU 14 JUILLET

En me levant au milieu de vous, chers concitoyens, ma première pensée est pour nos morts. Elle est pour ceux qui nous ont permis, par le sacrifice de leur existence, de nous rassembler librement aujourd'hui, ici, dans le département de Seine-et-Marne, non loin de ce Paris, qui doit rester, quoi qu'on dise et quoi qu'on trame contre lui, l'initiateur de la France et la capitale intellectuelle du monde. (Approbation générale. — Applaudissements.)

Oui, c'est une pensée pieuse avant tout qui nous rassemble, non-seulement sous ces fragiles tentes, mais qui, dans toute l'étendue de la France, réunit tous les républicains. C'est une pensée pieuse que de fêter et célébrer la grande date de la Révolution française en recherchant avec calme, avec sang-froid, avec résolution, ce qui a été commencé par nos pères, ce qu'ils nous ont légué et ce qu'il nous reste à faire, ce que nous avons laissé d'incomplet et d'inessayé dans leur héritage.

Non-seulement nous devons rechercher avec patience quels

ont été leurs mérites, mais nous devons encore nous exciter par la comparaison en voyant combien nous sommes en retard sur eux et combien nous avons à faire pour n'avoir pas à subir une comparaison véritablement fâcheuse pour nous.

Trois quarts de siècle se sont écoulés, et nous sommes encore à disputer, contre les souteneurs du passé, non-seulement l'établissement de la justice et du droit, non-seulement l'émancipation réelle et virtuelle de tous et de chacun, mais jusqu'au nom même de la République. (Applaudissements prolongés. — Acclamations.)

Mes amis, il est nécessaire que ces réunions soient des réunions d'hommes libres, c'est-à-dire d'hommes sachant contenir leurs sentiments. Aussi, quelle que soit la sympathie avec laquelle ils veulent bien accueillir leur ami et, je peux bien le dire, leur représentant, ils doivent, et pour lui et pour eux, lui épargner des applaudissements ou trop prolongés ou trop précipités. (Marques d'approbation.)

Je tiens à le dire, ce n'est pas une pensée d'orgueil, ce n'est pas une pensée de joie qui nous a réunis ici ; non, c'est une pensée presque triste. Ce doit être pour nous, en effet, une cause de véritable tristesse qu'au lendemain de nos désastres, qui ont tous leur origine dans la violation des principes de la Révolution française, qu'au lendemain de ces effroyables malheurs attirés sur ce pays par trois monarchies successives, nous en soyons encore à disputer sur le droit de nous réunir, de nous assembler ; que nous soyons encore obligés de répondre à ces accusations de désordre que nous fait cette presse stipendiée, qui ne poursuit, dans toutes les occasions et par tous les moyens, qu'un seul but : apeurer la France, en voulant lui faire croire que nous sommes des forcenés ; cette presse déshonorée qui, toutes les fois que nous cherchons à nous entretenir de nos intérêts communs, qui sont les intérêts mêmes de la patrie, ose affirmer devant le pays que nous ne recherchons que l'agitation et le désordre.

C'est pour cela, messieurs, que je vous demande le calme.

S'il était permis à ces oisifs de la presse dite légère de venir

parmi nous et de voir ce que c'est qu'une réunion de travailleurs qui profitent du dimanche pour fêter à leur manière celui
qui doit toujours rester le dieu du travail et des sociétés modernes, c'est-à-dire le droit (Salve d'applaudissements.) ; si,
dis-je, il leur était donné d'être au milieu de vous, ils verraient
que ce qui vous a attirés ici, de trente à quarante lieues, ce
n'était pas la pensée de faire, au milieu d'un champ, un banquet, dont les restes, qui sont là, témoignent de votre sobriété.
Ils verraient que ce n'était pas pour venir faire sous la pluie
une réunion tumultueuse et agitée. (Rires approbatifs. — Très-
bien ! — Très-bien!)

Aussi, messieurs, semble-t-il nécessaire d'apprendre, par
notre calme aux ignorants, aux simples, aux indifférents, qu'on
abuse et qu'on exploite contre nous, que nous sommes mûrs
pour l'exercice de toutes les libertés, et qu'on peut, en France,
comme dans la libre Amérique, comme en Suisse, et comme
dans l'aristocratique Angleterre, se réunir et discuter sans
qu'un chenil immonde d'aboyeurs de la presse vienne jeter le
trouble dans le pays. (Double salve d'applaudissements.)

Oui, ces réunions sont bonnes, je dis plus, elles sont nécessaires.

Elles sont nécessaires à plusieurs points de vue : d'abord
pour rapprocher les deux fractions de la société française que
la Révolution de 89 avait associées et réunies et que les trois
monarchies successives, épaves du vieux monde, se sont ingé-
niées, depuis trois quarts de siècle, à diviser, à séparer, à jeter
les unes sur les autres les armes à la main.

En second lieu, ces réunions ne sauraient être trop multi-
pliées, surtout au cœur des campagnes ; car on ne saurait trop
souvent visiter face à face celui qui vit sur le sol, qui le féconde
de ses sueurs, qui manque de moyens d'information avec la
ville qu'on lui représente comme un foyer de sédition, d'anarchie, cherchant ainsi, par la division de classes semblables, par
la division d'intérêts conciliables, à créer un antagonisme qui
est le fondement même du despotisme.

Oui, il faut que ces réunions se multiplient, et, à travers les amertumes du présent, si j'ai une joie, une espérance et une consolation, c'est de voir qu'au mépris de toutes les entraves, de tous les obstacles, il y a aujourd'hui, dans tous les départements français, des assemblées pareilles où l'on est persuadé que c'est par la rencontre, par la fréquentation, par la conversation, que ces deux frères, le paysan et l'ouvrier, l'homme de ville et l'homme de campagne, doivent être réunis et associés par leur frère aîné, celui qui appartient à la bourgeoisie et qui, grâce à une fortune antérieure ou à des sacrifices immédiats, a obtenu une éducation qui doit en faire à la fois un initiateur et un guide. (Applaudissements prolongés.)

Je dis que des réunions semblables à celles que nous avons en ce moment ont lieu, à l'heure qu'il est, sur tous les points du territoire, à Marseille, à Bordeaux et à Lille, à l'ouest et au sud, à l'est et au nord. Et si l'on a tout fait pour les empêcher, si l'on a cherché à mettre l'administration contre ces réunions, si les timides et les *apeurés* dont on vous parlait tout à l'heure ont tenté d'apporter des obstacles à l'éclosion de cette magnifique fédération morale, savez-vous pourquoi ? C'est parce que, le jour où, après vous être réunis, vous vous reconnaîtriez, il n'y aurait plus moyen de prolonger ni le provisoire, ni les équivoques, et ce jour-là, le nombre aurait le droit. (Applaudissements répétés.)

Eh bien, au 14 juillet 89, cette unité morale, sociale et politique existait en France. Elle était le fruit d'intérêts reconnus égaux et qu'il s'agissait de faire triompher, et elle se fit jour à cette date, pour la première et pour la plus décisive fois, dans ce glorieux Paris, initiateur du mouvement contre Versailles, qui réclamait, avec ses franchises municipales, des libertés politiques pour tout le pays, une Constitution nationale et l'expulsion des hordes étrangères. Paris alors était groupé, entendez-le bien ; Paris formait comme un faisceau où le bourgeois, l'ouvrier, le peuple, tout le peuple, ce que l'on appelait le Tiers, concouraient sans division, avec une unité d'action admirable, à l'œuvre nationale de la Révolution française, car vous n'avez qu'à compter ceux qui se battent pour prendre la

Bastille et ceux qui les mènent dans ce grand jour, vous les trouvez tous réunis, depuis le penseur, le publiciste, l'ouvrier, le garde-française, l'électeur, le marchand jusqu'au simple tâcheron! Ils y sont tous, tous représentent l'unité française réclamant ses droits; tous assemblent leurs efforts contre le Royal-Allemand, les Suisses et les lansquenets et contre les tyrans, non pas seulement pour renverser une Bastille de pierres, mais pour détruire la véritable Bastille : le moyen âge, le despotisme, l'oligarchie, la royauté! (Salve d'applaudissements. — Acclamations!)

Eh bien! messieurs, c'est cette admirable, cette incomparable unité d'action qui a été dissoute, qui l'a été par les efforts associés de l'Église et de l'aristocratie auxquels se joignit, plus tard, un autre élément qui apparut en même temps que le triomphe inespéré, trop complet peut-être, d'une première couche du Tiers-État : les intrigants!

On vit ceux qui avaient été les guides, les initiateurs, les conducteurs de ce grand mouvement révolutionnaire, qui n'était pas seulement la libération du citoyen, du Français, mais qui était l'affranchissement même de tout ce qui respirait dans l'humanité, de tout ce qui portait le nom d'hommes, on les vit un jour s'arrêter sans finir leur œuvre.

Mais il faut voir aussi comment fut accueilli, par l'univers, ce grand fait de la prise de la Bastille. Partout où il y eut des cœurs généreux, coulèrent des larmes de joie en apprenant que la Bastille avait été prise, et que c'était le peuple de Paris qui venait de détruire cette forteresse de la tyrannie, ce sombre et menaçant symbole de l'oppression morale et matérielle des Français, c'était partout l'allégresse; on s'embrassait dans les rues de Saint-Pétersbourg; en Allemagne, il n'était pas un écrivain, pas un philosophe qui ne poussât un cri de joie et de satisfaction; en Italie, c'était un ravissement; de même en Suède, en Norvége, en Angleterre, et jusqu'au fond de la catholique Espagne, les hommes s'abandonnent aux mêmes palpitations, aux mêmes effusions de bonheur, à cette grande nouvelle : la Bastille est tombée.

Pourquoi donc cet amas de pierres disjointes causait-il tant de joie? C'est que l'on sentait que le vieux monde était fini et que la chute de la Bastille annonçait un monde nouveau, le monde de la justice, du droit et de la dignité individuelle; c'est parce que le monde civil et la volonté laïque apparaissaient à tous et faisaient pour la première fois leur entrée définitive. (Bravo! bravo! — Applaudissements prolongés.)

Ah! il fallait à tout prix empêcher une telle victoire et surtout en réduire les effets, contenir l'expansion; il fallait l'empêcher de gagner de proche en proche, l'empêcher de passer la frontière et de se répandre sur toutes les contrées de l'Europe! et alors une ligue infâme commença. Les vaincus du dedans, trois jours après la prise de la Bastille, les d'Artois, les Conti, les Condé, tous les privilégiés, tous les aristocrates, les nobles, les prêtres, tous quittent la France et s'en vont chercher l'étranger. (Explosion de bravos.)

Dans ce grand mouvement qui venait de s'accomplir, la République était impliquée; ils l'aperçurent, car ils étaient clairvoyants; on les a accusés de trahison, et on a eu raison; on les a accusés de sottise, et on a eu tort; ils comprenaient bien que c'en était fait de leurs priviléges et de leur puissance; ils sentaient qu'on ne ramènerait jamais la France émancipée sous le joug de la royauté, sous la tutelle des princes et sous la domination de cette lèpre dévorante du clergé (Bravo! bravo!), si l'on n'y mettait la main de l'Europe coalisée. (Sensation.)

Et voilà comment les faits s'enchaînent, l'un entraînant l'autre! Il est bien certain, en effet, que le 10 Août, que le 22 Septembre, que les journées les plus décisives de la Révolution française sont contenues, sont impliquées dans ce premier fait qui les enveloppe: le 14 juillet 1789.

Et voilà pourquoi aussi c'est la vraie date révolutionnaire, celle qui a fait tressaillir la France; celle qui l'a fait lever jusque dans la dernière de ses communes; celle qui a fait surgir, comme par un coup de baguette magique, un citoyen dans le dernier des serfs, dans le plus humble, dans le plus infime des travailleurs. C'est pourquoi le 14 juillet n'est pas une date monarchique, et vous voyez qu'on ne la revendique pas de ce côté, quoique ce grand fait ait eu lieu sous la monarchie ; on comprend que ce jour-là notre nouveau Testament nous a été donné, et que tout doit en découler. (Oui! Oui! — Applaudissements.)

Mais, messieurs, il ne suffit pas de mesurer l'étendue et la profondeur de cet immense événement ; il faut nous regarder nous-mêmes et du plus près que nous le pourrons. Il faut nous expliquer à nous-mêmes pourquoi cet admirable mouvement s'est égaré en route, pourquoi il a décrit, à travers notre douloureuse histoire, un chemin si brisé et si tortueux ; il faut rechercher à qui incombe la responsabilité de tant de détours et de retards, et si elle ne doit pas être supportée par plusieurs. Il faut, en un mot, que nous fassions notre propre examen de conscience ; que nous sachions pour l'avenir quels sont ceux qui ont eu des défaillances dans le passé, afin que, groupés, unis, connaissant bien la route à suivre, nous n'ayons plus ni hésitation ni couardise. (Oui! — Bravo! — Applaudissements.)

Eh bien! que s'est-il passé après l'émancipation légale des citoyens, après ce don magnifique de joyeux avénement de la Révolution française, qui prend dans son sillon, où il croupissait comme une bête de somme, le paysan, qui le redresse et lui fait figure humaine, — que dis-je, qui lui fait figure civile et politique et qui lui dit : Cette terre est à toi : c'est ta passion dominante, tu l'aimes, tu la travailles, tu la fécondes ; tu sens là toutes les joies qui appartiennent à l'homme sur son propre fond ; chaque jour tu ornes cette maîtresse, tu la surveilles avec des soins jaloux, ne permettant d'empiétement à personne mais cherchant toujours à l'agrandir, à l'amplifier, mettant constamment dans chaque pli, dans chaque recoin, l'empreinte de ta personnalité avec celle de ton travail ; eh bien, ce travail de chaque jour, ce travail accumulé, ce travail associé à ta personne, c'est ton bien, c'est ta propriété, il est à toi! (Sensation profonde. — Explosion d'applaudissements.)

Voilà ce qu'a fait la Révolution française pour le travailleur des champs.

Eh bien, le voilà livré à lui-même sur ce morceau de terre. Et ceux qui ont dirigé ce mouvement estiment qu'on a assez fait pour la justice !

Quant à lui assurer la compréhension de ces principes, pour lesquels on vient de verser tant de sang, quant à lui donner l'intelligence de ses droits et de ses devoirs dans cette nouvelle société, quant à faire de cet homme une conscience après en avoir fait un propriétaire (Bravo ! bravo !), oh ! ce sont là des soucis qui ne montent pas jusqu'à la tête de ces grands égoïstes, ou, s'ils y montent, ils les considèrent comme dangereux et périlleux.

Et alors, depuis le Consulat jusqu'à aujourd'hui, on n'a plus eu qu'une seule préoccupation, barrer le chemin à ces intelligences, refuser de les éclairer ; car c'est là, pour ces égoïstes, que réside le véritable péril, c'est là qu'est pour eux l'effroyable danger. (Adhésion.)

C'est précisément, messieurs, parce que vous vivez dans un pays où le nombre est beaucoup, où il peut quelquefois être la force, ce qui importe peu, mais où il peut être la légalité, ce qui est terrible ; c'est pour cela que, tour à tour, vous êtes passés de l'oligarchie de quelques-uns au despotisme d'un seul, et que vous avez vu se ranger derrière César toute cette légion de propriétaires qui ne cherchaient que la sécurité, et ils avaient raison ; mais qui n'étaient nullement tentés par la dignité personnelle, qui restaient à l'écart de tout mouvement et de tout travail des idées, qui, oublieux de leur honneur civique, ne regardaient pas comme une tache morale de donner leur bulletin à celui qui le sollicitait, et celui-là, vous l'avez bien connu, c'était toujours un agent du maître ! (Vive approbation. Applaudissements.)

C'est là, messieurs, qu'est l'explication de toutes nos décadences, de tous nos désastres ; c'est dans l'esprit d'étroitesse, d'exclusion, de diminution oligarchique de quelques-uns et dans l'abandon inintelligent du plus grand nombre dont on exploitait l'ignorance.

Il faut faire cesser cette situation ; comment ? par la résolution, prise par ceux qui ignorent, de vouloir s'instruire ; mais
il ne faut pas qu'ils se bornent à une résolution platonique, il
faut qu'ils en exigent l'exécution par le meilleur des moyens,
en prenant des mandataires avec mandat impératif de l'obtenir.
(Très-bien. — Bravos.)

Car enfin, il faudrait se fixer sur les véritables responsabi-
lités, comme je le disais tout à l'heure. Eh bien, est-il vrai, oui
ou non, qu'à l'heure où nous sommes, grâce à la conduite habile, intelligente, patriotique de nos intérêts par le président
de la République, on va faire un appel immense, inouï au crédit par l'emprunt ? Et cet emprunt si lourd, si effroyable, que
cependant il faut couvrir avec empressement, et, pour ainsi
dire, avec le même élan viril que s'il s'agissait de faire une véritable action héroïque, car il s'agit de maintenir le crédit de
la France au-dessus du pair, cet emprunt écrasant n'est-il
pas une des conséquences de la guerre qui a été déclarée en
1870 ? Et il n'y aura que de misérables sophistes qui oseront
soutenir le contraire en cherchant à faire oublier qu'il y a un
homme qui, sentant l'opinion qui le pressait, sentant sa couronne ébranlée sur sa tête, et voulant à tout prix la transmettre
à un mineur incapable, n'a pas craint de jeter ce pays dans les
aventures. Pour étouffer le cri des réclamations populaires, il
déclara la guerre vous savez dans quelles conditions ; il nous
livra désarmés à un peuple qui, depuis soixante ans, nous
guettait, et qui avait pris ses dispositions, non pas pour éviter
d'être surpris, mais pour nous accabler.

Cet homme a voulu la guerre sans le consentement de la
nation ; la guerre a été soutenue et prolongée, j'ose le dire,
avec l'assentiment de l'honneur national. (Oui ! oui !) Aujour-
d'hui il faut payer ! Avec quoi faut-il payer ? Il faut payer avec
les fruits du travail, avec l'épargne, avec cet argent que tous
les jours amassent péniblement, difficultueusement, ceux devant qui je parle en ce moment ; car vous, qui êtes des travailleurs, vous savez le prix de l'argent, vous savez ce qu'il coûte
à gagner, vous connaissez la peine qu'on éprouve à en dis-

traire, même une petite partie, sur ce qui est donné aux besoins de la vie de chaque jour, et pourtant vous y parvenez quand il faut subvenir à l'éducation des fils, assurer la dignité ainsi que l'honneur de la famille. (Salve d'applaudissements.)

Eh bien, messieurs, croyez-le, si l'on s'était occupé de politique, si le peuple, instruit comme il doit l'être, avait été en état d'en faire, la guerre ne fût pas venue (c'est vrai !), car la guerre et ses conséquences effroyables, — ne l'oubliez jamais, — ne sont sorties que d'une chose, d'une chose immonde, qui a été présentée à la France comme une garantie d'ordre et de sécurité, et qui n'était qu'un complot perpétuel contre la moralité publique, du plébiscite ! (C'est cela ! Oui ! oui ! applaudissements.)

*A ce moment, le bruit causé par une pluie torrentielle couvre la voix de l'orateur.

Le temps ne nous permettant pas de poursuivre, nous allons attendre qu'il devienne un peu plus clément.

Pour vous rassurer, je vous dirai que ce temps est traditionnel, malheureusement (on rit), et qu'à tous les anniversaires du 14 Juillet il a toujours plu. Ainsi, le jour où eut lieu la grande Fédération, la pluie tomba toute la journée, ce qui n'empêcha pas Paris tout entier, hommes, femmes, enfants, de toutes classes et de toutes conditions, de rester impassibles sous les injures du ciel, parce que, en ce jour, il s'agissait de prêter serment à la République. (Bravo ! — Vive la République ! Vive Gambetta !)

Après une interruption de quelques minutes, M. Gambetta reprend en ces termes :

Messieurs, puisque le courage et la patience que vous montrez égalent au moins la sympathie dont vous voulez bien me donner une nouvelle preuve, je crois que je n'abuserai pas de vous en terminant les observations que je tiens à vous présenter. (Non ! non ! parlez !)

Dans les paroles qui ont été prononcées jusqu'ici, nous

n'avons fait qu'indiquer très-sommairement le dessein général des antagonismes que l'on a créés, excités, et finalement exaspérés dans la société française.

Ces indications n'ont pas été difficiles à vous donner, et vous complétiez par vos souvenirs, en m'écoutant, ce que le temps ne me permet pas de dire ; vous saisissiez ce qu'il y avait de nécessairement incomplet dans les allusions que je faisais soit à l'empire, soit aux régimes ou aux dynasties qui l'avaient précédé.

Car il est de mode aujourd'hui, et il faut s'en expliquer, puisque l'occasion est bonne (sourires), de considérer qu'il y a deux espèces de monarchies : une monarchie exécrable, contre laquelle le parti républicain pourtant a été le seul à lutter, c'est l'empire, que ceux qui se décorent du nom d'esprits raffinés, d'hommes composant le parti des honnêtes gens, veulent bien regarder aujourd'hui comme une chose brutale, impossible et indigne de leur fréquentation, oubliant d'ailleurs qu'ils avaient figuré en grande partie dans les ministères et dans le Sénat de cet empire. (Bravos ! — Rires et applaudissements.)

Mais nous ne pouvons pas laisser s'accréditer cette opinion qu'il y a deux espèces de monarchies ; celle-là, dont je viens de parler, et une autre qui serait de bon ton, honnête, modérée, qui aurait une véritable supériorité morale sur tout autre gouvernement et qui serait de nature à faire excellemment les affaires du pays sans le pays, ayant d'ailleurs de bonnes raisons pour se défier de l'esprit d'égalité, de l'esprit d'envie, — car c'est ainsi qu'ils appellent cela, — qui est le fond de la démocratie. (Rires.)

Eh bien, non ! il n'y a pas deux espèces de monarchie ; il n'y en a qu'une ; on a ou on n'a pas un maître. (Applaudissements.)

Qu'on le serve sans phrases, comme sous l'empire, ou qu'on le serve avec des périphrases, comme cela se passe sous les deux autres régimes, constitutionnel et traditionnel, c'est toujours la même chose : c'est la nation asservie au bénéfice d'un seul, lequel veut bien associer à ses agréables représentations un certain nombre de collaborateurs privilégiés. (Rires et applaudissements.)

Nous connaissons les trois formes de monarchie : la première, la deuxième et la troisième ; elles se sont succédé à des intervalles malheureusement trop rapprochés dans notre cher pays.

Nous avons vu la première rentrer à la suite de l'étranger, quoi qu'elle dise, et vous savez, — puisque nous sommes ici dans un pays de culture et de travail agricole, — vous savez quels avaient été, dès l'abord, les procédés, les aspirations, les tendances et, finalement, les moyens d'exécution de ce qu'on a appelé la Restauration ; son but était de supprimer la Révolution, et de replacer les choses en l'état où elles étaient le 13 juillet 1789. Et il ne s'agissait plus seulement pour elle de reconstruire la Bastille sur son emplacement, mais son désir, sa volonté était de mettre la France entière dans une Bastille. (Rires et applaudissements.)

On peut bien rompre le courant révolutionnaire, le faire dévier, le perdre dans les sables, comme le firent le Consulat et le premier Empire, mais on ne supprime pas heureusement la trace et le germe qu'il a laissés dans la patrie française. (Vives marques d'approbation.)

Le génie de la Révolution parfois s'éclipse, il se voile un moment, mais il reparaît plus éclatant, plus radieux que jamais et, en somme, aux heures où la patrie souffre, où elle est envahie, où elle agonise, c'est ce génie vers lequel on se tourne pour lui dire : « Génie réparateur, Génie même de la France, Esprit de la Révolution : Au secours ! au secours ! car les monarchies m'ont plongée au fond de l'abîme ! »

Et, au milieu de ces cris d'angoisse, en face de ces exclamations d'un peuple en détresse, savez-vous ce qui se passe? C'est alors que le parti républicain, le parti de la Révolution apparaît et se met résolûment à l'œuvre pour arracher le pays au gouffre, à l'abîme prêt à engloutir ce qui reste de la grandeur et de la nationalité française ! (Sensation.)

Ensuite, quand cette œuvre a réussi ou a été entravée, on voit·surgir de leurs taupinières et des recoins où ils s'étaient cachés pendant la tempête un tas de mauvais citoyens, de mauvais Français qui viennent dire : « Ces malheurs, ces désastres, c'est la Révolution qui en est la cause ! »

De telle sorte que c'est le médecin, que c'est le sauveur qui est accusé d'avoir donné la gangrène et le mal. (C'est cela ! c'est cela ! — Applaudissements prolongés.)

Si je dis ces choses, ce n'est pas seulement pour rétablir la vérité à l'honneur de ce parti républicain outragé, calomnié, décimé, transporté, sans trêve ni repos, depuis soixante-dix ans, mais si vivace, si plein de ressources, ayant des racines si profondes dans le cœur des peuples qu'il n'a pas disparu de la scène du monde, après des persécutions qui auraient tué même une idée plus féconde, s'il en pouvait exister une ! (Applaudissements.)

Non ! non ! ce n'est pas pour lui, ce n'est pas pour revendiquer ce qui fait son plus grand titre de gloire, qui est de se jeter, sans compter, au milieu des périls qui assiégent la France, d'y vouer son existence même, convaincu qu'on peut périr, et que, si l'honneur est sauf, on a au moins devant les hommes et devant l'immuable justice des choses, devant sa conscience et devant la souveraineté de la raison, l'excuse d'avoir succombé et péri en glorifiant ses principes et sa propre conscience ! (Bravos. — Applaudissements répétés.)

Si je parle ainsi, messieurs, c'est parce qu'en somme là est le sophisme qu'on ressasse et qu'on exploite depuis tantôt trois quarts de siècle ; oui, c'est parce que la vieille monarchie banqueroutière ayant mené la France au déficit... (Rires. — Salve d'applaudissements. — Mouvement dans une partie de l'auditoire.)

Oui, messieurs, car vous ne devez pas oublier que, bien que ces privilégiés, ces familles eussent mis la main sur la France et qu'il n'y eût qu'un cinquième de terres libres et réservées aux citoyens les cultivant de leurs propres mains, — vous ne devez pas oublier, dis-je, que c'est par le déficit et

la banqueroute que la monarchie fut acculée à la convocation des Etats-Généraux. (Oui! — Très-bien! — Applaudissements.)

Donc, je maintiens à la monarchie l'épithète de banqueroutière. (Oui! — Oui! — Nouveaux applaudissements.)

Une interruption se fait entendre au fond de la salle.
Cris : à la porte! à la porte! — Mouvements divers.

Non! non! messieurs, calmez-vous! nous ne serions pas
des hommes libres si nous ne restions pas calmes.

Comment! il suffirait d'une interruption, qui est dans le
droit de tout le monde, entendez-le bien, pour qu'immédiatement la discussion cessât? Mais, messieurs, s'il y a, — et
c'est précisément ce que je recherche dans les entretiens que
nous avons ensemble, — s'il y a des contradicteurs, je suis
prêt à leur répondre et à essayer de les convaincre. (Très-
bien! très-bien! — Applaudissements. — Nouvelle interruption.)

Je vous en prie, mes amis, soyez patients! Il faut bien nous
habituer à la contradiction, sans elle il n'y aurait aucune utilité
à nos réunions; si nous ne nous rassemblions que pour nous
entendre de l'oreille et non pas de l'esprit, pour nous applau-
dir sans supporter aucun dissentiment, nos réunions n'auraient
véritablement aucun caractère utile, ni, permettez-moi d'ajouter, digne de citoyens libres. (Approbation générale.)

Il faut que nos réunions ne sortent jamais du calme et de
la modération, qui sont le véritable attribut de notre parti,
car, seul, au milieu des provocations, des violences et des
outrages dont on l'accable, il reste impassible sous cette bor-
dée d'injures, résolu qu'il est à ne pas abandonner ce sang-
froid qui est la caractéristique de sa force.

Eh bien, réunissons-nous toujours sans perdre de vue cette
pensée, restons-y fidèles, et s'il y a des contradicteurs, — et
il doit y en avoir, il n'est pas possible qu'il ne s'en présente
pas, — qu'ils indiquent les points obscurs, discutables de mes
paroles, qu'ils m'arrêtent pour me demander des explications,
des éclaircissements, et j'estime qu'il est de mon devoir strict

d'y répondre. (Très-bien ! très-bien ! — Applaudissements.)

Je reprends où j'en étais resté il y a quelques instants.

Je disais, si je ne me trompe, que le procédé dont on avait le plus usé et abusé contre la Révolution et le parti républicain, qui en est l'agent désintéressé et libre dans notre pays, que ce procédé consistait à mettre perpétuellement, passez-moi l'expression, sur les épaules, sur le dos de la Révolution, les fautes, les crimes et les désastres qui avaient été amenés par le parti adverse.

On tombe ainsi dans le même cercle vicieux que ferait celui qui viendrait soutenir ce raisonnement, à propos d'un homme qui aurait mal fait ses affaires, qui aurait été réduit à déposer son bilan, dont on aurait vendu les biens, expulsé la famille de son toit pour la jeter dans la rue, — qui viendrait, dis-je, soutenir ce raisonnement : la responsabilité de cette situation incombe au syndic qui a réglé les affaires et non pas à l'homme perdu de dettes, au cœur et à l'intelligences dépravés, dont la conduite vicieuse est la source de ses propres infortunes et de cette triste liquidation. (Sensation. — Applaudissements prolongés.)

Eh bien ! la Révolution est apparue, — je poursuis cette image familière, mais qui est parfaitement de nature à vous faire saisir le fond même de ce sophisme ; — la Révolution est apparue comme le syndic, comme le curateur forcé, nécessaire, qui arrive lorsqu'on a mené la France au bord de l'abîme, lorsqu'on l'a jetée dans la guerre étrangère. Quand la patrie est envahie, ses armées confisquées, ses places livrées ou anéanties ! alors la révolution intervient, elle lutte et on lui dit : « C'est vous qui avez fait la guerre, c'est vous qui avez livré nos armées, et c'est en votre nom qu'on a capitulé.

Et, s'il y a des milliards à payer, c'est elle encore qui devra en supporter la responsabilité.

De plus, comme on a bien eu soin, depuis soixante-dix ans, de ne pas compléter cette institution élémentaire des pays qui veulent non-seulement devenir, mais rester libres, l'instruction nationale, il se trouve qu'on a ainsi préparé d'avance un champ

admirable pour faire lever et fructifier l'erreur : voilà, messieurs, l'intérêt politique qu'il y a, dans un pays où le suffrage
universel existe, à maintenir l'ignorance universelle. (Explosion d'applaudissements. — Sensation prolongée.)

Ah ! messieurs, nos adversaires savent bien que, partout où
l'on fait un lecteur, on allume une intelligence et l'on éclaire
une conscience ; ils savent bien que leurs sophismes ne ren-
contreraient pas deux heures de crédit si on les présentait à
des esprits capables de juger, de concevoir et de réfuter ; et
c'est parce qu'ils le savent qu'ils font de la calomnie un instrument de domination. (Approbation.)

C'est ainsi que, successivement, depuis vingt ans, on a amené
la nation à tout ratifier, à tout accepter, en dépit des protestations du parti républicain. Et j'insiste sur ce dernier point,
parce que ce n'est pas seulement une preuve de la clairvoyance
de ce parti, un hommage rendu à sa probité, mais aussi la
preuve, le gage de son patriotisme inaltérable.

Aussi, je ne cesserai de le répéter, du 2 décembre 1851 au
4 septembre 1870, il n'y a eu qu'un parti dans ce pays qui ait
tenu haut et inviolable le drapeau de la revendication des
droits du pays contre l'usurpation et le crime, et ce parti,
c'est le nôtre ! (Oui ! oui ! — Double salve d'applaudissements.).

S'il en est ainsi et si, malgré les luttes de ce parti et malgré
son désintéressement, il est condamné perpétuellement à être
battu et refoulé, par suite de l'écart, de la séparation, de la
distance qui existent entre ceux qui ont les mêmes intérêts,
mais qui les ignorent, qui ont la même origine, mais qui
la méconnaissent, qui ont la même tendance, les mêmes aspirations, mais qui ne s'en rendent pas compte, que nous faut-il
faire ?

Il nous faut combler cet intervalle, cette séparation, cet
écart. Il faut que partout où il y a un républicain, ce républicain sorte de chez lui et aille s'adresser, non pas à un autre républicain comme lui, mais que, soit individuellement, soit col-
lectivement, en s'associant, il se donne cette tâche d'aller

visiter, fréquenter ceux qui, épars, disséminés sur tout le territoire, sans lien, sans contact, sans informations, sont la proie
désignée des sycophantes et des sophistes qui préparent ouvertement des restaurations. (C'est cela! Applaudissements
redoublés.)

Mais il ne suffit pas qu'une élite d'hommes dévoués se donne
cette tâche de propager les paroles et les idées républicaines,
en se vouant à un prosélytisme incessant ; non, cela ne suffirait pas, car le mal est plus haut, et c'est plus haut qu'il faut
aller le guérir.

Il faut faire disparaître cet antagonisme dont je parlais tout
à l'heure, il faut revenir à la première, à la féconde pensée de
1789, rétablir le faisceau qui a été détruit par des mains scélé-
rates ; rapprocher le bourgeois de l'ouvrier, l'ouvrier du paysan. Il ne faut pas qu'il y ait, comme aujourd'hui, des épaves
d'aristocratie, des restes de sectes jésuitiques; une haute bourgeoisie oublieuse de ses origines, s'arrogeant toutes les domi-
nations, et s'inspirant de tous les vieux despotismes; une classe
moyenne isolée, fermée, timide, peureuse, prête à tout par peur
et par la plus inexplicable des peurs, se bouchant les oreilles, fermant les yeux, redoutant tout contact avec les
autres classes, n'ayant pas le souci de descendre vers elles et
de voir qu'il y a là des frères dont il faut s'occuper, dont le
nombre constitue une force, dont l'ignorance est un péril, et
dont l'intelligence éveillée donnerait à la France une carrière
de gloire, d'honneur et de prosperité! (Bravos prolongés.)

Oui, il faut faire cette fédération des intérêts, il faut rallier,
associer dans un pacte d'égalité parfaite ceux qui ont le sentiment de la justice et des vérités politiques, les plus ignorants
et les plus humbles, ceux qui ne pensent pas encore comme
ceux dont l'esprit s'est nourri de chimères qui se dissipe-
raient d'elles-mêmes à la pure lumière de la science.

C'est surtout chez eux qu'il faut porter la persuasion, la conviction; c'est devant eux qu'il faut séparer l'impossible du
possible, c'est à eux qu'il faut montrer ce qui n'est pas encore
immédiatement réalisable par la pratique, et c'est eux qu'il

faut décider à l'ajourner. Mais cette campagne doit être conduite et meditée avec intelligence, et elle doit avoir pour auxiliaires, pour coopérateurs, ces deux fractions du peuple : l'homme qui travaille à la ville et l'homme qui travaille aux champs. (Oui! — C'est cela ! — Bravos.)

Pour atteindre ce but, une première condition est indispensable, sans laquelle toutes les autres ne sont rien ; c'est une question de forme, dit-on ; oui, mais ici la forme emporte le fond ; c'est une forme sans laquelle on ne peut résoudre aucun problème, une forme qui permet de respecter les droits de tous et de chacun : cette forme, c'est la forme républicaine, sincère, loyale, aux mains d'hommes qui aient le souci de ne pas présenter sans cesse une promesse, sans jamais la tenir et la réaliser.

La pluie qui redouble couvre de nouveau la voix de l'orateur.

Je crois qu'il faut encore que nous comptions avec les éléments ; nous allons attendre de nouveau que la pluie cesse. (Oui! oui ! — Reposez-vous !)

Au bout d'un quart d'heure, l'orateur reprend son discours en ces termes :

Mes chers concitoyens, je vais vous soumettre à une troisième épreuve ; ce sera la plus courte, et vous pouvez vous rassurer : vous n'aurez pas besoin de la pluie pour échapper à la prolongation de ces quelques paroles. (Parlez! parlez !)

J'éprouve cependant le besoin de conclure, et c'était précisément à cette conclusion que j'étais arrivé lorsque j'ai été forcé de m'interrompre.

Je vous disais que cette conciliation nécessaire avait besoin pour réussir d'une première condition : la République ; et j'ajoutais qu'il ne fallait songer en aucune manière à la solution d'aucun des graves problèmes qui nous occupent, si, tout d'abord, on n'acceptait pas la forme républicaine comme le moyen précis, comme la formule scientifique à l'aide de laquelle on devra les résoudre. (Approbation générale).

La République n'est donc pas pour nous seulement une question d'origine, de sentiment, de tradition, elle est une nécessité intellectuelle, elle s'impose à nous par les besoins même de l'esprit. Nous ne pouvons pas comprendre l'ordre, l'équilibre entre les divers intérêts de la nation, la paix sociale, cette nécessaire et auguste paix après laquelle la France soupire, et que j'appellerai la paix républicaine, pour me servir d'une expression aussi majestueuse que la paix romaine, nous ne pouvons pas comprendre ces choses et l'avénement définitif de ces élémentsiessentiels de sécurité, de prospérité matérielle, de réparation morale, de restauration, de grandeur de la patrie sans la République. (Adhésion marquée.)

Et quand je prononce ces mots de restauration de la patrie, ah ! permettez-moi de le dire, je les prononce avec une douleur et une angoisse profondes. Cette charge immense qui pèse sur nous, cet emprunt devenu nécessaire, il faut que l'épargne des champs, que la ressource du petit, comme le superflu du riche, comme le luxe des villes, y contribuent au nom même du salut de la France. (Oui ! oui !)

Mais, messieurs, quand on aura payé cette rançon, notre situation sera, sans doute, allégée, mais on n'aura pas refait la Patrie... (Sensation profonde. — Interruption), et c'est ici qu'il nous faut prendre la résolution ferme de poursuivre cette restauration dans son intégrité, en commençant d'abord par nous refaire nous-même. (Nouvelle sensation.)

Pour cela, il y a trois moyens qu'il faut que la République nous donne, car autrement elle ne serait qu'un mensonge.

D'abord, une éducation véritablement nationale, c'est-à-dire une éducation imposée à tous. (Bravos unanimes.)

Et qu'on ne vienne pas parler ici de violation de la liberté du père de famille. Ce n'est là qu'un ridicule sophisme à la portée de ceux qui ont fait vœu de ne pas avoir de famille. (Vive approbation. — Applaudissements redoublés.)

Donc, l'éducation laïque, — laïque, je le répète, — c'est-à-dire une éducation faite pour des hommes qui veulent agir et se conduire en hommes qui vivent, pensent, commercent, travaillent, luttent, combattent et s'entendent dans le domaine des réalités, c'est-à-dire dans le contact de l'homme en face de l'homme, en excluant tout ce qui n'est pas la réalité même des choses, c'est-à-dire la vie sociale.

Je ne veux rien dire de ce que, suivant eux, il faut laisser en dehors de l'enseignement national ; ce sont là des satisfactions que peuvent rechercher certains esprits et qui peuvent plaire à certaines organisations ; je respecte infiniment tout cela, mais ce qu'il nous faut, à nous citoyens libres d'un grand pays libre, c'est une société composée d'hommes devant vivre dans des conditions humaines et ayant, par conséquent, des facultés de développement tirées du respect de l'homme, de sa dignité, de sa suprématie morale, de sa conscience humaine.

C'est tout cela, messieurs, qui constitue cette haute notion qu'on appelle la Justice, c'est là le dogme moderne de la Justice. Nous pensons que c'est l'homme qui a fait le droit de l'homme ; aussi disons-nous que c'est l'homme, le citoyen, le père de famille qui doit enseigner le droit, parce que c'est lui qui doit l'appliquer. (Vive approbation.)

Donc, en première ligne de toutes les réformes, une éducation nationale pour tous ! mais, entendons-nous bien, il nous faut non pas seulement cette éducation qu'on appelle primaire, que je veux et que je réclame aussi ; mais, pensez-y, ayez assez le respect de cette intelligence que vous allez pénétrer pour la première fois pour lui donner des vérités et non des erreurs, pour lui donner un bagage, non pas complet, non pas définitif, mais un bagage où il y ait l'essentiel au point de vue de la patrie surtout, l'essentiel au point de vue de la famille, l'essentiel au point de vue des droits, et aussi l'essentiel au point de vue des devoirs politiques.

Car, messieurs, le devoir, c'est la face retournée du droit ; je ne sépare pas le droit du devoir, et je ne sais pas ce que c'est qu'une nation à laquelle on n'apprendrait que des droits sans devoirs. Les droits et les devoirs associés entre eux m'apparaissent comme une médaille avec sa face et son revers.

Le corrélatif du droit, c'est le respect du droit d'autrui, c'est-à-dire le devoir.

Cette éducation nationale, il sera nécessaire de l'organiser dans l'esprit que je viens d'indiquer, non pas seulement au premier, mais au deuxième et au troisième degré, car il faut bien comprendre qu'il n'y a qu'une maîtresse dans le monde, qu'une reine, qu'une souveraine, digne véritablement de nos soumissions, de nos zèles, de notre souci et de nos recherches : c'est la science ! (Mouvement prolongé. — Applaudissements.)

Après avoir fait franchir ce premier degré à l'homme, celui de l'éducation, et quand vous l'aurez ainsi préparé à prendre sa place dans la société, alors, croyez-le bien, il n'aura pas seulement l'intelligence de ses propres droits, mais il connaîtra ceux de ses adversaires, il pourra les discuter et les débattre ; et, de ces discussions, de ces débats, il résultera des habitudes, des mœurs nouvelles. Nous acquerrons alors la notion du respect des contrats parmi les hommes, et la loi nous apparaîtra non plus comme un instrument livré aux mains de quelques-uns pour favoriser leur domination sur les autres, mais comme la manifestation écrite, comme la résultante des contrats individuels. (Vive approbation. — Applaudissements.)

Puis il faudra armer cet homme, ce citoyen libre et contractant librement avec ses concitoyens. Il faudra faire passer tout le monde sous le joug salutaire de la discipline de la nation armée, car il n'y a pas, il ne saurait y avoir de véritable citoyen, s'il n'est capable, sauf les cas d'infirmité physique, parfaitement et légitimement constatés, de donner non pas seulement son sang, mais en même temps son intelligence pour la défense de la patrie. (Bravo ! bravo ! — Applaudissements.)

A ces deux moyens, il sera nécessaire d'en joindre un troisième qui sera, dans l'État, l'application rigoureuse de la souveraineté nationale, de telle sorte qu'il soit bien entendu qu'on en a fini, soit avec les priviléges, soit avec les usurpations d'un jour, soit avec les tentatives de conspiration. (Oui ! oui ! — Très-bien !)

Je ne veux pas m'expliquer davantage, mais il faut que la souveraineté nationale soit seule maîtresse. (Nouvelles marques d'approbation.)

Cette souveraineté a le suffrage universel pour moyen d'expression. Ce suffrage universel doit vous commander l'intelligence, l'entente, l'union, la discipline. Il doit aussi vous faire condamner la violence, parce que tant que le suffrage universel est intact, nul n'a le droit de faire appel à la violence ni à la sédition, car celui-là voudrait avoir raison contre tous, et il n'y a pas, il ne peut pas y avoir de souveraineté individuelle et particulière contre la souveraineté de la nation.

Que cette souveraineté soit réelle, c'est-à-dire qu'elle fasse sentir son action partout, dans la commune, dans le département, dans l'État ; qu'elle ait des délégués sortant d'elle, des fonctionnaires, des mandataires responsables dont le changement, la mobilité, le caractère transitoire soient la garantie même de la fixité et de la permanence de la volonté de la nation. Mais tout cela n'est possible que par la conciliation, que par l'accord des intelligences que j'appelle de même nature, de même origine ; je vous les ai indiquées, ce sont celles de la classe moyenne, de la classe moyenne vraiment éclairée et renonçant à ses préjugés gothiques et surannés, à ses prétentions et à ses erreurs embarrassantes, — qui ne sont pas formidables, rassurez-vous à cet égard, — qui retardent la marche du progrès, mais qui sont impuissantes à l'arrêter. Que ceux qui appartiennent à cette classe et qui ont véritablement bon cœur, bonne foi et bon jugement, se fassent les éducateurs, les propagateurs des idées de conciliation et d'organisation républicaines que je viens d'exposer. Dans cette noble tâche, ils devront procéder par l'oubli des injures, des divisions et des rancunes ; ils devront inaugurer enfin dans notre malheureux pays, si déchiré, une politique de concorde et de clémence. A cette magnifique, à cette admirable fédération qui a été la première pensée de nos pères et que je vous convie à imiter, donnons un frontispice, un préambule : l'amnistie de tous par tous ! l'amnistie qui est le fond même de la sagesse politique, lorsqu'on a la force et qu'on peut braver la sédition, d'où qu'elle vienne. (Bravos et applaudissements prolongés.)

Voilà, mes chers amis, ce que je puis vous dire aujourd'hui, mais n'allez pas croire que ce ne soit là qu'une entrevue sur le lendemain. Non, je le répète, il faut les multiplier ici et ailleurs. Partout où il y a un groupe de républicains, qu'ils fassent la démonstration de leurs principes en plein soleil, en respectant toutes les lois, en donnant à la cause de l'ordre, à la cause de la discipline, tous les gages, toutes les garanties qu'on est en droit d'exiger de bons citoyens ; qu'ils se réunissent d'un bout à l'autre du territoire, qu'ils expliquent leurs doctrines et qu'ils démontrent combien on vilipende, combien on calomnie cette Révolution et ce parti révolutionnaire en disant, par exemple, qu'ils sont les adversaires de la propriété, quand il est si facile de démontrer que cette propriété individuelle, telle qu'elle existe aujourd'hui, accessible à tous, est précisément la création éminente de la Révolution française.

C'est, messieurs, redisons-le avant de nous séparer, c'est la Révolution française qui a fait la propriété individuelle, c'est elle qui l'a débarrassée de toutes ses entraves, de tous les priviléges, de la conquête, de tous les vestiges de la féodalité. Depuis le pigeonnier jusqu'au four banal, depuis l'étang, le marais et le bois jusqu'au sillon, c'est la Révolution qui a tout émancipé ; c'est elle qui a créé non pas seulement des propriétaires, mais la propriété elle-même, au sens juridique et profond de cette expression.

Et c'est le parti de la Révolution qu'on voudrait accuser de vouloir entamer la propriété !

Ne l'oubliez pas, il y a deux façons de porter atteinte à la propriété : l'une, qui est corruptrice au plus haut degré, et qui consiste à la laisser soumise à des lois de main morte, pour plaire à des maîtres paresseux ; l'autre, qui est la violence brutale comme chez les sauvages, et qui consiste à prendre un champ pour en ravager les récoltes. Nous ne voulons ni de l'une ni de l'autre ; ce que nous demandons, c'est que la propriété soit accessible à tous, et surtout à ceux qui peuvent la féconder. (Applaudissements.)

C'est par une plus équitable répartition des salaires et des charges, problème difficile à résoudre, mais qu'il faut aborder, et dont une partie, on le sent, est déjà mûre, qu'on peut espérer d'arriver à la solution ; c'est en rendant possible l'accumulation de l'épargne, et, par suite, l'acquisition du capital-terrain, qu'on augmente le capital-argent, et qu'on rend la propriété accessible au plus grand nombre ; car la Révolution française a fait de l'acquisition de la propriété une condition morale autant que matérielle de la liberté des sociétés et de la dignité du citoyen. (Bravos et applaudissements.)

Que nos adversaires ne disent donc pas maintenant que nous sommes les ennemis de la propriété. Je pourrais leur démontrer immédiatement l'inanité de tous leurs autres sophismes et vous en faire apercevoir la méchanceté, mais c'est assez pour un jour et, avant de nous séparer, je vous le répète :

Entendez-vous. Que vos champs, vos veillées, vos réunions, vos marchés, vos foires deviennent pour vous des occasions d'entretien et d'instruction. Quant à moi, je serai largement récompensé quand vous me direz de revenir parmi vous. (Bravos et applaudissements prolongés. — Cris : Vive la République ! — Vive Gambetta !)

M. GAMBETTA. — Vive la République !

Cris répétés de : Vive la République !

L'orateur est félicité par les personnes qui l'entourent et un grand nombre des assistants viennent de toutes les parties de la salle pour lui serrer la main.

DISCOURS

PRONONCÉ A L'ASSEMBLÉE NATIONALE, LE 29 JUILLET 1872

En réponse au Rapport

DE LA COMMISSION DES MARCHÉS

MESSIEURS,

Comme l'honorable et ardent orateur qui descend de cette tribune, je pense, moi aussi, que la responsabilité morale baisse sensiblement dans notre pays; aussi, qu'il me permette de lui dire que j'entends répondre à son discours par l'assentiment que je donne aux paroles par lesquelles il l'a terminé.

Je lui ferai observer aussi qu'il n'a pas été tout à fait exact lorsqu'il m'a prêté ce rôle puéril, et je dirai indigne d'un membre de cette Assemblée qui, mis directement en cause, pour la part qu'il revendique comme ministre dans les négociations dont il a été question tout à l'heure, a pu dire : Cela ne me regarde pas, et, dans un langage presque enfantin : Ce n'est pas moi! J'ai d'autres habitudes de langage.

M. LE DUC D'AUDIFFRET-PASQUIER. — Je n'ai fait que citer vos paroles textuelles : je les ai lues. (Ah! ah! à droite. — Réclamations à gauche.)

M. GAMBETTA. — Vous avez cité, monsieur le duc, une parole de moi; mais vous n'avez rappelé ni les paroles qui la précédaient ni celles qui la suivaient, et c'est pour cela que je relève votre inexactitude. D'ailleurs, c'est là un détail assez indifférent.

Ce qui importe, ce qui est la question même, c'est de savoir si le Gouvernement dont j'ai fait partie a bien ou mal agi dans les deux marchés Maxwell-Lyte et Parrott. Le membre de ce Gouvernement qui a l'honneur de parler devant vous doit dire dans quelles limites il a engagé sa responsabilité, et dans quelles limites il revendique pour lui, s'il y a lieu, la plénitude de cette responsabilité. (Très-bien ! sur quelques bancs à gauche.)

Je ne me laisserai pas aller à suivre l'orateur dans le développement des considérations générales auquel il s'est livré ; il me semblerait que je méconnaîtrais le caractère même du débat tel qu'il l'avait défini lui-même à une autre époque.

En effet, il vous avait dit il y a deux mois, et je m'étais associé à sa pensée, que nous aurions une discussion d'ensemble sur les affaires de la délégation de Tours et de Bordeaux. Aujourd'hui on a changé de tactique... (Approbation à gauche. — Réclamations à droite.)

Un membre à droite. — On n'a pas besoin de tactique devant nous ! (Bruit.)

M. Gambetta. — Un membre m'interrompt pour dire qu'il n'y a pas besoin de tactique devant vous, messieurs.

J'en prends acte et je désire que cet avertissement serve à ceux qui en font et qui en abusent. (Très-bien ! très-bien ! sur quelques bancs à gauche. — Vives réclamations à droite et au centre.)

M. de Gavardie. — Nous ne recevrons jamais de leçon de vous!

M. Gambetta. — Je dis que l'on a changé de tactique, car, après avoir laissé de côté la discussion générale, on vous présente un fait isolé, et à propos de ce fait isolé, on institue une discussion générale. Nous vous suivrons dans la discussion générale comme dans la discussion particulière; mais permettez-moi de mettre en lumière votre tactique et ses variations.

Eh bien, je dis qu'on a introduit le rapport sur les marchés de la commission des moyens d'études ; on l'a introduit d'une façon isolée, cependant, on est venu ramifier l'ensemble des opérations du gouvernement de la délégation de province, et on vous a cité et Lyon, et Lille, et Marseille, provoquant ainsi de justes réclamations...

A droite. — Allons donc ! — Et les jugements des tribunaux !

M. GAMBETTA. — ... de la part des représentants de ce gouvernement qui suivent l'enquête que vous avez ordonnée et qui demandent qu'on ne jette pas dans le pays, pendant les trois mois de vacances que vous allez avoir, des imputations qu'ils n'auraient pas le moyen de détruire.

M. LE MARQUIS DE FRANCLIEU. — Et les banquets ?

M. GAMBETTA. — Car, messieurs, il faut bien le dire, c'est le temps qui est, en pareille matière, le seul auxiliaire des imputations qui circulent dans le pays.

A droite. — Et les jugements des tribunaux ?

M. GAMBETTA. — En effet, vous savez tous dans quel état cette commission d'armement, dont aujourd'hui on fait l'apologie...

Une voix. — Avec raison !

M. GAMBETTA. — Oui, avec raison, et j'en prends acte. J'ai été le premier à le dire, j'ai été accusé par les journaux qui représentent votre opinion, par une partie des nôtres, par des membres de cette Assemblée, de m'être associé aux monopoleurs, à M. Le Cesne, exploitant tous les marchés du monde pour m'enrichir aux dépens du Trésor. Et c'est cette commission qu'aujourd'hui, grâce à dix-huit mois d'études, vous êtes obligés de prendre comme l'étalon même de l'habileté commerciale, du désintéressement, de la moralité, c'est avec elle que vous jugez les autres.

Plusieurs voix à droite. — Qu'est-ce que cela veut dire ?

M. GAMBETTA. — Vous allez le savoir, et surtout ce que je vous demande, — car vous savez que le vrai moyen de m'empêcher de parler devant vous, c'est de m'interrompre, de me provoquer, de m'irriter, — ce que je vous demande, c'est de m'écouter en silence, puisque vous voulez être des juges.

Qu'est-ce que cela veut dire? Cela veut dire, messieurs, qu'on peut calomnier, dénigrer tout à son aise des hommes qui ont fait des opérations, des achats, des marchés, des emprunts sous le gouvernement de la Défense nationale, et que tant que le discussion n'est pas venue, tant qu'on n'a pas contradictoirement établi à cette tribune, — car vous avez raison de traiter ces choses devant le pays, — tant qu'on n'a pas contradictoirement établi de quel côté était la loyauté et de quel côté l'outrage, le temps profite aux calomniateurs, qui, en semant l'outrage, récoltent l'indignation des honnêtes gens dont ils surprennent la bonne foi... (Murmures à droite. — Applaudissements à gauche.)

Et je dis alors que ceux qui ne veulent pas encourir le reproche de s'associer à ces diffamations, ne doivent pas porter une accusation même sur des coupables, s'il y en a, alors qu'ils viennent ici remplir le devoir d'accusateurs publics...

Une voix à droite. — Qu'est-ce que cela veut dire?

M. GAMBETTA. — Cela veut dire que vous ne pouvez pas parler de Lyon avant d'avoir eu connaissance des affaires de Lyon, que vous ne pouvez pas parler de Lille avant d'avoir eu connaissance des affaires de Lille, et que vous ne devez pas parler de Tours et de Bordeaux tant que vous n'aurez pas connaissance des affaires de Tours et de Bordeaux. Jusque-là vous êtes des calomniateurs ! (Violents murmures à droite. — Cris : A l'ordre! à l'ordre !)

M. LE BARON CHAURAND, *au milieu du bruit.* — Il y a un jugement du tribunal civil de première instance de Lyon qui a condamné M. Challemel-Lacour à 189,000 fr. de dommages-intérêts.

M. GAMBETTA. — Messieurs, ce n'est pas moi qui ai introduit les considérations générales et passionnées dans ce débat, mais mon devoir strict était de les relever. (Très-bien ! très-bien! à gauche).

Un membre. — En les passionnant davantage !

M. GAMBETTA. — Je ne sais pas si l'interrupteur a bien mesuré la portée des paroles qui ont été prononcées avant que je monte à cette tribune. Que n'a-t-on pas dit à propos de ce marché, dont tout à l'heure je discuterai hautement les clauses, les phases, l'exécution !

Voix à droite. — Discutez-le !

M. GAMBETTA. A propos de ce marché, n'a-t-on pas dit que le pays pliait sous le faix des contributions, et n'a-t-on pas voulu associer, — rapprochement indigne de votre éloquence et de votre esprit, monsieur le duc d'Audiffret ! — n'a-t-on pas voulu associer l'affaire des canons Parott au payement des milliards d'indemnité de guerre.

M. LE DUC D'AUDIFFRET-PASQUIER. Pas d'artifices oratoires! je n'ai pas dit cela.

M. GAMBETTA. — Vous l'avez dit. (Bruit.)

M. LE DUC D'AUDIFFRET-PASQUIER. — Non, je n'ai pas dit cela ! Vous le savez bien !

(En ce moment M. Challamel-Lacour adresse avec animation quelques paroles à M. le duc d'Audiffret Pasquier.—(Vive agitation.)

M. LE PRÉSIDENT, *s'adressant aux membres qui stationnent devant le banc de la commission.* — Messieurs, veuillez regagner vos places et faire silence, il y a déjà beaucoup trop de passion dans ce débat.

M. GAMBETTA. — Il est un autre point que je crois devoir relever dans les conclusions qui ont terminé le discours de l'honorable M. d'Audiffret-Pasquier ; c'est celui qui est relatif au retrait du texte primitif des conclusions de la commission des marchés, et permettez-moi de le dire, à la permanence de l'esprit et de l'idée qui se cachaient sous la lettre du premier dispositif et qu'on maintient tout de même.

Je dis qu'il faut choisir.

Ou la commission a eu raison de libeller ses conclusions comme elle l'avait fait tout d'abord, et elle les maintient dans le premier cas ; ou elle les retire, alors il ne faut plus le mettre aux voix. Il faut trouver une rédaction qui les modifie, car, au point de vue parlementaire, de deux choses l'une : ou vous êtes juges, ou vous ne l'êtes pas.

Si vous êtes des juges, il faut maintenir ces conclusions telles qu'elles ont été formulées d'abord ; si vous n'êtes pas des juges, et très-évidemment les altercations, la passion qui se dégagent de ce débat prouvent que vous n'en avez ni les uns ni les autres, le tempéramment et le caractère. (Très-bien ! très-bien ! à gauche. — Mouvements divers), et cela s'explique, puisque nous sommes une Assemblée politique... (Oui! oui ! c'est vrai! — Bruit.)... et alors je demande que M. le duc d'Audiffret-Pasquier ne conserve pas le commentaire du dispositif en en supprimant le texte. (Très-bien! très-bien! à gauche.)

Cela dit, j'aborde la question du fond. Je le ferai d'autant plus rapidement que le débat est aussi complet que possible sur le point de ce détail. Il ne me reste qu'à relever ce qui est personnel et ce que je rejette.

Je commence par éliminer ce qui ne nous touche pas, comme par exemple la lettre du colonel Deshorties.

Cette lettre, si je l'avais connue, si elle eût été écrite sous mon administration, ce n'est pas à une Assemblée politique que je l'aurai portée : c'est au ministre de la guerre, qui aurait fait justice d'un fonctionnaire quel qu'il soit, sous quelque régime que ce soit, qui se permet de devenir l'avocat et l'organisateur d'une résistance quelconque contre le Gouvernement de son pays. (Très-bien! à gauche.) C'est une théorie que je n'admettrai jamais ni comme ministre ni comme homme d'opposition.

Voilà le premier point qu'il convient d'écarter, et par conséquent, il n'y a pas lieu d'insister plus longtemps sur la lettre inconcevable d'un officier qui, non-seulement comme fonctionnaire, mais comme militaire, devait savoir à quel degré ces titres l'engageaient à l'égard de l'État. (Approbation sur divers bancs.)

M. Hervé de Saisiy. — Voilà un homme jeté à la mer.

M. Gambetta. — Reste le marché Maxwell-Lyte. Est-il nécessaire d'en parler? Ce marché n'a été qu'une hypothèse. Dans le détail il peut être discuté, être interprété diversement; et il l'a été même au sein de la commission, comme le prouvent les procès-verbaux; c'est une heureuse fortune, comme on l'a dit ironiquement dans le rapport; car on a mis beaucoup d'esprit dans le rapport, mais pas cet esprit dont parlait tout à l'heure M. le duc d'Audiffret-Pasquier, l'esprit de la bonne grâce; non, on y a mis, permettez-moi de le dire, un esprit de perfidie. (Vives protestations à droite et au centre.)

Oui, messieurs, je vais vous en donner une preuve. Ainsi voilà M. Maxwell-Lyte, un négociant honorable, qui a trouvé des défenseurs jusque dans le sein de la commission, des hommes comme M. le comte de Béthune, pour cautionner son honorabilité. Eh bien, M. Maxwell-Lyte a fait un contrat avec l'État. Ce contrat, vous le prétendez mauvais, moi, je le prétends bon, bien qu'il n'ait été qu'illusoire. Il n'a pas existé et vous dites : Heureusement qu'il n'a pas été exécuté! Au fond vous en êtes fâchés; c'est un grief qui vous échappe.

Pourquoi n'avoir pas dit par qui il avait été rompu ? Vous aviez sur ce point la déposition de M. Le Cesne, pourquoi ne l'avez-vous pas mise dans le rapport? Vous la connaissiez, puisqu'elle est dans les procès-verbaux. Pourquoi n'en avez-pas parlé dans votre rapport.

Un membre à gauche. — Parce qu'on a voulu tromper le pays! (Vives réclamations à droite et cris : A l'ordre! à l'ordre!)

M. HAENTJENS. — On ne parlait pas ainsi quand il s'agissait des ministres de l'Empire. On applaudissait alors. (Bruit.)

M. LE PRÉSIDENT. — Si j'avais pu distinguer quel est le représentant qui a adressé à une commission cette imputation : Vous avez voulu tromper le pays! je l'aurais rappelé sévèrement à l'ordre. (Très-bien! très-bien!)

Voix à droite. A l'ordre! Qu'il se nomme! qu'il se nomme!

M. LE PRÉSIDENT. — Vous n'avez pas de provocation à adresser à vos collègues; veuillez faire silence. Vous n'avez pas à vous immiscer dans l'exercice du pouvoir disciplinaire du président.

Parlez, monsieur Gambetta.

M. GAMBETTA. — Ce marché, messieurs, il avait été préparé par la commission de défense, il m'avait été soumis, je l'avais ratifié, M. Le Cesne s'y était opposé. J'avais consulté ces messieurs de la commission d'étude pour savoir pourquoi M. Le Cesne avait résisté, et alors on s'était permis sur M. Le Cesne, — je ne dis pas que ce fussent ces messieurs, — mais des personnes s'étaient permis sur M. Le Cesne, et à propos de ce refus de consentir au marché, des imputations tout à fait injurieuses.

J'eus la bonne idée de faire venir sans désemparer M. Le Cesne au milieu de ces personnes, qui s'étaient faites ses dénonciatrices ; j'eus le bonheur de constater que c'était lui qui avait raison. Et je brisai le contrat

Je crois que dans l'affaire que nous discutons, il eût peut-être été utile, en même temps qu'on se félicitait de la rupture de ce contrat, de dire à qui on devait qu'il eût été brisé et inexécuté. (Assentiment à gauche.) Je le regrette d'autant plus que j'aurais répondu par là à cette épigramme que nous a décochée en passant l'honorable orateur, que le gouvernement de Tours était très-bizarre, que tout le monde y vivait dans une suspicion rivale, chacun de chacun.

Messieurs, ce gouvernement de Tours était une chose humaine... (Rires ironiques sur plusieurs bancs à droite.) Il ne faut pas aller bien loin pour trouver des réunions d'hommes qui ne savent pas vivre sans se jalouser, et surtout sans ce sentiment de méfiance profonde et de suspicion outrageante. Et ce qui se passe aujourd'hui en est un des plus tristes exemples, car après tout, est-ce qu'il ne serait pas possible que vous vinssiez discuter honnêtement, sans parti pris, nos actes, critiquer nos fautes ? Est-ce qu'il ne serait pas impossible qu'à travers toutes ces affaires, que dans plus de 20,000 marchés qui ont été passés, il ne se trouvât pas de fautes lourdes ou légères ? Est-ce moi qui aurais la faiblesse de ne pas le reconnaître ? Non, je n'ai pas cette prétention ridicule à l'infaillibilité. Mais quand on demande d'introduire la loyauté dans cette discussion, c'est parce que, même entre adversaires qui se détestent, il y a une borne séparative de moralité, d'honnêteté qui commande le respect toujours entre gens qui s'estiment. (Approbation à gauche. — Bruit à droite.)

M. Raoul-Duval. — Je demande la parole.

M. Gambetta. — Eh bien, je dis que, dans toute cette affaire, il plane, grâce à votre langage, je ne sais quelles insinuations, quelles allusions, quel esprit de dénigrement. Et, comme le disait tout à l'heure M. Naquet, cette occasion est bonne pour demander qu'il soit fait des désignations directes, des accusations précises, pour qu'il n'y ait plus de demi-mots, de réticences, pour qu'on dise — non pas pour vous, messieurs, car les esprits politiques ne s'y trompent pas, habitués qu'ils sont à toutes les nuances de langage, — mais pour le pays : il y a dans tout cela de gros mots ; il est question de 50,000 dollars de pots-de-vin, de concussions ; tout cela dans le lointain des départements paraît un outrage qu'on exploite.

Je le dis, puisqu'un travail de régénération s'opère, puisqu'on voit renaître la moralité, puisqu'on veut que l'habitude de la responsabilité revive dans le pays, il faut dire la vérité entière ; on pourra atteindre ce résultat, mais à la condition, entendez-le bien, que vos jugements, que vos décisions ne soient pas inspirés par la passion politique. (Très-bien ! à gauche.)

Un membre de la commission. — Arrivons aux canons.

M. Gambetta. — Sur les canons Parrott, je dis deux choses. Je dis que j'ai donné l'ordre de les acheter ; que j'ai signé pour qu'on les achetât, pour qu'on les achetât 75,000 francs. Que ma responsabilité est la suivante : d'avoir pris la résolution d'avoir des armes, des canons surtout, qui nous manquaient et qu'on ne me proposait pas. Et je n'ai pas, entendez-le bien, à faire un reproche à M. Le Cesne de ne m'avoir pas offert de canons, alors qu'il était pour ainsi dire convenu, et dans les habitudes de M. Le Cesne, de ne me fournir que des fusils et qu'il n'avait jamais songé à nous fournir des canons.

Et je dis qu'il était bien naturel que la première fois que, d'un côté ou d'un autre, on venait m'offrir des canons, j'aie signé un marché de canons. Rien de plus naturel.

Maintenant il s'est élevé une discussion, qu'il faut aborder très-nettement, sur la différence des prix. Je vous dois toute la vérité ; beaucoup d'entre vous la connaissent, puisqu'ils ont lu les procès-verbaux de la commission.

Je n'ai pas su que les canons que j'ai achetés, et dont j'ai signé l'ordre d'acquisition, valussent moins de 75,000 francs. (Mouvement à droite.) On m'a dit : Voilà des canons qui valent 75,000 francs. On m'a fait l'éloge de ces canons. Je n'admets pas que nous n'eussions pas pris toutes les précautions possibles pour assurer la compétence de la commission. Ces canons m'ont été présentés comme rayés, portant à 4,000 mètres, comme étant un modèle qui correspondait à peu près à notre 7 français, canons qui n'existaient pas encore dans nos arsenaux, puisque M. Reffye était occupé à les construire. Je ne pouvais les faire fabriquer en France, tous nos ateliers étaient absorbés par les commandes que nous avions faites, les ateliers de l'industrie privée comme les ateliers de l'État.

Je considérais comme une bonne aubaine, au milieu de la disette qui régnait dans toute notre armée, alors qu'on voulait revenir aux règles de balistique des Prussiens, et sur lesquelles tablaient nos généraux, de donner 4 canons par mille hommes ; je considérais, dis-je, comme une bonne aubaine de faire venir des États-Unis des canons auxquels il ne manquait absolument que les attelages.

On me dit : M. Le Cesne vous a prévenu ! Non ! et si vous voulez savoir mon sentiment, je le regrette, je vous ai cité un cas dans lequel M. Le Cesne m'avait prévenu. C'est grâce à l'intervention de M. Le Cesne qu'on a pu briser le traité Maxwell-Lyte. Si M. Le Cesne m'avait prévenu, j'aurais peut-être fait quelque chose ; je ne dis pas que j'aurais cédé, je ne le crois pas, je vais vous dire pourquoi. J'aurais dit à M. Le Cesne : Pourquoi ne vous êtes-vous pas empressé d'acheter les canons qu'on est venu m'offrir ?

Je n'ai pas su qu'ils lui avaient été offerts. M. Le Cesne ne me l'a pas dit, et en cela je le blâme ; je n'ai appris ce qu'avait dit M. Le Cesne que dans votre rapport.

Eh bien ! voilà donc dans quelle disposition d'esprit j'étais.

M. Le Cesne, pendant deux mois, ne me fournissait que des armes se chargeant par la bouche et pas de canons. Lorsqu'il a surgi des propositions de fusils, entendez-le bien, de fusils chassepot se chargeant par la culasse, M. Le Cesne, provoqué par cette concurrence, m'a offert de me fournir des canons. Et vous rappeliez, monsieur le président de la commission des marchés, la circulaire du 14 octobre, et la confrontiez avec la circulaire ministérielle du 28 décembre.

Rien de plus simple à expliquer.

Le 14 octobre que fait-on ? On envoie une circulaire ministérielle à tous les préfets des départements pour qu'ils aient à empêcher les municipalités d'acheter des armes à l'étranger. C'est une protection que le ministre de l'intérieur veut donner à la commission d'armement sur les fusils, entendez-le bien, et non pas sur les canons.

Et puis arrive le décret du 28 décembre, au moment où il m'était parfaitement avéré que M. Le Cesne était digne de la mission qui lui avait été confiée. Car enfin il faut bien vous donner aussi les motifs qui ont amené ce décret du 28 décembre. Il est certain, pour le Gouvernement, que M. Le Cesne était parfaitement à la hauteur de sa tâche ; qu'il pouvait remplacer les bureaux de la guerre et la commission d'étude. Vous avouerez bien qu'il me fallait ce temps-là non pour me faire un jugement personnel sur M. Le Cesne, il était tout formé, mais pour vaincre les résistances de toute nature que je trouvais autour de moi, résistances qui s'étaient produites avec une ardeur et avec une brutalité, permettez-moi le mot, qui avaient fait que j'avais été obligé de supplier M. Le Cesne de ne pas donner sa démission.

Il y a dans cette Assemblée, siégeant sur d'autres bancs que nous, des hommes au courant de ces guerres intestines, et le délégué des finances sait très-bien que toutes les fois qu'il fallait donner de l'argent pour M. Le Cesne, c'étaient des luttes très-vives, de véritables batailles à gagner. Et ces membres aujourd'hui voient, apprécient, perdent leurs préventions, éclairés qu'ils sont par la commission des marchés.

Oh! messieurs, il faut bien que l'Assemblée se garde de juger les opérations qui ont été faites en rivalité avec M. Le Cesne, par la lumière qu'elle a aujourd'hui; il faut qu'elle se reporte à la pensée qui l'animait lorsqu'elle s'est réunie. Il faut qu'elle se reporte par l'imagination aux mille on-dit qui circulaient dans la presse et étaient accueillis dans cette Assemblée.

Je pourrais nommer un de ses membres accueillant cette mission de rechercher si M. Le Cesne n'était pas un voleur.

Pourquoi ne le nommerai-je pas? C'est votre rapporteur lui-même. Et aujourd'hui vous voulez faire une critique rationnelle, exacte, en reprochant aux diverses commissions qui fonctionnaient au ministère de l'intérieur de n'avoir pas, dès le premier jour, assuré le monopole à M. Le Cesne.

Mais songez donc qu'au mois de décembre, lorsque j'ai pris cette décision d'assurer le monopole à M. Le Cesne, il n'y a pas d'infamies qu'on n'ait débitées sur son compte et sur le mien.

Un membre. — A quoi cela répond-il?

M. GAMBETTA. — Cela répond à ceci, à la prévention générale dont la commission Le Cesne était l'objet; cela répond parfaitement à la disposition d'esprit dans laquelle devait se trouver la commission de défense, ne croyant pas à la sincérité de l'offre de 35,000 francs pour les canons Parrott. Voilà à quoi cela répond, voilà ce qu'il faut justifier. On n'a pas cru à l'offre de M. Le Cesne, de fournir des canons à 35,000 francs, et on ne pouvait pas y croire. Voilà ce que je veux dire.

J'ajoute ceci. J'ai voulu interroger l'homme, à mon sens, le plus compétent de cette commission, M. le commandant du génie Pontlevoy.

M. RIANT, *rapporteur.* — M. de Pontlevoy a déclaré qu'il répondait de l'honneur de M. le colonel Deshorties comme du sien propre.

M. GAMBETTA. — Je lui ai dit : Comment se fait-il que, songeant qu'on pouvait avoir les batteries de M. Le Cesne à 35,000 francs, vous ayez contracté à 75,000 francs? Et voici la réponse qu'il a faite. Malheureusement cette déposition a eu lieu dans le cabinet particulier de M. Riant, devant M. le Trésor de Laroque, nous ne l'avons pas, mais j'affirme la sincérité de la réponse suivante; j'affirme qu'il m'a été répondu ceci : Les canons Parrott rayés, à 75,000 francs, après contestation avec M. Le Cesne, qui disait primitivement qu'ils n'étaient pas rayés, ne sont pas les mêmes et ils ne pouvaient pas être les mêmes dans notre esprit. Ultérieurement ils sont devenus les mêmes. (Rires ironiques à droite.)

Messieurs, si vous vouliez recueillir d'abord les dépositions, après nous les commenterions.

M. LE DUC D'AUDIFFRET-PASQUIER. — Voulez-vous me permettre de vous dire qu'elle est au dossier et que le dossier a été communiqué...

M. GAMBETTA. — Je n'ai pas demandé à voir le dossier.

M. LE DUC D'AUDIFFRET-PASQUIER. — Alors ne dites pas qu'elle n'y est pas.

M. GAMBETTA. — Je ne dis pas qu'elle n'est pas au dossier, je dis que vous ne l'avez pas fait connaître à l'Assemblée.

M. LE DUC D'AUDIFFRET-PASQUIER. — Vous dites que vous en êtes privé, parce que la déclaration a été faite dans le cabinet de M. Riant, en présence de M. Le Trésor de Laroque.

J'affirme devant l'Assemblée que cette déposition est au dossier et que, non-seulement le dossier a été communiqué à M. Naquet, mais à M. Lepère, mais à quiconque l'a demandé. Qu'on ne dise pas que la pièce n'y était pas, (Très-bien! très-bien! à droite. — Applaudissements,)

M. GAMBETTA. — Mais je n'ai pas dit que la déposition ne fût pas au dossier, je n'ai jamais rien dit de pareil.

Je dis que pour nous, il n'y avait que les dépositions pu-

bliées, distribuées ; et je ne me suis jamais occupé d'autre
chose, et je n'ai jamais demandé communication de votre
dossier.

M. LE DUC D'AUDIFFRET-PASQUIER. — Pourquoi celà ?

M. GAMBETTA. — Parce que le rapport me suffit pour avoir
raison de vos allégations. (Oh ! oh ! à droite. — Très-bien !
très-bien ! à gauche.)

M. LE DUC D'AUDIFFRET-PASQUIER. — Je demande à l'Assemblée s'il était possible de faire imprimer trois ou quatre pa-
quets aussi volumineux que celui que je lui montre.

M. GAMBETTA. — Je dis, messieurs, que cette déposition n'a
pas été imprimée pour l'Assemblée nationale, comme c'était
le devoir pour la commission, et ne nous a pas été distribuée ;
et puisqu'on équivoque là-dessus, j'ajoute que ce n'est pas la
seule. (Interruption.)

M. LE DUC D'AUDIFFRET-PASQUIER. — C'est vous qui équivoquez !

M. GAMBETTA. — Du tout, c'est vous qui équivoquez, car
c'est vous qui dites « dossier ! » alors que j'ai dit : « distribution ». (Exclamations à droite.)

Et puisque nous en sommes sur la publication des dépositions, je dirai que je regrette que la déposition de M. Maurice
Lévy, chargé de la direction des batteries départementales, et
dont on a invoqué le témoignage tout à l'heure pour raconter
inexactement... (Rumeurs à droite.)

Mais, messieurs, c'est mon droit de rétablir la vérité, après
tout. Qu'en savez-vous si cela n'est pas vrai ? (Interruptions à
droite.) Mais enfin, une telle intolérance est inouïe !.....
(Parlez !)

Je dis que je regrette que la déposition de M. Maurice Lévy,
— et j'entends par là justifier les paroles que j'ai prononcées
tout à l'heure, car je tiens que le premier de mes devoirs,
dans cette Assemblée, est de n'alléguer que des choses dont
je suis sûr, — que la déposition de M. Maurice Lévy n'ait été
ni imprimée, ni distribuée, car vous y auriez lu que ce n'est
pas M. Maurice Lévy qui a appris, avant moi, le prix des batte-

ries Parrott proposées par M. Le Cesne à 35,000 francs ; vous
y auriez appris également que ce n'est pas M. Le Cesne qui a
demandé des garanties pour réaliser le marché ; vous auriez
appris tout l'inverse, à savoir...

Un membre au banc de la commission. — Qu'est-ce que
cela veut dire ?

M. GAMBETTA. — Cela veut dire, monsieur, que je relève
les inexactitudes du discours de M. le duc d'Audiffret Pasquier,
lorsqu'il a dit que le lendemain du contrat, M. Maurice Lévy,
rencontrant dans les rues de Tours M. Naquet et M. Gambetta,
leur aurait appris l'histoire des 35,000 francs par batterie, et
qu'alors il serait allé... Il y a même autre chose, il y a une
troisième inexactitude qui me revient à l'instant... Vous avez
raconté que le même Maurice Lévy avait appris directement
et avait reçu directement de MM. Billing, Valentine et Saint-
Laurent une proposition pour ces mêmes batteries et obtenu
une réduction de 10,000 francs.

J'ai la déposition de M. Maurice Lévy. Je ne vous en donnerai pas lecture, puisqu'elle n'a été ni imprimée ni distribuée ;
mais elle dit tout le contraire.

A droite. — Lisez ! lisez !

M. GAMBETTA. — On va me la faire passer.

M. LE DUC D'AUDIFFRET-PASQUIER. — C'est dans la déposition de M. Le Cesne que voilà imprimée. Vous confondez Le
Cesne et Lévy.

M. GAMBETTA. — Vous allez voir qu'il n'en est rien. « Mon
témoignage, dit M. Maurice Lévy, est cité dans le rapport que
l'honorable M. Riant vient de déposer à l'Assemblée nationale,
relativement au marché de batteries Parrott conclu avec le
Gouvernement de Tours, sur la proposition de la commission
des moyens de défense avec MM. Valentine, Billing et Saint-
Laurent.

« J'ai quelques rectifications à faire à la déposition de M. Le
Cesne reproduite dans ce rapport, et comme ma propre déposition est résumée en une phrase qui ne me paraît paraît pas
la rendre, je vous serai obligé de m'autoriser à reproduire mon

opinion telle que je l'ai donnée dès le mois de juin de l'année dernière, toutes les fois qu'officiellement ou officieusement la commission des marchés ou quelques-uns de ses membres m'ont fait l'honneur de me la demander.

« Voici en résumé ce que j'ai dit :

« Pour pouvoir apprécier sainement ce marché, il me paraît de toute nécessité que la commission parlementaire veuille bien se reporter à l'époque où il a été conclu ; il faut qu'elle se rappelle qu'à ce moment les attaques répétées de la presse avaient rendu la commission d'armement et son président, M. Le Cesne, très-suspects à l'opinion publique.

« C'est ce manque de confiance dans les opérations de la commission d'armement qui a en principe déterminé l'intervention de la commission des moyens de défense dans la conclusion d'un certain nombre de marchés d'armes, et qui explique aussi comment la commission des moyens de défense a pu très-sincèrement douter du sérieux de l'offre de M. Le Cesne, d'acquérir les batteries Parrott à 35,000 francs. »

Puisqu'on recueille des témoignages, celui-là à son mérite, car il émane d'un homme dont on ne dénie pas la compétence, et dont la commission a pu apprécier la capacité, la loyauté, les services rendus, d'un homme sur lequel on a préparé les éléments d'un grand rapport ; il en existe un non moins considérable émané de M. Durangel, directeur au ministère de l'intérieur, et on a pu voir également quels ont été le mérite, le zèle, les lumières de M. Lévy. On veut des dépositions, en voici une qui a encore son mérite, car elle tombe d'une bouche qui a la garantie de l'honneur et de la compétence. (Approbation à gauche. — Réclamations à droite.)

Je poursuis la lecture de cette déposition :

« Je puis ajouter aussi que les doutes sur la gestion de la commission d'armement étaient si répandus, qu'à ma connaissance plusieurs membres de l'Assemblée nationale sont venus à Bordeaux avec de sérieuses préventions contre l'honorabilité de son président.

« Pour moi, il me parut difficile qu'au prix de 35,000 fr. on pût avoir une batterie d'artillerie en état de servir. Cependant, comme à cette époque M. le ministre de la guerre tenait à faire canon de tout, il m'engagea à aller voir s'il y avait réellement quelque chose à tirer de cette affaire. »

Vous voyez que ce n'est pas lui qui m'en a appris l'existence. C'est moi qui lui ai envoyé cette affaire ; et vous avouerez que c'eût été une singulière conduite de la part d'un ministre de la guerre de faire un premier marché, et puis d'en faire un second qui fût juste la base d'une critique par comparaison avec le premier.

Évidemment, si quelque chose peut attester sa loyauté, le besoin dans lequel il s'est trouvé, c'est une pareille manière de procéder. (Très-bien ! à gauche.)

« Pour bien rendre le sentiment avec lequel j'ai conclu le marché, qu'on me permette de citer le passage suivant d'un rapport, en date du 2 juin 1871, que j'ai adressé à la commission des marchés :

« Enfin, pour ne négliger aucun moyen d'avoir des canons, j'allai trouver M. Le Cesne, qui, comme il me le dit, ne crut pas d'abord ma démarche sérieuse. »

Tout cela a été allégué dans les précédents discours en s'appuyant sur l'autorité de M. Maurice Lévy. Il est donc nécessaire de remettre les choses sous leur véritable jour.

« Pour lui indiquer qu'elle l'était, je lui déclarai que, si son offre à lui était sérieuse, je lui ferais ouvrir le soir même un crédit de 1,200,000 fr. Mais comme j'étais convaincu que cette offre devait pécher par l'exagération du bas prix qu'il annonçait, j'exigeai que M. Le Cesne prit sous son entière responsabilité la qualité de ce matériel.

« Je lui demandai s'il avait en Amérique des hommes spéciaux pour l'examiner et le recevoir ; il me répondit affirmativement. Il est donc tout à fait inexact que M. Le Cesne m'ait demandé des garanties, comme il le prétend dans sa déposition. Cela, en effet, eût été très-singulier, puisque c'est moi qui le chargeais d'un achat et qui avais par conséquent à lui en demander.

« Maintenant, le matériel livré par M. Le Cesne à 35,000 fr.
était-il propre au service? C'est ce que chacun a pu apprécier, ce matériel étant resté pendant plusieurs semaines sur la
place des Quinconces, à Bordeaux.

« En résumé, il ressortait de ma déposition :

« 1° Que la commission d'armement était suspecte à l'opinion publique, ce qui fit admettre le principe de l'intervention
de la commission des moyens d'étude dans la conclusion d'un
certain nombre de marchés d'armes ayant tous trait au service
d'artillerie ;

« Qu'on a proposé au ministre de l'intérieur et de la guerre
un marché de batteries Parrott à 75,000 fr. ; que ce prix étant
plus modéré que le prix moyen d'une batterie française de
même calibre, aucun homme compétent ne l'eût trouvé exhor-
bitant, à condition que le matériel fût bon. Le ministre a donc
dû approuver ce marché ;

« 3° Que lorsque, après l'avoir signé, il apprit que M. Le
Cesne offrait le même matériel à de meilleures conditions, il
s'empressa de m'en informer pour que j'en fisse mon profit
pour les batteries départementales. »

Eh bien, je trouve que cette déposition qui émane d'un
homme qui n'était membre ni de la commission des moyens
d'étude, ni de la commission d'armement, qui cependant était
fonctionnaire, qui vivait en contact avec ces diverses commissions, vous traduit fidèlement, impartialement l'esprit qui a
présidé à la confection de ces marchés, et vous donne les deux
raisons que je retrouvais tout à l'heure dans la bouche du
commandant Pontlevoy, à savoir qu'on n'avait pas pris au
sérieux l'offre de M. Le Cesne de vendre des batteries Parrott
à 35,000 fr., et qu'en les payant 75,000 fr., on ne pouvait pas
croire, au moment du marché, que ce pût être les mêmes.
(Interruptions.)

Quelques voix. — Il fallait télégraphier !

M. GAMBETTA. — Il ne s'agit pas de télégraphe. (Exclamations à droite.)

Si vous croyez qu'il soit commode de discuter au milieu des

interruptions!... Il ne s'agit pas de télégraphier... (Interruptions diverses.)

Quelques membres. — Continuez !

M. GAMBETTA. — Je ne puis continuer ; j'ai entendu un mot... Quelqu'un a dit...

Voix diverses. — Continuez ! — On n'a rien dit !

M. GAMBETTA. — Quelqu'un a dit : Il y a eu des remises. (Non ! non !) Je l'ai entendu. (Non ! non !)

M. MARGAINE. — Je vous garantis qu'on n'a pas dit cela.

M. GAMBETTA. — Monsieur Margaine, cette attestation me suffit de votre part.

Eh bien, je dis que cela rend raison de l'acceptation du prix de 75,000 fr.

Et puis, j'attire votre attention sur cette explication tout à fait technique du commandant qui dit : Nous ne pouvions pas supposer d'aucune manière, et aucun homme sérieux n'aurait supposé plus que nous que les batteries Parrott offertes à 75,000 fr. fussent les mêmes que les batteries Parrott à 35,000 fr., et voici pourquoi... (Bruit et interruptions.) Écoutez les raisons. Parce qu'il existe dans les arsenaux américains, comme dans tous les arsenaux du monde, un matériel qui a des qualités différentes ; on peut avoir des batteries dont les unes ont tiré 200 coups, d'autres 500, d'autres 1,500, et alors, selon le nombre de coups qu'elles ont tirés, elles sont ou bonnes, ou médiocres, ou au rebut. (Interruptions ou mouvements divers.)

Ce n'est pas moi qui invente cela, messieurs ; ce sont des raisons techniques données par un homme du métier.

Sur divers bancs. — Parlez ! parlez !

M. GAMBETTA. Si ce n'est pas vrai, un homme compétent et spécial montera à cette tribune et me démentira : je n'aime rien mieux que d'être éclairé.

Cette raison m'a frappé ; je l'ai trouvée sage ; je vous la mets sous les yeux, je vous l'apporte telle qu'on me l'a donnée, et rien ne me prouve qu'elle ne soit point vraie.

Maintenant, que les États-Unis aient voulu vider leurs

arsenaux, qu'ils aient l'habitude commerciale de vendre le matériel de l'armée lorsqu'ils sont sortis de l'état de guerre, je les en félicite, mais je ne voudrais pas les imiter en cela : la position unique qu'ils occupent leur permet, après la guerre, de vendre tout ce qui pouvait la soutenir, ils ont même poussé le fanatisme commercial jusqu'à vendre leurs drapeaux. (Exclamations à droite.)

Plusieurs membres. — Comment! des républicains !

M. GAMBETTA. — Oui, messieurs, au lendemain, ils ont vendu les fanions, ils ont vendu les canons, les fusils, les vaisseaux, ils ont voulu prouver par là qu'ils étaient un peuple commerçant et non pas un peuple militaire, et qu'ils voulaient effacer jusqu'aux instruments de la guerre civile. Donc ils ont pu vendre leurs arsenaux. (Interruptions et rires.)

Je déclare qu'il ne m'est pas possible de continuer puisque je ne puis obtenir le silence. (A demain ! — Non ! non !)

M. LE PRÉSIDENT. — Il est en effet difficile à l'orateur de continuer et de suivre un raisonnement au milieu de ces interruptions incessantes.

Je demande à l'Assemblée de faire silence, autrement je lèverai la séance.

M. GAMBETTA. — Quand je vous apporte les raisons d'hommes compétents, d'hommes spéciaux, vous riez ; de quoi donc voulez-vous que je vous parle pour la défense des intérêts dont je suis chargé ?

Eh bien, je dis que les arsenaux des États-Unis, au lendemain de la guerre, contenaient des batteries Parrott, les unes dans un excellent état, les autres dans un état médiocre, et d'autres à l'état de rebut ; quelqu'un peut-il le nier ? Eh bien ! ne comprenez-vous pas que des hommes spéciaux pussent offrir des batteries Parrott à 75,000 fr., et d'autres à 35,000 fr.? C'est là la question.

A gauche. — Oui ! oui ! — Très-bien ! (Mouvements divers. — Bruit de conversations au fond de la salle.)

M. GAMBETTA. — Au moment où l'on faisait le contrat... (Le bruit continue.)

M. LE PRÉSIDENT. — Veuillez, messieurs, faire silence, ou bien je vais vous en prier en vous indiquant nominativement. (Très-bien ! très-bien !)

Dans une discussion de cette nature, lorsque nos collègues s'expliquent, que leurs raisonnements vous conviennent ou ne vous conviennent pas, vous devez les écouter en silence. (Oui ! oui ! — Très-bien !)

Continuez, monsieur Gambetta.

M. GAMBETTA. — Je dis qu'au moment où on signait le contrat, les raisons que je rapporte étaient sérieuses et qu'elles le sont encore aujourd'hui.

Je prévois l'objection ; elle consiste à dire : « Mais ce sont les mêmes ! »

Eh bien, messieurs, je la prends directement et je dis : Au moment où l'on faisait le contrat, ce n'étaient pas les mêmes. On ne pouvait pas supposer que ce fussent les mêmes ; et il n'y avait qu'un moyen d'établir la différence de leur valeur comparative, c'était d'envoyer aux États-Unis des hommes capables de faire cette appréciation et de discerner entre un matériel bon, un matériel médiocre, et un matériel qui est hors de service. C'était à ce contrôleur spécial que nous avons envoyé pour assurer l'exécution d'un contrat, qu'il appartenait de dire : vous livrerez les canons dans les conditions suivantes de tir, de calibre, de portée et d'état de conservation, et quand vous aurez livré ces batteries, nous les payerons 75,000 fr. Je dis que c'est à ce moment-là que l'on peut savoir si l'on a fait un bon marché ou un mauvais marché, si on s'est laissé duper ou si, au contraire, on a assuré l'exécution loyale du contrat. Voilà ce que je dis.

Eh bien, messieurs, quand on est arrivé à l'exécution de ce contrat, qu'est-il arrivé ? Est-ce que vous vous imaginez que j'ai la prétention de soutenir que l'on n'a pas bien exécuté le contrat et compromis le Trésor ? En aucune manière.

Ce qui m'incombe, ce qu'il faut que j'établisse, c'est la signature du contrat, ce sont les circonstances qui l'ont précédée, celles qui l'ont entourée, voilà où en est ma responsabilité ; et si j'établis que nul à ma place n'aurait pu substituer une mesure, un procédé de prudence que je n'aie pris, je crois que j'aurai établi que je revendique ma vraie responsabilité, tout en la limitant. (Assentiment à gauche.)

Je crois vous avoir fait cette preuve en vous démontrant pourquoi la commission d'étude était sortie de son rôle, quelle était la qualité qui, dans l'esprit des hommes spéciaux, techniques de cette commission, tant au calibre et à l'état des canons que sur la portée, impliquait une différence relative, et l'écart de prix entre 75,000 fr. et 35,000.

Et puis, plus tard, qu'est-il arrivé ? On nous dit, — car rien ne le prouve encore jusqu'ici, — on nous dit : le matériel qu'on vous a livré, qui a été envoyé à Alger, qui est sur le quai d'Alger, ce matériel est exactement le même que celui que vous a livré Le Cesne ; voilà bien votre argument, et ce qui le prouve, dites-vous, c'est la facture !

Ah ! messieurs, il y [a quelque chose qui le prouve bien mieux : c'est la note du banquier Garrison qui, quand il a voulu transiger avec vous, vous a offert d'en prendre livraison au prix de 31,000 francs. Et pourquoi ne l'avez-vous pas fait ? Est-ce que c'est moi qui vais être responsable de ce refus de transaction ? Voyons, messieurs, classons bien les différentes périodes de ce marché : il y a sa signature, il y a sa conclusion. Je vous ait décrit les rôles différents qu'avaient joués soit M. Le Cesne, soit la commission d'armement, soit la commission d'étude des moyens de défense, soit le ministre ; là, je prends une grande responsabilité. Puis, plus tard, il y a des différences, des dépêches contradictoires, on ajourne, on accorde des délais ; tout cela, ce sont des exécutions qui sont arrivées à une date précise, le 13 février, où le Gouvernement résilie le traité. Il n'a pas été envoyé de traites, il n'a pas été ouvert de crédits, on n'a rien compromis.

Le Gouvernement qui succède au Gouvernement de la défense nationale résilie le traité. Il a bien fait ; il fallait qu'il s'en tînt là. Il ne s'y est pas tenu, et, sous l'influence, très-proba-

blement, des mêmes nécessités par lesquelles nous étions passés nous-mêmes, la nécessité d'avoir du canon, tant contre la
Commune insurgée que contre les Arabes insurgés, il a subi
cette nécessité comme nous-mêmes. Je cherche des raisons;
ça ne devrait pas être mon rôle ; mais je ne vois pas pourquoi
je n'appliquerais pas aux autres la même règle de conduite que
je revendique pour moi-même.

A gauche. — Très-bien !

M. GAMBETTA. — Je dis que pendant que la commission
des marchés siége, que toute son attention est éveillée,
qu'elle doit tout savoir, que déjà elle a pu interroger M. Le
Cesne, qu'elle a pu découvrir que ce marché n'est pas ce
qu'il devrait être selon elle, je dis qu'elle a dû parler aux
ministres de l'intérieur, des finances et de la guerre.

Nullement, et il se passe ce fait, qui n'entache en rien la
responsabilité du Gouvernement, mais qui, dans tous les cas,
m'est parfaitement étranger ; voici ce qui s'est passé. A la
suite de l'inexécution des clauses financières, comme des clauses de livraison matérielle, le Gouvernement français avait résilié le traité qui le liait avec Saint-Laurent, Billing et Valentine ;
il avait résilié ce traité, et il se trouvait face à face avec un
M. Garrisson, banquier, qui paraît offrir une certaine surface
à New-York, lequel demandait à se mettre aux lieu et place des
premiers contractants. Il offrait au Gouvernement français le
projet de transaction suivant :

1° Prendre livraison des batteries du premier marché au
prix coûtant, soit 34,500 francs, c'est-à-dire que c'était là
qu'on acquerrait la preuve que les batteries Le Cesne et les
batteries de la commission étaient bien les mêmes ;

2° Résilier le traité pour le surplus des fournitures, c'est-
à-dire pour la vente des cinq batteries et des 71,000 fusils
Enfield ;

3° Prendre les lieu et place des premiers contractants, qui
s'évanouissaient.

Le Gouvernement, qui avait résilié le traité, n'adopta pas

cette transaction, et je dis en passant que le Gouvernement, qui avait résilié le traité, n'avait pas à craindre un procès quelconque avec MM. Laurent, Billing et Valentine, puisque, à ce moment-là, il était parfaitement détenteur de la correspondance du capitaine Gusman, correspondance qui l'éclairait entièrement sur la moralité et la solvabilité des premiers contractants.

Par conséquent, le procès qu'on pouvait faire luire à ses yeux pour l'intimider et lui faire admettre les prétentions de ces premiers contractants, ce procès était gagné d'avance, c'est-à-dire que les étrangers n'auraient pas payé le *judicatum solvi*.

Le Gouvernement ne se tient pas à sa résiliation, il n'accepte même pas la transaction que lui propose M. Garrisson, qui se met aux lieu et place des premiers concessionnaires. Non, il repousse cette transaction et il fait revivre le traité, savez-vous avec qui? Avec les premiers contractants; il le fait revivre en l'augmentant de quantités et de prix, c'est-à-dire que j'ai le droit de vous dire que je suis en présence d'un nouveau contrat, et que tout cela ne me regarde pas. (Assentiment à gauche.)

C'est la vérité.

Mais il est probable, et je prends ici l'argument qui sort de cette nouvelle situation, que le nouveau gouvernement n'a pas trouvé aussi dérisoire que vous voulez bien le dire le prix de 75,000 francs appliqué au premier contrat. Ce prix, en effet, il était tenu en suspens, il était vrai ou faux selon la qualité de la batterie qui arriverait à Alger. On fait la transaction, quand? au mois de juin. On voit les canons quand? au mois d'août : par conséquent, dans l'esprit des liquidateurs, les batteries que nous avions achetées 75,000 fr. pouvaient les valoir.

Ce n'est qu'après coup, *post factum*, lorsque la livraison tardive a été faite, qu'on a pu constater qu'il ne s'agit que de batteries de 31,500 fr. Voilà la situation. Elle a été reconnue et apurée par trois ministres : le ministre des finances, le ministre de la guerre et le ministre de l'intérieur, et on vous propose aujourd'hui, quoi? non plus de blâmer Naquet et Deshorties, mais de renvoyer cette découverte faite par la commission des marchés sur le compte de liquidation, à qui? aux trois ministres qui l'ont consentie.

Eh bien, je ne m'y oppose pas; et s'il m'était permis de formuler un vœu, savez-vous quel il serait? et ce vœu serait sérieux : c'est que vous fassiez une chose qui devrait être le devoir direct et primitif de la commission des marchés; non pas de venir spéculer sur quelques affaires... (Interruptions diverses. — Réclamations au banc de la commission.)

M. DE GAVARDIE. — C'est vous qui êtes un spéculateur en République ! (Exclamations à gauche.)

M. GAMBETTA... mais de déférer à la justice, aux juges d'instruction, à vos parquets tous ceux que, de près ou de loin, eussent-ils été chefs de gouvernement, vous accusez de n'avoir pas les mains pures.

Voilà comme je comprendrais le devoir de votre commission ; mais que vous veniez ici, où il n'y a pas de juges, où nous avons des passions inconciliables et irréconciliables, agiter sur le dos de tel ou tel parti de véritables brandons de passions politiques, je ne l'admets pas.

Vous disiez tout à l'heure, et c'est un mot qui m'a profondément touché, car seul, s'il était fondé, il serait capable de changer nos convictions; vous nous avez dit un jour que nous demandions la dissolution ; et vous avez insinué, selon votre méthode, que nous voulions la dissolution pour éviter de rendre nos comptes. Eh bien ! je vous propose un moyen expéditif et sûr de savoir la vérité : c'est de nommer une commission de juges enquêteurs qui verra ce que nous avions quand nous avons ramassé le pouvoir que d'autres désertaient... (Interruption) et ce que nous avons aujourd'hui.

Quant à moi, j'attendrai avec confiance le jugement du pays; et j'ai la ferme conviction que ce jugement rendu par le seul juge, le seul souverain que je reconnaisse, le suffrage univer-

sel, sera à la fois la réhabilitation de notre conduite et la con-
damnation de nos calomniateurs. (Applaudissements répétés à
gauche.)

L'orateur, en descendant de la tribune, est félicité par plusieurs de ses collègues.

DISCOURS

PRONONCÉ A GRENOBLE

Le 26 Septembre 1872

MESSIEURS ET CHERS CONCITOYENS,

Notre ami, M. Édouard Rey, a bien voulu me présenter à vous et me souhaiter la bienvenue dans votre ville. Il a mis dans les quelques paroles qu'il a prononcées, une émotion qui, pour moi, m'a profondément remué et qui me pénètre de reconnaissance envers lui et envers vous qui avez bien voulu vous associer à lui par vos applaudissements.

Oui, messieurs, je sens et je sais que je suis dans un pays qui est, de longue date, acquis à la cause et dévoué à la défense des principes de la Révolution française, puisqu'il l'était, pour ainsi dire, avant que la France de 89 eût commencé à les balbutier; je n'oublie pas votre ancien et persévérant dévouement à nos idées, et, si je pouvais l'oublier, l'accueil que vous m'avez fait au moment où j'ai mis le pied sur le sol de votre ville, serait certainement la plus énergique et la plus pénétrante leçon pour me rappeler tout ce que j'ai encore à faire pour être digne de vous et de votre glorieux passé.

Mais j'ai bien senti, messieurs, — et permettez que je me défende publiquement devant vous contre le reproche de tomber jamais dans une confusion qui serait vraiment coupable,—j'ai bien senti que ce que vous acclamiez, vous saluiez, de cris si ardents, si répétés, c'était la République et non l'homme. (Bravo ! — Applaudissements.)

Plusieurs voix. — C'était la République et l'homme !

M. GAMBETTA. — L'homme vaut ce que valent ses efforts ; mais ses efforts ne sont jamais que restreints, et trop souvent, — il n'y a jamais faiblesse à le reconnaître, —sujets à des vacillations et à des incertitudes, parce qu'il n'y a pas d'homme parfait, parce qu'il n'y a pas d'homme qui puisse se promettre à lui-même qu'il sera toujours à la hauteur des événements. Mais cet homme que vous voulez bien reconnaître comme un des vôtres, comme le vôtre, car il s'est donné tout entier à son parti... ((Oui ! oui ! — Applaudissements), a, au moins, pour lui cette conviction qu'il n'a jamais mis dans son cœur aucun intérêt, aucune passion, aucun mobile en balance avec les intérêts de la démocratie républicaine. (Bravos.— Marques d'assentiment général.)

Tout à l'heure, on prononçait un mot qui produit toujours sur moi la plus vive impression ; on faisait allusion à ces douloureux et tragiques événements de la guerre, de cette guerre que nous avons continuée alors qu'elle était née du caprice d'un aventurier couronné, de cette guerre dont nous avons hérité et que nous avons poursuivie après l'avoir dénoncée et combattue, parce que nous sentions qu'il y allait de l'avenir et de l'honneur de la France.

Hélas ! citoyens, cet avenir a été compromis ; notre pays a été entamé dans son intégrité. Mais ce n'est pas à vous qu'il faut apprendre que la responsabilité en remonte tout entière à l'empire et à ses complices, les conseillers de tous rangs placés autour de lui. (Oui ! oui ! Bravo !)

Messieurs, laissez-moi dire que rien ne me touche davantage que ce salut habituel qui m'est adressé partout où je passe et qui rappelle les efforts du gouvernement de la Défense nationale (Bravos), car il y a une chose qu'il faut toujours répéter, parce que c'est l'honneur de notre parti, qu'il

faut redire chaque fois que se produisent les attaques de nos
adversaires, qu'il ne faudra jamais se lasser de prouver, piè-
ces en main, c'est que la cause de la France et celle de la République sont désormais unies et confondues, et que, entre
l'une et l'autre, il y a une association indissoluble que rien
ne pourra rompre. Messieurs, on nous a souvent reproché
d'avoir fait passer l'une avant l'autre ; je réponds que nous les
avons toujours confondues, associées, réunies, et, pour moi
qui ne comprends pas la République sans la France, je sens
qu'on ne pourra jamais séparer la France de la République
sans courir à des désastres plus effroyables encore que ceux
dont nous sortons à peine. (C'est vrai ! c'est vrai ! — Assentiment général.)

Messieurs, notre ami M. Rey rappelait aussi tout à l'heure
— et il faisait bien — que nous sommes dans un pays, dans
une ville qui a été largement, complétement associée depuis un
siècle à notre histoire nationale et qui, à des époques si différentes et si contraires, a été le théâtre — la ville et ses envi-
rons — d'événements divers et pourtant, à de certains points
de vue, semblables à ceux qui viennent de se dérouler devant
nos yeux, et peut-être à ceux qui se préparent. Aussi bien, il
n'y a pas de lieu, d'endroit, dans toutes les autres parties de
la France, qui soit plus approprié pour faire entendre certaines
paroles et évoquer certains enseignements. C'est pourquoi,
messieurs, quand vos amis sont venus à Chambéry, dans cette
noble terre de Savoie, si peu connue, si ignorée, si diversement jugée, et où l'esprit républicain respire et souffle en toute
liberté, en dépit d'une administration réactionnaire et impuissante jusque dans ses puériles tracasseries ; quand, dis-je,
ils sont venus me chercher au milieu de cette Savoie républicaine, anti-cléricale, profondément française et qui, quoi qu'on
dise, confond suffisamment par son attitude tous ses calomniateurs, je n'ai pas pu résister à leur invitation, bien que le
temps me manquât, et je suis venu à Grenoble, mais rien que
pour toucher barre et déposer en quelque sorte, une carte de
visite. En effet, j'ai le chagrin de vous quitter dès demain ma-

tin, mais je me promets de revenir vous visiter plus tard, quoi qu'il advienne. (Très-bien! — Assentiment général. — Applaudissements.)

Cependant, puisque nous voici réunis, et que, dans la soirée qu'a bien voulu donner M. Vogeli à l'occasion de mon séjour à Grenoble...

M. Vogeli. — C'est la démocratie tout entière, citoyen Gambatta, qui m'a chargé de vous offrir cette soirée.

M. Gambetta. — Si vous aviez eu un peu plus de patience, mon vieux camarade, vous auriez vite aperçu que nous sommes d'accord. (On rit. — Très-bien !)

J'ai dit : Dans la soirée que M. Vogeli a donnée à l'occasion de mon séjour ici, parce que nous vivons dans un temps où l'on en est réduit à empêcher des hommes sincères qui aiment leur pays, qui n'ont d'autre passion que la justice, d'autre désir que de s'éclairer les uns les autres sur la meilleure marche à suivre dans le sens du bien public ; parce que nous vivons dans un temps où ces hommes sont contraints de recourir à des précautions, à des expédients, à des biais derrière lesquels ils puissent à peu près regarder, sans aucune espèce d'appréhension, les foudres du parquet et d'une administration toujours prête à se dire : Dans l'arsenal de nos lois, — et l'on sait s'il est riche ! (Rires) — il y a des lois bonapartistes qui empêchent des hommes de se réunir pour causer entre eux sans avoir pris sept à huit précautions préalables ; (Nouveaux rires) si nous en usions contre ces hommes ! (Interruptions! et hilarité générale.) C'est là ce qui m'a fait dire, messieurs, que M. Vogeli nous a offert une soirée, et je crois qu'il y a autant de vérité que de prudence à le dire et à le répéter, mais je sais aussi, à ne pas m'y tromper, parce que je le vois et que vous m'en donnez à chaque instant la preuve, que je suis ici l'hôte de tout le monde. (Très-bien. — Oui! oui !)

Et vraiment, cette première réflexion me permettra peut-être de répondre d'ici à certaines récriminations, à certaines déclamations qui ont encombré ces jours derniers les colonnes des journaux... — Mon Dieu! comment disais-je? — des journaux qui sont dévoués à l'ordre! n'est-il pas entendu, en effet, dans ce temps de confusion où les mots ont changé absolument de signification, bien qu'on continue à toujours les employer, n'est-il pas bien entendu que nous sommes à tout jamais le parti du désordre! — Nous, le parti du désordre, messieurs, nous qui respectons constamment la loi, qui nous assujettissons même à saluer et à ne pas enfreindre celles qui ont été le fruit du crime sorti de l'usurpation la plus odieuse; nous qui avons fait continuellement toutes les concessions, tous les sacrifices, depuis deux ans; qui avons donné partout, dans tous les Conseils électifs de la France, dans lesquels nos concitoyens nous ont constitués en majorité, l'exemple de la patience, de la modération; — nous, le parti du désordre! quelle impudence il faut avoir pour le prétendre! Non, messieurs, nous sommes le vrai parti de l'ordre dans ce pays, et en cela nous n'avons qu'à nous rendre justice, qu'à mettre en avant notre propre discipline toute volontaire et par cela même efficace; nous n'avons fourni, dans aucune occasion, le prétexte d'intervenir à l'autorité, ou à des agents trop zélés qui la compromettent, et qui cherchent toutes les occasions, favorables ou non, de saisir le parti républicain en flagrant délit... On nous accuse d'être des gens de désordre et de violence! Et quand nous nous contentons de prendre notre droit, de le mettre en lumière, quand nous fournissons toutes les preuves de sagesse, que dit-on? On dit : Ah! si nous ne les avions pas arrêtés, à quels excès, à quelles saturnales se seraient livrés ces démagogues! Vous n'imaginez pas, ajoute-t-on, à quels actes ils se seraient portés contre les citoyens, contre les personnes, contre les propriétés, si une loi bonapartiste — qu'on retrouve tout exprès (Rires) — ne leur avait pas été opposée à temps et si nous n'étions pas venus là pour sauver la société d'un pareil cataclysme. Voilà leur langage. (Oui! oui! c'est cela! — Bravos.)

En sorte que, messieurs, nous sommes dans cette situation singulière et fort difficile à soutenir, à savoir que, quand nous

obéissons aux lois, c'est par impuissance, et que, quand nous
les critiquons, même en nous y soumettant, en nous bornant à
faire remarquer leur triste, leur odieuse origine qui viole le droit
des sociétés libres, on nous dénonce. (Rire général.) Messieurs,
on devrait bien reconnaître enfin que la presse dite de l'ordre,
en se conduisant de cette manière, ne fait que du désordre,
et que ses agents ne recherchent qu'une chose, la provocation.
(Bravo! bravo! — Approbation unanime.)

Mais je m'oublie à parler de cette presse sans nom, qui a
perdu toute estime et toute considération dans le pays. Il vau-
drait mieux élever la question et dire une bonne fois aux hommes d'État qui ont la prétention, dans tous les partis, de
chercher le régime sous lequel la France, qui est une démocratie, doit se développer et produire; leur dire une bonne
fois : Avez-vous réfléchi à ce que c'est que la démocratie? Et,
avant de la mettre à la gêne, avant de lui imposer des lois misérables, avez-vous mesuré l'étendue du mal qu'il faut faire
disparaître? Avez-vous mesuré les besoins de cette société et
savez-vous bien dans quel pays, à quelle époque vous vivez?
Car, enfin, messieurs, ce droit que nous exerçons ici, à huis
clos, et sous la surveillance de cinq à six administrations différentes, il n'y a pas de pays libre qui n'en revendique l'exercice et où les hommes d'État ne se glorifient de le protéger; il
n'y a pas de pays libre où l'on ne puisse, comme en Angleterre,
pour citer l'exemple d'un pays monarchique, réunir les électeurs au nombre de cinq, six ou dix mille, en tous temps, en
tous lieux, en plein air; où les partis ne puissent développer
leurs théories, exposer leurs programmes, rendre compte de
leur conduite, accuser les partis hostiles, commencer et poursuivre des campagnes et, enfin, faire librement ce qui doit se
faire dans toute société qui a quelque souci de la dignité de
ses membres. (Très-bien! très-bien! — Bravos.)

Eh bien, ce qui se fait en Angleterre, ce que font les lords
anglais, ce que font les membres de la Chambre des communes, se fait également à quelques pas d'ici, en Suisse, où l'on
comprend que la démocratie est un gouvernement d'opinion

par essence, que c'est à l'opinion publique que doit rester le dernier mot, que c'est elle qui doit tout examiner, tout contrô-er, tout vérilier, tout juger, afin de pouvoir tout choisir. Aussi es démocraties ne sont véritablement libres, n'offrent de sé-curité, d'avenir et ne fondent quelque chose d'assis qu'à la condition de provoquer la confiance des hommes libres qui les composent ; qu'à la condition de permettre à tous d'aller, de venir, de circuler, de se grouper, de se réunir, de s'associer, de se pénétrer. Qu'est-ce, en effet, que la démocratie, si ce n'est point le gouvernement de tous, si l'on est parqué, si c'est le régime cellulaire? Ce n'est plus la démocratie, c'est le sys-tème des castes sociales, c'est l'ancien régime. Comprendre ainsi la démocratie, messieurs, c'est outrager la raison, et il faut la peur pour expliquer les misérables et odieuses mesures qu'on nous oppose. (Bravos.)

Quand donc prendrons-nous des habitudes viriles? Lorsque nous vivions sous la monarchie, qu'elle fût légitime — voilà encore un mot bien fait! — (Rires), comme après 1815, ou sous une monarchie à poids et contre-poids dont les uns font équilibre aux autres, avec un horloger plus ou moins éloquent qui se flattait de faire tout marcher (C'est lini, cela! c'est usé! rires universels.) — messieurs, je veux bien que ce soit là des vieilleries, du bric-à-brac, mais il y a des gens qui rêvent ce-pendant le retour de ce système équisé; — lorsque, dis-je, nous vivions sous l'une ou l'autre de ces monarchies, je com-prends que l'un et l'autre de ces régimes aient eu peur du peu-ple, parce qu'ils ne sont pas des gouvernements de démocra-tie ; et ils ont peur du peuple parce qu'ils ne le connaissent pas, et que, ne voulant pas et ne pouvant pas l'apprécier , ils n'ont trouvé qu'un moyen de le gouverner; c'est de le clore et de le tenir en chartre privée. (Rires d'approbation. — Ap-plaudissements.)

Mais, messieurs, ce n'est pas un régime, un système politi-que comme la démocratie actuelle, monde encore récent , qui date, comme origine, comme naissance, comme formule , de 1789, et qui, en somme, n'a pris pied parmi nous, n'a mis la main sur les affaires, n'a été investie du moyen protecteur de sa souveraineté, mise en possession de la plénitude de son droit qu'en 1848 par le suffrage universel, — ce n'est pas, dis-je, ce monde nouveau de la démocratie française qu'on peut se flatter de gouverner, régler, conduire, instruire par les procédés, par les habitudes des quinze à vingt habiles diseurs qui gouvernaient et conduisaient la monarchie parlementaire. (Non! non! — Bravos.) Il faut aujourd'hui descendre dans les couches, dans les rangs profonds de la société; il faut comprendre que ce n'est que de la discussion manifestée, contredite, et qui rencontrera autant d'affirmations que de négations, que peut se dégager l'opinion, — car la démocratie n'est pas le gouvernement de l'uniformité ni de cette discipline passive que l'on rêve dans d'autres partis, dans d'autres sectes; c'est le gouvernement de la liberté de penser, de la liberté d'agir. De là, par conséquent, la nécessité d'une perpétuelle communication de tous les citoyens entre eux, quand ils le veulent et comme ils le veulent, à la seule condition — condition unique — de délibérer pacifiquement, sans armes, ainsi que le disaient les premiers législateurs de la Révolution française, afin de ne pas fournir à quelques-uns la tentation de violer le droit des autres. (C'est cela! — Très-bien! très-bien!)

Et cependant, messieurs, il nous faut supporter cette législation mauvaise, qui est aujourd'hui la nôtre, cette usurpation de notre droit, cet empiétement de l'autorité pour en démontrer tous les jours l'inutilité. En effet, il est bien sûr que si l'on ne peut se réunir au nombre de 1,500 personnes sous le prétexte qu'on formera ainsi cette réunion publique, on peut se réunir au nombre de 300; et, ce qui aura été dit dans cette réunion de 300 personnes sera répété, imprimé, publié, répandu, de sorte qu'on n'aura rien fait, rien empêché, et que le but que l'on se proposait ne sera pas atteint : on aura simplement mis la main sur la lumière, mais la lumière aura passé à travers les doigts, malgré tous les obstacles. (Assentiment unanime.) Il faudrait, sous une République, abandonner ces mesures, rejeter ces procédés qui n'ont d'autre résultat que d'engendrer le désordre moral , sinon le désordre matériel , quand c'est précisément de l'ordre moral, avant tout, que devraient se préoccuper les hommes d'État. Car , retenez-le bien, messieurs , sans l'ordre moral il n'y a pas d'ordre matériel assuré; c'est l'ordre moral qui règle tout , qui calme tout , qui assoit tout et qui permet aux peuples de tout faire pour se relever de leurs catastrophes. (Très-bien ! très-bien ! — Applaudissements.)

Que voulez-vous? En France on ne peut pas s'habituer, depuis 45 ans, dans certaines classes de la société, à prendre son parti, non-seulement de la Révolution française, mais de ses conséquences, de ses résultats. On ne veut pas confesser que la monarchie est finie, que tous les régimes qui peuvent , avec des modifications différentes , représenter la monarchie, sont également condamnés. Et c'est dans ce défaut de résolution, de courage chez une notable partie de la bourgeoisie française, que je retrouve l'origine, l'explication de tous nos malheurs, de toutes nos défaillances, de tout ce qu'il y a encore d'incertain, d'indécis et de malsain dans la politique du jour.

On se demande, en vérité, d'où peut provenir une pareille obstination ; on se demande si ces hommes ont bien réfléchi sur ce qui se passe ; on se demande comment ils ne s'aperçoivent pas des fautes qu'ils commettent et comment ils peuvent plus longtemps conserver de bonne foi les idées sur lesquelles ils prétendent s'appuyer ; comment ils peuvent fermer les yeux à un spectacle qui devrait les frapper. N'ont-ils pas vu apparaître, depuis la chute de l'empire, une génération neuve, ardente, quoique contenue, intelligente, propre aux affaires, amoureuse de la justice, soucieuse des droits généraux ? Ne l'ont-ils pas vue faire son entrée dans les Conseils municipaux, s'élever, par degrés, dans les autres conseils électifs du pays, réclamer et se faire sa place, de plus en plus grande, dans les luttes électorales ? N'a-t-on pas vu apparaître, sur toute la surface du pays, — et je tiens infiniment à mettre en relief cette génération nouvelle de la démocratie, — un nouveau personnel politique électoral, un nouveau personnel du suffrage universel ? N'a-t-on pas vu les travailleurs des villes et des campagnes, ce monde du travail à qui appartient l'avenir, faire son entrée dans les affaires politiques ? N'est-ce pas l'avertissement caractéristique que le pays — après avoir essayé bien des formes de gouvernement — veut enfin s'adresser à une autre couche sociale pour expérimenter la forme républicaine ? (Oui ! oui ! Sensation prolongée.)

Oui ! je pressens, je sens, j'annonce la venue et la présence, dans la politique, d'une couche sociale nouvelle (nouveau mouvement) qui est aux affaires depuis tantôt dix-huit mois, et qui est loin, à coup sûr, d'être inférieure à ses devancières. (Bravos.)

Quand on l'a vue apparaître, on ne pouvait en noter, en remarquer la naissance que par petits groupes, que sur des points isolés, à Marseille, à Paris, à Lyon, au Havre, à Saint-Étienne, ici et même ailleurs ; mais, par le fait même de l'isolement de ces groupes, qu'on ne réunissait pas pour les soumettre à un examen, à une analyse véritablement sagace, on n'a pu se rendre un compte exact, au début, des conséquences de cette apparition, de cette invasion d'un élément social nouveau par le suffrage universel dans les affaires générales de la nation. Et alors on a trouvé beaucoup plus facile de déclamer contre ces conseils électifs, de les accuser de toute espèce de mauvaises passions, de les critiquer, de les dénoncer, quoique, peu à peu, pour les observateurs attentifs, il ait apparu que ces conseils, tant diffamés, devenaient chaque jour de plus en plus pratiques, expérimentés, aptes aux affaires, prudents, sages en politique, et que, toutes les fois qu'ils émettaient un vœu ou qu'ils prenaient une décision, ces vœux ou ces décisions avaient un caractère particulier, un accent spécial, qui doivent influer sur la direction générale des affaires de la France. On sentait que la démocratie actuelle était sortie du sentimentalisme un peu vague qui avait été le caractère dominant de nos devanciers ; on sentait qu'il y avait là quelque chose de plus positif, de plus pratique, et, — passez-moi une expression que l'on critique quelquefois, mais qui seule peut rendre ma pensée — de plus scientifique. Et alors qu'a-t-on fait dans le camp de nos adversaires ?

On a changé de tactique et, au lieu de considérer à l'œuvre ce personnel nouveau, au lieu de le juger ou de se laisser entraîner dans le courant, on a réfléchi, mais dans un mauvais sens. La réaction et les partis coalisés de la monarchie, sous quelque forme qu'elle se présente, se sont mis en garde, en éveil, et ils ont crié au radicalisme triomphant. Partout ils ont dit que le radicalisme était aux portes avec le cortége de spectres, de malheurs et de catastrophes qu'il doit nécessairement traîner après lui ! (Hilarité. — Très-bien ! — Bravos.) On a cherché ainsi à alarmer le pays, ce malheureux pays que, depuis 75 ans, les partis rétrogrades dominent et exploitent par la peur. Car la peur, messieurs, c'est la maladie chronique de la France : la peur en politique. En effet, autant la France est brave, généreuse, ardente, héroïque, désintéressée sur les champs de bataille, autant elle est timide, hésitante, facile à troubler, à tromper, à affoler, à effrayer dans le domaine politique.

Et ils le savent bien, ceux qui depuis tantôt quatre-vingts ans nourrissent ce pays de calomnies, de mensonges et d'inventions perfides. Oui, c'est la peur qui est le mal de ce pays, et c'est de là peur qu'ils ont tiré leurs ressources, les réacteurs de 1800, de 1815, de 1831 et de 1849 ! C'est de la peur qu'il a tiré sa principale force, le coupe-jarret de 1851 ! (Bravo ! bravo ! — Applaudissements.) C'est sur la peur qu'ils ont établi leur ascendant pour nous mener, après vingt ans d'empire, à la dégradation, à la mutilation ! C'est de la peur qu'ils ont fait sortir ce plébiscite fatal qui devait nous entraîner à la guerre ! C'est de la peur qu'est née cette impuissante réaction du 8 février 1871 ! C'est toujours par la peur, avec la peur, en exploitant la peur, que la réaction triomphe ! Oh ! débarrassonsnous de la peur politique ! Chassons ces sycophantes, et démontrons par nos résolutions, par nos actes, par notre attitude, que jamais nous ne voudrons nous servir de la violence, et que c'est un misérable et odieux calcul qu'ont fait nos adversaires, de compter toujours sur la peur éternelle de la France! Et puisque la peur est devenue l'expédient, la ressource de nos ennemis, il faut que le parti républicain, que le parti radical, qui met ses satisfactions au-dessous de l'intérêt général, se donne la mission de guérir la France de cette maladie de la peur. Or, le remède, le moyen à employer, quel est-il? Oh! il est toujours le même, et il est toujours vainqueur : c'est la sagesse. (Très-bien, très-bien ! — Salve d'applaudissements. — Interruption prolongée. — Les mouvements de l'auditoire empêchent l'orateur de parler pendant quelques minutes.)

La sagesse, mes chers concitoyens, c'est le dernier mot que je viens de prononcer. Il faut que ce remède ait été d'un effet singulier sur nos adversaires, car il suffit que nous ayons prouvé notre sagesse, que nous ayons proclamé très-haut que rien, qu'aucune provocation n'était capable de nous faire sortir de cette ligne de conduite inflexible, pour avoir provoqué dans leurs rangs une irritation, une exaspération, qui tient de la rage. Leurs journaux, leurs représentants ont, par là même, dévoilé leurs plus secrètes espérances. Ils attendaient, à coup sûr, à en juger par leur déconvenue, quelque faute du parti républicain ; ils espéraient que, lassés par les injures, irrités à son tour par tant de dénis de justice, par tant d'outrages subis et venant de côtés d'où il les attendait le moins, ils espéraient que le parti républicain tomberait dans un de ces nombreux piéges qu'on tend sous ses pas et qu'alors il s'ensuivrait quelque émotion, de ci, de là, à l'aide de laquelle on pourrait rétablir l'ordre qu'on aurait ainsi troublé. (Oui ! oui ! C'est cela ! Bravos.)

Eh bien, leurs espérances ont été vaines, et la sagesse s'est trouvée, sinon dans notre tempérament, — c'est ce qui fait que nous avons plus de mérite que d'autres à la pratiquer, car le spectacle de l'injustice nous révolte, — elle s'est trouvée dans nos volontés, dans nos intérêts ; et c'est elle qui fait aujourd'hui le triomphe de la cause à laquelle nous sommes attachés. En effet, sous les autres régimes que celui-ci, qui, au moins, porte notre nom, le régime républicain : sous les autres régimes, dictature césarienne, royauté escamotée sur les barricades, ou monarchie se prétendant héritière de quatorze siècles, on comprend que le parti républicain, exclu de l'arène, chassé, décimé, proscrit et réduit à l'impuissance dans la carrière légale, se précipitât dans les aventures héroïques de la rue. Pourquoi? Parce qu'on ne lui laissait aucune issue pour vivre, pour respirer, et qu'alors, à la force illégitime, il opposait l'héroïsme de ses membres et la force du droit populaire. (Assentiment.) Ces temps sont changés, messieurs ; et ce qui était de mise quand nous n'étions qu'une minorité opprimée, c'est-à-dire l'emploi de la force contre un régime oppresseur, serait un crime sous un gouvernement qui se réclame du suffrage universel, qui porte le nom de République et qui est chargé d'agir, de gouverner, de contracter, d'emprunter au nom de la République. (Assentiment général. — Bravos.)

En conséquence, il ne nous reste qu'une chose à faire pour le moment, c'est à nous conduire pacifiquement, légalement, en nous réclamant du suffrage universel, dont on ne pourra pas ajourner bien longtemps la volonté, la décision ; c'est à transformer ce germe, cet embryon de République, que nous devons protéger et défendre, afin de pouvoir assister bientôt à l'éclosion d'une République sincère, définitive et progressive. (Applaudissements. — Vive la République! — Vive Gambetta!)

Oui, la sagesse consiste à dire que nous n'attendons rien que de la raison, que du temps, que de la persuasion, que de la force des choses, que de l'impuissance où sont réduits les partis monarchiques, que de leur stérilité et, s'il faut le dire, que de leur couardise. (Oui! oui! — Bravos.)

C'est à eux, s'il leur plaît, d'avoir recours aux moyens violents. Quant à nous, nous n'en avons nul besoin (adhésion générale) ; le pays est avec nous (Oui! oui!), et il le proclame à chaque occasion qui lui est donnée de le faire. Nous avons donc pour nous la loi, le titre, nous aurons la chose bientôt. (Applaudissements répétés.)

Nous n'avons qu'à laisser écouler les heures et les minutes. Tous les jours on peut marquer les pas qui sont faits vers le but, et ce but, on y touchera bientôt ; on y touche si bien déjà que nous assistons à un singulier spectacle depuis tantôt un mois et demi. Ces farouches représentants du droit divin ou du droit populaire, mais accommodé à la Bonaparte (Rires. — Très-bien !), se sont séparés et sont allés dans les divers cantons ou colléges qui les ont nommés. Se sont-ils mis en communication avec leurs électeurs ? Bien peu l'ont osé faire, mais la plupart ont observé, et, s'ils n'ont pas parlé, ils ont adressé le résultat de leurs réflexions à des journaux suffisamment indiscrets pour que nous soyons renseignés à merveille. (Rires. — Bravos.)

Voyez le chemin parcouru : la réaction affirmait bien haut la.nécessité où l'on était de restaurer immédiatement la monarchie avec fusion. elle abandonne cette idée pour passer à la monarchie tempérée sans fusion..., (Hilarité) puis on est passé à ce qu'on a appelé l'essai loyal de la République, mais de la République sans républicains. (Nouvelle hilarité.)

Je n'ai pas besoin de vous dire comment ils entendent ces jeux-là, vous le savez aussi bien que moi, et vous qui êtes de Grenoble et de l'Isère, vous vous rappelez une administration récente... (Oui! oui! — Marques d'assentiment.) Ainsi, l'essai loyal de la République, c'est là un mot parfaitement bien fait pour dire le contraire de ce qu'il exprime. (Rires.)

Après l'essai loyal ils sont allés à l'essai de la République conservatrice, et les voilà maintenant qui en sont à la République constitutionnelle. A la suite de certaines réflexions, de certaines observations, les divers chefs des partis monarchiques, après avoir secoué l'arbre, — non pas pour le renverser, oh ! non, tel n'était pas leur dessein (Rires), — après s'être épuisés en combinaisons toutes plus empoisonnées et plus chimériques les unes que les autres et après avoir reconnu leur impuissance, mais surtout après avoir constaté *de visu*, chez eux, en leurs gentilhommières (Hilarité générale), où en sont aujourd'hui les dispositions du corps électoral, et ayant aperçu, à l'horizon, la République définitive, — les divers chefs des partis monarchiques se sont dit qu'il ne leur restait plus qu'une chose à faire : c'était de faire la République. (Rires prolongés. — Salve d'applaudissements.)

(Interruption de quelques instants.)

Voilà où nous en en sommes, mes chers amis. Pour le moment, nous sommes arrivés à cet état particulier, que nous touchons à l'unanimité en France. (Rire général.) Oui, il est probable que lorsque le Parlement se réunira à Versailles, — encore bien que l'on annonce de sa part quelques velléités de rentrer à Paris, afin sans doute de mieux marquer l'état de conversion de ces bonnes âmes, — il est probable que lorsqu'il rentrera à Versailles, il dira que, véritablement, il n'a pas une minute à perdre pour constituer la République. Qu'est-ce que cela signifie?

Cela veut dire que l'on sent, quoi que l'on en ait, non pas que la dissolution soit à prêcher ni même qu'elle soit à démontrer, mais que la dissolution est faite; car si l'on n'avait pas cette intime conviction que la dissolution est là, comme le fossoyeur, prête à jeter une dernière pelletée de terre sur le cadavre de l'Assemblée de Versailles (Vive sensation) ; si l'on ne ressentait pas les affres de la mort, vous pouvez croire qu'on ne parlerait pas de se marier *in extremis* avec la République. (Hilarité générale. — Applaudissements répétés. — Vive la République!)

Eh bien, messieurs, sous cette forme qui convient parfaitement d'ailleurs au caractère tout à fait intime et tout à fait amical de notre réunion, je crois que je viens de mettre une lumière sur un des écueils les plus perfides qui bordent le chemin de la République.

Et j'en veux ici dire franchement ma pensée et mon avis, afin que personne, en en lisant l'expression, ne puisse conserver la moindre obscurité dans son esprit sur ce point.

La politique, messieurs, surtout dans un moment où le monde qui finit et le monde qui vient se touchent et se heurtent par mille contradictions et par mille intérêts opposés, la politique qui a pour but de satisfaire les besoins ardents d'un grand peuple au point de vue de la liberté politique et de l'égalité sociale, cette politique a singulièrement besoin de discrétion. Elle a besoin de ménagements pour les intérêts qui sont en échec, pour ceux qui disparaissent, pour ce qui reste de vestiges et de traces de l'ancien régime. Elle a besoin d'avoir certains accommodements, certaines facilités de compromis, de transactions, parce que jamais il n'est arrivé qu'on fît une bonne société et un bon régime politique en faisant table rase. Ceux qui le prétendraient n'ont pas regardé la réalité des choses. La Révolution française elle-même, qui a été la plus radicale des révolutions, n'a pu faire et n'a pas fait table rase.

Que d'abus elle a laissé subsister! sous d'autres noms, sous d'autres formes, je le veux bien, mais qui subsistent encore, mais qu'il nous reste à détruire.

Mais, messieurs, la politique dont je parle a besoin aussi de clairvoyance, de vigilance, de prudence, pour ne pas livrer les destinées mêmes du peuple et de la cause qu'elle défend aux habiletés, aux surprises, aux ambiguïtés et aux calculs de ses adversaires.

Oui, le parti républicain, aujourd'hui, — celui qui est composé surtout d'hommes souvent et durement éprouvés, celui qui compte dans ses rangs presque autant de victimes que de serviteurs, c'est celui-là dont je parle, parce que c'est celui que je connais le mieux et que c'est celui auquel j'appartiens, — le parti républicain, qui l'a toujours été ou qui ne compte que des membres qui l'ont toujours été, ce parti-là est tenu à beaucoup de largeur de main, à un grand esprit de conciliation et de concorde; il est tenu à se recruter largement et sans mesquins calculs d'amour-propre, dans tous les rangs du pays, afin de devenir la majorité de la nation elle-même. C'est son devoir immédiat, et il n'y manquera pas. (Assentiment général. — Bravos.)

Ce parti doit avoir cependant un certain critérium à sa disposition; il doit pouvoir distinguer entre la naïveté des uns et le calcul des autres, entre les nouveaux qui s'offrent à lui et les anciens, entre ceux qui viennent lui apporter leur concours par suite de convictions récentes et ceux qui ont des actes à mettre derrière leurs paroles; il doit enfin pouvoir être mis à même aussi de reconnaître ceux qui, secouant une indifférence, hélas! trop générale, veulent entrer dans la vie politique. Ceux-là, messieurs, il faut les accueillir à bras ouverts. Mais il y en a d'autres, il y a les hommes qui n'appartiennent à aucun parti, qui les ont tous servis et tous trahis tour à tour, qui sont des agents également dociles du despotisme clérical ou militaire; il y a ceux qui prennent comme un masque la formule à la mode, qui se glissent dans les rangs à l'aide de déclamations plus hautes, plus vives et plus ardentes que celles d'aucun patriote éprouvé. Il y a ceux encore qui, sous une attitude plus ou moins réservée, agissant comme si on leur faisait violence ou parce qu'il n'y a pas moyen, pour le moment, de faire autrement, se déclarent républicains. (Très-bien! très-bien!)

Vous voyez, messieurs, à combien de surprises, à combien de périls on peut se trouver exposé, à combien d'intrigues de tous genres on peut, pour ainsi dire, donner la complicité de sa conscience. (Assentiment général.)

Il faut donc que, sans être exclusifs, sans être fermés, nous soyons prudents, vigilants, défiants, au nom même des intérêts les plus sacrés de la République. Car si nous recommencions la faute qui a déjà été commise, il y a vingt-deux ans, d'accepter sur signature, sur déclaration, ces prétendus ouvriers de la dernière heure, eh bien! on connaît la besogne qu'ils recommenceraient à leur tour : prendre la République, la placer sur un char, l'orner de fleurs et la mener sous le couteau de quelque égorgeur de race. (Sensation profonde.— Applaudissements.)

Mais entendons-nous bien et ne laissons pas dire que nous obéissons à un détestable esprit de secte. Or, pour s'entendre, quelle est la formule à trouver, si tant est que, dans une matière qui réclame autant de tact et de mesure dans l'appréciation de tel ou tel caractère, on puisse poser une règle générale de conduite? Dessinons au moins quelque chose qui pourra servir de commencement de règle.

Il y a d'abord une première remarque à faire, que voici : S'il est vrai que le suffrage universel pris dans sa masse ne soit pas toujours assez renseigné, surtout dans un pays qui n'est pas encore habitué à la République, qui n'est pas encore formé aux mœurs républicaines, parce qu'elle n'a pas assez duré, — et, si elle n'a pas duré, vous savez à qui en remonte la responsabilité ? (Oui ! oui !) — mais enfin s'il est vrai que le suffrage universel ne soit pas suffisamment mûr et accoutumé aux habitudes, aux plis, aux pratiques de la démocratie républicaine, s'il ne sait pas avec assez de précision — comme on le sait, par exemple, dans la dernière bourgade de Suisse — ce qui se passe, ce qu'on projette, ce qu'on doit faire ou repousser, il n'y en a pas moins dès maintenant une préoccupation suffisante, dans les rangs de la démocratie, de la conduite des hommes politiques. Mais il n'y a qu'une certaine partie de cette démocratie qui ait la passion et le souci des choses et des actes des hommes publics; c'est donc à ces hommes plus avisés et plus éclairés qu'il appartient, dans une certaine mesure, librement, sans pression, de se faire les instituteurs, les éducateurs, les guides de leurs frères moins avancés du suffrage universel, de ceux qui ont moins de loisir et de lumières. (Très-bien ! — Bravos.)

Ce sont ceux-là qui doivent exercer leur jugement, en procédant à ce tri, à cette sorte de crible par où doivent passer les conversions subites dont nous nous entretenons. Ce sont eux qui doivent scruter la vie d'un homme marquant, monarchiste effaré qui, tout à coup, se rallie à la République, sous la double pression de la force croissante de la République et de l'imminence de la dissolution ; ce sont eux qui doivent, pour leurs amis, pour leurs concitoyens, leurs coélecteurs d'un collége, d'un département, rechercher quelle est la loyauté, la sincérité, la justesse et, enfin, ce je ne sais quoi qui fait qu'on dit : « Celui-ci est un brave homme, on peut s'y fier » ou : « Celui-ci n'est pas un homme sûr, il ne faut pas l'admettre. »

Ce sont là des difficultés qu'il faut résoudre sur place, à l'aide des mille impressions et renseignements que l'on peut recueillir, comparer et peser ; il n'est pas possible, d'ailleurs, que l'on soit sans relations qui permettent de faire ce travail, travail délicat qui exige beaucoup de mesure, d'habileté et de prudence et qui, par conséquent, doit être fait de près, en y mettant beaucoup de temps et de soins.

Pour inspirer ce travail, je voudrais vous donner un avis personnel dont vous ferez l'usage qui vous semblera bon, car il est parfaitement susceptible de modifications, suivant les cas.

Messieurs, laissez-moi vous soumettre une idée à titre de proposition générale, capable d'être réduite, qui comporte des exceptions ou qui peut être appliquée sévèrement, lors des élections à la prochaine Assemblée, afin que le suffrage universel ne soit pas dupe et victime, afin qu'il ait bien la certitude que la République et ses institutions organiques sortiront de l'urne, afin qu'il soit bien positif que les mandataires ne pourront pas usurper sur les mandants, afin qu'il soit impossible d'assister à une abominable confiscation de la souveraineté nationale au profit de quelque prétendant. Je voudrais donc qu'il fût bien entendu que, pour les prochaines élections, on ne pût admettre, sur les listes républicaines, des hommes qui ne présenteraient pas dans leur passé — vous entendez bien — des garanties suffisantes ou, dans leur présent, les mêmes garanties nécessaires, garanties qui puissent nous assurer que le dépôt sacré qui leur sera confié, que cette voix souveraine au nom de laquelle ils auront autorité et mission de parler, à Paris, car c'est là qu'on réunira l'Assemblée nationale prochaine... (Oui ! oui ! — Salve d'applaudissements. — Vive la République ! — Vive Paris !)... ne seront l'objet, de leur part, ni d'une diminution, ni d'une confiscation.

Je voudrais encore que l'on déclarât, au point de vue du parti républicain, que tous ceux qui ont été, à un degré positif, dans les derniers jeux des partis, tous ceux qui ont été des chefs avérés des intrigues et des complots monarchiques, tous ceux qui ont été les serviteurs des prétendants, qui ont été des agents de désordre anti-patriotique, je voudrais que tous ceux-là fussent exclus de nos listes républicaines. Je voudrais ensuite qu'on distinguât entre ces chefs et ceux qui les suivaient, car ceux-ci pouvaient être de bonne foi, ils pouvaient n'être qu'égarés. A coup sûr, le nombre des égarés ne serait pas considérable ; et, dans tous les cas, ou n'accepterait parmi eux que ceux qui n'auraient pas pris devant leur pays et à l'encontre du suffrage universel, une position compromettante.

Vous voyez, messieurs, que mon idée est celle-ci : séparer les chefs de leur prétendue armée ; l'armée peut entrer dans les rangs du parti démocratique ; quant aux chefs, il faut les laisser encore, ainsi que faisaient les premiers chrétiens, à la porte de l'église pour y faire pénitence. (Rires d'assentiment. — Applaudissements.)

Cette conduite à suivre s'explique par plusieurs motifs dont le premier vous apparaît nettement : il s'agit de sauvegarder la souveraineté nationale, car il est bien clair, aujourd'hui, que le duel est à peu près réglé entre la République et la monarchie. La monarchie se dérobe, elle cache son drapeau, elle dépose ses armes et laisse la République maîtresse du terrain ; il est donc bien certain que, si le pays nommait des pseudo-républicains, des hommes n'ayant le nom de la République que sur les lèvres, tandis qu'ils porteraient la monarchie au fond du cœur, ils ne tarderaient pas, une fois élus, à ouvrir la bouche pour faire connaître leurs secrets désirs, et consommer la ruine de la République, comme le firent leurs devanciers de 1848 qui dix-sept fois l'acclamèrent pour mieux l'égorger ensuite. (Bravo ! bravo ! — Vive la République !)

Par où vous voyez que si le suffrage universel pouvait être

induit en erreur et que si, sous le prétexte de faire une transaction, on confiait le dépôt de la République à de tels gardiens, c'est la souveraineté nationale que l'on s'exposerait à
faire confisquer.

Il y a un autre motif qui n'est pas moins grave et qui est
décisif devant mon esprit.

C'est qu'il est nécessaire qu'en politique on ait la responsabilité de ses actes antérieurs. Il est juste et bon, lorsqu'on a
choisi un parti, lorsqu'on a été son tenant, lorsqu'on a joué un
certain rôle au nom de certaines idées, de certaines doctrines,
lorsqu'on s'en est fait le promulgateur et le défenseur, — à
moins qu'on ne justifie d'actes de résipiscence et de contrition
irrécusables, — il est juste et bon qu'on subisse la loi qu'on s'est
faite à soi-même, et qu'on ne vienne pas solliciter du suffrage
universel, avec le concours du parti républicain, une récompense dont on est indigne et qui a pu être méritée par d'autres.
(Oui! oui! — Approbation.)

Je dis que c'est là une raison politique du plus haut intérêt,
et d'une gravité capitale. En effet, est-ce qu'il peut y avoir
parmi les hommes quelque chose de plus sacré que l'opinion?
(Très-bien! — Bravos prolongés.) Est-ce que nous ne devons
pas avoir un soin jaloux pour ne pas admettre dans nos rangs,
— non pas les hommes égarés qui se repentent sincèrement : à
ceux-là nous devons ouvrir nos bras, — mais leurs chefs, ceux
qui les ont trompés, ces chefs qui ont été les agents et les guides des partis hostiles?

Messieurs, ce serait nous abandonner nous-mêmes que d'agir
autrement, que de tenir une autre conduite ; et ceux qui nous
parlent de pareilles transactions ne se rient-ils pas de nous, et
ne serions-nous pas l'objet des moqueries de tous, si nous
avions jamais la faiblesse d'accepter d'aussi humiliantes propositions?

Non, non, le parti républicain a le droit et le devoir d'être
généreux envers ceux qui, reconnaissant le drapeau de la République et présentant toutes ses garanties, demandent à la
servir avec loyauté ; mais il commettrait l'acte le plus im-

prévoyant et le plus fatal, il manquerait à tous ses devoirs
s'il mettait à sa tête, s'il plaçait de ses propres mains ses
pires ennemis sur les bancs de la prochaine Assemblée,
dont les résolutions seront décisives, pour le sort de la
France, pour sa grandeur et pour son avenir, ainsi que pour
les droits engagés, depuis soixante-quinze ans, dans la lutte
entre la Révolution française et l'Ancien Régime. Ce serait le
contraire de la bonne politique, et j'ajoute que ce serait le
contraire de la morale, qu'il n'en faut jamais séparer. (Très-
bien ! très-bien ! — Applaudissements.)

Il me vient un souvenir à l'esprit, dont je désirerais vous
faire part avant de terminer. (Oui ! oui ! Parlez ! parlez !)

Nous sommes réunis, en ce moment, dans une ville qui a
dans son passé un mémorable souvenir qu'il me convient
d'évoquer pour vous prouver combien, en politique, il est
dangereux de se fier aux imposteurs.

Oui, c'est dans cette ville qu'après la première Restauration,
cet homme qui, au milieu de tant de gloire, avait apporté tant
de désastres à notre noble pays, remit le pied après 1814.
Vous savez le jour précis, car cette histoire vous est familière :
elle vous a été contée par vos grand'mères, comme a dit le
poëte. Quand il fut entré dans votre ville, c'est d'ici qu'il jugea
combien il lui serait facile de ressaisir la France, grâce à la
haine qu'inspirait le retour des émigrés. La France de la Révolution avait été mise en présence de ces spectres et de ces
revenants, —·n'est-ce pas un peu la situation où nous sommes
aujourd'hui? (Hilarité) — elle avait, cette France démocratique et paysanne, reculé d'horreur devant la réapparition de
l'ancien régime. Eh bien, ce comédien, ce tragédien, cet
aventurier de génie, en remettant le pied sur le sol de la
France, que lui disait-il? Il disait au peuple des campagnes et
des villes : Ouvriers, bourgeois, artistes et paysans, me voilà!
Je reviens, vous me reconnaissez ; je suis le soldat de la Révolution ; je viens défendre vos droits menacés ; vos propriétés sont en question, je vous les garantirai ; les biens na-
tionaux, je vous les assurerai ; je suis le fils de la Révolution ;

je suis la Révolution elle-même, vous le savez bien! je suis la Révolution couronnée! Oui, j'ai eu tort, je le reconnais, mais je vous apporte des libertés, toutes les libertés : liberté de penser, liberté d'écrire, liberté de se réunir, de s'associer, liberté de la nation par la constitution d'un Parlement indépendant. Oui! vous devez avoir toutes ces libertés et vous les aurez!

Toutes ces promesses ont été faites, toutes ces paroles ont été prononcées, et où? Ici, dans votre ville. Eh bien! ces promesses n'étaient qu'un mensonge, ces paroles n'étaient qu'un leurre, tout cela était un dernier artifice de ce Corse aux abois. (Sensation. — Applaudissements prolongés.) Ces belles promesses séduisirent la France, parce que cette France est toujours confiante, toujours ardente, toujours généreuse ; elle se laissa prendre au mirage, et vous savez comment finit cette lugubre tragédie. Vous savez aussi quelle fut la sincérité de ce despote dont les coups de force et les promesses furent copiés, plus tard, par son héritier, par Napoléon III. Celui-ci fit aussi son coup d'État libéral, son retour de l'île d'Elbe, son Acte additionnel et ses promesses du 19 janvier avec un Ollivier pour Benjamin Constant. On dit à tous que cette chose grotesque, que ces deux mots qui hurlent ensemble, que l'empire libéral serait la paix et la liberté. On organise le plébiscite, on le présente aux populations, on le fait voter: ce qui devait être la paix devient la guerre ; elle est déclarée, la France est envahie : vous savez le reste! (Nouvelle sensation.)

Ah! défions-nous des promesses politiques. Soyons défiants. Rappelons-nous ce que nous ont coûté notre confiance, notre imprévoyance. Rappelons-nous aussi ce que nous disions au peuple, en 1870, en l'écartant des urnes. Nous lui disions que voter Oui, c'était voter pour la ruine de la patrie. Nous l'avertissions que cet homme ne parlait si haut de la paix que pour faire plus sûrement la guerre, qu'il ne parlait de liberté que pour la confisquer et qu'il ne se faisait le dépositaire de la souveraineté nationale que pour la donner en dot à son fils.

Voilà ce que nous disions au peuple en 1870 et vous vous rappelez aussi comment on nous traita à cette même époque. Vous connaissez l'invention des complots qui devaient influencer les votes des campagnes ; vous connaissez les mensonges, les calomnies et les outrages dont nous fûmes l'objet.

Aujourd'hui, on veut rééditer les mêmes procédés ; on veut employer les mêmes moyens que l'empire libéral. On vient nous dire que le parti monarchique a déclaré, dans une réunion, qu'il voulait la République, qu'il acceptait cette constitution nouvelle de la France. Ah ! messieurs, pour notre honneur, pour notre sécurité, pour l'honneur et la grandeur de notre patrie, gardez-vous de donner dans cette ignoble comédie ! (Sensation. — Applaudissements. — Vive la République !)

Il suffira d'ailleurs, mes chers concitoyens, de faire pour ces intrigues et ces machinations ce que nous avons fait pour d'autres procédés de nos adversaires : nous les dénoncerons à la France. Ne nous laissons pas surprendre ; ne tombons pas dans les piéges qui nous sont tendus, soyons constamment en éveil. Que si certaines entreprises de nos adversaires sont à redouter, nous aurons la force pour en faire justice ; quant aux surprises, nous avons notre raison et notre perspicacité pour les déjouer. Nous avons promis d'être vigilants, nous tiendrons notre promesse. Il ne se passera pas une intrigue que nous ne criions au suffrage universel : Veillez ! ce sont des trompeurs et des sycophantes !

Et qu'on ne nous accuse pas d'exclusion et qu'on ne vienne pas répéter toutes les vieilles redites sur les partis ; qu'on ne nous traite pas de jacobins et de radicaux, ce ne sont là que des mots qui signifient, chacun à son heure, des nécessités politiques. Mais nous sommes de notre heure et de notre temps, et nous appartenons à la démocratie républicaine de 1872. Oui, nous dénoncerons toutes les machinations et toutes les intrigues au suffrage universel, car il est le maître, en définitive, et il saura faire justice ! (Oui ! oui ! — Applaudissements.)

Ne renonçons donc pas à l'excellente méthode que le parti républicain suit partout avec un zèle et un bonheur croissants : patience, fermeté et vigilance, c'est là notre mot d'ordre.

Et maintenant, permettez-moi de vous dire que si, pour atteindre notre but, nous devons attendre quelques mois de plus que nous ne le désirerions, là n'est pas la question. La seule question, la vraie question, c'est de considérer qu'il n'y a plus rien à espérer, qu'il n'y a plus rien à faire, qu'il n'y a plus rien à tenter avec les gens qui sont à Versailles. C'est vers le suffrage universel qu'il faut désormais se tourner, c'est à lui qu'il faut parler, c'est à lui qu'il faut proposer les vrais noms, c'est lui qu'il faut inviter à discuter, à se concerter en petits groupes, à examiner les hommes, à choisir les programmes, à indiquer les réformes, à frapper au but, enfin à préparer, que dis-je, à désigner ceux qu'il s'agira purement et simplement, le jour étant venu, d'envoyer à Paris, à ce Paris qui est vide de la représentation nationale, à ce Paris que l'on a voulu frapper, outrager après n'avoir pas su le défendre (Salve d'applaudissements); à ce Paris qui supporte si dignement les injures et les calomnies qu'on lui prodigue, à ce Paris qui n'a jamais perdu la confiance de la France. (Non! non!) Car, toutes les fois que son nom est prononcé en province, jusque dans la plus humble des bourgades, il est salué comme la tête et le cœur de la patrie! (Explosion d'applaudissements. — Cris répétés de : Vive Paris ! — Vive la République ! — Vive Gambetta !)

DISCOURS

PRONONCÉ A ANNECY LE 1ᵉʳ OCTOBRE 1872

A L'OCCASION DU PASSAGE DE M. GAMBETTA

dans cette ville.

Le mardi 1ᵉʳ octobre 1872, M. Gambetta, venant de Bonne-ville, est arrivé à Annecy, à quatre heures du soir, accompagné des adjoints au maire de la ville ; il a fait une visite au Musée. Pendant cette visite, une foule considérable s'était massée dans la cour principale de cet établissement. A sa sortie du Musée, M. Gambetta a été accueilli par les démonstrations les plus cha-leureuses et par les cris de : « Vive la République! » M. Gam-betta a remercié les personnes présentes de ce sympathique ac-cueil, et prononcé les paroles suivantes :

MES CHERS CONCITOYENS,

Je ne peux pas recueillir d'aussi fraternelles marques de sympathie sans vous en exprimer toute ma reconnaissance et, surtout, sans vous dire combien je suis heureux de retrouver et de sentir, au milieu de ces acclamations, un sentiment profond — partout le même dans votre noble et patriotique pays — de solidarité avec le reste de la France et de dévoue-

ment à la cause de la République. (Bravo ! bravo ! — Approbation générale.)

Ce voyage a été entrepris pour me permettre de connaître
de plus près votre pays en le visitant, ce qui est la vraie manière de s'enquérir des choses qu'on ignore ; car, malheureusement, et c'est là un reproche que nous devons adresser
aux diverses administrations qui se sont succédé, malheureusement, dis-je, on a trop souvent ignoré, en France, et
moi tout le premier, je le confesse, ce qu'était ce beau pays,
ce que valaient ses populations, quelles richesses il contient et
qui ne demandent que des débouchés pour leur permettre de
s'écouler, de se répandre sur le reste de la France.

Je voudrais que, comme moi, la plupart de ceux qui s'occupent des intérêts politiques de la France pussent vous visiter, vous connaître et vous révéler à notre nation tout entière. Alors vous n'auriez plus de sujets de mécomptes ni de
susceptibilités à l'égard de la France. Et, d'un autre côté, on
sentirait qu'il y a des intérêts matériels à développer, et dont
il faut s'occuper sans relâche, la République étant, avant
tout, un gouvernement d'ordre et de légalité qui a le souci des
intérêts généraux.

Messieurs, si la République n'était pas tout cela, elle ne
serait qu'un mensonge, et ce que nous voulons avant tout, ce
que nous poursuivons de tous nos efforts, c'est l'établissement
d'un gouvernement républicain qui assure, dans ce pays, le
règne de la justice et de la légalité. Nous avons donc pour
but de convaincre nos détracteurs que nous n'avons d'autre
passion que la passion de l'intérêt général bien entendu, que
la passion de l'émancipation du plus grand nombre, en le
poussant à la pratique des vertus civiques vers la liberté et
vers la lumière. (Applaudissements.)

La République est la grande cause qui peut tous nous unir.
Le gouvernement républicain est, avant tout, l'espoir de notre
France mutilée, abattue, déshonorée par les monarchistes.
(Oui ! oui ! — Applaudissements.) C'est à nous qu'il appartient
de la relever, mais avec le concours de tous, avec le dévoue-

ment de tous, avec l'aide des forces vives du pays et surtout avec l'aide de cette jeunesse que je rencontre sur tout mon chemin et qui, partout, proteste à la fois de son amour du travail et de son amour de la patrie.

Eh bien, mes chers concitoyens, ne nous quittons pas sans nous être promis de travailler ensemble, dans l'intérêt de la cause républicaine, à la fondation du seul gouvernement qui assure la distribution de la justice pour tous. En faisant ainsi, ce n'est pas au nom d'un parti que nous travaillerons, mais au nom des intérêts communs du pays, au nom des intérêts de la vérité et du progrès, c'est-à-dire au nom de ce qu'il y a de plus noble parmi les hommes, parce que c'est là ce qui peut assurer, parmi eux, le règne de la justice. (Bravo ! bravo ! — Applaudissements. — Vive la République! — Vive Gambetta!)

A six heures et demie, un dîner privé, qui réunissait plus de cent cinquante convives, a été offert à M. Gambetta. On remarquait la présence, à ce dîner, de MM. Duparc, Silva, Folliet et Taberlet, représentants de la Haute-Savoie, des maires, des adjoints, des membres du Conseil municipal de la ville d'Annecy, de plusieurs conseillers généraux et d'arrondissement du département, d'un grand nombre de maires des communes voisines. La plus franche cordialité n'a cessé de régner pendant cette réunion. Les sociétés musicales d'Annecy, fanfare et Orphéons, se sont fait entendre à plusieurs reprises, et aux applaudissements répétés de toute l'assistance.

Au dessert, M. Chaumontel, maire de la ville d'Annecy, et président du Conseil général de la Haute-Savoie, s'est levé et a porté en ces termes la santé de M. Gambetta.:

MESSIEURS,

En votre nom, au nom des républicains d'Annecy, je porte un toast à l'homme illustre que nous avons l'honneur de posséder au milieu de nous, au député Gambetta.

Lorsque, il y a douze ans, non par droit de conquête, mais par notre libre volonté, nous avons voulu revenir dans la grande famille française, le sacrifice par nous fait a été grand. Nous sommes revenus à la mère patrie au prix de toutes nos libertés, c'est qu'avant tout nous étions Français ; c'est que, faisant abnégation de notre intérêt personnel, nous savions très-bien que le despotisme n'aurait qu'un temps et que la liberté, tôt ou tard, luirait de nouveau sur la France, sinon pour nous, au moins pour nos successeurs. (Très-bien ! très-bien ! — Applaudissements prolongés.)

Depuis cette époque, il est venu des jours malheureux pour la France ; mais nos populations en ont profité pour faire voir que si elles étaient jeunes Françaises de fait, elles l'étaient vieilles de cœur. (Bravo ! bravo !) Elles ont répondu sans hésitation à l'appel de la défense nationale et aux efforts du patriote courageux que la France admirait alors et auquel on ose reprocher aujourd'hui de n'avoir pas perdu confiance dans sa patrie.

Je puis vous assurer, Gambetta, que si vos efforts n'ont pas été couronnés de succès, du moins on dira toujours que vous avez été la suprême expression de l'honneur national et du patriotisme. (Oui ! oui ! — Salve d'applaudissements. — Vive Gambetta !)

Mais votre mission est loin d'être accomplie. Des jours plus calmes sont venus ; la liberté a rayonné sur les ruines de la France ; les passions des partis s'apaisent sous le drapeau de la République ; la paix publique est rétablie, la prospérité reviendra et la France reprendra le rang qui lui est dû. Aussi c'est à la déclaration nette, c'est à la consolidation de la République, en dehors de toute personnalité, que vous devez vos efforts, votre influence et vos talents. Tout est encore à faire. Nous n'avons de la République que le nom, nous en demandons les institutions. (Très-bien ! — Oui ! oui ! — Applaudissements.)

En partant de chez nous, vous emporterez l'admiration du passé et l'espérance de l'avenir. (Nouveaux applaudissements.) Et, en buvant à votre santé, je bois à la République française. (Bravo ! bravo ! — Cris répétés : Vive la République française !

— Vive Gambetta ! — M. Chaumontel est félicité par toutes les personnes qui l'entourent.)

M. Gambetta a répondu :

MES CHERS COMPATRIOTES,

Permettez-moi de vous dire qu'il y a longtemps que je n'ai ressenti une jouissance aussi vive, un bonheur aussi intime qu'en entendant les paroles qui viennent d'être prononcées.

Oui, monsieur et cher concitoyen, le langage si noble, si touchant, si désintéressé que vous venez de faire entendre et de faire acclamer par vos concitoyens est de nature à produire non-seulement ici, mais au dehors, la plus profonde émotion. — Messieurs, ce n'est pas pour ce qui vient d'être dit de moi, entendez-le bien ; écartons toutes les personnalités de ces grandes questions, et veuillez ne jamais penser au serviteur de la démocratie que vous avez devant vous et ne nous entretenons toujours que de nos idées communes.

Eh bien ! c'est au nom de ces idées sacrées que j'éprouve le besoin de remercier, dans toute la sincérité et dans toute la libre expansion de mon âme, l'homme qui vient de parler ; car il vient de parler en Français, et en Français comme il ne s'en est peut-être pas assez rencontré, au jour du malheur, sur notre sol ravagé par l'ennemi.

Ah ! mes amis, que cela fait du bien d'entendre de telles paroles dans cette ville, au cœur même de la Savoie, de cette Savoie ignorée, incomprise, dénigrée, traitée, vous l'avez rappelé avec raison, par un empire détesté, comme une sorte de pays étranger au milieu de la famille française à laquelle elle s'était donnée avec une spontanéité, avec un désintéressement auxquels nous ne pourrons rendre jamais assez d'hommages ! Oui, pendant de longs jours, nous avons eu à supporter ensemble une honte et une servitude communes ; oui, vous les avez connus ces jours de misères et de tristesse, mais ce que vous avez toujours ignoré, c'est la défaillance ! Et, au jour du malheur, au jour de cette effroyable crise dans laquelle nous avait précipités le malfaiteur sinistre du 2 Décembre, qu'est-il arrivé?

Il est arrivé que ces Français d'hier, que ces Français volontairement annexés nous ont apporté leur patriotisme, leurs trésors, leur sang et qu'ils ont donné des leçons à ceux qui avaient déjà un long passé de nationalité et qui avaient pu l'oublier pendant un moment. Eh bien, si la République française doit être, avant tout, un gouvernement de liberté à l'égard de la Savoie, elle doit aussi être en présence d'un pays qui parle comme vous le faites, monsieur et cher concitoyen, un gouvernement attentif et reconnaissant. (Très-bien! très-bien! — Longs applaudissements.)

Qu'on ne nous entretienne donc plus de cette pensée sacrilége et absolument fausse, qu'il y a, qu'il pourrait y avoir, au milieu de ces populations, je ne sais quel levain de sécession, de schisme avec la France! Qui est-ce qui pourrait nourrir cette idée dans ce pays où tous ont soutenu la France, où tous ont entendu son appel au milieu de la détresse où elle était? Ce ne serait que le rêve de la folie de vouloir la quitter, l'abandonner au moment où elle rentre dans la carrière, au moment où elle revient à la justice, à la grandeur morale. Non! non! écartons ces idées et reconnaissons que nous sommes les fils de la même patrie, placés sur un même pied d'égalité! (Applaudissements. — Vive la République française!)

Et on le sent quand on vient au milieu de vous: on a la révélation de ce qu'il y a de vraiment franc, de vraiment ferme, désintéressé, généreux dans ce peuple. Oui! c'est une révélation! A chaque pas, on y rencontre de véritables explosions de sentiment, d'honneur et de loyauté. Mais on ne la connaît pas, cette Savoie! Eh bien, je prends l'engagement, s'il ne dépend que de moi, de la faire connaître et aimer comme elle le mérite. Oui! mes chers concitoyens, soyez assurés qu'à partir de ce jour je suis tout à vous, je vous appartiens, je suis votre hôte et votre compatriote. (Bravo! bravo! — Applaudissements. — Vive la République!)

Oui! mes amis, vive la Répulique! comme vous le dites, car, à coup sûr, nous n'avons même plus aujourd'hui à nous occuper des fauteurs de monarchie et d'oppression, des restaurateurs d'arbitraire que pour les maudire et leur tourner le dos. Il est certain, en effet, qu'ils joignent l'impuissance à la méchanceté, et ce serait perdre notre temps que d'attarder nos réunions démocratiques à discuter leurs plans, leur valeur et leur portée. Oui! la République, c'est désormais sous son égide que nous voulons vivre; c'est sous cette forme de gouvernement qui implique, comme vous le savez, véritablement parmi les hommes, le règne de la vérité, de la liberté, de la solidarité humaine. C'est sous cette forme de gouvernement qu'il faut désormais travailler tous ensemble, avec un désintéressement que rien ne pourra énerver, avec une ardeur que rien ne pourra arrêter, à la régénération de la patrie, au relèvement de la France! Et savez-vous, mes amis, ce qu'il faut entendre par ces paroles? Je vais vous le dire, au risque de troubler le repos et les pensées de récents victorieux : travailler au relèvement de la France, c'est travailler à l'avancement du genre humain, c'est travailler à la civilisation générale de l'Europe! (Oui! oui! — Applaudissements répétés.)

C'est là la République telle que nous la voulons, telle que la veut ce génie français, ce génie qui a été fait et façonné depuis des siècles et dans la famille duquel vous rentrez, car vous lui avez toujours appartenu; et, rameau séparé du tronc, vous lui revenez aujourd'hui par une naturelle soudure! (Bravo! bravo!) Jamais nous n'avons été divisés, séparés, que par la tyrannie et l'oppression monarchiques; mais, de loin et toujours, à travers la captivité et les misères, nous nous sommes reconnus comme frères; et du jour où nous nous sommes rencontrés pour lutter ensemble contre les mêmes ennemis, nous avons scellé de notre sang un indissoluble pacte! (C'est cela! — Très-bien! — Applaudissements répétés.)

Eh bien, quand on a signé une semblable alliance dans l'adversité et les revers, vous pouvez être convaincus, messieurs,

qu'on ne pense pas à la rompre lorsque vont revenir les
triomphes et la gloire ! (Salve d'applaudissements. — Vive la
République !)

Oui ! crions : Vive la République ! et recherchons, en dépit
de ses calomniateurs aveugles, ce que sera cette République
rêvée, désirée, préparée. Il n'est pas possible, en effet, que
nous nous quittions sans échanger au moins cette consolante
pensée, que la République est faite désormais. Aussi bien,
quoiqu'elle ne soit, à l'heure qu'il est, que tremblotante et in-
certaine ; et quoiqu'elle soit, comme vous l'avez si bien dit,
monsieur et cher concitoyen, assez aigre encore envers les
républicains éprouvés, il n'en est pas moins vrai qu'elle est
née de nos malheurs et qu'elle s'impose aux plus méchants,
lesquels sont obligés d'en adopter les couleurs et d'en confesser la formule ; il n'en est pas moins vrai qu'elle gagne tous
les jours du terrain au milieu des populations. Les populations,
en effet, lorsqu'elles sont abandonnées à leur sens naturel,
lorsqu'elles ne sont sollicitées par aucune pression, par aucune
parole, par aucun acte, par aucune manœuvre des partis hostiles, lorsqu'elles n'ont pas à redouter, à subir les agissements
d'une administration tracassière et vexatoire, savent distinguer admirablement ce qui doit assurer leurs intérêts, leur fortune, leur avenir.

Dès aujourd'hui, jetez un regard observateur sur votre pays,
non pas seulement sur votre pays, mais sur toutes les parties
de la France, que voyez-vous ? On voit que c'est la classe
laborieuse, travailleuse, épargneuse, qui réclame l'ordre et la
liberté, et qui, après tant de désastres qui ont fondu sur nous
et dont elle discerne parfaitement les causes, comprend qu'il
n'y a d'ordre véritablement assuré que dans le véritable gouvernement de la loi, que dans la République. (Bravo ! bravo !
— Applaudissements. — Vive la République ! — Vive Gambetta !)

Ce sont précisément ces acclamations de : Vive la République ! que l'on entend pousser toutes les fois que le peuple
en a l'occasion, ce sont elles qui glacent d'effroi nos ennemis,

les exaspèrent et les obligent à avoir recours à toute espèce de libelles et de calomnies, lesquels nous laissent impassibles, parce que nous savons d'où tout cela vient. Cela démontre où est le véritable intérêt de ceux qui ont souci, avant tout, de la régularité dans les affaires, de la prospérité générale. Cela démontre aussi, pour qui sait comprendre, que toute tentative pour renverser la République et pour instaurer à sa place un régime monarchique quelconque, — soit au profit d'un seul, soit au profit d'une caste, — serait le prélude d'une révolution. Oui, messieurs, guidés par le sentiment de leur intérêt, éclairés sur les conséquences véritables de la lutte, les hommes qui, jusqu'alors, étaient restés indifférents en politique, qui étaient égarés et qui avaient formé la grande masse plébiscitaire, reviennent à la liberté ; ils adoptent une conduite nouvelle, et, soit pression des événements, soit évidence de leur intérêt, ils se jettent dans les bras de la République comme dans un port où ils seront assurés contre les troubles des factions monarchiques. (Longs applaudissements. — Vive la République ! — Vive Gambetta !)

Telle est, messieurs, la vérité, et ce ne sont pas là de vaines paroles ; ce n'est pas un mot d'ordre, comme se plaît à le répéter une certaine presse qui continue l'empire sans l'empereur, c'est-à-dire la dépravation et la gangrène morale dans le pays. Non ! encore une fois, ce n'est pas un mot d'ordre ! car nous nous sommes donné pour règle absolue de respecter la loi, et nous faisons de notre modération et de notre sagesse non pas un calcul, — entendez-le bien, — non pas une ligne de conduite passagère, mais une ligne de conduite fixe, arrêtée, définitive. Le parti républicain, c'est-à-dire la masse de la nation, comprend que les progrès qu'il faut arracher au pouvoir, que les réformes qu'il faut installer, et qui exigent, qui réclament du temps, de l'argent, de la patience, des économies, — que toutes ces choses enfin ne peuvent s'accomplir que dans la paix sociale, qu'avec l'ordre ; et alors ce n'est pas un mot d'ordre que nous nous donnons, c'est l'ordre même que nous voulons établir, l'ordre républicain par la paix sociale. Ah! ceux qui nous dénigrent ne font que marquer leur dépit; ils sont démasqués et vaincus, car il a suffi au parti républicain d'apparaître dans sa sincérité pour gagner la conscience de la France! (C'est cela! — Bravo! bravo! — Applaudissements.)

Mais on a bien quelque droit, au milieu des tracasseries et des embarras qui sèment la route, de glorifier la modération et la sagesse inébranlables de ce parti. Oui! on en a le droit, et c'est surtout ici, dans ce pays dont vous avez rappelé les sentiments avec une émotion qui, pour moi, a pénétré jusqu'au fond de mon âme, qu'il est bon de dire ce qu'une République ainsi comprise verserait d'honneur, de sécurité et de gloire sur la France.

Car, pensez-y bien, mes chers compatriotes, la France est une grande et noble chose dans le monde. Elle n'est pas seulement une nation ardente, généreuse et vaillante; elle a, dans l'énumération de ses qualités, une qualité qu'aucun autre peuple ne possède : elle a le sentiment, que dis-je? le sentiment, elle a la passion de la justice générale dans le monde. Oui! c'est à la fois son avantage et son écueil d'être tellement désintéressée, tellement portée au culte de la justice que son histoire, sa généreuse et glorieuse histoire, est faite des sacrifices et des immolations qu'elle a faits d'elle-même au service des autres! (Bravo! bravo! — Sensation profonde.)

Et pourquoi son histoire est-elle ainsi faite? — C'est parce qu'elle n'a pas été égoïste, c'est parce qu'elle n'a pas été sournoise, c'est parce qu'elle n'a pas été conquérante dans le sens misérable et brutal de ce mot; c'est parce qu'au contraire elle s'est donnée toute à tous, parce qu'elle n'a compris le droit et la liberté que comme étant le patrimoine du genre humain; c'est parce que, dès le premier jour où elle a pu formuler une Charte, elle n'y a pas inscrit les droits seuls des Français, entendez-le, mais les droits de l'homme et du citoyen, exprimant et proclamant par là qu'elle voulait encore moins faire une révolution locale que réaliser l'émancipation même du genre humain tout entier! (Explosion d'applaudissements. — Cris répétés : Vive la République française !)

Voilà la mission de la France ! Ah ! oui, son astre s'est obscurci et la fortune a tourné contre elle ! Vous avez rappelé, monsieur et cher compatriote, les efforts tragiques de cette lutte désespérée dont un empire ignoble et lâche nous avait légué la honte ! Nous étions bien obligés de ramasser le tronçon d'épée qui seul nous restait pour combattre contre ceux qui mentaient à leur parole, puisqu'ayant déclaré la guerre à un César aventurier, ils la continuaient contre un peuple qui ne demandait que la paix ! (Bravo ! — Très-bien ! — Applaudissements.)

Mais éloignons ces souvenirs et rappelons-nous les efforts de cette noble terre de Savoie qui, comme vous l'avez dit, a su faire des sacrifices et a su tendre la main à la France, à travers les filets de cette police et de cette gendarmerie impériales qui étouffaient le pays. Derrière l'empire, vous avez su apercevoir le cœur même de la France et, malgré le dégoût qui vous soulevait le cœur, vous êtes rentrés dans la patrie ! C'est là, de votre part, une action qui nous engage, qui nous lie pour toujours à vous, et l'on sent bien que, l'empire tombé, rien ne peut plus nous séparer. (Non ! non ! — Bravos ! — Applaudissements.)

Mais, d'ailleurs, nous avons, à l'heure qu'il est, bien des raisons d'espérer, et je trouve que les raisons de craindre ont à peu près disparu ; elles ont disparu, peu à peu, sous l'action vigilante du suffrage universel. Les complots et les trames des partisans monarchiques ont été percés à jour, ce qui était les mettre à néant ; aujourd'hui ils sont réduits à l'impuissance et l'on peut augurer, pronostiquer, annoncer, après la session qui va s'ouvrir, l'avénement de la République définitive dont les uns cherchent à faire un épouvantail et dont les autres, par un jeu contraire, mais tout aussi dangereux, cherchent à atténuer la portée, tout en l'acceptant.

Pourrions-nous rechercher ensemble, très-rapidement, ce qu'enveloppe, ce que recèle de vérités et de promesses ce mot de République ? La République définitive ! mais c'est le triom-

phe même du génie français ; car imaginez ce que serait dans
le monde un tel gouvernement. En effet, nous avons eu des
périodes révolutionnaires, nous avons eu de véritables batailles, nous avons eu des mêlées que nous rappellent la
Convention et la Constituante de 1848 ; mais la République
pacifique et calme, s'organisant à son aise, au milieu de l'assentiment général du pays, formulant ses désirs, établissant
ses assises, décrétant avec lenteur et sagesse les tables de
la loi, cette République, qui sera la nôtre, nous ne l'avons
pas encore vue, mais nous sommes à la veille de la voir.
(Applaudissements. — Sensation prolongée.) Cela dépend de
vous, messieurs, et de vos frères dans le reste du pays. Tous
les faits que l'on peut observer, surtout après cette main-mise
sur tous les corps électifs de la nation par la nation elle-
même, nous amènent à prédire que l'avénement de cette
République est inévitable et que les impuissants qui veulent
endiguer ce flot redoutable devront bientôt disparaître ou
s'écarter devant le passage du fleuve. (Bravo ! bravo ! —
Applaudissements. — Vive la République !)

Eh bien, la République définitive, ce ne sera pas seulement
cette organisation démocratique du pays dans la commune
d'abord, dans le département et au centre, de telle sorte que
vous ne revoyiez plus, dans vos chères communes, de ces
administrateurs y arrivant comme dans un pays conquis, des
gens ignorants de vos besoins, de vos aspirations et irrespec-
tueux de vos franchises. Non ! la République devra vous donner, vous donnera des agents fidèles du pouvoir central, délégués parmi vous non pas pour servir d'intermédiaires à une
oppression éloignée, mais pour faire vos affaires sur place et
sous vos propres yeux. (Très-bien ! très-bien !)

Je n'insiste pas, messieurs, car le temps me presse ; mais il
est bien entendu que si dans la République nous réorganisons
l'État à tous ses degrés, nous devrons aussi le réorganiser dans
ses rapports avec tous et avec tous les intérêts sociaux, — rapports civils, messieurs, essentiellement, — ce qui est la vraie, la
seule et libérale manière de régler notamment ce tête-à-tête

difficile de l'Église et de l'État, dans lequel l'État a toujours succombé jusqu'à présent au profit de la puissance ecclésiastique, — et ce qui fera que la politique, dans la commune, dans l'école, dans l'armée, dans l'administration, sera débarrassée de cette domination occulte et étrangère qui pervertit tout. (Très-bien ! — Vifs applaudissements.)

Dans la République on organisera également une magistrature véritablement indépendante, une magistrature qui, pour moi, constitue l'arbre de couche même de tout le mécanisme social, car, dans un pays, le premier des besoins, c'est la justice, et le plus délicat des mécanismes sociaux, c'est la magistrature. On ne saurait y apporter trop de précision et trop d'impartialité. Il serait désirable, en effet, que la justice fût l'intermédiaire autorisé entre le citoyen et le pouvoir; mais pour cela, vous sentez bien qu'il faut introduire là, à pleins bords, le flot démocratique. (Bravo! Bravo!)

Passons. Sous la République, il y aura véritablement une armée nationale, une armée qui comprendra tout le monde, une armée qui sera la nation elle-même debout devant l'étranger; une armée où les droits de l'intelligence et de la hiérarchie seront parfaitement respectés, et surtout où la science des armes, ce triomphe de l'intelligence appliquée aux luttes de la force, sera développée, portée à sa dernière puissance avec tout ce que comporte d'audace, d'intelligence, d'héroïsme et de grandeur, le génie même des Français. (Bravo! bravo! — Applaudissements.)

Il faudra aussi dans cette République définitive une refonte complète de toutes ces lois, de tout ce code administratif où il y a tant d'herbes folles, tant de règlements surannés, tant de choses séniles et gothiques ; il faudra beaucoup déchirer pour beaucoup réformer dans ce Bulletin des lois; enfin il y a des droits primordiaux, sacrés, inaliénables, imprescriptibles, qu'il sera nécessaire de mettre à l'écart de toutes nos luttes politiques, à l'abri des atteintes de tous et même des corps de l'État; car, messieurs, il n'y a pas et il ne saurait y avoir de corps social, de nation vraiment libre et civilisée, organisée pour la bonne distribution de la justice et pour la défense des droits du citoyen, si, au préalable, on n'a reconnu certains droits supérieurs que l'on place dans une sphère inaccessible aux luttes des partis et aux changements de pouvoir. (Approbation générale.) En dehors de ce principe, il n'y a, il ne peut y avoir que des abus que je n'énumérerai pas, car vous les connaissez tous, et les retracer ici ce serait faire l'histoire de nos misères politiques et sociales.

Mais, messieurs, vraiment il me semble que je réponds bien longuement aux paroles qui m'ont été adressées. (Non! non! — Parlez! parlez!) Vous me le pardonnerez, messieurs; c'est votre faute d'ailleurs, puisque vous m'écoutez avec tant de sympathie.

Ce que je veux dire encore, messieurs, c'est qu'en même temps qu'on ferait cette besogne, on installera au milieu du monde un gouvernement sans précédent, un gouvernement qui n'aura jamais eu son pareil, la République française! Songez, messieurs, pendant quelques instants, à ce que ces mots éveillent d'idées de noblesse et de grandeur.

Sans doute, il y a eu des peuples, il y en a encore, — et ils nous entourent, — qui ont la liberté, la plénitude de la liberté politique. Vous avez à vos portes un État qui est une République, un État qui est libre, qui est sage et qui peut nous donner l'exemple de la pratique des mœurs républicaines et de toutes les libertés, l'exemple de la sagesse, de l'économie et de la probité. C'est la Suisse; mais la Suisse est un État fédéral; c'est un ensemble de cantons associés. Il n'y a pas là cette unité, cette physionomie particulière et spéciale qui se détache en pleine lumière, qui plane au-dessus de tous et qui est la chose de tous; qui exprime les sentiments et les idées de tous, et qui, cependant, n'usurpe sur personne. Ce n'est pas non plus la réunion de provinces associées : ce n'est pas la Touraine unie à la Provence, ni la Picardie jointe au Languedoc, ni la Bourgogne rattachée à la Bretagne, comme sont liés entre eux les États-Unis d'Amérique. Non! cet ensemble, cette unité, c'est la République française, c'est-à-dire la chose la plus concentrée et la plus variée, la plus multiple et la plus féconde tout ensemble! La République française! ce ne serait pas seulement la sagesse dans les entreprises, comme furent autrefois les Pays-Bas de Hollande qui formaient aussi une République, mais où des frottements et des divisions engendraient des difficultés de toutes sortes. Ce serait, au contraire, un peuple tout entier se résumant dans une personne morale d'une grandeur incomparable, et cette personne morale, cet être noble et privilégié, ce serait la République française pouvant avoir toutes les qualités des divers pays dont je viens de rappeler les noms, pouvant avoir la rude franchise de la Suisse; la probité, le sérieux et la ténacité des Hollandais; l'esprit d'initiative, le courage individuel, l'audace, la célèbre devise: *Go ahead!* En avant! — comme chantaient vos musiciens tout à l'heure, — des États-Unis de l'Amérique, mais qui aurait quelque chose en plus, quelque chose d'essentiellement propre à notre nation, qui aurait la grâce et comme la fleur de la civilisation et du goût; qui serait — ce qu'on n'a jamais pu nous enlever — la véritable initiatrice du genre humain, qui serait la recherche dans les arts, le fini dans les métiers, la supériorité dans les sciences, la sublimité dans les conceptions philosophiques, la probité dans les affaires, la clarté dans les intelligences, la lumière et la justice partout, et qui enfin apparaîtrait dans le monde comme la plus haute expression de l'esprit humain. Voilà, messieurs, ce que serait la République française! (Salve d'applaudissements. — Bravo! bravo! — Vive la République!)

Eh bien! tout ce brillant avenir, si riant et si consolant, au milieu des tristesses et des amertumes qui nous désolent, mais qui doivent être pour nous comme un incessant aiguillon, tout ce brillant avenir peut se réaliser. Grâce à quoi? Grâce à une opération prochaine, les élections! Par quel moyen? Par l'expression souveraine de la volonté du peuple. Quelques mois nous séparent de ces grandes assises populaires. Eh bien! messieurs et chers concitoyens, je bois à la continuation de nos efforts pendant ces quelques mois; je bois à la volonté

du peuple exprimée dans ses comices. (Longs applaudissements. — Vive la République! — Vive Gambetta!)

Après ce discours, M. Folliet, député de la Haute-Savoie, a
pris la parole en ces termes :

J'aurais voulu, messieurs, qu'une parole éloquente répondît
aux nobles idées qui ont été exprimées, dans un magnifique
langage, par le grand orateur que vous venez d'entendre; mais
permettez-moi, du moins, de le remercier du juste et éloquent
hommage qu'il a rendu aux sentiments républicains et patriotiques de notre pays.

Républicains, assurément nous le sommes, et il est peu de
départements, en France, où l'idée républicaine soit comprise
comme elle l'est dans notre Savoie. (Très-bien! très-bien!)

Et, en effet, depuis cinq siècles nous avons des exemples
voisins qui nous permettent d'apprécier les avantages et les
bienfaits de la République.

Patriotiques, nos sentiments le sont assurément aussi, et
notre pays l'a prouvé pendant cette guerre, attirée sur la
France par l'empire, où il a affirmé sa foi républicaine et son
patriotisme en fournissant 19,000 de ses enfants à la Défense
nationale...

M. Gambetta. — 19,000 défenseurs, et pas un réfractaire!
(Bravo! — Très-bien!)

M. Folliet. — Et pas un réfractaire! comme le rappelle si
bien Gambetta. (Oui! oui! — Applaudissements.)

Eh bien, lorsqu'un pays a donné de pareilles preuves de
son patriotisme, on conçoit difficilement une conduite qui
consiste aujourd'hui à dénigrer les sentiments républicains de
notre pays, en les faisant passer pour des sentiments sépa-
ratistes.

Messieurs, qu'est-ce qui nous a appris à aimer la France?
C'est la République! (Bravo! bravo! — Très-bien!) Oui! c'est
la République qui nous a appris à aimer la France, et c'est la

République encore qui nous a faits définitivement et à jamais Français. (Oui! oui! — Vive la République!)

Permettez-moi donc, messieurs, en souvenir de cette union qui a été sanctionnée sur les champs de bataille par le sang de nos concitoyens, permettez-moi de vous proposer de porter un toast : à l'union de la France et de la Savoie par la République! (Bravo! bravo! — Applaudissements répétés. — Vive la République française!)

M. Félix Brunier, adjoint au maire d'Annecy, organisateur de la réunion, a porté ensuite le toast ci-après, qui a été très-chaleureusement applaudi :

Je bois, messieurs, à deux grands citoyens de la République française : « A Thiers et à Gambetta. »

C'est en vain que, pour semer la division parmi nous, on nous dit qu'il y a plusieurs espèces de républicains. Non! messieurs, il n'y a qu'une sorte de républicains, ce sont ceux qui aiment la France et qui veulent que le peuple reste en pleine possession de ses prérogatives, de ses droits, sous un gouvernement issu de lui, qu'il s'appelle Thiers ou Gambetta. (Bravo! bravo!)

Quels que soient les voies et moyens qu'ils emploient, ne sont-ce pas toujours les mêmes gens qui dénigrent ce qui a été fait de grand, de patriotique par le président de la République, pour la reconstitution de la France, et par Gambetta pour sauver son honneur. (Très-bien! — Applaudissements.)

Oui, ce sont les mêmes gens, les mêmes ennemis qui attaquent ces deux grands citoyens : l'un qui, après avoir ranimé le crédit et fait souscrire les 42 milliards de l'emprunt, paye les dettes de la France, et l'autre qui a fait les efforts que vous connaissez tous et qui n'a jamais désespéré du salut du pays. Ce sont les mêmes adversaires qui attaquent Thiers et Gambetta, et ils n'ont qu'une pensée : la destruction du principe républicain. (C'est cela. — Très-bien! — Bravo!)

Oui! je le répète, messieurs, Gambetta a sauvé la République de la honte, et Thiers paye les milliards de notre rançon ; ils formeront tous deux un tout indivisible dans l'histoire de notre régénération.

Je bois à ces deux grands hommes unis sous le drapeau de la République! (Applaudissements. — Cris répétés de : Vive la République!)

Après M. Brunier, M. Silva, député de la Haute-Savoie, s'est exprimé ainsi qu'il suit :

MES CHERS COMPATRIOTES,

Parler après messieurs Chaumontel, Gambetta, Folliet et Brunier, qui ont tout dit et tout bien dit, doit vous paraître une entreprise téméraire, mais comme, après tout, nous sommes ici en réunion de famille, je m'autoriserai de cette circonstance pour causer sans façon et vous dire ma pensée à propos de cette fête.

Certainement, c'est un beau spectacle que celui de ces citoyens réunis pour fêter un grand principe, le principe de la liberté et, en même temps, pour acclamer ce grand citoyen qui a rendu tant de services à cette noble cause. Mais enfin ce serait une satisfaction stérile si de tout cela nous ne tirions un enseignement et un profit au bénéfice même de cette grande cause à laquelle nous sommes tous dévoués.

Quel est donc le profit de l'enseignement que nous devons tirer de cette réunion? Gambetta vous a fait une description magnifique de la République, et certes, après lui, nul ne devrait tenter une pareille entreprise. D'autres vous ont dit que, quoi que l'on fasse, nous vivrons, nous autres Savoyards, — je dis Savoyards, et vous savez pourquoi, — (Oui ! — Trèsbien! très-bien!) sous un régime républicain qui sera le trait d'union indissoluble entre la France et la Savoie.

Maintenant encore faut-il que nous établissions solidement la République, et pour cela le moyen est bien simple : c'est de faire l'union entre les citoyens quels qu'ils soient et à quelque classe qu'ils appartiennent; l'union fait la force, dit le proverbe, mais il faut le mettre en action. (Très-bien ! — Bravo !)

Là est la sagesse! Il nous faut donc faire l'union dans l'esprit d'ordre, puis l'union dans la modération, et nous nous rallierons ainsi les indécis et les timides. Nous répondrons aussi, par cette conduite, aux calomnies de ceux qui nous reprochent de vouloir la révolution, c'est-à-dire la subversion de tout ce qui existe. Nous laisserons à nos adversaires la satisfaction d'exhumer des souvenirs sanglants, nous contentant de leur répondre par le spectacle d'une population amie des lois et de l'ordre; d'une population d'autant plus forte qu'elle est plus sage et plus modérée. (Très-bien! — Bravo!)

Car c'est là qu'est la grande cause de leur colère! Si, en effet, nos ennemis nous voyaient nous emporter en divagations, nous diviser, ils se garderaient bien de nous injurier; au contraire, ils battraient des mains à ce spectacle! (Bravo! — C'est cela! — Applaudissements.)

Ne donnons pas dans le piége! Leur colère est le symptôme le plus évident de notre sagesse. (Nouveaux applaudissements.)

J'ai été frappé par une réflexion que m'a suggérée la lecture de certaines feuilles qui s'intitulent des feuilles religieuses. J'ai lu, dans ces feuilles, que nous autres républicains, nous aimions à évoquer les souvenirs sanglants de la Révolution et à fêter l'invasion à main armée de notre pays; j'ai lu, dans ces mêmes feuilles, il faut bien le dire, que Gambetta, notre ami à tous, avait été le désorganisateur de la défense nationale, lui qui a tout tenté — et vous savez par quels efforts — pour sauver la France et qui, du moins, a sauvé notre honneur. (Oui! oui! — Approbation générale.)

J'ai lu — et toujours dans ces mêmes feuilles religieuses (rires) — que ce même Gambetta était accusé d'avoir enlevé, aux pères et aux mères, leurs enfants pour les conduire à la défense du pays envahi. Eh bien, après avoir lu tous ces reproches, toutes ces attaques, une chose m'étonne, c'est le grand et chaleureux accueil qui a été fait, dans nos départements, à Gambetta! (Très-bien! — Rires. — Applaudissements.)

C'est que c'est la voix du peuple qui a accueilli, par ses acclamations, le grand patriote ; ce peuple, qui a payé de son sang et de sa chair sa dette à la France, a compris qu'il y avait dans Gambetta le souffle du patriotisme et de la liberté. Oui ! nous nous sommes tous unis de cœur à Gambetta, parce qu'il représente la France, et, au nom de la Savoie, je propose de boire à l'union de tous : de la République, de la France et de la Savoie ! Je suis sûr de rencontrer de l'écho parmi vous. (Oui ! oui ! — Très-bien ! — Applaudissements prolongés.)

M. Gambetta se lève au milieu des applaudissements et répond à ces trois discours dans les termes que voici :

Messieurs, après toutes ces bonnes et fines paroles auxquelles la franchise et un peu la malice du pays ne font qu'ajouter un charme tout particulier, je bois plus que jamais au plaisir que j'aurai à me retrouver parmi vous. (Bravo ! bravo !)

Je ne peux cependant pas, avant de nous séparer, ne pas chercher à répondre d'un mot aux diverses allocutions que vous venez d'entendre.

J'ai été, pour ma part, extrêmement sensible à l'honneur que m'a fait ce membre si dévoué, si zélé de votre municipalité, celui auquel nous devons, en grande partie, le plaisir de la fête qui nous réunit en ce moment, — M. Félix Brunier, — j'ai été extrêmement sensible, dis-je, à l'honneur qu'il m'a fait, en associant mon nom dans le toast qu'il a porté à l'homme éminent qui aura eu ce mérite, si rare en France, de subordonner ses convictions antérieures aux nécessités de la patrie et à la loi des événements. (Bravo ! — Très-bien ! très-bien !)

Et puisque cette précieuse fortune m'était réservée que, dans une pensée supérieure de concorde et d'union, on prononçât mon nom dans un toast porté à la santé du premier magistrat de la République, je considérerais comme une grave infraction de ma part aux convenances républicaines de ne pas m'y associer pleinement. Messieurs, c'est le premier magistrat de la République qui a été l'objet du toast porté par notre

ami M. Brunier. Or, j'estime que nous devons prendre cette
habitude républicaine d'entourer de respect l'homme qui, sincèrement et loyalement, tiendra les rênes de l'État républicain,
— car, messieurs, plus le président est le délégué de la nation,
plus son pouvoir est contingent et passager, plus nous devons
considérer que la marque de son investiture annonce et proclame la souveraineté nationale et plus nous devons saluer en
lui la représentation de la majesté populaire. Il n'y a rien qui
soit plus républicain, qui soit plus légitime. (Bravo! bravo!
— Très-bien! — Applaudissements.)

C'est là, je le répète, une bonne habitude à prendre dans
notre République. Elle confirmera, une fois de plus, ce respect
de l'autorité que nous considérons, sous le régime républicain, comme la véritable sauvegarde des institutions libres;
et, ici, je rencontre une observation de mon ami Silva.

Il nous disait que c'était surtout sous la République qu'il
fallait l'ordre, et il avait raison. Mais j'ajoute que c'est par la
République qu'on établit l'ordre, et en voici les motifs qu'il est
bon de donner :

C'est que, en dehors de l'ordre moral, de celui qui s'établit
et qui dure chez un peuple parfaitement indépendant et libre,
en dehors de cet ordre qui s'établit dans les intelligences,
dans les esprits, par la certitude que nul membre du corps
social ne sera pas opprimé, en dehors de cet ordre moral, il
y a l'ordre matériel.

Eh bien, messieurs, l'ordre matériel, sous les régimes que
j'appellerai des régimes de priviléges, qu'ils soient constitués
aux mains et au bénéfice d'un seul, où qu'ils soient constitués
aux mains et au bénéfice d'une caste, l'ordre matériel, on
arrive à l'établir, et même à le maintenir. Mais par quels procédés et comment? Par la force brutale, par la compression
arbitraire, par les fusillades, par la transportation. Messieurs,
cet ordre-là n'est pas bon. Il n'est pas suffisant, il ne peut
nous satisfaire. Et pourquoi? Parce que cet ordre-là découle,
non pas seulement de la loi, mais trop souvent de l'intérêt et
du caprice d'un maître. Ce n'est pas là l'ordre véritable, c'est

la servitude et le despotisme. Quand il s'agit de rétablir cet ordre matériel, faux et mauvais, l'homme qui est à la tête du pouvoir, soit en vertu d'une sorte de prestige héréditaire, soit en vertu d'une usurpation consentie par une certaine classe, cet homme employât-il la loi, l'ordre vrai ne serait pas rétabli, car la loi, ainsi employée, ressemble trop souvent à la force mise au service d'un intérêt de caste ou de dynastie.

Sous le régime républicain, au contraire, la loi n'est faite au bénéfice de personne ; elle est l'exécution de la volonté générale, et l'ordre matériel court d'autant moins de périls, que les mesures protectrices prises pour l'assurer, découlant de la loi, sans ingérence personnelle, sans caprice d'individu ni de famille, empruntent leur force à la majesté du peuple. (Très-bien! très-bien ! — Bravo !)

Voilà pourquoi, messieurs, nous sommes autorisés à dire que, sous un régime républicain, l'ordre est le fond même des choses. Voilà pourquoi aussi nous sommes fondés à répéter, en face de tous nos détracteurs et de tous les soutiens monarchistes, qu'il n'y a d'ordre vrai que celui qui s'exerce impersonnellement au nom de la loi, et qu'il n'y a qu'un régime qui protége l'exécution impersonnelle de la loi, c'est la République ! (Bravos et applaudissements.)

En conséquence, cela dit sur l'ordre républicain, je reprends les paroles que j'avais l'honneur de vous adresser. Au nom de l'ordre, de l'autorité légale, du bon respect des formes républicaines et aussi, permettez-moi de le dire, au nom des services rendus à la France par ce vieillard expérimenté, spirituel, plein de ressources, si familier avec les difficultés de la politique, si étonnant de zèle et d'activité pour la chose publique, si prompt à saisir les indications de l'opinion, si sagace dans les moyens qu'il propose pour résoudre les difficultés qui se présentent ; et aussi, au nom des choses mémorables que le président de la République a déjà accomplies, et à l'aide desquelles il a su si bien servir les intérêts généraux du pays, rien qu'en s'inspirant de la volonté nationale, comme par une sorte d'intuition toute personnelle, et bien mieux, par exemple, — pardonnez-moi ce que je vais dire, — que s'il eût trop écouté la voix qu'on entend dans le département de Seine-et-Oise ! (rires et approbation générale)... pour toutes ces raisons réunies, messieurs, je suis très-heureux de boire à la République d'abord, et à son président ensuite.

M. Gambetta, levant son verre : A la République et à son président ! (Très-bien ! très-bien ! — Applaudissements répétés. — Vive la République ! — Vive Thiers ! — Vive Gambetta !)

M. Taberlet, député de la Haute-Savoie, reprend la parole à son tour et prononce le discours suivant :

Messieurs, permettez-moi de porter un toast à la République de 1792. Cette date nous rappelle un grand souvenir ; elle nous rappelle que ce fut la Savoie qui, la première, entendit et comprit le cri de délivrance poussé par la capitale du monde civilisé.

C'est, en effet, le 24 septembre 1792 que le général Montesquiou, à la tête d'une armée française, était reçu à bras ouverts par la Savoie tout entière. Nous pouvons dire que le souffle puissant de la liberté l'avait précédé dans nos foyers ; tous les cœurs, toutes les âmes avaient subi son irrésistible élan et, ce jour-là, le drapeau de la France républicaine venait combler tous nos vœux, en nous faisant libres, en nous rendant la patrie de nos cœurs, notre patrie naturelle, la patrie de nos affections, de toutes nos pensées. (Bravo ! bravo !)

Alors une ère nouvelle semblait s'ouvrir pour de nouvelles destinées. Nous allions désormais faire partie de la grande famille française, et, confondant nos efforts, tâcher d'atteindre au même but. Mais la France, après avoir projeté sur le monde entier des torrents de lumière, après avoir dicté, d'une voix ferme, tous les éléments d'émancipation, de progrès et de civilisation des sociétés, parut comme épuisée sous ce gigantesque effort ; les monuments révolutionnaires, œuvre de cette grande époque, allaient s'effondrer sous l'épée d'un soldat ivre de sang et de tyrannie. Toutefois, peu d'années suffirent pour amener la chute de ce règne de folies, de crimes et de victoires, et l'abaissement de la nation qui s'était laissé trop facilement surprendre. A cette époque, la France payait cruellement et son fol entêtement et sa faute impardonnable d'avoir abdiqué sa souveraineté entre les mains d'un seul. (Approbation.)

Laissez-moi vous rappeler, messieurs, que, pendant tout ce temps de délire, la Savoie fut digne, sur tous les champs de bataille, du drapeau de sa nouvelle patrie, et, bien qu'elle eût scellé de son sang le plus pur le pacte qui l'unissait à ses frères de France, on l'en sépara ; on remit ses destinées en des mains nouvelles. Vous avez pu apprendre et vous savez certainement si la Savoie d'alors resta moins française par le cœur, par le patriotisme, par les sentiments généreux, par les mœurs et par le langage, en un mot, par toutes ces affinités qui rendent frères les citoyens d'une même nation. La Savoie fut obligée d'obéir à une loi nouvelle, mais les âmes d'alors disaient seulement au revoir ! à la mère patrie, à la France ! (Très-bien ! — Bravo ! — Applaudissements.)

Nos maîtres nouveaux ne s'y trompèrent pas. Ils se hâtèrent de mettre à profit notre bravoure, notre intrépidité, notre courage et aussi, disons-le, le fruit de nos labeurs. Mais, nous pouvons bien l'affirmer, si nous eussions pu prévoir quelle serait la récompense de nos efforts, combien n'eussent-ils pas été plus grands, plus considérables, car enfin cette récompense c'était la conquête de notre bien, de la mère patrie française.

Ce haut prix nous fit bientôt oublier la grandeur de nos sacrifices, et puisque nous avons presque le devoir de passer légèrement sur les dates néfastes, permettez-moi de vous demander d'oublier que nous avons été rendus à la France de Bonaparte, de cet homme d'exécrable mémoire. (Très-bien ! — Bravo ! Applaudissements.)

En 1860, la Savoie fut pour la France, pour ainsi dire, l'heureuse messagère de sa future, de sa prochaine délivrance.

(Bravo ! bravo ! — Marques d'approbation.) Toutefois, ce que nous ne pouvons pas, ce que nous ne devons pas oublier, c'est qu'au milieu même de nos désastres, de nos plus cruelles calamités, nous avons vu surgir, comme d'un laborieux enfantement, la liberté républicaine.

Il semble que cette pensée doit nous rendre plus chère notre conquête et nous attacher à elle par des liens plus étroits, plus indissolubles. La République doit maintenant devenir notre bien propre, notre chose privée ; c'est dans nos cœurs que nous devons lui élever un temple auquel nous donnerons pour base notre appui le plus énergique, notre amour le plus pur et le plus désintéressé, notre dévouement le plus absolu et, s'il le faut, jusqu'à la dernière goutte de notre sang. (Très-bien ! très-bien ! — Applaudissements.)

Messieurs, la France doit savoir ce qu'il en coûte d'abdiquer sa souveraineté, d'aliéner sa liberté, de se détacher du soin des affaires publiques et si, aujourd'hui, nous devions l'oublier, j'ose le dire, ce serait abandonner honteusement notre honneur et le fruit de nos labeurs ; ce serait livrer le sang le plus pur de la nation à des mains qui ne se gêneraient pas — nous en avons des exemples — pour le verser sur tous les champs de bataille pour satisfaire le moindre de leurs caprices. (Bravo ! bravo ! — Très-bien !)

Il me semble donc que nous devons faire nous-mêmes nos affaires, à tout prix et, d'ailleurs, la route à suivre nous est toute tracée : c'est une République sage, marchant d'un pas ferme et mesuré dans la voie du progrès ; c'est là, je ne crains pas de le dire, notre dernière planche de salut. Est-ce un rêve, est-ce une utopie, comme on veut en répandre méchamment le bruit dans nos campagnes ? Non ! non ! et si quelqu'un doutait encore de la puissance d'un tel ressort, je lui dirais : Venez voir ce qui se passe à deux pas de votre pays, venez voir de vos yeux et entendre de vos oreilles ; venez contempler cette Suisse si sage, si prospère, si grande de la vraie grandeur ; et, quand l'évidence aura convaincu les plus incrédules, nous chercherons tous, en France, à faire produire les mêmes effets aux mêmes causes; nous y arriverons sans peine, parce que nous saurons que la source de cette grandeur, de cette prospérité, c'est un modeste gouvernement républicain, assurant à tous les citoyens, indistinctement, les bienfaits de l'instruction, de la science, de l'ordre et de la liberté.

Oui! c'est là, c'est en Suisse que nous devons aller chercher des exemples féconds; c'est là que la Savoie doit aller s'inspirer de cet esprit de conduite, de cette intelligence pratique des affaires qui font les peuples grands et prospères; mais, pour atteindre à ce résultat, la Suisse nous dira que le levier le plus puissant, c'est l'instruction gratuite, obligatoire et laïque. (Très-bien! très-bien! — Applaudissements prolongés.)

Oui, l'instruction doit être répandue à flots dans toutes les couches sociales. Aussi, messieurs, faudra-t-il, désormais, à tout prix, que l'instruction, que la science deviennent pour la France comme une seconde atmosphère qui l'imprègne, qui l'enveloppe, qui la submerge, qui l'inonde de toutes parts! Je dirai plus, je voudrais que l'État ne laissât à personne autre qu'à lui-même le soin de déverser sur le pays cette source féconde et moralisatrice : l'instruction et la science qui doivent devenir la base fondamentale, la base sûre, certaine et solide de la croyance de tous les peuples, car, de même que l'État a le devoir et le droit d'armer tous les citoyens contre l'ennemi du dehors, il a le droit et le devoir — droit et devoir impérieux — de les armer tous aussi contre l'ennemi intérieur qui, sans cesse, menace l'ordre et la sécurité du pays. Cet ennemi, vous l'avez nommé, c'est l'ignorance et la superstition. (Bravo! bravo! — Applaudissements.)

Nulle autorité au monde ne saurait contester ce droit de l'État, car il a le devoir de veiller à la conservation de la patrie, notre mère commune. Et, quant à cette instruction, à cette science que nous devons acquérir à tout prix, le moyen par excellence d'y parvenir, le seul, nous a été indiqué à plusieurs reprises par l'homme illustre que nous avons l'insigne honneur de posséder au milieu de nous. Il y a peu de temps, en effet, retraçant dans un langage inimitable dont lui seul a le secret,

l'histoire de l'immortel Hoche, il finissait son éloquent discours
par ces mots que nous devons retenir : Ce qu'il faut à la France,
c'est du travail, encore du travail et toujours du travail ! (Très-
bien ! très-bien ! — Approbation générale.)

Oui, messieurs, c'est du travail qu'il nous faut, c'est par le
travail seul que nous referons la France grande et prospère ;
c'est par lui seul que tout homme, sur la terre, se mettra à la
hauteur de sa mission en concourant, d'une manière efficace,
à l'œuvre humanitaire. Cette parole féconde que vous avez
prononcée, nous devons la garder dans nos âmes comme nous
conservons dans nos cœurs le souvenir de vos patriotiques
efforts, vous, dont le nom seul, pendant des mois entiers, a
électrisé et électrise encore la France ; vous, dont le nom seul
a été, pendant des mois entiers aussi, la terreur de nos ennemis ; l'histoire le dira, et c'est là, je l'avoue, une gloire et un
honneur suffisants pour un homme ! (Bravo ! bravo ! — Applaudissements.)

Oui, l'histoire dira que c'est à lui seul, que c'est à son incomparable activité, que c'est à son génie que la France a dû
de conserver son honneur au milieu de ses plus tristes, de ses
plus déplorables revers. (Nouveaux applaudissements.)

Messieurs, je bois à l'union de la France et de la Savoie, je
bois à la République française ! (Oui ! oui ! — Applaudissements. — Vive la République ! — Vive Gambetta !)

Après M. Taberlet, M. Duparc, député de la Haute-Savoie, prononce une courte allocution ainsi conçue :

Messieurs, les orateurs qui m'ont précédé vous ont dépeint,
en termes chaleureux, l'union de la Savoie à la France en 1792.
En 1792, en effet, les armées françaises sont venues nous apporter la liberté et notre émancipation. A cette époque, une
Assemblée, nommée par nos communes, et qui prit le nom
d'Assemblée nationale des Allobroges, se réunit à Chambéry et
notre pays se constitua alors en République indépendante sous
le nom de République des Allobroges.

Eh bien, cette République, par l'organe de son Assemblée nationale, vota l'annexion de la Savoie à la République française. On nomma une députation qui porta ce vœu à la Convention ; celle-ci l'ayant accepté, nous fûmes réunis à la grande République française, sous le nom de département du Mont-Blanc.

Or, pendant toutes les guerres de la République et du premier empire, nos compatriotes savoyards se sont comportés en véritables Français ; ils ont versé leur sang sur tous les champs de bataille, depuis les plaines de l'Égypte jusque dans les neiges de la Russie, et, comme dernière preuve de leur fidélité, c'est en Savoie, en 1814, lorsque Napoléon abdiquait, et en 1815, lorsqu'il était vaincu de nouveau, que les derniers coups de canon étaient tirés.

En effet, en 1814, nous combattions les Autrichiens à Albens et, en 1815, on nous retrouvait encore au combat de Bonneville. On le voit, nous avons toujours prouvé que nous étions Français par le cœur. Aussi je bois à l'union de la Savoie et de la France ! (Très-bien ! très-bien ! — Vive la République française ! — Applaudissements.)

M. Gambetta prend la parole après MM. Taberlet et Duparc ; il adresse à l'auditoire ses vifs remercîments, pour les sentiments exprimés à l'égard de la France. Il s'est exprimé ainsi :

Mes chers Compatriotes,

Permettez-moi de terminer cette soirée en portant la santé du doyen des députés de la Savoie, de mon vénéré collègue et ami Duparc, qui vient de vous rappeler les titres de nationalité de votre pays, et qui l'a fait dans un langage qu'il serait difficile de reproduire quand on n'a pas l'expérience qu'il a acquise. Car il y a une éloquence qui dépasse toutes les autres, c'est l'éloquence des hommes qui ont vécu. On sent dans leurs paroles, même les plus simples et les plus modestes, je ne sais quelle force secrète et contenue qui fait que ce n'est pas seulement un homme, un simple individu qu'on entend, mais que c'est la grande voix des générations passées qui parle. C'est à ces générations qui vous rattachent à la France, et dont il évoquait devant vous le souvenir, que je reporte tout l'honneur de cette soirée. (Très-bien! très-bien!)

Oui, ce fut une grande et mémorable époque, un moment ncomparable dans l'histoire du monde, que celui où une nation jeune et ardente, terrible à ses ennemis du dedans, victorieuse au dehors, la France de 92, abattant les trônes, fauchant les préjugés et entrant en libératrice dans la carrière du vieux monde pour inaugurer le règne du droit, s'arrêta sur le sol même de votre patrie. Elle avait pour elle la force des armes et le prestige de la victoire ; elle avait le droit de dicter des lois, si elle n'avait écouté que les conseils de l'ancienne politique et si elle avait voulu se conformer aux traditions des conquérants.

Mais la première République française, et c'est pour cela qu'elle a laissé une trace impérissable dans la mémoire des hommes, n'employait la force qu'au service des idées généreuses. (Bravo! bravo! — Salve d'applaudissements.) Satisfaite d'avoir chassé les soutiens de la tyrannie, d'avoir refoulé devant ses légions les soldats du despotisme, glorieuse et calme au milieu de la victoire, elle se tourna vers ce peuple de Savoie et lui dit : Délibère en paix! choisis la forme de ton gouvernement! tu es le maître de tes destinées!

Et quand, touchés par tant de noblesse et de générosité, ces peuples, vos ancêtres, d'un unanime accord, envoyèrent une députation à la Convention nationale, ainsi que vous l'avez rappelé, pour lui faire ce magnifique don d'un peuple libre à un peuple libre, la Révolution par l'organe de ses législateurs, la Convention nationale, déclara que c'était là une affaire d'une gravité exceptionnelle, et qu'il y fallait du jugement et de la maturité.

Elle refusa de délibérer immédiatement sur une proposition aussi capitale et elle déclara qu'elle ne reconnaissait pas le droit qui sortait de la force victorieuse, qu'elle ne voulait pas de surprise, qu'elle refusait ce don d'un peuple libre qui, peut-être, n'obéissait qu'à un entraînement généreux La Convention nationale nomma une commission qui délibéra longuement, pendant un mois, et vous savez ce que c'était qu'un mois de la Convention! Un mois de la Convention, c'est un siècle d'aujourd'hui! car les jours de ces représentants héroïques, leurs nuits, tous leurs instants étaient remplis des soins qu'ils donnaient aux affaires publiques; c'était un débordement d'activité qui entraînait tout! Tout y passait : la guerre, la diplomatie, les finances, la morale, l'éducation, les sciences, les arts, tous les progrès! Un mois de la Convention! Mais c'était toute la vie d'un peuple! (Bravo! bravo! — Applaudissements répétés.)

Eh bien, la Convention délibéra pendant un mois sur la question de savoir si elle accepterait la réunion volontaire de la Savoie à la France! Et après avoir mûrement débattu la question, après avoir formé une enquête, envoyé des commissaires, et recherché surtout si les généraux qui étaient à la tête des armées françaises n'avaient pas exercé de pression sur le pays, — et ici, je le dis en passant, ce fut à l'occasion de cette entrée en Savoie des Français, commandés par Montesquiou, que celui-ci fit cette belle proclamation si connue dans votre pays ; — c'est après avoir pris toutes ces précautions que la Convention, qui généralisait tout, qui ne cherchait jamais à rien résoudre par expédient, mais qui prenait corps à corps les difficultés, les élevait et, de cet examen, formait une règle générale, — c'est après tout cela que la Convention, dis-je, acceptant de la Savoie le don qu'elle venait de faire d'elle-même, fit un des plus immortels, un des plus admirables de ses décrets, le décret dans lequel il fut statué, pour servir de règle politique aux armées de la République tout entière, que toutes les fois qu'un pays serait sur le point d'être envahi par une armée française, les généraux réuniraient leurs troupes, leur feraient prêter serment de respecter les propriétés et les personnes, de ne se livrer à aucune espèce de vexations, de saisies ou de pillage, convoqueraient les municipalités, rassembleraient les citoyens dans leurs comices,

sous la garantie, sous la protection de leur épée, de telle sorte
que la présence de ces troupes n'était plus alors une menace,
mais, au contraire, une égide ; puis, les peuples, ainsi convoqués, étaient appelés à délibérer sur leur destinée ; la Convention affirmait par là cette noble idée, depuis si cruellement méconnue, que la République française ne se battait pas
par esprit de conquête ou d'usurpation ; qu'elle n'entrait sur
les territoires étrangers que pour y abattre le despotisme, et
que pour rendre les hommes et les citoyens à eux-mêmes.
(Bravo ! bravo ! — Applaudissements.)

Lorsque la force triomphe dans le monde et qu'on ose formuler ce cynique axiome que la force prime le droit, on a le
devoir de remonter à cette époque et de rappeler que, quand
la France victorieuse promenait ses légions à travers toutes
les capitales, elle avait une ligne de conduite inflexible et que
c'était devant le droit qu'elle arrêtait toujours ses bataillons
victorieux. (Longs applaudissements. — Bravo ! bravo !)

On a le devoir de rappeler qu'elle ne faisait pas de conquête, qu'elle ne prenait pas de territoires, comme on le fait
quand les populations sont considérées comme un bétail ;
qu'elle s'arrêtait devant les mœurs, les tendances, les aspirations des peuples pour les respecter dans leur ensemble ;
qu'elle savait et qu'elle disait que la force ne fonde rien et
qu'un contrat devait toujours être à la base de tout changement, de toute modification, — car la Révolution française
aura surtout cette gloire et cet honneur d'avoir substitué, dans
les affaires humaines, l'idée de contrat à l'idée d'exploitation
et d'arbitraire. (Bravo ! bravo ! — Applaudissements répétés.)

Aussi c'est avec un véritable sentiment de joie que j'ai recueilli les paroles du doyen de cette démocratie et que, m'y
associant, moi nouveau venu parmi vous, mais, à coup sûr,
celui que vous avez su le mieux conquérir et le plus pénétrer,
je bois à votre indéfectible avenir et à votre indissoluble union
avec la France républicaine ! (Bravos prolongés. — Applaudissements. — Vive la République ! — Vive Gambetta ! —
Vive le grand patriote !)

DISCOURS

PRONONCÉ A L'ASSEMBLÉE, LE 14 DÉCEMBRE 1872

SUR LA DISSOLUTION

———

MESSIEURS,

Le débat qui s'engage devant vous, bien qu'il soit né à la suite de pétitions qui ont déjà un an de date, soulève une question dont l'opinion s'est emparée à tel point, depuis quelques jours, qu'il me semble nécessaire que, malgré la date des pétitions rapportées, nous entrions complétement dans les détails de la grave question, certainement la plus grave qu'on puisse agiter dans une Assemblée : la question de son existence politique.

Et, messieurs, je ne me dissimule pas avec quel sentiment intérieur une grande partie de cette Assemblée me voit paraître à cette tribune.

Je sais, par conséquent, si j'ai bien le souci des intérêts et des droits dont je suis le très-humble, mais très-ferme serviteur, à quelles précautions de langage, à quelle modération de parole me condamne... (Légères rumeurs à droite. — Écoutez! écoutez!) la situation qui m'est faite par mes honorables contradicteurs.

Mais, messieurs, j'éprouve le besoin de vous dire que, si depuis longtemps nous n'avons pas déjà apporté à cette tribune la question, il faut bien que vous conveniez que ce n'est point du tout à notre charge et à notre responsabilité.

Nous avons déposé, dès le mois d'août 1871, au moment même où vous votiez la constitution Vitet-Rivet, une proposition signée par un groupe de cette Assemblée qui, contestant, à raison de son origine, le mandat constituant de l'Assemblée, vous demandait de prononcer vous-mêmes votre dissolution.

Cette proposition a été l'objet, de la part de deux de vos commissions d'initiative, d'un rapport qui associait notre propre demande au vœu d'une partie de cette Assemblée demandant aussi la dissolution partielle de l'Assemblée et son renouvellement partiel.

Depuis un an et plus d'un an que ces propositions ont été faites, il ne vous a pas été donné de les voir paraître à l'ordre du jour.

Un membre à droite. — Il fallait le demander !

M. Gambetta. — Nous l'avons demandé à cinq reprises différentes, comme le constate le *Journal officiel*. A diverses reprises, M. Quinet, M. Schœlcher sont venus à cette tribune vous prier de mettre à votre ordre du jour les propositions dont il s'agit. Je tenais à bien établir ces précédents, afin que le reproche qui nous est fait par certains esprits dans cette Assemblée d'avoir provoqué, à l'heure actuelle, la discussion d'aujourd'hui ne nous fût pas sérieusement imputable, et aussi pour faire ressortir ce qu'il y a, permettez-moi de le dire, d'oblique et de détourné à poser la question de dissolution sur des pétitions qui ont un an de date, quand vous êtes saisis régulièrement, par l'initiative parlementaire, et par le rapport de l'honorable M. Princeteau, d'un projet de loi qui pose la question de dissolution. (Très-bien! très-bien! à gauche.)

Mais, si je fais cette observation, ce n'est pas, à coup sûr, pour ne pas profiter de l'occasion qui nous est donnée, et, puisqu'il s'ouvre, le débat veut qu'on l'achève et qu'on l'épuise.

Et d'abord, je crois bon de nous expliquer sur le projet même de dissolution.

Il règne, en effet, dans l'Assemblée comme au dehors, sur les tendances des hommes politiques qui se sont associés au mouvement de dissolution, une série d'erreurs, de préjugés, d'inventions calomnieuses, qu'il est bon de dissiper.

On représente les partisans de la dissolution comme des hommes de violence, comme des hommes amoureux, avant tout, de provoquer le désordre, et d'arriver par une pression violente, irrégulière, ayant même recours à l'emploi de la force matérielle, à la séparation de cette Assemblée.

Je sais bien que ce n'est pas dans cette enceinte que je rencontrerai des esprits sérieusement convaincus d'une pareille disposition de notre part, mais on nous l'attribue au dehors, et par là on essaye de troubler l'esprit public : on essaye d'entraver ce mouvement qui se fait sur tous les points du territoire et qui, obéissant à des nécessités d'ordre public, à des considérations politiques de premier ordre, à l'urgence même de la situation, veut non pas infliger une atteinte ni à la dignité ni à l'indépendance de cette Assemblée, mais veut qu'on sorte d'une situation inextricable, grosse peut-être de trouble et de crise, veut que le différend qui s'agite ici soit tranché. Et il ne peut l'être par un autre arbitrage que par celui du suffrage universel, afin que tout le monde s'incline lorsqu'il se sera prononcé. (Très-bien ! très-bien ! à gauche.)

Il est donc bien entendu que ce que nous réclamons, ce n'est pas, comme le craignent et comme se plaisent à le répéter certaines personnes, certains écrivains, ce n'est pas la dislocation de l'Assemblée, l'expulsion d'une partie de l'Assemblée, ce n'est pas la provocation ni au pouvoir d'en haut, ni à la force d'en bas, de se porter à un acte criminel, à une tentative violente contre les pouvoirs constitués. Non ! C'est le droit que retient et qu'exerce tout membre du corps souverain par excellence, le souverain électoral, de se prononcer sur la conduite de ses mandataires, de juger de leur politique, d'apprécier leur situation devant le pays, de dire nettement, résolûment,

ce qu'il en pense, et s'il pense qu'il y a lieu, pour le bien général, alors même qu'il se tromperait, alors même qu'il errerait,
s'il pense, dis-je, que la dissolution est la seule issue qui reste
pour sortir des difficultés qui nous environnent, il a plus que le
droit de le faire connaître, il en a le devoir. (Très-bien! très-
bien! à gauche).

Alors, messieurs, il impose à l'Assemblée un autre devoir.
C'est, non pas de considérer les pétitions qui arrivent à la barre
comme des injonctions, comme des ordres, comme je ne sais
quelle affectation téméraire de violence dans le parlement;
non, c'est de les juger en hommes politiques, avec le coup d'œil
d'hommes d'État, et de se demander : Est-ce que le pays se
trompe ? Est-ce que ces symptômes qui se manifestent doivent
pour nous devenir l'occasion d'un jugement nouveau sur la
politique du pays ?

Et ce n'est pas au point de vue de ces reproches qu'on adresse
à certaines pétitions, que je n'ai pas lues, qui pouvaient être
mal rédigées, qui pourraient émaner même de certains corps
collectifs qui n'auraient pas eu légalement et strictement le
droit de les rendre, que je veux porter le débat. Non, je veux
le localiser sur le terrain purement politique, purement parlementaire.

Il s'agit de savoir si l'opinion publique, si le suffrage universel, depuis le 8 février 1871, a modifié, en prenant la thèse
qui vous est le plus favorable, — a modifié ses sentiments sur
la marche des affaires, et si, par les actes successifs auxquels
il s'est livré, il a condamné votre politique et épuisé votre droit.

Eh bien, je dis que, quand on remonte aux origines de l'Assemblée, on peut établir de la façon la plus claire que le mandat dont cette Assemblée a été investie par le suffrage universel
d'alors était un mandat limité, déterminé, caractérisé, spécial;
que ce mandat a reçu son exécution, et que ce n'est pas là une
thèse de juriste, que c'est l'instinct infaillible du suffrage universel, qui lui a dit en ce moment-là ce qu'elle avait à faire,
et qui lui dit aujourd'hui ce qu'il lui convient, ce qu'il est expédient de faire.

En effet, par quel titre avez-vous été convoqués, messieurs? Je suis bien obligé de reprendre les choses à l'origine, bien qu'aujourd'hui on pourrait dire qu'il s'agit encore moins de vous disputer le pouvoir constituant que d'établir votre impuissance gouvernementale. Mais puisqu'on nous a provoqués au débat, il faut qu'au dehors on sache de la façon la plus complète quelles sont les raisons qui, à mon sens, militent pour la dissolution. Nous dirons également, dût-on ne pas nous les opposer ici, et avec la plus grande loyauté, parmi les objections contre la dissolution, celles qui ne sont que factices et puériles et celles qui sont plus élevées et plus spécieuses. C'est à cette tâche que je veux me consacrer.

Je veux établir cinq points différents. (Interruptions.) Je n'ai pas la prétention de faire un discours ni de passion ni de polémique : je veux faire une démonstration. Ce n'est pas pour vous, messieurs, que je veux la faire, car je sais que malheureusement nous marchons à un échec numérique. Je ne me suis fait aucune illusion; je sais parfaitement que, quand on pose aux assemblées la question de leur existence, elles se décernent à elles-mêmes un brevet, non pas d'immortalité, mais de vitalité. Par conséquent, je veux purement et simplement légitimer le mouvement dissolutioniste, en donner les véritables raisons, le justifier, sûr que, d'ici à quelques semaines, l'opinion saura bien, même pour les plus incrédules et les plus résistants, trouver les moyens de conviction qui s'imposent. (Rumeurs à droite.)

M. LE MARQUIS DE DAMPIERRE. — C'est de la menace!

M. GAMBETTA. — Messieurs, il n'y a aucune menace là dedans. (Mouvements divers. — Parlez!) Il y a la prévision d'un fait qui se réalisera très-certainement, si l'on en croit les symptômes qui se manifestent depuis quatre jours dans le pays (Exclamations à droite); c'est à savoir que la quantité de listes de signatures qui vous sont déposées vous prouveront que vous êtes en présence d'une manifestation vraie, profonde, irrésistible, du suffrage universel. (Rumeurs à droite.)

Je dis qu'à l'origine, au 8 février 1871, l'Assemblée a été

constituée en vertu d'un titre qui ne laisse aucune espèce de
doute sur la nature des pouvoirs qu'entendait lui conférer le
souverain, le suffrage universel.

Voici, en effet, dans quels termes était conçu l'acte qui ou-
vrait les collèges :

« Article 2 de la convention signée entre M. de Bismark et
M. Jules Favre :

« L'armistice ainsi convenu a pour but de permettre au
gouvernement de la Défense nationale de convoquer une Assemblée librement élue qui se prononcera sur la question de
savoir si la guerre doit être continuée ou à quelles conditions la
paix doit être faite. » (Vives réclamations et murmures à droite.)

Un membre. — Notre titre ne vient pas des Prussiens.

Un autre membre. — C'est honteux d'invoquer le traité
avec la Prusse !

M. GAMBETTA. — Le décret qui convoque les électeurs re-
produisait textuellement les lignes que je viens de lire, et, si
on voulait remonter aux travaux préparatoires, si on peut
appeler ainsi les quelques jours qui furent consacrés à la préparation des listes et à la nomination des candidats, on trouverait que c'était là l'opinion unanime de ceux qui, depuis, se
sont considérés comme investis d'un mandat à la fois illimité
et omnipotent.

En effet, à cette époque les réunions publiques étaient em-
pêchées et entravées par la présence de l'ennemi ; on avait eu
à peine le temps de faire connaître, dans toutes les localités,
que les élections allaient avoir lieu ; il était impossible d'imprimer des listes que la poste pût transporter partout, puisque
les communications postales étaient entravées et interdites
dans quarante-trois départements.

Vous l'avez si bien compris que, lorsque vous vous êtes
réunis, à Bordeaux, vous avez vérifié les élections en partant
de ce principe, que les élections seraient vérifiées *ipso facto*,
par cela même, qu'il n'y aurait pas de protestation dans un
certain délai ; vous les avez vérifiées sur des dépêches télé-
graphiques.

Cela est tellement vrai, que vous serez, des assemblées qui se sont succédé en France, depuis cent ans, la seule qui n'ait pas d'archives ; il n'existe pas aux archives, à l'heure qu'il est, de procès-verbaux réguliers constatant par quel nombre d'électeurs, inscrits ou votants, vous avez été élus. (Réclamations à droite.)

M. LE MARQUIS DE DAMPIERRE. — Vous n'en savez rien, puisque vous n'étiez pas là ! Vous étiez en Espagne !

M. LE COMTE DE RESSÉGUIER. — Il y a des rapports sur chaque élection.

M. GAMBETTA. — Cette absence de concours du corps électoral, à l'époque de votre nomination, se retrouve encore dans l'addition des chiffres des suffrages exprimés. En prenant dans chaque département les têtes de listes, on n'arrive pas à 5,500,000 électeurs ayant pris part aux votes. Or, vous connaissez le chiffre de la population électorale de France. Vous n'en atteignez donc pas la moitié. (Nouvelles réclamations à droite.)

J'ajoute que depuis le moment où on a constitué l'Assemblée au 8 février, des élections successives ont eu le résultat de consulter à peu près les trois quarts du suffrage universel, par suite des renouvellements partiels qui ont eu lieu dans certains départements une fois, dans d'autres deux fois, et dans certains trois fois, de telle sorte que le suffrage universel, ayant envoyé un certain nombre de députés depuis le 8 février 1871, on arrive à constater ce phénomène particulier, que presque toutes les élections, 115 à peu près sur 133 ou 134, ont amené des représentants d'idées absolument opposées, au point de vue de la forme politique, au point de vue des institutions gouvernementales, aux députés qui siégeaient en vertu de l'élection du 8 février 1871, et qui excipaient du prétendu mandat illimité pour fonder ou organiser la monarchie. Je dis qu'on trouve dans cette simple comparaison, entre les élections antérieures et les élections postérieures au 2 juillet 1871, la preuve que le suffrage universel, tout au moins, a changé absolument sa manière de voir au point de vue de vos prétendus pouvoirs constituants.

Mais j'ai peut-être mieux que des arguments tirés de ces comparaisons entre les listes des candidats, entre les professions de foi, et c'est l'aveu même de ceux qui représentent, dans les élections du 8 février 1871, le parti auquel appartenait la majorité de cette époque. (Interruptions à droite.)

Si vous voulez, je mettrai sous vos yeux un extrait des doctrines et des aperçus qu'on trouvait à cette époque dans les journaux qui représentaient précisément l'opinion que l'Assemblée ne pouvait être constituante, parce qu'elle avait été bâclée. (Réclamations et murmures à droite.)

M. LE PRÉSIDENT. — Je ne puis vous laisser dire cela.

M. GAMBETTA. — Cependant, c'est une indication de faits, qui me permettrait de mettre sous les yeux du pays et de l'Assemblée... (Mouvements divers.)

Quelques membres. — Laissez dire !

M. LE PRÉSIDENT. — L'orateur ne peut pas ignorer et ne doit pas oublier que l'Assemblée s'est prononcée par une résolution formelle sur le point auquel il touche. Et il ne m'est pas possible de laisser remettre en question devant l'Assemblée ses propres décisions. (Très-bien ! très-bien ! à droite et au centre.)

J'invite l'orateur à quitter ce terrain.

M. GAMBETTA. — Messieurs, cependant il me semble absolument impossible que vous admettiez la discussion sur la dissolution, et que vous n'admettiez pas la discussion sur l'origine de vos pouvoirs. (Parlez !) Car, de quoi s'agit-il ? Il s'agit de savoir précisément, entre vous et les pétitionnaires, si, au moment où vous avez été élus, non-seulement le suffrage universel entendait vous donner le pouvoir constituant, mais si vous-mêmes, au moment où vous sollicitiez les suffrages, vous demandiez ce pouvoir et si vous y croyiez.

A droite. — Oui ! oui !

M. GAMBETTA. — J'entends bien que vous dites : oui !...

M. LE PRÉSIDENT. — L'Assemblée a décidé, par un vote formel et solennel, qu'elle était constituante. Tant que cette décision existe, tant qu'elle n'est pas rapportée par elle-même, mon devoir est de ne pas la laisser remettre en question. (Très-bien ! très-bien !)

M. Gambetta peut assurément introduire, par une voie directe, une proposition tendant à amener l'Assemblée à rapporter sa décision ; mais tant que cette décision subsiste, je répète que le devoir du président est de la faire respecter. (Très-bien ! très-bien !)

M. GAMBETTA. — Messieurs, cependant... (Interruption à droite.) Vous ne savez pas ce que je veux vous dire, et vous m'interrompez !

Messieurs, cependant, permettez-moi de vous mettre sous les yeux l'opinion qu'exprimait votre propre rapporteur, l'honorable M. Vitet, précisément dans la journée où vous mettiez la main sur le pouvoir constituant... (Vives réclamations et murmures à droite.) Voici ce qu'il vous disait... (Nouvelles interruptions.) Je puis bien citer un texte législatif, ce me semble ! (Parlez !)

Messieurs, la question de savoir si vous étiez constituants divisait à ce point l'Assemblée, que votre propre rapporteur, ayant à s'expliquer sur l'emploi de ce pouvoir constituant, vous disait : « Sans doute il eût été plus simple, et surtout plus commode, de fermer l'oreille à toute transaction ; nous aurions pu vous proposer, soit un refus, soit un ajournement ; » — de la proposition qui était soumise alors à l'Assemblée — « nous avions dans la commission une majorité suffisante ; mais à l'Assemblée demandez-vous ce qu'il y fût advenu ! Comptez les voix qui nous avaient nommés dans les bureaux et voyez cette Assemblée coupée en deux parts presque égales ; tout gouvernement impossible, et les bons citoyens eux-mêmes forcés de prononcer ce mot de dissolution. Ce n'est pas là ce qu'il faut à la France : il lui faut une majorité, un parti de gouvernement. Or, il existe, il est en germe dans cette enceinte, il grandira. »

Voix à droite. — Oui ! oui !

M. GAMBETTA. — Vous devez en savoir quelque chose depuis le mois d'août 1871.

M. VITET. — Je vous remercie d'avoir répété mes paroles.

M. LE PRÉSIDENT. Lisez la résolution qui a été suivie, monsieur Gambetta, et vous verrez qu'il est impossible que vous repreniez le développement de cette thèse. (Assentiment à droite.)

M. LE GARDE DES SCEAUX. — Lisez le préambule de la résolution, qui déclare positivement que l'Assemblée est constituante. (Bruit à gauche.)

M. VITET. — Lisez les considérants !

M. GAMBETTA. — Il me semblait qu'en abordant cette tribune, au milieu certainement de l'aversion générale pour la thèse de la dissolution de cette Assemblée, par cela même que vous admettiez la possibilité du débat, vous admettiez qu'on pouvait porter cette démonstration sur tous les points qu'elle comporte...

Un membre à droite. — Parlez sur les pétitions.

M. GAMBETTA. — Eh bien, il est absolument impossible de suivre une discussion de cette nature, qui demande des détails aussi ténus, au milieu des interruptions, des interrogations et des réflexions de tout le monde.

Voix diverses. — On ne vous interrompt pas ! — Écoutez ! Parlez !

M. GAMBETTA. — Vous prétendez que le vote du premier considérant présenté par M. Vitet ou par la commission qu'il avait l'honneur de présider, vous a donné le pouvoir constituant... (Interruption.)

Plusieurs membres. — Comment, donné ?

M. LE PRÉSIDENT. — N'interrompez donc pas !

M. GAMBETTA. — Vous a attribué.

De divers côtés. — On ne peut pas discuter cela !

M. LE GARDE DES SCEAUX. — A reconnu !

M. GAMBETTA. — Vous a reconnu, si vous voulez... Mais c'est vous-mêmes, messieurs, qui vous l'êtes reconnu, et c'est là précisément la question entre le pays et vous; vous vous l'êtes reconnu.

Eh bien, quelles que soient l'autorité et la valeur, à vos

yeux, de la décision qui a été prise ce jour-là, il est impossible
que vous empêchiez les pétitionnaires de remonter pour leur
propre compte à l'acte initial qui vous a constitué le 8 février 1871, et de vous mettre en présence des circonstances
qui ont présidé à votre nomination et de vous dire qu'il n'est
intervenu depuis, que je sache, aucun nouveau mandat. C'est
la démonstration que je veux faire, et je dis qu'il est important d'écouter ce que disaient vos amis et dans quels termes
ils parlaient de l'Assemblée qui devait être nommée.

Voici ce qu'ils disaient :

« Cinq jours seulement nous séparent du jour du vote, et
les comités commencent à peine à se constituer. Personne
n'est prêt, personne ne sera prêt. Une liste de quarante-trois
noms, dressée sans entente, sans discussion préalable, sera
forcément confuse et disparate.

« Comment le public pourra-t-il être éclairé et faire ses
choix en connaissance de cause? Il prendra au hasard, sans
savoir ce qu'il fait, et des élections accomplies dans ces conditions, c'est-à-dire à l'aveuglette, manqueront de sincérité :
elles seront dépourvues de toute autorité.

« Ce temps bien court, trop court, mais que les clauses de
l'armistice conclu par M. Jules Favre ne permettaient pas de
rendre plus long, sera suffisant néanmoins, si le bon sens public fixe d'avance à la prochaine Assemblée les limites qu'elle
ne devra pas franchir, limites renfermées dans l'examen de la
question de paix ou de guerre.

« Il est évident, pour qui veut raisonner, pour qui veut
être logique, pour qui examine loyalement la situation de
plus de trente de nos départements, où les électeurs ne pourront que très-difficilement exercer leur droit de vote sans
presque aucune garantie de liberté ; pour qui se rend compte
de la façon hâtive, précipitée, dont les élections auront lieu
partout ailleurs, que les députés élus pourront au plus recevoir le mandat de traiter avec la Prusse.

« Or, ainsi restreint, le mandat est facile à donner, car il
se réduit à ces deux termes: Y a-t-il possibilité de procla-

mer la défense ou nécessité de subir la loi du vainqueur?

« Il n'en serait pas de même si la future Assemblée devait recevoir des pouvoirs constituants, si elle devait prononcer sur la forme du gouvernement et disposer par conséquent des destinées du pays. Dans ce cas, le délai qui nous est accordé ne serait évidemment pas suffisant. Une Assemblée pourvue de pouvoirs aussi étendus, aussi considérables, ne doit pas être une Assemblée bâclée, nommée par surprise, au hasard de la fourchette. » (Rires à gauche. — Exclamations et murmures à droite.)

M. GASLONDE. — Qu'est-ce qui a dit cela?

M. GAMBETTA. — Je vais vous le dire tout à l'heure, laissez-moi achever :

« Pour l'élire dans les conditions d'honnêteté, de loyauté, de sincérité, sans lesquelles les institutions qu'elle fonderait, — quelles qu'elles fussent, — seraient sans force, sans prestige, sans durée, en butte aux légitimes suspicions de l'opinion publique, il importe que le pays ait le temps de la réflexion, et aussi qu'il soit libre de toute autre préoccupation, qu'il soit délivré enfin de l'invasion étrangère. (Interruptions diverses.)

« C'est donc à une autre Assemblée élue plus tard, après la conclusion de la paix, qu'il doit seulement appartenir de se prononcer sur les questions de gouvernement et sur les autres questions constitutionnelles à résoudre conformément aux vœux de la nation sincèrement, sérieusement et loyalement consultée.

« Nous ne voulons pas que la prochaine Assemblée puisse s'attribuer cette mission, parce que nous ne voulons ni surprise, ni escamotage.

« La question ainsi posée, nos amis n'éprouveront aucune difficulté à faire leur choix ; ils inscriront sur leurs listes les candidats qui prendront l'engagement de réserver à une autre Assemblée toutes les solutions constitutionnelles, et ils rejetteront sans hésitation, quelque sympathie personnelle qu'ils puissent d'ailleurs leur inspirer, ceux qui réclameront les pouvoirs constituants en faveur de la prochaine Assemblée. »

M. PRINCETEAU. — Qu'est-ce que cela nous fait ? Nous avons déclaré le contraire !

M. GAMBETTA. — Qu'est-ce que cela vous fait ? Permettez : cela vous fait retrouver la sincérité du mouvement qui vous a portés à l'Assemblée. (Bruyantes interruptions à droite. — Assentiment à gauche.)

M. FOUBERT. — Lisez le décret que vous avez signé vous-même sur la convocation d'une Assemblée constituante au 16 octobre !

M. GAMBETTA. — Une semaine plus tard, le 7 février, au moment du vote, le même journal, revenant sur le même sujet, s'exprimait ainsi :

« Ce sont ces conditions dans lesquelles s'accompliront les élections de demain qui nous ont fait dénier à la future Assemblée le pouvoir constituant, qu'elle ne saurait exercer sans usurper un mandat qu'elle ne recevra pas certainement d'un scrutin à ce point dépourvu de sincérité, de liberté et d'universalité.

« Qu'elle s'assemble vite et décide plus vite encore la question de paix ou de guerre, car il y a hâte : cette question réglée, que le pays puisse enfin prendre en main sérieusement la direction de ses destinées. »

Sur divers bancs. Dites la signature ! L'auteur ! l'auteur !

M. DE TILLANCOURT. — L'auteur, c'est M. Janicot !

M. GAMBETTA. — L'auteur, messieurs, je vais vous le dire... C'est la *Gazette de France !* (Rires à gauche. — Exclamations à droite.)

M. LE MARQUIS DE CASTELLANE. — Vous lisez l'édition de Paris. Les rédacteurs étaient alors renfermés dans les murs de la capitale ; ils ne savaient pas dans quel état vous aviez mis le pays.

M. LE MARQUIS DE DAMPIERRE. — Je vous défie de lire la date et la signature de cet article. Elles seraient la preuve qu'il s'agit d'un journal alors renfermé dans Paris.

M. DEPEYRE. — Vous venez de lire la *Gazette de France*

qui se publiait à Paris pendant le siége ; lisez donc la *Gazette*
de Tours et de Bordeaux ! Vous la connaissez bien !

M. LE PRÉSIDENT. — Veuillez donc, monsieur, ne pas interrompre ; vous ne pouvez pas discuter de votre place. Vous
monterez à la tribune : vous êtes inscrit.

M. GAMBETTA. — Je dis, messieurs, que si je remonte à ces
détails, c'est pour bien établir que dans les deux camps, à ce
moment-là, aussi bien du côté des républicains que du côté
des partisans des diverses monarchies, on sentait que le temps,
le calme, la précision faisaient défaut ; l'universalité des électeurs, surtout, faisait défaut pour organiser une assemblée
capable de donner avec autorité au pays des institutions
fondamentales et véritablement définitives. (Sourdes rumeurs
à droite.)

Je dis qu'aussitôt que l'Assemblée se fut réunie et qu'elle
eut entrepris l'exécution du mandat bien déterminé et bien
circonscrit qu'elle avait reçu... (Nouvelles rumeurs), il se
produisit dans le pays, presque immédiatement, en face d'une
prétention que vous trouviez légitime, mais enfin que vous
me permettrez bien de contester, en face d'une prétention
avouée de faire la monarchie ou d'organiser constitutionnelle-
ment le pays, il se fit en France un mouvement de surprise.

Les divers actes auxquels l'Assemblée nationale, qui avait
été réunie à Bordeaux se livra, éclairèrent le pays sur la nature
des intentions politiques de cette Assemblée, et le pays vit que
cette même Assemblée, qui avait été nommée pour faire la
paix ou continuer la guerre, voyait ou croyait voir, — je veux
ménager toutes les susceptibilités raisonnables, — loyalement
s'imaginait, si vous le voulez, que son mandat était encore
plus complet, plus étendu, et que, comme vous le dites tous
les jours, vous étiez véritablement, complétement souverains,
et que vous pouviez choisir entre telle ou telle monarchie
qu'il vous conviendrait de donner au pays.

Je dis qu'aussitôt que ces intentions-là furent révélées, et
qu'elles se traduisirent soit par des discours, soit par des actes,
soit par des démarches, soit même par des propositions, im-

médiatement le pays, qui savait bien, lui, ce qu'il avait voulu
faire, qui connaissait bien quel genre de mandat il vous avait
décerné, le pays se mit en mesure de vous faire comprendre
par des manifestations légales, pacifiques, régulières, que vous
étiez dans l'erreur, et que le droit que vous vous attribuez,
même très-sincèrement, il ne vous l'avait pas délégué. (Dénégations à droite.)

Et c'est pour cela que vous eûtes les élections municipales
dont le caractère républicain vous frappera universellement ;
c'est pour cela que, plus tard, vous eûtes les élections du
2 juillet qui envoyèrent dans cette Assemblée, d'une façon
presque unanime, les représentants les plus éprouvés de la
démocratie républicaine.

C'est pour cela que, lorsque le pays fut consulté au moment
des élections des conseils généraux, il nomma en grande majorité des républicains. (Oh ! oh ! — Réclamations à droite.)

Écoutez, messieurs, j'ai la liste des élus et, si vous le voulez,
je la lirai. (Non ! non !)

Le suffrage universel fit quelque chose de plus significatif
encore. Il voulut donner un signe éclatant, manifeste, que la
politique d'entreprise monarchique n'était pas sa politique ;
il voulut vous signifier légalement, pacifiquement, et chez
vous, dans vos cantons, messieurs, sa volonté ; et alors savez-
vous ce qu'il fit ? Il nomma de véritables républicains dans les
conseils généraux.

Pour la première fois peut-être dequis 1789, nous assistâ-
mes à la prise de possession dans les localités, dans les cantons,
par la démocratie des conseils locaux.

C'était un événement nouveau dont, pour moi, les conséquences sont à ce point heureuses et incalculables, que nous
pouvons dire que nous avons véritablement la Révolution accomplie, la Révolution, qui pourra véritablement, cette fois,
renoncer à l'esprit de désordre et d'agitation. (Ah ! ah ! —
Rires ironiques à droite.)

Messieurs, je suis bien étonné que des conservateurs ne
puissent pas écouter ces paroles. (Protestations à droite.)

Enfin, messieurs, vous voulez être des parlementaires, et vous ne savez pas écouter un adversaire qui se fait modéré.

Plusieurs membres à droite. — Parlez! parlez!

M. MALARTRE. — Lorsque M. Gambetta dit qu'on ne l'écoute pas, il parle pour l'effet du dehors, car nous l'écoutons attentivement, et, malgré la distance, nous ne perdons pas un mot de son discours.

Sur divers bancs. — N'interrompez pas!

M. GAMBETTA. — Je dis, messieurs, que l'accession dans les conseils départementaux et communaux par le fonctionnement du suffrage universel des gens qui jusqu'ici avaient été tenus à l'écart des affaires, leur entrée locale aux centres mêmes où leurs intérêts immédiats s'élaborent, je dis que c'est là une garantie d'ordre, et que plus le suffrage universel entrera dans cette voie d'application pratique et d'élaboration personnelle de ses intérêts, plus la foule qui en est le moteur souverain s'écartera des voies irrégulières et désordonnées. Je suis bien surpris, pour ma part, quand je vous dis : la victoire du suffrage universel dans les conseils généraux mettra une fin à la révolution ardente et brutale, je suis bien étonné de vous voir protester, car je ne connais rien au monde de plus conservateur que ma proposition. (Applaudissements à gauche. — Rumeurs et dénégations à droite.)

Et savez-vous, messieurs, ce qui avait fait jusqu'ici la facilité avec laquelle on pouvait susciter l'agitation, la passion, la colère, l'effervescence populaire, c'est que dans le maniement des affaires locales, il n'y avait pas une part suffisante faite à ceux qui ont besoin de voir de près comment on gère leurs intérêts. (Nouvelles rumeurs à droite).

Messieurs, j'en suis bien fâché, mais plus nous irons, plus il faudra que vous vous habituiez au gouvernement de la démocratie par elle-même, et le vrai rôle, le rôle des conservateurs éclairés, de ce qu'on appelle les hommes des classes d'élite, ce n'est pas de s'écarter de ce mouvement, ce n'est pas de le condamner sans le connaître, c'est au contraire de s'en rapprocher, de se plonger dans ce courant et de s'efforcer d'en diriger le cours. Voilà quel serait peut-être son véritable rôle. (Applaudissements à gauche.)

M. MALARTRE. — Lorsqu'on est plongé dans le courant, on ne dirige pas, on est entraîné !

M. GAMBETTA. — Au lieu de traiter d'avance comme des factieux ou comme des misérables, comme des gens de violence, de pillage et d'assassinat... (Bruit à droite.) Vous savez bien, messieurs, à quoi je fais allusion quand je relève de semblables paroles. Je dis qu'au lieu d'employer ce système qui a toujours été le système de la résistance aveugle, qui n'a jamais su céder à temps, qui n'a jamais su se rendre un compte exact du milieu politique dans lequel se développe la démocratie française, il vous conviendrait, à vous et à ceux qui veulent véritablement mériter le nom de conservateurs, — et je ne vois pas pourquoi on nous l'oppose, — il vous conviendrait, dis-je, de vous rapprocher davantage de l'esprit démocratique, des représentants de la société démocratique, et d'avouer que, sous peine de voir cet immense organisme du suffrage universel devenir la source de toutes les fautes, de tous les périls, il vous faut, avec prudence, avec ménagement, vous servir de ce que vous avez eu plus d'influence sociale ou de culture intellectuelle pour les guider, et non pour les rejeter et non pour les condamner d'avance et pour les confondre avec les misérables qu'ils sont les premiers à flétrir, lorsqu'ils les rencontrent eux-mêmes. (Oui ! oui ! — Très-bien ! très-bien ! et applaudissements à gauche.)

Je dis que le suffrage universel, faisant son apparition dans les départements et dans les cantons, et vous donnant ce que vous n'aviez pas encore vu à un si haut degré, des municipalités républicaines, des conseils généraux républicains, vous a signifié, par les choix qu'il a faits, que la République lui apparaissait comme le gouvernement naturel de son principe, que par conséquent, comme vous aviez manifesté des tendances, des opinions et des traditions monarchiques, il vous résistait.

Et voici la preuve que j'en trouve dans les statistiques électorales : c'est qu'à peu près 120 des députés les plus marquants, de ceux qui dans cette enceinte sont véritablement les chefs des divers partis monarchiques et qui se présentaient dans leurs cantons au lendemain d'actes et de tentatives monarchiques, étaient battus au siége même de leur influence, de leur fortune, par des représentants de la démocratie républicaine. (Mouvement en sens divers.)

Eh bien, je dis qu'il y avait là, permettez-moi d'y insister un signe visible de la volonté de la France.

On ne s'en est point tenu là. Il y a eu dans les conseils généraux des actes. Vous vous rappelez quelles séries de vœux ils ont émis, quels genres d'adresses ils ont écrites, quel langage ils ont tenu soit au pouvoir, soit au pays. Vous avez vu presque partout ces adresses hors session, au chef de l'État, le remerciant de son attitude patriotique, de ses efforts pour empêcher les partis de se précipiter les uns sur les autres, disant, faisant bien entendre qu'il n'y avait que la République qui pût continuer à maintenir l'ordre, l'ordre matériel aussi bien que l'ordre moral ; car, en somme, il faudra bien, messieurs, quelque respectables que soient vos convictions, il faudra bien, lorsque la France aura prononcé, que vous fassiez un abandon, au moins politique, de vos préférences, pour vous rallier au gouvernement en face duquel il n'y a que minorités impuissantes, le gouvernement de la République. (Très-bien ! très-bien à gauche.)

Et au fond si nous débattons aujourd'hui la question de la dissolution de l'Assemblée...

M. LE DUC D'AUDIFFRET-PASQUIER. — Je demande la parole !

M. GAMBETTA. — Il faut bien le dire avec franchise, c'est à la suite des manifestations successives, non équivoques, du suffrage universel, c'est à l'entrée dans cette Assemblée d'un nombre toujours grossissant de représentants de l'idée républicaine, que nous avons dû de voir les questions se préciser dans la sphère du Gouvernement et venir jusqu'à cette tribune, où, dans le langage si élevé et en même temps si réservé qui convenait au premier magistrat de la République, on a, en définitive, posé la véritable question, celle que le pays seul peut résoudre, mais celle qui, je le crains bien, vous divisera toujours : la question entre la monarchie et la République.

Et la vérité vraie, ce qui faisait la gravité du débat, ce qui faisait son importance, ce qui en faisait la passion ou occulte, ou par moment explosive, c'est que chacun sentait bien qu'à travers toutes ces questions personnelles, à travers toutes ces clameurs d'opinions, on ne débattait qu'une question : la fondation de la République (Mouvements divers), et c'est pour cela, messieurs, que vous avez trouvé le vote du 28 novembre si important, si grave, c'est parce qu'il tranchait la question même dans cette Assemblée. (Dénégations et réclamations à droite.) C'est mon opinion, je parle politique, je ne veux pas vous blesser. Vous dites qu'il ne l'a pas tranchée : eh bien, c'est précisément là l'argument que je veux faire valoir pour la dissolution.

Évidemment, c'est parce que la question avait pris cette gravité et cette importance, et, pour en revenir aux expressions de l'honorable M. Vitet, dans son rapport, c'est parce que l'Assemblée s'était partagée en deux parts à peu près égales, car je ne suis pas de ceux qui croient qu'avec des majorités comme celle qu'on avait obtenue, majorités qui se fondent le lendemain dans l'ombre des bureaux, et qui pourraient renaître le surlendemain à la lumière de cette tribune, on puisse ni fonder un gouvernement ni vivre, c'est précisément parce que je sens que le pays l'a deviné, et qu'il a fait ce mouvement de dissolution sur lequel je m'expliquerai tout à l'heure, que je crois pouvoir vous dire que quand vous aurez, dans le recueillement de vos esprits, mûrement balancé la question entre la République et la monarchie, il arrivera ceci : ceux qui loyalement ont pu croire qu'ils avaient reçu le mandat de fonder la monarchie ne consentiront jamais à constituer la République ; mais ceux qui, au contraire, auraient pu avoir cette tendance, non pas par tradition, ni par une foi bien inébranlable, mais par relations, par entraînement et peut-être par nécessité, se seront dit : Oui, nous nous accommoderons de la monarchie, non pas de la monarchie traditionnelle, mais d'une monarchie parlementaire, d'une monarchie entourée de toutes les institutions républicaines, bref, aussi peu monarchique que possible, ceux-là pourront ne pas aller à la République dans le parlement, mais ils y viendront dans le pays, devant le suffrage universel.

Oui, je ne crois pas, quels que soient les procédés parlementaires que vous employiez, les ministres que vous fassiez, la formule parlementaire à laquelle vous ayez recours, je ne crois pas que vous puissiez sortir de cette impossibilité de créer une majorité véritablement compacte, véritablement unie, ayant des opinions politiques exactement les mêmes, s'incarnant visiblement, d'une façon absolument palpable dans un cabinet.

Non, vous n'arriverez pas à la création d'une majorité stable; vous ne donnerez, par conséquent, au Gouvernement aucune certitude sur son lendemain; la division sortira de toutes les urnes, et par conséquent vous ne ferez que prolonger, qu'aggraver, qu'exaspérer la crise que traverse le pays et qui s'appelle : l'incertitude du lendemain! (Vive approbation à gauche.)

Eh bien, j'ai pensé qu'il était bon de reconnaître cet état politique, ici, dans cette enceinte; et nous, qui sommes les représentants de la démocratie républicaine, et qui, par conséquent, devons avoir une compréhension différente de la vôtre du mandat législatif, du mandat politique, nous avons pensé, nous pensons encore, et nous pratiquerons toujours, sous ce gouvernement comme sous tout autre, cette manière de voir, que lorsque nos lecteurs, nos commettants, fatigués de voir se multiplier les signes manifestes de leur volonté, après les semaines que vous venez de passer, semaines d'incertitude, de trouble, d'angoisses, jugeaient qu'il n'y avait plus rien à faire pour leurs élus que de reparaître devant eux, nous avons pensé que notre devoir strict était de nous associer à eux et de parler à notre tour, car nos mandants avaient parlé. (Nouvelle approbation sur plusieurs bancs à gauche.)

Je ne vois là, permettez-moi de vous le dire, rien qui puisse exciter les susceptibilités d'aucune fraction de l'Assemblée. (Rumeurs à droite.)

Nous sommes dans l'exécution stricte et régulière de notre mandat de députés, et les populations l'ont bien compris; car, messieurs, je crois qu'à l'heure où nous sommes, sans nous targuer du succès, le chiffre des signatures obtenues est de plus d'un million... (Dénégations à droite.)

Nous vous le prouverons, messieurs! La semaine prochaine, nous vous les apporterons; et permettez-moi de vous dire que je vous trouve bien difficiles en matière de pétition; nous vous avons connus, laissez-moi vous le faire remarquer, moins exigeants. Car enfin on dirait que nous avons apporté à cette tribune un fait parfaitement irrégulier et anormal, et que quand nous parlons d'un million de signatures, on a le droit de se redresser avec hauteur, et de dire : Qu'est-ce que cela signifie?

Eh bien, messieurs, il y a une grande Assemblée, une Assemblée qui, certainement, comme lumières, comme patriotisme, eu égard aux hommes qu'elle comptait dans son sein, — et vous y étiez bien partagés, messieurs (l'orateur s'adresse aux membres qui siégent à droite) — était plus considérable, j'ose le dire, que celle-ci; cependant, investie d'un mandat incontestable, en face d'un pays qui lui obéissait pleinement, elle n'a pas hésité ou plutôt elle n'a hésité que pour la forme, et pendant quelques semaines à peine,—à se dissoudre devant les protestations de 175,000 pétitionnaires.

M. DE TRÉVENEUC (Côtes-du-Nord).— Les situations ne sont pas les mêmes; la Constitution était faite; la Constituante avait accompli son mandat.

M. GAMBETTA. — Oh! je connais l'argument; j'y répondrai.

Il est vrai de dire que les hommes politiques de ce temps...

M. ERNEST PICARD. — Tout le monde sait cela!

M. GAMBETTA. — Tout le monde sait cela, mais il est peut-être bon de le rappeler, monsieur Picard!

M. ERNEST PICARD. — Les paroles que j'ai prononcées ne s'adressaient pas à vous. Votre interruption ne porte pas. Je ne répondais pas à ce que vous disiez.

M. Gambetta. — Soit ; mais j'ai entendu ces paroles.

Il est vrai, messieurs, qu'à cette époque on tenait pour quelque chose les signes de l'opinion et qu'on ne s'arrêtait pas tant au chiffre des pétitions, qui étaient l'objet des mêmes critiques que l'on répétait tout à l'heure à cette tribune.

On critiquait aussi les croix apposées au bas des pétitions en guise de signatures, l'orthographe des pétitionnaires, l'uni-formité de la contexture des pétitions; mais tout cela dispa-raissait devant les raisons d'État, devant les raisons politiques, devant les raisons de confiance gouvernementale, qui, elles, à la vérité, étaient développées par des hommes comme MM. Montalembert, Dufaure...

M. Dufaure, *garde des sceaux.* — Comment ?

M. Gambetta. — Je vous citerai tout à l'heure, monsieur le garde des sceaux, n'ayant pas de meilleure ressource que de reproduire votre langage si éloquent de cette époque.

On disait, à cette époque, que ce qu'il fallait à une Assemblée pour se déclarer véritablement en puissance de rester, c'était d'être d'accord avec elle-même, c'était d'être d'accord avec son gouvernement, c'était d'être d'accord avec l'opinion du pays.

Eh bien, j'estime que, dans la situation où nous nous trou-vons, aucune de ces trois conditions n'est réalisée.

D'accord avec vous-mêmes?... Vous en savez quelque chose, messieurs...

Sur divers bancs à droite. — Oui! oui! nous sommes d'ac-cord.

M. Gambetta. — Vous me dites oui, messieurs!... En effet : puisque dans la même journée vous avez été tour à tour majo-rité et minorité, ce qui explique, que de l'autre côté de l'As-semblée, il y avait la même instabilité que de votre propre côté. (Mouvement sur divers bancs au centre gauche.)

D'où il suit que vous n'êtes pas d'accord avec vous-mêmes; qu'il y a ici deux partis parfaitement opposés, à peu près d'égale force, mais impénétrables l'un à l'autre. Mouvements divers.)

M. LE COMTE DE RESSÉGUIER. — Non ! non ! vous allez voir !

M. GAMBETTA. — Qu'est-ce que nous allons voir ? Nous allons voir peut-être que sur la question de dissolution, vous réunirez beaucoup de voix. Mais qu'est-ce que cela prouvera ? Cela prouvera purement et simplement, non pas que vous êtes d'accord sur la politique, non pas que vous êtes d'accord pour organiser un gouvernement, non pas que vous êtes d'accord sur les réformes à entreprendre, mais que vous êtes d'accord pour ne pas mourir. (Très-bien ! très-bien ! à gauche. — Rires et applaudissements sur plusieurs bancs.)

Je dis, messieurs, que, dans le sein de l'Assemblée, il y a absolument, pour les hommes impartiaux, pour les esprits de bonne foi, pour les gens dégagés d'intérêt personnel, impossibilité de marcher : vous êtes condamnés ! Vous le dites vous-mêmes, quand la majorité insaisissable et impalpable vous échappe, vous dites qu'on forme une majorité de rencontre et de hasard.

Qu'est-ce que cela ? Est-ce qu'on peut vivre, est-ce qu'on peut faire vivre un grand peuple avec une majorité de rencontre et de hasard ! Je ne pense pas que ce soit là une politique que vous puissiez imposer plus longtemps à votre pays.

J'entends bien que nous sommes à Versailles, que nous nous livrons, avec plus ou moins d'habileté, d'aptitude, de sérénité d'esprit, à des combinaisons entre la gauche et la droite, entre l'extrême gauche et le centre droit... entre l'extrême gauche et l'extrême droite... (On rit.) Eh bien, ces pratiques, le pays, ne croit plus à leur efficacité. Le pays s'est dit : Le 28 novembre, la question a été nettement posée, le Gouvernement a obtenu une majorité qui ne lui suffit pas pour gouverner. Et, le lendemain, comme pour donner le commentaire et la signification du vote de la veille, la majorité se déplaçait à nouveau. (Mouvements divers.)

C'est à ce moment-là que l'opinion publique s'est décidée, sans provocation...

A droite et au centre droit. — Oh ! oh ! sans provocation !...

M. GAMBETTA. — Oui, messieurs, permettez-moi de le dire,

sans provocation, et je tiens surtout à vous convaincre de ma sincérité. (Rumeurs sur quelques bancs à droite et au centre droit.)

M. LE PRÉSIDENT. — Messieurs, ces interruptions ne sont pas convenables. Laissez parler l'orateur.

M. GAMBETTA. — Je dis sans provocation. Remarquez bien que je ne dis pas que nous ne prenions pas la responsabilité de l'initiative de l'idée de dissolution. Il est certain, — il suffit pour cela d'avoir purement et simplement de la mémoire, — que, les premiers dans le pays et dans cette enceinte, nous avons réclamé la dissolution de l'Assemblée.

Mais, messieurs, il y a une vérité que tous les hommes publics doivent connaître, c'est qu'on n'est pas le maître de l'opinion, qu'on n'est pas le maître des mouvements d'un grand pays.

Eh bien, nous avons posé ici cette question de dissolution. Vous l'avez fait examiner par une commission que vous avez nommée, et cette commission a fait un rapport. Vous n'avez pas fait cas de la question, vous ne l'avez pas mise à l'ordre du jour. Pourquoi ? Mais tout simplement parce que le mouvement n'était pas assez gros au dehors, parce qu'il n'avait pas abouti, parce qu'il n'était pas suffisamment menaçant pour vous obliger à vous en occuper.

Eh bien, depuis ce jour-là, nous n'avons pas le moins du monde adressé un appel au pays ; nous n'avons fait aucune espèce de tentative pour organiser le pétitionnement. (Réclamations à droite.)

J'en donnerai les preuves si on conteste.

Mais savez-vous qui a organisé ce mouvement, qui l'a rendu invincible ?... (Nouvelles réclamations à droite.) Oui, invincible ; c'est une question de semaine et je vous y ajourne. Savez-vous ce qui l'a rendu invincible ? C'est qu'après les déclarations du Message qui a fait tressaillir le cœur du pays... (Protestations à droite et au centre droit. — Applaudissements sur plusieurs bancs à gauche.) Oui ! parce que cette politique lui avait donné véritablement confiance dans l'avenir et sécurité dans le présent. (Nouveaux applaudissements sur les mêmes bancs de la gauche.)

Eh bien! le pays, par ses organes collectifs — je n'ai pas à apprécier la question de légalité que vous avez soulevée dans une de nos dernières séances, — le pays, par ses organes collectifs, a manifesté ses sentiments de confiance et de reconnaissance au pouvoir, vous avez été... — comment dirai-je pour ne pas contrarier vos susceptibilités?... — vous avez été émus et, à la suite de votre émotion, que je trouve légitime, puisqu'elle est la contre-partie de l'instinct de conservation qui vous anime... (Rires sur divers bancs à gauche), à la suite de votre émotion, vous avez imaginé de produire une politique contraire, vous avez affirmé cette politique, vous l'avez écrite, et vous avez — autant qu'il a été en vous — blâmé les accents de reconnaissance du pays. Alors, en face de votre gouvernement de combat, que vous proposiez par voie de réaction, on a organisé le mouvement de pétitionnement partout. (Applaudissements à gauche.)

C'est là qu'est la voix du pays, et cette voix, entendez-le bien, ne se taira pas devant un ordre du jour. (Exclamations et murmures à droite et au centre droit.)

Oh! non, messieurs, elle ne se taira pas, parce qu'elle ne se fera pas entendre en dehors des formes protectrices de la loi ; elle ne se taira pas, parce que la décision que vous pouvez prendre ici ne saurait être qu'une décision d'influence, une décision de contradiction, et non pas une décision pénale... (Mouvements divers), à moins que vous ne prétendiez frapper d'une peine l'exercice du droit de pétition.

Messieurs, aussitôt que le pays a été mis à même de juger les deux politiques : la politique d'une partie de cette Assemblée appuyant le Gouvernement et la politique d'une autre partie de l'Assemblée rejetant la politique du Message, — car on couvre d'un grand amour de parlementarisme le fond des choses, — aussitôt que le pays, qui n'est pas au fait des finasseries parlementaires... (Vives rumeurs à droite), et qui n'en a pas des instincts moins infaillibles pour cela, a vu que ce qu'on proposait sous le nom de gouvernement de combat, c'était un combat contre la République, c'est-à-dire contre lui-même, il s'est levé... (Exclamations à droite), et il s'est levé au nom de ses intérêts les plus légitimes et les plus impérieux ; il s'est levé par instinct de conservation !

A droite et au centre droit. — Oh ! oh !

Sur divers bancs à gauche. — Oui ! oui ! — Très-bien ! très-bien !

M. GAMBETTA. — Messieurs, il faudrait une bonne fois nous mettre d'accord sur ce mot de « conservation. » Ce mot n'est le monopole de personne... (Très-bien ! très-bien ! à gauche. — Exclamations à droite et au centre droit.)

Si j'entendais distinctement les interruptions, je me ferais un devoir d'y répondre.

Voix à droite. — On ne vous adresse aucune interruption !

M. GAMBETTA. — Eh bien, je dis que de ce mot « conservation » ne doit être le monopole de personne, car, autrement, il serait la source de toutes les équivoques.

On nous appelle bien souvent, en nous associant à l'espèce des voleurs et des hommes les plus décriés, on nous appelle radicaux, et l'on prétend faire de ce mot l'étiquette d'une sorte de secte anathématisée d'avance et vouée à l'exécration publique. On cherche à agir sur l'imagination du pays ; mais quant à nous dire ce que c'est que les radicaux, on s'en garde bien.

Eh bien ! messieurs, voici ce que c'est que les radicaux. (Ah ! ah ! — Voyons ! à droite.)

Les radicaux, — puisque le mot a été lancé et qu'il est aujourd'hui, au point de vue des intérêts plus ou moins loyaux des partis, un instrument de tromperie et d'erreur ; il est bon de l'expliquer, — les radicaux sont simplement des républicains qui pensent qu'il n'y a pas de compatibilité entre toute forme de gouvernement autre que la République et le suffrage universel, qui le disent ; qui sont prêts à s'incliner tant que le pays ne sera pas avec eux mais qui croient que si on consulte le pays, c'est le succès de la République qui sortira de cette

consultation. Et ce n'est pas pour eux qu'ils le désirent...
(Rires ironiques à droite.) Messieurs, vous pensez bien que
c'est intentionnellement que je dis ces choses ; car si nous faisions jamais le compte des partisans de toutes les monarchies
qui servent la République et des radicaux qui ne la servent pas,
je ne sais pas quelle est la liste qui serait la plus longue. (Très-bien, à gauche.)

M. DE GAVARDIE. — Si vous n'aviez pas été renversé, vous
auriez placé partout vos créatures.

Sur divers bancs. — N'interrompez pas ! n'interrompez pas !

M. GAMBETTA. — Eh bien, sans m'arrêter à une interruption que je n'ai pas entendue.

M. DE GAVARDIE. — Monsieur le président, voulez-vous me
permettre de la répéter ? (Non ! non ! n'interrompez pas !)

M. LE PRÉSIDENT. — Ni le président, ni le règlement ne vous
le permettent.

M. GAMBETTA. — Je n'ai pas entendu l'interruption, mais
j'en connais assez l'auteur pour penser qu'elle ne fera pas une
lacune demain au *Journal officiel.* (Rires à gauche.)

Eh bien, messieurs, je disais que c'était par conservation
que le pays, ou une fraction du pays, prenait part au mouvement de pétitionnement, et que ce serait en vain qu'on chercherait à répandre le bruit que nous sommes les ennemis de la
conservation, que nous sommes les ennemis de la République
conservatrice. Nous aimons à ce point la République, nous lui
sommes à ce point dévoués (Rires à droite) que nous comprenons aisément qu'il est nécessaire, qu'il est bon qu'elle pénètre
peu à peu les intelligences et les consciences, qu'elle s'impose
par l'autorité de ses bienfaits. (Rires ironiques à droite.)

Messieurs, vous pouvez rire... Rira bien qui rira le dernier.
(Exclamations à droite. — Approbation et applaudissements à
gauche.)

Je dis, par conséquent, que ce n'est pas comme radicaux
que nous demandons la dissolution, et que l'on a tort de vouloir répandre sur la prochaine Assemblée, sur le caractère des
prochaines élections, je ne sais quelle imagination, quelle ap-

parence effrayante qui fait que l'on a l'air de conduire la France aux abîmes, si cette Assemblée se sépare et renonce à lui faire une constitution monarchique.

Eh bien, j'ai la conviction que le pays a pris son parti, et, dans la séance du 29 novembre, cette séance, qui est capitale, qui est le point culminant de la crise parlementaire, à dater de laquelle vous ne retrouverez ni majorité ni possibilité de détacher sérieusement et d'une façon stable un groupe quelconque pour arriver à gouverner, je dis que, dans cette séance du 29 novembre, la France a vu, le suffrage universel a vu les indications de sa véritable politique électorale. Et si le pays demande la dissolution, c'est précisément pour dessiner une chambre sur le patron de ces 360 et quelques députés... (Rires à gauche.)

Par conséquent, je ne crois pas, pour ma part, tant s'en faut, je ne crois pas le moins du monde que le pays prête l'oreille aux conseils de terreur ; et qu'on aura beau dire que le mouvement dissolutionniste est un mouvement mené par les radicaux, on ne lui fera pas prendre le change. Il sait très-bien, et il le sait parce que les pétitions se signent dans la commune...

Un membre à droite. — Dans le cabaret !

M. GAMBETTA... que ce ne sont pas exclusivement des radicaux qui en prennent l'initiative... (Dénégations à droite.)

Messieurs, vous délibérez, à l'heure qu'il est, sur des pétitions qui ont plus d'un an de date, et moi je vous parle de pétitions qui ont quatre jours ; vous vérifierez et vous verrez. Mais je dis que la vraie question politique, c'est la question du jour, c'est celle qui s'agite à l'heure où nous sommes dans toutes les discussions, dans toutes les conversations qui ont lieu au dehors de cette enceinte.

Eh bien, au dehors de cette enceinte, voilà ce qu'on dit : Il n'y a véritablement qu'une seule question en jeu, c'est la politique du Message. Est-on pour, est-on contre la politique du Message ? Et comme il n'y a pas ici une Assemblée véritablement en harmonie avec cette politique, le pays continuera à vous demander la dissolution, jusqu'à ce qu'il l'ait obtenue.

Je sais bien que vous résisterez, messieurs, mais la résistance des villes et des assemblées assiégées a un terme. Ce que vous demandez, dans ce moment-ci, par l'ordre du jour pur et simple, aux pétitionnaires, au suffrage universel, au droit de dissolution qui s'exprime à cette tribune, c'est un répit, un armistice. Eh bien, vous pourrez voter cet armistice ; vous vous le serez donné à vous-mêmes ; mais vous n'aurez pas éteint dans le pays le besoin d'une Assemblée nouvelle, parce que ce besoin, il repose sur trois grandes considérations, qu'il ne nous appartient ni à vous ni à moi de substituer.

La première de toutes est celle-ci. (Exclamations à droite. — Parlez ! parlez ! à gauche !)

Ce sont les intérêts matériels, les intérêts d'affaires. A quelque opinion qu'on appartienne, quelles que soient les préférences politiques qu'on nourrisse, il y a une chose bien claire, sur laquelle tout le monde doit être d'accord ; c'est que les affaires ne peuvent pas se passer de certitude, qu'elles ont besoin d'un lendemain, de plus qu'un lendemain, d'un horizon, d'une véritable échéance qui les laisse tranquilles pendant le temps intermédiaire. Vous pouvez consulter au hasard les hommes d'affaires qui, je le reconnais, d'habitude ne sont guère passionnés pour aucune forme politique ; ils ne sont pas plus épris de la monarchie que de la République ; ce qu'ils désirent, ce qu'ils veulent, ce qu'ils apprécient d'un estimable prix, c'est la tranquillité et la sécurité. (C'est vrai ! c'est vrai !) Et ils ont bien raison, car l'argent peut abonder, les richesses de toute nature peuvent couvrir le sol, tout cela est absolument inutile, si la confiance manque.

Eh bien, vous avez beau dire, vous aurez beau protester, il n'y a pas de confiance. (Rumeurs et mouvements divers.)

Il n'y a pas de confiance sur la possibilité de voir un ordre véritablement stable, des institutions fonctionnant réellement, un gouvernement bien obéi au dedans et capable de nous protéger au dehors si vous n'avez pas résolu le problème fonda-

mental de tout gouvernement, c'est-à-dire son existence définitive.

Eh bien, pouvez-vous contester que les uns s'acharnent à
maintenir le provisoire et que les autres s'acharnent à dire que
c'est là un état ruineux, lamentable, indigne d'un grand pays
et surtout d'un grand pays qui épuise ses dernières forces?
(Mouvements divers.)

Est-il vrai, oui ou non, que ce sont ceux qui veulent le définitif, que ce sont ceux qui veulent en finir avec les agitations,
avec les incertitudes, avec les inquiétudes, avec les angoisses
de toutes sortes, que ce sont ceux-là qui expriment les nécessités du crédit, les intérêts des gens d'affaires et, en somme,
le vœu de la France... (Exclamations ironiques à droite.— Applaudissements à gauche.)

Oui, je dis qu'à l'heure actuelle, il suffit de vouloir le main-
tien du provisoire pour être un adversaire des intérêts. Eh
bien, je le demande à la loyauté des monarchistes qui sont dans
cette Assemblée, est-il vrai, oui ou non, qu'ils sont impuissants à faire la monarchie? Est-il vrai, oui ou non, que vous
ne pourriez rencontrer ni le monarque pour l'accepter ni le
peuple pour la ratifier... (Très-bien! très-bien! Applaudissements à gauche. — Rumeurs à droite.)

Si cela est vrai, si vous êtes impuissants à donner la monarchie à ce pays-ci, est-il vrai que vos dernières ressources sont
de le faire piétiner sur place, de l'épuiser par la lassitude et
par l'attente et de l'énerver. (Très-bien! à gauche. — Vives
réclamations à droite), de l'énerver afin que, de guerre lasse,
il se jette dans les bras d'un sauveur? Et entendez-le bien, ce
n'est pas dans vos familles qu'il ira le chercher. (Nouvelles
marques d'approbation à gauche. — Nouvelles réclamations à
droite.)

Je dis donc que le pays veut du définitif. Et l'impuissance
où se trouvent nos adversaires de faire autre chose que du provisoire démontre réellement de quel côté est la sagesse, de
quel côté est le droit, de quel côté est le pays. (Très-bien!
très-bien! à gauche.)

Un membre à droite, ironiquement. — Parfait! parfait! Bravo !

M. GAMBETTA, *se tournant vers la droite.* — Je voudrais bien savoir quel est celui d'entre vous, messieurs, qui a le bon goût de crier : Parfait : Bravo?

Un membre à droite. — On n'a rien dit!

M. GAMBETTA. — Je l'ai parfaitement entendu. Probablement ce doit être un émérite orateur ; je l'attendrai à la reponse, et je l'écouterai en silence. (Rumeurs diverses.)

Je l'ai entendu ; je sais qui c'est, je le nommerai à la première fois. (Nouvelles rumeurs.)

Je disais, messieurs, que le premier de tous les intérêts en jeu était celui de la prospérité matérielle du pays, et que la dissolution seule peut mettre un terme aux difficultés dans lesquelles vous vous débattez, à la stérilité dont vous êtes frappés. Car vous ne pouvez rien faire, rien produire , non parce que l'unanimité vous manque , mais parce qu'une forte majorité vous fera perpétuellement défaut.

Il y a un autre point de vue, c'est l'intérêt de la France vis-à-vis de l'étranger.

Messieurs, il n'est pas douteux qu'un pays , et surtout un pays comme la France, que ses malheurs peuvent avoir momentanément écartée du grand rôle qu'elle est appelée à jouer, que les sympathies de l'Europe ont certainement suivie dans ses malheurs et dans sa défaite, ne puisse, — et ici, je ne parle pas comme homme de parti, je me place au point de vue qui est le vôtre, — ne puisse rien faire ni rien nouer, puisqu'il n'a pas la durée, puisque son gouvernement ne représente que l'incertain et le précaire.

Eh bien, est-ce qu'au point de vue patriotique, au point de vue de l'intérêt de la France , au point de vue de son unité et de son action extérieure, est-ce que vous croyez que l'Europe peut voir avec une sympathie persistante, de bon œil, un pays qui est engagé dans les querelles qui nous troublent tous les jours? est-ce que vous pensez que l'Europe peut songer un instant, non pas à intervenir dans nos propres affaires d'une façon active, mais à nous soutenir dans nos affaires extérieures, alors que vous mettez en question tous les deux jours l'existence même du pouvoir, alors que le pays divisé, mais certes moins divisé que vous-mêmes, a hautement répudié, dans des élections successives, les doctrines dominantes dans cette Assemblée? Évidemment non.

C'est donc, au point de vue du patriotisme, une nécessité de premier ordre d'assurer un véritable gouvernement qui ait de la durée, qui ait de l'avenir, qui soit à assez long terme.

Eh bien, comment le ferez-vous?

L'Europe a répondu d'une façon à peu près unanime; il n'y a pas peut-être un journal en Europe qui n'ait demandé la dissolution de l'Assemblée. (Exclamations à droite.) Vous citerez ceux qui ne l'ont pas demandée; les plus grands organes de pays divers, surtout d'un pays où à coup sûr on pratique aussi bien, sinon mieux qu'ici, le gouvernement parlementaire, les organes de la presse britannique ont été à peu près unanimes pour dire qu'il n'y aurait pas d'autre moyen de sortir de la crise que vous imposez au pays. Toute l'Europe dans le système d'échanges de communications internationales, toute l'Europe subit le contre-coup de toutes les gênes, de toutes les anxiétés que vous faites peser sur votre propre marché.

Et il ne faut pas s'étonner si, dès lors, dans ces pays de libre discussion, dans ces pays parlementaires, on n'a vu d'autre remède que la dissolution.

Et, messieurs, c'est tellement vrai qu'enfin il n'est bruit, il n'est conversation qui ne roule sur les incertitudes de la situation.

On parle de projets, les uns les plus criminels, les autres les plus grossiers; mais en somme, vous connaissez comme moi les bruits qu'on fait courir, les projets de *pronunciamiento* militaire qu'on a jetés. (Protestations sur un grand nombre de bancs.) Je n'y crois pas, messieurs.

M. LE GÉNÉRAL DE CISSEY, *ministre de la guerre.* — Non! non! il n'y en a jamais eu!

M. GAMBETTA. — Je le sais!

M. LE MINISTRE DE LA GUERRE. — Et s'il y en avait, de quelque côté qu'il vînt, soyez assuré que j'y mettrais bon ordre. (Très-bien! très-bien!)

M. GAMBETTA. — Dire et rapporter... (Interruptions.)

M. L'AMIRAL SAISSET. — Retirez votre mot. C'est une injure gratuite pour l'armée! (Oui! oui! — Très-bien!)

Un membre. — Ce n'est pas le langage d'un bon Français!

M. LE PRÉSIDENT. — Veuillez donc faire silence et laisser l'orateur s'expliquer.

M. BARAGNON. — Ce sont des souvenirs d'Espagne qu'il rapporte! (Rires à droite.)

M. GAMBETTA. — Il faut avouer que les temps sont bien changés. (Oui! oui!)

Oh! messieurs, si on ne peut pas dire une phrase sans être interrompu!... (Nouvelles interruptions.)

M. LAMBERT DE SAINTE-CROIX prononce quelques mots au milieu du bruit.

M. GAMBETTA. — Vous dites, monsieur Lambert de Sainte-Croix?

M. LAMBERT DE SAINTE-CROIX. — Oui, les temps sont bien changés, car on ne parlait pas ainsi autrefois à la tribune française. (Très-bien! très-bien! — Bravos et applaudissements sur un grand nombre de bancs.)

M. GAMBETTA. — M. Lambert de Sainte-Croix a mal pris son moment... (Non! non!) Non? non? Qu'en savez-vous? laissez-moi parler!... (Rumeurs à droite)... car il me dit les temps sont bien changés, on ne parlait pas ainsi à la tribune française. (Nouvelles interruptions à droite.)

M. LE PRÉSIDENT. — Veuillez donc faire silence, messieurs, ces interruptions continuelles sont intolérables.

M. GAMBETTA. — Or, ce que je vous disais n'était que la préparation d'une citation que j'emprunte à l'honorable garde des sceaux.

Je disais ceci et je reprends textuellement l'expression : On parle de coup d'État. Je me suis empressé de dire : Je n'y crois pas, et je relevais précisément la loyale interruption de notre honorable collègue, M. Saisset. A coup sûr, il a bien raison de protester contre de pareilles éventualités; mais enfin, dire ce qui circule, ce qui s'imprime... (Rumeurs à droite.)

Un membre à droite. — C'est vous qui le faites circuler.

M. LE MARQUIS DE MORNAY. — Il ne faut pas reproduire des calomnies à la tribune.

M. GAMBETTA. — Écoutez, monsieur, et vous verrez si ce que je dis est sérieux et sensé.

M. LE PRÉSIDENT. — Laissez achever l'orateur, vous jugerez ensuite.

M. GAMBETTA. — Il y a longtemps que je suis condamné sur l'étiquette.

M. LE PRÉSIDENT. — Laissez achever l'orateur. Je ne sais pas encore quelle est sa pensée. (Exclamations.) Si vous la connaissez, vous êtes bien plus avancés que moi. (Rires sur plusieurs bancs à droite.) Il n'y a pas d'ironie dans ma pensée, je ne voulais que vous recommander d'attendre, afin de mieux juger.

M. GAMBETTA. — Ce que l'on peut juger, messieurs, c'est votre bienveillance et votre esprit de justice. (Très-bien! et applaudissements à gauche.)

M. VENTE. — C'est contre vos insinuations qu'on proteste!

M. LE PRÉSIDENT. — Puisqu'on a ouvert une discussion sur les pétitions, il faut l'entendre. (Oui! oui! — Très-bien.)

M. GAMBETTA. — Je tiens à justifier absolument les paroles que j'ai dites; et il me semble que, puisqu'il s'agit de l'intérêt de l'honneur national, vous pourriez suspendre vos murmures, au moins jusqu'à ce que j'aie achevé ma phrase.

Je disais que de mauvais propos circulent, qu'on les répète, que cela répand de funestes impressions dans certaines parties de la société; et, en disant qu'il n'est pas bon qu'il en fût ainsi, je ne faisais que reproduire ce qui avait déjà été entendu à la tribune française, malgré l'expérience et les protestations de M. Lambert de Sainte-Croix, à savoir, ce que, dans ce tour serré qui lui est habituel, disait M. le garde des sceaux.

Il disait, quand on discutait la même question en 1849 : « Non, ces bruits sont chimériques, et il n'est pas bon qu'ils se répandent, il n'est pas bon qu'ils se glissent dans certaines classes de la société, dans certains rangs de fonctionnaires ; il n'est pas bon que cela se répète. Cela rappelle des temps détestables qui ont commencé le 9 thermidor pour aboutir au 18 brumaire. »

Est-ce vrai, M. Dufaure ?

M. DUFAURE, *garde des sceaux.* — Oui, je l'ai dit, et je ne me repens pas de l'avoir dit.

M. GAMBETTA. — Je le crois bien.

M. LE GARDE DES SCEAUX. — Je regrette qu'on ne l'ait pas mieux écouté.

M. GAMBETTA. — Et vous avez bien raison, monsieur le garde des sceaux !

Une voix. — Eh bien, alors ?

M. GAMBETTA. — Alors ? Je m'autorise de cette parole, et à coup sûr quand je parle de ce qui se dit...

M. VENTE, *et plusieurs membres à droite.* — On ne le dit nulle part !

M. GAMBETTA. — Je vous mets au défi de justifier votre interruption.

M. VENTE. — Je vous répète qu'on ne le dit nulle part, et je vous défie de faire une citation à l'appui de ce que vous avancez ! (Exclamations à gauche.)

M. GAMBETTA. — On ne le dit nulle part, prétend M. Vente...

M. VENTE. — Non !

Plusieurs voix à droite. — Non ! non ! Personne ne le dit !

M. GAMBETTA. — Mais, messieurs, permettez ; on me fait une interruption, j'y réponds ; et vous répétez, non ! Il est impossible qu'une Assemblée véritablement digne de ce nom puisse s'abandonner à de pareilles pratiques parlementaires. (Marques d'assentiment à gauche.)

Eh bien, je réponds directement qu'il est à votre connaissance, n'est-ce pas, monsieur Vente, que dernièrement, pendant cette période troublée qui a succédé au vote du 29 novembre, il est à votre connaissance, et vous l'avez lu dans les journaux, cela a été imprimé, répété... (Nouvelles interruptions à droite.)

Mais, messieurs, je ne me fais pas responsable de ces bruits... (Parlez ! parlez !) Je constate la matérialité d'un propos. (Parlez !) Vous savez très-bien, aussi bien que moi, monsieur Vente, qu'on a parlé d'un général dont on a cité certains ordres du jour. (Exclamations à droite.)

Mais vous ne me laissez pas achever. Je m'en vais vous dire que je ne le crois pas, et que j'en ai pour garant l'interruption même de M. le ministre de la guerre.

Mais de quoi s'agit-il entre nous ? Il s'agit de l'existence de la réalité du propos et des on dit, et je vous les cite.

Un membre à droite. — C'est dans vos journaux qu'ils se trouvent !

M. GAMBETTA. — Eh bien, je vous dis qu'il n'y a pas eu un journal en France...

M. VENTE. — Je demande la parole.

M. GAMBETTA. — Pas un, entendez-le bien, de quelque couleur que ce soit, qui n'ait reproduit les accusations, les insinuations, les bulletins que l'on a fait circuler, au sujet, précisément, de la démarche tout au moins imprudente et téméraire du général auquel je fais allusion. (Mouvements divers.)

A droite. — Mais non ! mais non !

Un membre à droite. — Ce sont vos journaux qui l'ont jugé ainsi ! (Bruit prolongé.)

M. LE PRÉSIDENT. — Voilà l'effet des interruptions !

M. GAMBETTA. — Par conséquent, la réalité des récits, sans entrer dans leur exactitude, entendez bien, ne saurait être contestée. Ce n'est pas à moi qu'il appartient de faire des enquêtes, mais vous n'ignorez pas qu'il s'est dit qu'on fait des enquêtes, monsieur Vente; vous voyez donc bien qu'il en a été question.

M. VENTE. — Je vous répondrai !

M. GAMBÉTTA. — Vous me répondrez ! Il aurait mieux valu alors ne pas m'interrompre. (Exclamations à droite.) C'est évident, il fallait répondre tout de suite.

Eh bien, je répète avec M. le garde des sceaux, qu'il n'est pas bon que de telles préoccupations pèsent sur l'imagination publique, qu'il n'est pas bon, ni pour vous, ni pour la sécurité générale, ni pour le pays, ni pour aucune espèce d'intérêt dont vous ayez la garde, j'affirme qu'il n'est pas bon qu'un pareil état d'esprit s'accrédite et se prolonge, que ce n'est que pour cela que la France pétitionne, que c'est pour mettre un terme à cette inquiétude et à cette angoisse, qu'elle vous demande de prononcer votre dissolution.

Eh bien ! de toutes les considérations que l'on peut invoquer pour justifier la démarche des pétitionnaires et pour vous inviter à les accueillir, non pas comme des injonctions ni comme des menaces, mais comme des vœux, comme des symptômes de l'opinion, comme un avertissement dont des hommes politiques, véritablement soucieux de ce titre, savent tenir un grand compte, je suis en droit de conclure et je dis en terminant que vous devriez penser au passé, faire un retour sur l'histoire de l'Assemblée constituante. Et en vérité, messieurs, aux difficultés que j'éprouve devant vous, je ne peux m'empêcher d'opposer le souvenir de la facilité avec laquelle, au contraire, dans cette Assemblée constituante dont j'invoquais tout à l'heure la grande image, les orateurs purent développer à satiété, pendant de longues séances, l'acte d'accusation de l'Assemblée qu'ils avaient devant eux — ce que je n'ai pas fait — dans des termes que vous n'auriez pas acceptés; ils ont pu réclamer impérieusement et faire voter à une très-faible majorité, il est vrai, de trois, quatre, cinq ou six voix auxquelles vous serez bientôt condamnés, la dissolution de la plus grande Assemblée qu'ait eue la France depuis la première constituante.

Si je remettais sous vos yeux les discours ou les fragments de discours des hommes qui, à cette époque, représentaient le parti monarchique, et si je ne prenais pas la précaution de vous dire à quel orateur je les emprunte, vous avez si peu de patience, messieurs, et l'esprit politique varie à un tel point, que vous m'interrompriez et ne voudriez pas m'entendre.

M. Monnet. — Mais non ; on vous écoute très-bien.

M. Gambetta. — Eh bien, je vais reproduire un des arguments les plus décisifs et qui devraient toucher les esprits loyaux de cette Assemblée, ne fût-ce que pour mettre d'accord leur conduite d'aujourd'hui avec la conduite de leurs devanciers.

M. de Montalembert, dans un discours qui est certainement un des plus élevés et, en même temps, un des plus incisifs, un des plus mordants qu'il ait prononcés, lui à qui l'ironie était si familière, M. de Montalembert disait en s'adressant à l'Assemblée, le 12 janvier 1849 :

« Messieurs, il faut plaindre les pouvoirs et les sociétés qui, dans l'ordre moral ou dans l'ordre politique, suscitent ou subissent la formidable puissance du doute. »

Il considérait qu'il suffisait que le mouvement des pétitions eût mis en doute la puissance et la compétence de l'Assemblée pour qu'elle dût se retirer. Il ajoutait :

« Discuter le doute, savez-vous ce que c'est? C'est le constater. Eh bien, ne le discutez pas, dissipez-le.

« Pour le dissiper vous n'avez qu'un moyen, c'est un appel au juge souverain, au tribunal arbitral et suprême, au suffrage universel. »

M. Audren de Kerdrel. — Les radicaux n'en voulaient pas alors!

M. Gambetta. — Je fais observer au membre de la droite qui m'interrompt que c'est M. de Montalembert qu'il interrompt.

M. Audren de Kerdrel. — Je vous fais observer que les radicaux ne voulaient pas alors du suffrage universel!

M. Gambetta. — M. de Montalembert disait encore :

« De deux choses l'une : ou vous représentez l'esprit actuel du suffrage universel, et, s'il en est ainsi, vous serez réélus, vous viendrez reprendre votre œuvre retrempés dans le suffrago universel ; ou bien vous ne représentez pas l'esprit actuel du suffrage universel et vous ne serez pas réélus, et alors, on finira par vous demander : De quel droit restez-vous ici. »

Un membre à droite. — C'est à vos amis que cela s'adressait.

M. GAMBETTA. — Ah ! messieurs !...

Plusieurs membres. — Ne répondez pas ! Continuez ! continuez !

M. GAMBETTA. — Eh bien, messieurs, nous n'allons pas aussi loin, nous ne disons pas : « De quel droit restez-vous ici ? » Nous reconnaissons votre droit.

Un membre à droite. — C'est bien heureux !

M. GAMBETTA. — Nous reconnaissons votre droit ; ce que nous vous demandons, et ce que nous espérons, sinon pour aujourd'hui, au moins dans un avenir plus prochain qu'on ne pense, ce que nous espérons, c'est de voir vos convictions se former par la constatation même de l'impuissance dont vous êtes atteints, dont nous sommes atteints comme Assemblée parlementaire, c'est que vous céderez à la pression de l'opinion, et qu'il vous restera encore un peu de patriotisme pour abdiquer à propos. (Vives réclamations à droite. — Comment, encore ! — A l'ordre !)

M. GAMBETTA. — Comment, à l'ordre !

Plusieurs membres. — Retirez le mot « encore ! »

M. GAMBETTA. — Comment, messieurs, je suscite vos murmures, je provoque vos interruptions, en exprimant cette conviction que vous finirez par vous convaincre et par vous éclairer vous-mêmes devant les événements, et qu'alors, ne vous inspirant plus de mesquins intérêts personnels, vous aurez assez de patriotisme pour vous dissoudre et vous retirer.

Un membre à droite. — Ce n'est pas pour cela qu'on a réclamé !

M. GAMBETTA. — En vérité, messieurs, on ne sait quel langage vous tenir.

Eh bien, moi, je vous dis que le jour n'est pas éloigné où vous vous résoudrez à cette immolation de vous-mêmes, parce que les populations qui vous ont envoyés, vous avertiront elles-mêmes ; elles vous apprendront surtout que le vote d'aujourd'hui et que les votes successifs que vous rendrez sur les pétitions nouvelles qu'elles vous adresseront, seront les scrutins préparatoires des élections futures. (Vives interruptions à droite et au centre.)

M. LE BARON DE BARANTE. — C'est une menace que nous n'acceptons pas !

M. GAMBETTA. — Ce jour-là le suffrage universel saura bien reconnaître les siens, et choisir entre ceux qui auront retardé et ceux qui auront préparé le triomphe définitif de la République. (Réclamations nombreuses à droite et au centre. — Applaudissements répétés à l'extrême gauche. — L'orateur, en regagnant sa place, est entouré et félicité par un certain nombre de ses collègues. — La séance demeure suspendue pendant quelques instants.)

COMMISSION DES TRENTE

DISCOURS

PRONONCÉ A L'ASSEMBLÉE NATIONALE

Le 28 Février 1873

M. Léon Gambetta. Messieurs, si on insistait sur la clôture, ce que je ne crois pas... (Non ! non ! — Parlez !)

Messieurs, quoique nous n'ayons pas encore eu la satisfaction de voir monter à cette tribune un orateur chargé de défendre le rapport et l'œuvre de la commission des Trente, — c'est là sans doute ce qui avait fait un moment croire que l'on allait prononcer la clôture, — je viens à mon tour, au risque de vous fatiguer, parler contre le rapport, les considérants, les motifs et les propositions législatives qui l'accompagnent.

La discussion si grave dont vous êtes saisis, messieurs, ressemble trop à une revue des partis dans cette enceinte, pour que nous puissions, sur les bancs où je siége, laisser se fermer la discussion générale sans dire avec la même loyauté et avec la même franchise qu'y ont mises les orateurs qui représentent ce côté — la droite — ou une fraction de ce côté de l'Assemblée, ce que nous pensons de l'œuvre à laquelle on convie l'Assemblée nationale.

Tout d'abord, la première pensée qui vient à l'esprit, après avoir pris connaissance du rapport de la commission, c'est de se demander si le projet de loi correspond aux préoccupations de l'opinion, si ce rapport nous invite à organiser cela même que l'opinion demande depuis le Message, ou si, au contraire, il ne va pas nous entraîner à faire juste l'opposé de ce que réclame le pays, et à lui imposer, en les préparant trop par avance, des institutions qu'il repousse.

Je crois qu'un examen attentif du projet, de l'origine surtout de la question, des développements qu'elle a reçus dans le rapport, des commentaires qui l'ont accompagnée jusque sur le seuil de cette enceinte et qui passionnent ou inquiètent le pays, nous permettra de comprendre que l'œuvre à laquelle on nous convie est à la fois puérile et périlleuse.

C'est dans sa première partie que je trouve cette œuvre puérile. Elle a, en effet, la prétention d'organiser la responsabilité ministérielle et, par compensation, de donner au pouvoir présidentiel plus d'extension et plus de garanties.

Eh bien, on peut dire, après avoir lu le rapport et les explications qu'il donne, que le pouvoir du président de la République n'est ni augmenté ni diminué ; on peut dire aussi que la souveraineté de l'Assemblée n'est ni augmentée ni diminuée. Il y a un cérémonial plus compliqué, une procédure qui, à l'usage, sera bientôt supprimée, parce que tout se passera bientôt en écritures d'une extrême concision, d'une extrême brièveté, et qu'ainsi le but que vous avez en vue ne sera pas atteint. (Assentiment de divers côtés.)

En effet, il est certain que ce n'est pas garantir l'indépendance de cette Assemblée que d'obliger le chef de l'État à écrire à plusieurs reprises dans la même discussion où l'on a reconnu tout à la fois son droit d'intervenir et l'utilité de son intervention. A cet égard on n'a rien fait qui soit réellement sérieux, et je ne veux pas y insister. J'ai hâte d'arriver à ce qui constitue pour moi le caractère dangereux de l'œuvre entreprise.

Cette œuvre présente trois parties. Une première partie, qui est une contradiction flagrante avec tout l'ensemble du projet de loi, c'est le préambule ; une seconde, qui consiste dans ce cérémonial compliqué et parfaitement impuissant, dont je vous entretenais brièvement, et une troisième partie qui, à mon sens, est périlleuse ici pour tout le monde, pour tous les partis, quels qu'ils soient, qu'ils se réclament de la monarchie légitime ou de toute autre forme de monarchie, ou qu'ils se réclament d'une République sincère et loyale, parce que les mesures qu'on y propose constituent une aliénation de l'avenir et une véritable usurpation sur les pouvoirs destinés à sortir des prochaines élections générales.

Messieurs, je sais, par expérience, combien il est difficile de parler devant vous des sentiments, des aspirations du parti républicain ; je sais que nous avons toujours à lutter contre une prévention de vos esprits, qui consiste à nous prêter des idées, des intentions et des passions que nous avons beau désavouer ; vous nous interrompez quand nous voulons faire le développement de nos véritables intentions, et votre prévention subsiste.

Mais aujourd'hui, comme il s'agit avant tout de défendre ce qu'on peut appeler le bien propre de chaque parti dans cette enceinte, et comme il n'est besoin pour cela que de franchise et de loyauté, et comme chacun en définitive est intéressé à voir cette défense se produire à cette tribune, je compte, sans me départir en aucune manière de la modération que réclame un aussi périlleux débat, une aussi délicate discussion, je compte, dis-je, aller jusqu'au fond des choses. (Parlez ! parlez !)

Messieurs, il y a tout d'abord une impression singulière qui se dégage de ce débat : c'est de sentir le malaise, l'inquiétude qui occupe et remplit la plupart des esprits dans cette enceinte. Personne, au fond, n'est content de ce contrat et de cette transaction, qui sont tout à coup intervenus entre la commission et le gouvernement ; tout le monde, dans les couloirs, dans les conversations, dans les journaux, multiplie les critiques, dénonce les lacunes, les vices et les périls d'une pareille proposition. Et ici, au contraire, tout le monde paraît résigné à se laisser aller à la dérive jusqu'à la votation définitive du projet de loi.

D'où peut venir, messieurs, une pareille contradiction entre ce que l'on pense intérieurement et la conduite parlementaire à laquelle on paraît résigné ? Je crois que cela vient, messieurs, de ce que chacun, en présence de cette solution obscure, équivoque, se dit : C'est un coup de dé, il pourra peut-être en sortir un avantage pour mon parti. Ceux-ci disent : Nous y gagnerons ceci ; ceux-là se contentent dire : Par cet atermoiement, nous conquerrons toujours un peu de durée. Les uns répètent : Nous refoulons la démocratie ; les autres, au contraire : Par des voies obliques, couvertes, détournées, nous arriverons tout de même à la République.

Eh bien, messieurs, je crois que ce double aspect si contradictoire de la question apparaît au dehors à l'opinion publique comme quelque chose d'incorrect, d'irrégulier et, permettez-moi le mot, de malsain.

Ce que ce pays réclame avant tout, c'est la clarté. Il y a assez longtemps qu'on le maintient, non-seulement dans le provisoire, mais dans l'équivoque et dans l'ambiguïté.

Ce qu'il désire, c'est de voir clair devant lui, c'est de voir où on le mène, c'est de voir surtout si on le mènera promptement à un abri où il pourra sérieusement, avec la certitude du lendemain, vaquer à ses affaires et s'occuper de son relèvement matériel et moral. (Très-bien ! très-bien ! à gauche.)

Car enfin, messieurs, est-ce que vous n'êtes pas frappés comme moi du double et singulier langage que l'on tient, quand on veut défendre le rapport et le faire voter, selon que l'on s'adresse à tel ou tel côté de cette Assemblée ; croyez-vous que l'on pourrait mettre tout le monde d'accord, si l'on disait nettement et franchement ce qu'il y a au fond du projet ? N'est-il pas évident que ce projet a telle ou telle importance, qu'il pourra produire telles ou telles conséquences, avoir telle ou telle influence sur les destinées du pays, selon qu'une fois voté par vous, une fois devenu le statut du pays, il sera interprété dans tel ou tel sens par une pensée supérieure, par la pensée qui lui donnera sa valeur véritable et sa force réelle.

Pour ma part, je ne demande pas mieux que d'être fixé. Je voudrais savoir à quoi on peut s'en tenir. Et c'est ici, messieurs, dans cette enceinte, qu'il faut qu'on nous le dise. Quand vous avez discuté la Constitution Rivet, nous avons protesté, — et vous nous pardonnerez de le rappeler, — contre l'attribution à l'Assemblée du pouvoir constituant. Nous vous avons dit qu'étant données les origines de l'Assemblée, le peu de temps qui avait été laissé pour procéder, soit à la confection des listes électorales... (Légers murmures sur quelques bancs.)

Messieurs, je vous en prie... (Exclamations sur plusieurs bancs.)

Plusieurs membres. — On ne vous interrompt pas! Personne ne vous interrompt!

M. LE VICOMTE DE CUMONT. — C'est un artifice oratoire!

Un membre à droite. — Vous avez besoin d'interruptions.

M. LÉON GAMBETTA. — Ne croyez pas du tout, monsieur Gaslonde...

M. GASLONDE. — Mais je n'ai pas parlé! (C'est vrai! c'est vrai!)

M. GAMBETTA. — Ou M. Ancel.

M. ANCEL. — Je n'ai pas dit un mot. (On rit.)

M. GAMBETTA. — N'avez-vous pas dit : c'est un moyen oratoire?

M. GASLONDE. — Ce n'est pas moi!

M. ANCEL. — Ni moi.

M. LE VICOMTE DE CUMONT. — C'est moi qui l'ai dit, et je le maintiens.

M. LÉON GAMBETTA. — Croyez bien, messieurs, que ce n'est pas une précaution oratoire, et que ce que je désire avant tout, c'est de pouvoir poursuivre le développement de ma pensée. Vous devez comprendre que, dans un débat aussi com-

pliqué, dans une situation aussi faussée, j'ai assez de peine à
pouvoir, sans blesser personne, sans compromettre aucune
espèce d'intérêt, me maintenir dans les limites précises que
je me suis proposé de ne pas dépasser. Par conséquent, s'il
m'arrive quelquefois de prononcer un mot qui puisse toucher
vos susceptibilités, ou même si, voyant un murmure se produire, et, comme tout à l'heure, dégénérer en une interruption... (Non! non! — C'est inexact!)

Un membre au centre. — C'est à gauche qu'on a interrompu.

M. Léon Gambetta. — Si vous voulez, à gauche ou à droite;
mais veuillez croire qu'il n'y a là, de ma part, aucune espèce
d'artifice de langage, et que c'est purement et simplement
pour abréger. (Rumeurs en sens divers.)

Eh bien, je dis que ce n'est pas nous qui avons créé la situation actuelle; je dis que cette situation remonte au Message
lui-même. Et, afin de faire bien comprendre l'unité de notre
conduite, je rappelais tout à l'heure qu'à l'époque où on
discutait ici la Charte Rivet, nous avons repoussé les propositions qui étaient faites; nous avons voté contre le préambule
de la Constitution Rivet, parce qu'il contenait, au bénéfice de
l'Assemblée, l'attribution du pouvoir constituant.

Aujourd'hui, pour rester logiques avec cette première protestation, nous sommes obligés de protester de nouveau et de
repousser l'exercice de ce pouvoir constituant qui a été attribué à l'Assemblée. Il se présente aujourd'hui sous une autre
forme; on prétend ajouter un nouveau chapitre, deux chapitres, trois chapitres à ce livre dont MM. Vitet et Saint-Marc-
Girardin avaient, pour ainsi dire, coupé les feuillets et écrit
les premières pages.

Nous disions, à cette époque, que vous ne pouviez pas faire
une Constitution, et notre argument était tiré de l'état des
partis dans l'Assemblée. Nous disions qu'il était impossible
d'aboutir à la constitution d'un pouvoir organique sérieux,
durable, accepté par le pays; qu'on ne pouvait pas faire la
monarchie, parce qu'on n'avait pas un roi à mettre sur le

trône, ni un peuple pour accepter ce roi ; qu'on ne pouvait pas faire la République, parce que vous n'aviez pas mandat de l'organiser ; et nous maintenions ainsi une parfaite égalité entre nos prétentions respectives.

Pourquoi l'état des partis que nous décrivions alors serait-il changé aujourd'hui ? S'est-il donc passé dans l'Assemblée, entre les partis, quelque chose de nouveau ? Il s'est passé dans le pays, à la vérité, une certaine manifestation de la volonté nationale qui a donné raison à ceux qui avaient tenu le langage que je viens de rappeler lors de l'établissement de la Constitution Rivet.

Du côté du gouvernement, que s'est-il produit ? Un fait considérable, important, qui a eu, il faut le reconnaître, de très-vives sympathies dans le pays, c'est la déclaration du gouvernement à l'occasion du Message, par laquelle il a dit qu'il fallait organiser la République et lui donner ses principaux ressorts d'action. Alors, messieurs, il s'est produit dans le pays un fait très-considérable : l'opinion, avec une très-grande énergie, avec une très-grande force d'expansion, s'est précipitée vers le pouvoir et a donné, en grande majorité, son adhésion à la politique présidentielle.

Et vous, messieurs, qu'avez-vous fait ? Vous avez nommé une commission. L'un de vous a pris l'initiative d'une contre-politique du Message ; on a été dans les bureaux, on a discuté, et aujourd'hui on réclame la vérité sur le contrat intervenu entre ceux qui ne voulaient pas déclarer la République, organiser la République, et au contraire, le pouvoir qui avait dit : Il n'est que temps de l'organiser, sans perdre son temps à la proclamer.

Eh bien, il n'est pas possible que ceux qui ne voulaient pas du Message puissent voter un projet qui serait, au dire de certains de ses partisans, la réalisation de la politique du Message. Si cela est vrai, il faut le dire, il faut le déclarer, il faut qu'il n'y ait pas l'ombre d'un nuage sur une pareille solution.

Car ce que la France réclame, ce n'est pas deux Chambres,

messieurs, c'est de savoir si on la mène à la République ou à la monarchie! (Très-bien! très-bien! à gauche.)

Il faut donc s'expliquer avec une parfaite netteté sur ce point. Et je dis que tous les partis dans l'Assemblée y sont également engagés; car ce serait faire une œuvre fausse, chimérique, condamnée d'avance et peut-être qui irait directement contre le but que tous vous voulez poursuivre, but de paix sociale, d'apaisement politique, si vous vous mettiez à organiser un gouvernement sans dire d'abord quel sera son nom, quelle sera sa direction. (Très-bien! à gauche.) Eh bien! on ne l'a pas dit, ou plutôt on l'a dit, mais dans les camps les plus opposés, les plus divers, si bien qu'on ne sait à quoi s'en tenir. Et on vous apporte aujourd'hui une œuvre hybride, ambiguë, innommée, où chacun triomphe et où chacun se croit pris, œuvre qui, comme on l'a remarqué, semble une protection pour chaque parti en même temps qu'elle leur apparaît comme une chausse-trappe et un piége.

Eh bien, messieurs, ce que nous réclamons tous, ce que nous venons solliciter de l'Assemblée, c'est que nous ne passions pas à l'examen de ces articles sans avoir obtenu une déclaration précise, complète, après laquelle il n'y ait plus aucune espèce d'obscurité sur les intentions du gouvernement.

Nous voulons savoir si la politique du Message est maintenue ou non; si ce sont des institutions républicaines qui doivent être fondées; si c'est enfin pour répondre à cette acclamation de l'opinion publique qui a salué le Message qu'a travaillé la commission des Trente. (Très-bien! très-bien! à gauche.)

Il y a autre chose dans le débat; il y a plus que la question du Message, il y a les institutions mêmes que l'on veut faire sortir du contrat, de l'engagement passé entre le gouvernement et ce qui a été tour à tour la majorité et la minorité de la commission des Trente.

Et, à ce propos, veuillez ne pas perdre de vue combien il nous a été difficile, pour des hommes aussi peu renseignés sur les intentions de la majorité que nous le sommes, de pouvoir nous expliquer la fin des travaux de la commission.

Il y a eu un moment où on comprenait très-bien ses rapports avec le gouvernement. C'était une hostilité, c'était une aggression, c'était un refus. Oui, il était clair qu'on repoussait le Message, qu'on voulait obtenir comme une répudiation du Message et remettre sous le joug du pacte de Bordeaux le gouvernement qui s'en était affranchi. On comprenait très-bien : nous désapprouvions cette politique, nous la trouvions mauvaise, dangereuse; nous disions qu'il fallait lutter contre elle; mais enfin c'était une politique claire.

Puis, tout à coup, sans qu'on puisse rencontrer dans le rapport rien qui soit plus de nature à calmer les susceptibilités des anciens amis qu'à désarmer la critique des adversaires, de la brouille on passe à l'accord.

On s'entend, on contracte, tout est pour le mieux ; on se trouve à l'entrée de la terre promise, et ce sont précisément ceux qui ne voulaient pas d'abord y pénétrer qui en deviennent pour ainsi dire les observateurs et les découvreurs. (Rires et rumeurs diverses.)

Une voix à droite. — Les découvreurs? C'est un mot nouveau.

M. Léon Gambetta. — Les inventeurs, si vous voulez.

Messieurs, vous devriez remarquer que ce qui me préoccupe surtout quand je suis à la tribune, c'est de me faire comprendre. Je tâche que ce but soit atteint, mais je n'ai pas la prétention de parler un langage toujours correct et soutenu. (Mouvements divers.)

Eh bien, messieurs, je dis que là aussi, de ce côté encore, il nous faut une explication, il faut que nous apprenions... (Chuchotements.) Je crois, messieurs, que ce que je dis est suffisamment clair; vous me répondrez plus académiquement, mais j'ignore si vous me répondrez plus nettement.

M. le duc de Broglie, *rapporteur.* — A qui parlez vous?

M. Léon Gambetta. — Je réponds à ceux qui m'interrompent.

Plusieurs membres au banc de la commission. — Personne ne vous a interrompu.

M. Léon Gambetta. — J'entends toutes vos observations. Si vous n'interrompez pas assez haut pour que vos interruptions soient au *Journal officiel*, celui qui est à la tribune a le plaisir de vous entendre; c'est trop de parler deux à la fois.

M. le vicomte de Cumont. — Je déclare que personne parmi les membres de la commission ne vous a interrompu.

M. Léon Gambetta. — Si vous ne m'avez pas interrompu, vous causez assez haut pour que toutes vos réflexions viennent jusqu'à moi. (Exclamations sur un certain nombre de bancs.) Mais on peut bien se taire !

Je comprends très-bien qu'on échange avec son voisin ses impressions. (Nouvelles exclamations.) Mais il ne faut pas que cela se passe au banc de la commission.

Plusieurs membres. — Mais on ne vous a pas interrompu !

M. Léon Gambetta. — Je ne me suis pas plaint à tort, je tiens à le constater.

M. le Président. — Il ne faut pas attacher à ces observations plus d'importance qu'elles n'en méritent.

M. Léon Gambetta. — Eh bien, je dis qu'il nous faut aussi, sur le changement à vue qui est resté jusqu'ici inexpliqué, de véritables justifications ; car vous savez tous les bruits qui ont couru, vous savez avec quelle sollicitude, quelle avidité passionnée le public a suivi l'œuvre des Trente. Il a voulu se rendre compte de tout, et aujourd'hui il est tout à fait dérouté.

Or, il est impossible de vouloir imposer à une Assemblée une entreprise aussi considérable, qui peut avoir de pareilles conséquences, sans la mettre au courant, de la façon la plus nette, de tout ce qui a pu amener une telle et si inespérée conversion.

Les propositions qui vous sont soumises présentent, au point de vue spécial où je suis placé comme républicain, des objections bien plus graves encore. Et d'abord, messieurs, la proposition de créer, et l'engagement une fois pris de créer, la création d'une seconde Chambre me paraît tout à fait inacceptable.

On nous présente la création d'une seconde Chambre comme nécessaire, pourquoi faire ? Pour être, dit-on, une Chambre de résistance, — le mot est italiqué dans le rapport comme une citation, il est vrai que la citation me paraît légèrement incomplète — (Interruptions sur quelques bancs); car on avait dit : « Une Chambre de résistance aux entraînements possibles d'une première Assemblée. »

Évidemment le mot ainsi restitué n'a pas la même signification que lorsqu'on dit : « Chambre de résistance » sans ajouter le complément auquel je fais allusion. Ces mots : « Chambre de résistance » rappellent à s'y méprendre les mots « gouvernement de combat ». Eh bien, au fond, il pourrait bien y avoir entre les deux époques où ces deux expressions ont été inventées, entre ces deux mots, entre eux mêmes, une véritable corrélation. Qui sait? peut-être a-t-on obtenu du chef du pouvoir exécutif ou de ses ministres l'autorisation de substituer cette expression « Gouvernement de résistance » à celle de « Gouvernement de combat ». Mais encore là-dessus faut-il s'expliquer, et j'espère qu'on n'y manquera pas.

Mais, en attendant, messieurs, nous républicains, comment pourrions-nous consentir à ce qu'on examinât même la création d'une seconde Chambre dite de résistance. De résistance à quoi ? la résistance à une Assemblée qui sera souveraine comme la nôtre est souveraine, dont le pouvoir sera aussi indivisible que celui que vous détenez actuellement ? Mais, messieurs, vous l'avez vous-même compris, quand un de nos collègues vous a proposé de faire fonctionner dès à présent la seconde Chambre, en la constituant d'une certaine manière, vous avez compris que le dépôt de la souveraineté nationale que vous aviez reçu était indivisible, et que, dans ce pays tel qu'il est constitué, tel que les révolutions successives l'ont fait, tel que ses mœurs et son tempérament le font aujourd'hui, il est absolument chimérique de chercher à composer une seconde Chambre.

Une telle Chambre ne peut-être le produit que de la combinaison la plus artificielle. Sous prétexte de résister à la loi du nombre, c'est-à-dire à la souveraineté nationale, on cherche à organiser un frein, un moyen de résistance ; en réalité, on organiserait une cause perpétuelle de conflit, on créerait une cause d'excitation constante, et vous donneriez carrière à ces violences de langage contre les inégalités ou contre les conditions supérieures que vous voulez éviter dans la politique.

C'est en créant une seconde Chambre que vous donnez, pour ainsi dire, une cible et un but aux passions populaires.

Dans ce pays-ci, où il n'y a plus de trace d'une aristocratie héréditaire, où il n'y a plus de trace d'une constitution différente de la propriété, où, dans la constitution de la famille, il n'y a plus d'aînés, de majorats, de substitutions, toutes ces choses ayant disparu, vous voulez prendre, au milieu de citoyens qui ne se distinguent ni par des priviléges de naissance, ni par des priviléges de situation, une collection d'hommes en état d'exercer sur cette masse du suffrage universel un pouvoir de résistance, un frein ! (Très-bien !)

Non, messieurs, c'est une chimère. On l'a essayé dans ce pays, et l'histoire des secondes Chambres, sauf peut-être pendant quelques années de la première restauration, parce qu'il restait encore alors quelques descendants ou quelques représentants de l'ancien esprit monarchique, cette histoire à tout point est lamentable. Quoi de plus déplorable que l'histoire des Anciens, du premier Sénat de l'empire ? Je ne parle pas du second ; on l'avait oublié dans la tourmente du 4 Septembre. (Mouvements divers).

M. HAENTJENS. — On n'a pas oublié M. Bonjean. (Exclamations à gauche.)

M. GAMBETTA. — Si vous voulez que je vous dise ma pensée sur M. Bonjean, je vous répondrai que c'était certainement, dans le Sénat, l'homme qui avait le plus de cœur et d'indépendance ; on peut dire qu'il y brillait comme une perle isolée. (Interruptions diverses à droite.)

Un membre au banc de la commission. — Aussi il a été victime !

Un membre à droite. — C'est pour cela qu'on l'a assassiné !

M. CHARLES ABBATUCCI. — Ce n'est qu'une phrase, et d'ailleurs vos électeurs l'ont tué !

M. LÉON GAMBETTA. — Messieurs, j'ai eu l'occasion déjà une fois à cette tribune, à propos du même nom et de la même personne, que j'avais l'honneur de connaître, de protester contre l'indigne assassinat dont il avait été victime. Il paraît que vous avez la mémoire courte. Du reste, ce n'est pas rare chez les bonapartistes. (Rires et applaudissements à gauche.)

M. CHARLES ABBATUCCI. — Nous n'avons pas oublié votre dictature, dont les conséquences pèseront longtemps sur notre pays. (Bruit.)

M. LE BARON ESCHASSÉRIAUX. — Ni votre décret d'exclusion de leurs candidats.

M. HAENTJENS. — Lorsque l'enquête du 4 septembre sera publiée, vous verrez que nous n'oublions pas !

M. LE PRÉSIDENT. — Veuillez ne pas interrompre. Vous voyez que c'est bien inutile et que cela ne produit pas de bons résultats. (Hilarité.)

M. GAMBETTA. — Messieurs, nous disions qu'à aucun degré nous ne saurions nous associer à la création d'une seconde Chambre, qui ne peut s'expliquer, permettez-moi de vous le dire, que par de très-mauvais desseins contre le suffrage universel.

En effet, pourquoi faire une seconde Chambre ? Vous consulterez un jour le pays, vous produirez, — et ce sera votre droit, — vous produirez les uns et les autres vos professions de foi, monarchiques ou républicaines. Vous consulterez le pays, non pas par voie de plébiscite ou d'appel au peuple, moyen jugé, expérimenté, et l'on peut dire cruellement éprouvé par la France, mais par le véritable moyen de consulter la nation, par le mandat de député, par le contrat entre l'électeur et l'élu. Et lorsque le pays aura répondu, lorsqu'il aura créé une Assemblée aussi souveraine que la vôtre, vous voulez que cette Assemblée puisse rencontrer devant elle une autre Assemblée, antérieure, supérieure, investie avant elle du droit de réviser ses décisions, de refaire ses lois, et peut-être, car on va encore plus loin, du droit de la dissoudre. C'est-à-dire que ce que vous n'avez pas voulu pour vous, ce que vous avez eu raison de repousser, ce que vous ne con-sentiriez jamais à faire, vous le décidez par avance pour des élus que vous ne connaissez pas, dont vous ferez peut-être partie. Contre qui prenez-vous vos précautions ? contre la France ! (Assentiment à gauche) contre la démocratie, contre le suffrage universel !

Eh bien, je le dis hautement, il peut y avoir dans cette en-ceinte des gens qui agissent logiquement, conformément à leur conscience, conformément à leurs traditions, en préparant une seconde Chambre, en voulant mutiler le suffrage uni-versel. Ceux-là, héritiers ou représentants d'un passé qui a la haine, l'horreur de la démocratie, ils sont conséquents avec eux-mêmes.

Mais il en est, au contraire, qui ne sont rien que par le peuple ou pour le peuple... (Rumeurs et interruptions à droite. — Très-bien ! très-bien ! et applaudissements à gauche), qui sortent du suffrage universel, qui doivent le défendre, qui doivent en empêcher la moindre mutilation, parce qu'on ne comprend pas la démocratie sans le suffrage universel, parce qu'on ne comprend pas la République sans le suffrage uni-versel : ce sont deux termes indivisiblement liés l'un à l'autre, et livrer le suffrage universel, c'est livrer la République. (Très-bien ! très-bien ! à gauche.)

J'ai bien le droit de dire que convier les républicains à une pareille entreprise et à une pareille œuvre, ce n'est certaine-ment pas préparer la paix politique ni la paix sociale : c'est courir au devant des catastrophes. (Marques d'assentiment à gauche.)

Et puis vous n'êtes plus libres, j'ai bien le droit de le dire, Messieurs de la droite, qui représentez la monarchie à tous degrés, légitime ou constitutionnelle...

Plusieurs membres à droite. — C'est la même chose.

M. LE MARQUIS DE DAMPIERRE. — La monarchie légitime est en même temps constitutionnelle.

M. GAMBETTA. — Ce n'est certainement pas pour blesser les convictions de personne que j'emploie un langage qui est connu et accepté. C'est une formule faite. On distingue tous les jours la monarchie constitutionnelle de la monarchie légitime... (Vives protestations à droite.)

M. DE LA ROCHEFOUCAULD, DUC DE BISACCIA. — Nous avons le droit de dire qu'elles n'en font qu'une. (Mouvements divers.)

M. LÉON GAMBETTA. — Vous vous mettrez d'accord là-dessus, c'est votre affaire et non la mienne ; vous discuterez, vous vous entendrez, je vous le souhaite ; seulement, plus vous faites d'efforts pour atteindre ce but, plus vous vous en éloignez.

Il est vrai que vous rencontrez des résistances qui peuvent annoncer la fin de votre parti, mais qui, au moins, donnent à cette fin une grandeur que d'autres peuvent lui envier. (Assentiment à gauche. — Exclamations ironiques à droite et au centre.)

Je dis que vous pouvez, en effet, aujourd'hui, si cela vous plaît, si vous croyez que cela est profitable à vos intérêts, si vous avez confiance, vous pouvez voter le principe des deux Chambres, parce que, dans votre passé, dans votre conduite, dans vos principes, il n'y a rien qui y soit profondément opposé. Mais nous, qui avons, à plusieurs reprises, contesté à cette Assemblée... (Interruptions à droite.)

Oui, je le sais, nous avons été la minorité et nous resterons la minorité jusqu'à ce que le pays nous fasse majorité et nous ne demandons, — quoi qu'on en dise ici et au dehors, — pour devenir cette majorité, que les armes légales de la discussion et de la persuasion. (Très-bien ! à gauche.)

Et c'est parce que nous sommes parfaitement convaincus que l'opinion est invincible et que nous n'avons absolument rien à redouter de ses libres manifestations, que nous ne voulons pas d'une République de surprise, d'une République d'ambiguïté ou d'équivoque et que nous saurons attendre que le pays la fasse telle qu'il la veut, c'est-à-dire progressive et libérale.

Eh bien, je dis que nous sommes engagés et nous avons, à plusieurs reprises, dès l'origine de l'Assemblée, protesté contre ses prétentions au pouvoir constituant; et aujourd'hui nous lui reconnaîtrions ce pouvoir?

Comment, à partir du 2 juillet 1871, il n'est pas entré un républicain dans cette enceinte qui n'y ait été envoyé pour y exprimer l'opinion de ses commettants; or, l'opinion de ses commettants républicains a toujours été de réclamer de vous la dissolution comme moyen politique, et non pas l'organisation des pouvoirs publics. Et ces républicains le savent bien, et la preuve qu'ils le savent, c'est que, lorsqu'on a discuté la Constitution Rivet, ils ont voté contre le préambule.

Ils sont donc liés par cette politique, ils sont liés par ces principes, par ces actes, ils sont liés par le vote de la Constitution Rivet, liés par le manifeste qu'ils ont signé à l'heure des vacances, dans lequel ils déclaraient que l'Assemblée actuelle ne possédait pas le pouvoir constituant et qu'il n'y avait plus qu'une résolution à prendre, la dissolution, qu'ils ont poursuivie par le vote du 14 novembre, par leur signature apposée au bas du manifeste au dehors de cette Assemblée et par leur vote dans cette enceinte.

Et aujourd'hui, nous pourrions consentir à changer toute notre conduite, à désavouer tous nos actes! Par quelle grâce d'État? On nous a donc promis quelque chose? Il s'est donc accompli dans le parlement, ou dans les régions du pouvoir quelque chose de tellement inespéré, de tellement heureux, qu'on a pu, ne tenant plus compte ni du vote du 31 août 1871, ni des élections répétées, ni de la volonté clairement manifestée des commettants contre la prolongation des pouvoirs de l'Assemblée, fouler aux pieds tout cela, reconnaître le droit qu'elle a eu non-seulement de constituer le pouvoir exécutif, mais encore de créer l'organisme de l'État tout entier, sans même qu'on veuille consentir à déclarer que le pouvoir constituant de l'Assemblée sera épuisé après qu'il en aura été fait une pareille application ; car il y a ceci de merveilleux dans la loi, à laquelle on nous convie : on constitue, cela n'est pas douteux, car, passez en revue ce qu'on a fait : on organise le pouvoir exécutif, sa durée, on dit s'il y aura une Chambre ou deux Chambres, comment ces Chambres seront nommées, on établit le régime électoral d'un pays.

Or, toutes ces choses, vous les dites, vous faites tout ce que comporte une Constitution dans tous les pays du monde ; et quand cela est fait, vous dites : Le pouvoir constituant n'est pas entamé.

Messieurs, le pays ne peut comprendre ces choses ; pour moi, je suis absolument incapable de pénétrer ces subtilités, ces finesses, et je connais un axiome de droit qui domine aussi bien les contrats politiques que les contrats civils ; vous ne pouvez pas constituer et retenir le pouvoir constituant.

Si vous constituez, votre pouvoir constituant est épuisé ; vous ne pouvez donner et retenir : « Donner et retenir ne vaut. » C'est une maxime gauloise qui a traversé l'ancienne monarchie, qui doit s'appliquer sous la République. (Très-bien ! à gauche !)

Non, vous ne le pouvez pas ; c'est une contradiction flagrante, et ce préambule, qui est là, qu'on a eu tort de maintenir, il est l'explication, il est la véritable glose qui donne le sens de toutes ces habiletés, de tous ces stratagèmes que contiennent le rapport et le projet de loi qui l'accompagne.

La permanence, la survivance du pouvoir constituant garanties au frontispice de ce projet de loi, mises au-dessus de toutes les applications que vous pouvez en faire, mais cela veut dire que l'œuvre à laquelle on se livre n'a aucune valeur, aucune consistance, qu'elle est éphémère, qu'elle est, pour ainsi dire, une sorte de moyen à l'aide duquel on gouvernera au jour le jour, à l'aide duquel on préparera plus ou moins bien la disparition de cette Assemblée, à l'aide duquel on fera les élections. (Très-bien ! très-bien ! à gauche.)

Eh bien, nous, nous ne croyons pas pouvoir nous prêter à de

semblables accommodements, la question ne se pose pas pour nous de savoir qui fera les élections. Nous n'avons qu'une question à poser, c'est de savoir quand on fera les élections. (Très-bien ! à gauche.)

Nous vous avons dit, dans d'autres circonstances, pourquoi, sous l'influence de quel principe, de quelle idée dominante nous demandions la dissolution. La principale, c'est qu'il nous semblait impossible que, dans l'état actuel où se trouvent les partis, il fût véritablement praticable et d'une bonne politique, conforme aux intérêts généraux du pays, de faire autre chose que de régler le ménage de la nation et de se retirer.

Vous ne l'avez pas pensé ; vous nous avez donné tort. Eh bien, nous nous sommes résignés ; le pays continue de réclamer la dissolution. (Mouvements et dénégations à droite et au centre.)

M. DUSSAUSSOY. — Cela n'est pas vrai !

Un membre. — Combien de signatures ?

M. MILLAUD. — Lisez l'*Officiel ;* nous déposons des pétitions tous les jours.

M. GAMBETTA. — M. Dussaussoy me fait l'honneur de m'interrompre et de me dire : « Cela n'est pas vrai ! »

M. DUSSAUSSOY. — Non, cela n'est pas vrai ! C'est une opinion, voilà tout !

M. GAMBETTA. — Permettez-moi de vous dire que rien n'est plus vrai, et que vous en avez la preuve sous les yeux tous les jours... (Interruptions.)

Permettez ; c'est l'énonciation d'un fait; si j'ai tort, vous me confondrez, et si j'ai raison, malgré vos dénégations, laissez-moi l'établir.

Je dis que vous avez sous les yeux des preuves que le pays ne cesse pas de demander la dissolution. Tous les jours, le *Journal officiel* contient une série de pétitions qui réclament la dissolution. (Bruit. — Laissez dire !)

Messieurs, j'irai jusqu'au bout, n'ayez aucune inquiétude.

Vous êtes-vous donné la peine de faire la récapitulation de ces pétitions? Savez-vous que vous avez deux commissions de pétitions dont chaque membre a pour sa part entre 15 et 20,000 signatures à dépouiller.

M. TARGET. — Au 15 février, il y en avait 83,000, d'après les additions faites sur le *Journal officiel*. (Ah! ah!)

M. LÉON GAMBETTA. — Monsieur Target, vous m'interrompez pour me dire qu'au 15 février il y en avait 83,000. Eh bien, je vous interromps pour vous dire, moi, que M. Millaud, qui est là, député de Lyon, pour son compte personnel, à la date du 15 février, en avait déposé ou reçu 135,000.

M. TARGET. — Ce n'est pas au *Journal officiel*.

M. LÉON GAMBETTA. — Je dis, messieurs, et vous vérifierez mon dire, qu'à l'heure qu'il est, il y a trente membres dans cette Assemblée qui sont chargés de dépouiller, chacun pour son compte personnel, 15,000 à 20,000 signatures; faites le compte, et dites-nous si nous sommes loin du million, c'est-à-dire qu'à l'heure qu'il est, vous avez dans vos cartons plus de 500,000 signatures, et que nous sommes en mesure... (Dénégations sur divers bancs.) oui, oui, c'est un fait, et que nous sommes en mesure de vous en apporter autant, car nous les avons.

Par conséquent, rien n'est plus contraire à la vérité que de dire que le pays ne réclame pas la dissolution. (Interruptions à droite.)

Au contraire, on peut dire que c'est précisément en face des résistances de l'Assemblée, de son impuissance et des œuvres comme celle qu'elle tente aujourd'hui que la dissolution est de plus en plus à l'ordre du jour dans le pays. (Nouvelles dénégations à droite.)

Je sais bien qu'il me sera parfaitement impossible d'avoir votre adhésion sur une aussi irritante matière; seulement, je tenais à rétablir les faits, et comme dans les discours que vous avez entendus hier on a répété plusieurs fois que la campagne de dissolution avait avorté, je tenais, au contraire, à vous faire voir que la « campagne dissolutionniste, » comme vous disiez... (Rires sur divers bancs.)

Un membre à droite. — Le mot est excellent!

M. Léon Gambetta. — Je ne dis pas que le mot ne soit pas excellent, je le reprends, — « que la campagne dissolutionniste, » contre laquelle vous avez déchaîné votre majorité... (Oh! oh!) et provoqué l'éloquence de M. le garde des sceaux, que ce mouvement dissolutionniste ne s'est pas arrêté, qu'il continue, et qu'un jour viendra où vous en tiendrez compte vous-mêmes, plus tôt que vous ne pensez. (Ah! ah! à droite.)

Dans tous les cas, ce qui importe, c'est de rétablir l'argument que je faisais valoir tout à l'heure, à savoir que ceux qui se sont associés à ce mouvement de dissolution ne peuvent pas, aujourd'hui, reconnaître la compétence et la capacité de l'Assemblée pour organiser deux Chambres, et c'est là tout l'intérêt de cette démonstration à laquelle je me suis livré au milieu de vos murmures. (Oh! oh!)

Maintenant, on peut aller plus loin et se demander comment ce projet, qui ne contente ni les partisans de la monarchie, ni les partisans de la République, peut cependant prendre corps, vivre, se présenter dans cette Assemblée et être à peu près assuré du succès. Il faut cependant qu'il se fasse au profit de quelqu'un. Je crois qu'en y regardant de bien près, en voyant quel est le nombre, la qualité des personnes qui protègent le projet, qui en sont les tuteurs, les auteurs, on pourrait trouver les bénéficiaires de cette combinaison politique, oui, les bénéficiaires de la situation politique qui sortira précisément de la votation du projet, votation qui me paraît assurée, puisqu'il y a, pour ainsi dire, une sorte de consentement résigné entre les hommes qui représentent des principes parfaitement opposés à ce contrat, à le subir.

Par conséquent, il triomphera. Les attaques que je dirige contre lui sont à peu près platoniques; elles ne peuvent déranger en rien absolument les savantes combinaisons de la commission des Trente; c'est purement et simplement pour la satisfaction de nos principes, pour l'accomplissement de notre mandat que je viens exposer en toute loyauté les scrupules, les craintes, les défiances qu'inspire une pareille œuvre.

Au nombre de ces craintes, de ces défiances, ce qui nous apparaît, c'est qu'il pourrait parfaitement se faire que cet état n'étant ni la monarchie ni la République, et soutenu à la fois par les plus tièdes d'entre les tièdes, qui sont sur la frontière de l'une ou de l'autre de ces institutions, ce fût... une sorte de gouvernement *sui generis* qui serait un gouvernement de personne et non pas un régime national... (Mouvements divers.) à l'aide duquel on durerait, on vivrait, on traverserait le temps. On met, on cache sous des apparences de grand esprit de conciliation et d'apaisement, parce qu'on ne veut pas aller droit au principe, cet énorme besoin d'équivoque.

Eh bien nous, messieurs, nous ne pouvons pas nous y prêter. Que voulez-vous ! Nous sommes tenus par nos souvenirs ! Je ne dis pas cela pour ériger en dogme la suspicion ; non, je crois très-volontiers aux conversions, je crois parfaitement qu'il y a des monarchistes qui se disent : « La monarchie n'est point possible tout de suite ou elle ne sera possible que dans quelques lustres, alors que nous-mêmes nous en aurons accumulé beaucoup trop sur nos têtes. » (Sourires à gauche.) Et on se décide à faire les affaires de son pays, on entre dans une Constitution qui n'est pas assez républicaine pour effaroucher un récent passé monarchique ; on se prête à la combinaison, on aide la République qu'on a appelée conservatrice...

M. LE COMTE DE RAMPON. — C'est la bonne.

M. LÉON GAMBETTA. — Je n'ai rien à dire contre le mot ni contre les personnes qui entrent dans cette combinaison.

Je ne comprendrais pas un régime qui se ferait sans conservateurs ; mais il ne faut pas qu'il se fasse exclusivement avec des conservateurs, et surtout des conservateurs d'une certaine catégorie. Nous comprenons la République autrement.

Nous ne vous en voulons pas, nous ne vous en voudrons jamais de nous appeler des républicains radicaux, des républicains de la veille, des républicains entiers !... (Rires bruyants et prolongés.)

M. GAMBETTA. — Je ne veux pas rechercher dans une différence de tempérament... (Nouveaux rires.) l'explication de

cette hilarité. L'Assemblée est souveraine, elle peut se permettre toutes les allusions... (Oh ! oh !)

M. Clapier. — Passez sur cet incident.

M. Léon Gambetta. — Je disais que nous avions un très-
grand respect pour la sincérité de nos collègues qui se rallient
à la République conservatrice. Seulement, nous sommes bien
obligés de déclarer, non pas par esprit d'exclusion, non pas
parce que nous sommes obsédés d'une tradition qu'on appelle
la tradition jacobine, et qui a pour principal caractère d'exercer le soupçon, la défiance, le dénigrement, sur ceux qui ne
lui ont pas toujours appartenu ; en aucune manière ; c'est parce
que la dissidence porte plus haut, c'est parce nous ne pouvons
pas comprendre ce que c'est que l'organisation d'une République qui n'a d'autre programme « que de refouler la démocratie », qui ne comprend d'autres institutions que des institutions monarchiques, qui ne veut pas faire à l'esprit vraiment
républicain les concessions sans lesquelles cette République
n'est purement et simplement qu'une mise en œuvre des abus
du passé ; c'est pour cela que nous sommes obligés de déclarer
que nous ne voudrions pas d'une République en dehors précisément de cette souveraineté du suffrage universel que vous
avez appelée bien dédaigneusement la souveraineté, la brutalité du nombre et que vous considérez presque comme une
abjecte tyrannie.

Eh bien, derrière toutes ces menaces, tous ces gros mots de
grand seigneur à l'adresse du suffrage universel, nous qui
n'équivoquons pas, et qui sommes pour le suffrage universel
dans son universalité, nous nous sentons touchés, blessés, et
nous vous disons : Si c'est la République conservatrice, ce ne
sera pas la République. (A gauche : Très bien ! très bien ! —
Mouvements divers.)

Nous voulons la République avec ses libertés, c'est-à-dire ses
droits primordiaux, de presse, de réunion, d'association, mis
au-dessus des lois elles-mêmes... (Exclamations en face et à
droite de l'orateur.)

En quoi, messieurs, une pareille déclaration pourrait-elle

vous alarmer? Si la République existait, si elle était aux mains des républicains, vous auriez tous un intérêt primordial à ce que ces droits fussent placés au-dessus des atteintes du législateur, à ce qu'ils fussent placés dans une sphère inaccessible aux entreprises des assemblées et des pouvoirs exécutifs... (Mouvements divers.)

M. DE LA BORDERIE. — Et surtout au-dessus des entreprises des dictateurs !

M. LÉON GAMBETTA. — Il est absolument impossible de discuter dans ces conditions-là ! (Parlez ! parlez !)

Pour nous, dis-je, la République ne doit pas et ne peut pas être un leurre...

Un membre. — C'est la théorie du droit divin de la République !

M. LÉON GAMBETTA. — Ce n'est pas le droit divin de la République, — comme on me dit, c'est la mise en action même de la dignité et de la raison humaine !... (Interruptions à droite.) C'est évident, car qu'est-ce qui fait la supériorité de l'homme, qu'est-ce qui fait sa dignité, si ce n'est pas précisément que, dans la société, il ne puisse être dépouillé, il ne puisse être diminué de sa somme de souveraineté et d'indépendance que dans la mesure précise que comporte l'intérêt général? (Ah ! ah ! voilà.)

M. DE LA BORDERIE. — Ce n'est pas le privilége de la République.

M. LÉON GAMBETTA. — Eh bien alors, pourquoi venir parler de théorie de droit divin ? Vous savez bien que c'est là un mot qui n'a aucune espèce de relation, de rapport avec nos doctrines, avec nos principes, avec nos idées. Qu'il y ait des hommes qui honorent ce droit divin, c'est très-bien, et je comprends ces traditions. Mais pourquoi nous adresser ce mot comme une injure, pourquoi nous faire cette injustice, lorsque, courtoisement, dans toutes les questions, nous disons que nous ne voulons, que nous n'attendons rien que du consentement national, et que c'est pour cela que nous sommes les défenseurs résolus du suffrage universel qui en est l'expression.

(Nouvelles interruptions à droite. — Approbation à gauche.)

Messieurs, vos interruptions m'éloignent de cette description, que je vous faisais, des parrains et des bénéficiaires de
l'œuvre des Trente, et cependant c'était là précisément que je
tenais à arriver, parce que c'est dans le dénombrement des
personnes, des hommes qui s'accommodent le plus aisément
de l'œuvre des Trente, que se trouvent pour nous les princi-
pales raisons de défiance.

Je comprends, messieurs, qu'on ait un principe rigoureux,
qu'on soit pour la monarchie, sans transaction, ou pour la
République radicale et loyale, mais je ne comprendrais pas
qu'on s'accommodât, en se réservant d'amener un jour, sinon
la monarchie, du moins une sorte de monarchie qui n'aurait
pas l'investiture, le prestige, les grandeurs de la monarchie,
mais qui en même temps n'aurait pas l'électivité périodique
du pouvoir présidentiel, qui ressemblerait à une république
entre les mains d'un grand pensionnaire à vie ou d'un sta-
thouder... de race princière. (Mouvements divers.)

Ce n'est pas, messieurs, pour le chef actuel de l'État que je
parle; mes prévisions vont au delà de la situation actuelle, et
je crois que sans témérité je puis les apporter à cette tribune,
parce qu'elles sont au fond de vos consciences, au fond de la
conscience de nombre de braves gens qui, tous les jours, ont
cette inquiétude et qui cherchent, avec la plus grande patience,
avec la meilleure bonne foi, à appuyer les combinaisons gouvernementales, mais qui le font avec crainte et qui, — pour
emprunter une parole forte et sagace, la parole d'un homme
dont vous n'avez jamais contesté ni la prévoyance, ni la sagesse,
ni la modération, du président républicain que nous avons
l'honneur d'avoir à notre tête, — qui ne veulent être ni
« dupes ni complices ».

Eh bien, messieurs, c'est pour n'être ni complices ni dupes
d'une sorte de combinaison qui, sans être la monarchie, ne
serait pas non plus la République, que, nous, nous ne voulons
pas nous associer à l'œuvre que vous entreprenez. Nous ne
voulons pas nous engager dans cette série de défilés qu'on

nous ouvre aujourd'hui et au bout de laquelle il ne peut y avoir qu'une grande déception pour le parti républicain. Voilà pourquoi ni au point de vue des principes, ni au point de vue de nos actes, ni au point de vue de la souveraineté nationale, que vous ne pouvez pas, pour ainsi dire, confisquer par avance, nous refusons de nous prêter à aucune des dispositions qui vous sont soumises par la commission des Trente.

Je crois, en effet, messieurs, que l'on nous convie à commettre une très-grande faute, car si cette Assemblée, qui voit venir la libération du territoire, lègue, après elle, à la France un pouvoir qui lui ressemble, c'est-à-dire une représentation nationale dans laquelle il y aura également des monarchistes résolus, des républicains inflexibles, puis ces esprits intermédiaires, oscillant, hésitant, tantôt se portant d'un côté, tantôt se portant de l'autre, qu'est-ce qu'on aura fait pour l'ordre public, qu'est-ce qu'on aura fait pour la stabilité de nos institutions ? Je suppose que, dans six mois, dans un an, ces deux Assemblées nouvelles soient en fonctions : l'une, sortie du suffrage universel, imbue de la volonté nationale, portée, si vous voulez, aux réformes, les voulant, croyant qu'il y a assez longtemps qu'on les ajourne et qu'on les retarde, — elle a tort ou elle a raison, je ne me place pas à ce point de vue, — imprégnée de l'opinion publique, ardente, décidée à agir et à faire; l'autre, évidemment rivale, puisqu'elle aura été créée avant la première pour la combattre, pour lui résister; la guerre va éclater tout d'abord. Comment se traduira cette guerre? Elle se traduira comme se traduisent ici nos dissentiments : par l'impuissance, par la provocation, par l'équivoque. La Chambre basse sera républicaine; la Chambre haute sera monarchique, et on opposera ainsi les partis les uns aux autres.

Ce qu'on vous propose d'organiser, c'est donc toujours le provisoire, c'est-à-dire l'énervement, l'anémie à perpétuité. (Approbation sur divers bancs à droite et à gauche.)

Eh bien, je crois, sans aller au delà, sans chercher si ces rivalités et ces conflits resteront enfermés dans le cercle parlementaire , — je ne veux pas, messieurs , vous attrister par des prévisions trop lugubres, — je crois , et il est bien permis de le supposer, que, dans un pays aussi difficile, aussi mobile, aussi frémissant que le nôtre, il n'est peut-être pas bien sage de dire à ce pays, avant de l'avoir consulté, avant de lui avoir laissé librement choisir ses élus, il n'est peut-être pas bien sage de lui dire : Nous t'avons nommé un geôlier par avance. (Mouvements en sens divers.)

Je déclare que c'est là une provocation téméraire , et que vous auriez bien tort, messieurs, de penser que l'on peut impunément adresser de pareilles provocations au sentiment public.

Messieurs, en somme, pourquoi luttons-nous?

Les résistances que nous faisons au projet de la commission des Trente ne sont pas seulement dictées par l'amour de notre parti.

Il me paraît, messieurs, que, bien que nous ayons un grand intérêt à voir rejeter les propositions qui vous sont soumises, nous ne sommes pas les seuls à avoir cet intérêt , et que ceux qui, dans cette enceinte, ont souci de la défense , de la protection des intérêts propres de leur parti , peuvent, sans redouter ces reproches de coalition... (Interruptions sur quelques bancs.) Eh oui! il faut tout dire! (Oui! oui! à droite. — Parlez! parlez!)

Je reprends et j'ajoute qu'il y aurait une fausse habileté à déguiser nos sentiments , à ne pas dire très-hautement que nous trouvons l'expédient constitutionnel qu'on vous propose aujourd'hui mauvais pour tous, pour vous, monarchistes, comme pour nous, républicains; oui il y aurait une fausse habileté à ne pas reconnaître que, sans abaisser ni les uns ni les autres la dignité et l'indépendance de nos principes, nous pouvons parfaitement nous rencontrer d'accord dans le vote, nous pouvons repousser, les uns et les autres, sous l'influence de nos principes respectifs le projet qui nous est présenté.

M. LE BARON CHAURAND *et plusieurs autres membres à droite.* — C'est vrai!

M. DE GAVARDIE. — Pas de comparaison! (Exclamations diverses.)

M. LÉON GAMBETTA. — M. de Gavardie m'interrompt pour me dire... (Ne répondez pas! — Continuez!) que ce qu'il redoute, c'est la comparaison. Il n'a qu'à s'abstenir; ce n'est pas à ceux qui ont peur de la comparaison que je m'adresse.

Je dis que nous avons, à quelque parti que nous appartenions, un droit de légitime défense à exercer, en repoussant, chacun pour notre compte, un projet que je trouve puéril et périlleux, je crois l'avoir établi... (Assentiment sur divers bancs à droite et à gauche,) que je trouve contraire au véritable intérêt de la France, soit qu'on veuille faire la France républicaine, soit qu'on la veuille faire monarchique.

M. HERVÉ DE SAISY. — (Très-bien! trés-bien! Exclamations et rires sur divers bancs.)

M. DE GAVARDIE prononce quelques mots qui se perdent dans le bruit.

M. LÉON GAMBETTA. — Il est bien difficile de poursuivre les développements de sa pensée, et cela, je dois le reconnaître, par la faute d'un seul interrupteur, mais je le supplie et je lui promets de ne jamais l'interrompre, ce qui ne m'est pas encore arrivé, je le supplie de me laisser aller jusqu'au bout. (Parlez!)

M. DE GAVARDIE se lève et prononce de sa place quelques paroles que le bruit empêche d'entendre.

Sur plusieurs bancs. — N'interrompez pas! n'interrompez pas!

M. LÉON GAMBETTA. — Vous voyez, monsieur de Gavardie, que je reconnais toute votre puissance, j'espère que vous m'en tiendrez compte.

Je disais qu'il était impossible qu'à quelque parti qu'on appartienne ici, on puisse s'accommoder d'un expédient qui, permettez moi de vous le dire, est un coup de dés; chacun selon son sort et selon la fortune pourra y trouver uniquement son avantage, mais il ne saurait vous convenir (l'orateur désigne la droite), il ne saurait vous convenir de nous faire une Constitution, de nous livrer à un contrat aléatoire, et cependant on ne pourra pas nous accuser ni les uns, ni les autres, en votant non, d'avoir porté atteinte ni à la solidité ni à l'autorité du pouvoir exécutif.

En effet, toutes les fois que le pouvoir exécutif est venu dans cette enceinte poser des questions même graves, mais qui prêtaient matière aux concessions et aux transactions, nous n'avons jamais ni compté ni marchandé ces concessions et ces transactions. Mais quand aujourd'hui on vient nous demander, à nous républicains, de porter la main, sous prétexte, sous couleur de fondation nuageuse indéfiniment ajournée, oblique, de la République, quant on vient nous convier à porter atteinte nous-mêmes au dépôt sacré de l'intégrité du suffrage universel et de préparer des armes pour une oligarchie et contre la démocratie, nous disons en toute sécurité de conscience, convaincus que nous sommes les véritables amis de l'ordre et du gouvernement, nous disons : Non! (Sensation prolongée à droite. — Vive approbation et applaudissements à gauche.) — L'orateur reçoit, en reprenant sa place, les félicitations de ses amis.

DISCOURS

PRONONCÉ LE MARDI 22 AVRIL 1873

DANS

UNE RÉUNION PRIVÉE A BELLEVILLE.

———

M. Gambetta, depuis longtemps invité par les électeurs de Belleville, Ménilmontant et Charonne, à se rendre au milieu d'eux pour converser des affaires publiques, avait fixé cette réunion aux premières vacances. Par les soins de M. Braleret, conseiller municipal pour le vingtième arrondissement de Paris, une réunion privée, projetée depuis plusieurs semaines, avait été organisée pour le mardi 22 avril. Six cents cartes d'admission avaient été distribuées. M. Braleret, qui recevait les personnes invitées, avait convoqué un grand nombre de ses collègues du Conseil municipal, qui ont presque tous répondu à son appel.

A huit heures du soir, la séance a été ouverte par M. Braleret, qui a adressé à la réunion les paroles suivantes :

CITOYENS,

Connaissant le désir que vous aviez de vous trouver réunis un jour avec M. Gambetta, notre député, j'ai pris l'initiative de vous rassembler ici pour l'entendre dans les explications qu'il va nous donner sur la politique et les affaires de la démocatie républicaine. M. Gambetta n'est pas un étranger pour

nous. C'est nous qui l'avons nommé les premiers député à la
Chambre. Il est encore aujourd'hui notre représentant à l'Assemblée. Je n'ai rien à vous dire de ce qu'il a fait depuis quatre ans, et je me hâte de lui céder la parole.

M. Gambetta a prononcé le discours qui suit :

MES CHERS CONCITOYENS,

J'attendais avec impatience, depuis plusieurs mois, l'occasion de venir au milieu de vous, pour nous entretenir ensemble
des affaires publiques, des intérêts de la démocratie et de la
politique qui a été suivie d'un commun accord par vos représentants dans l'Assemblée.

Je vous devais, à vous spécialement, électeurs du vingtième
arrondissement, ce témoignage particulier de confiance, des-
tiné à marquer la solidarité qui nous unit; car je ne suis pas
seulement pour vous l'ancien député que vous avez envoyé
siéger sur les bancs du Corps législatif de l'empire; je suis
toujours votre représentant.

Laissez-moi ajouter que je suis resté le même homme que
celui auquel vous avez ouvert les portes de la vie publique lors
des élections générales de 1869. Depuis cette époque, que de
changements dans les hommes et dans les choses !

Les événements qui se sont produits n'ont malheureusement
pas répondu à nos espérances. A cette date de 1869, le grand
parti républicain s'était reconstitué : il avait formulé ses griefs
et il en poursuivait le redressement contre l'empire, dont plus
d'un symptôme faisait déjà prévoir la chute. Elle apparaissait
imminente aux yeux de tous. Chacun comprenait que ce gouvernement, condamné à périr, ne pourrait plus désormais résister à l'épreuve d'un nouveau scrutin, et c'est pour ne pas
succomber dans une lutte pacifique contre le pays qu'il s'est
lancé dans la guerre.

Vous vous rappelez combien fut unanime, énergique, la
protestation de la démocratie contre l'effroyable aventure dans

laquelle allait s'effondrer ce pouvoir imprévoyant et criminel qui entraînait le pays dans les plus graves périls, sans avoir su rien préparer, rien su organiser pour soutenir un pareil choc. Le parti républicain, vous le savez, après avoir, par ses votes, repoussé la guerre, fut obligé de la soutenir quand déjà notre défaite était commencée. Et vous savez s'il apporta à défendre l'honneur national la même énergie qu'il avait déployée à conjurer la guerre. En soutenant la France dans une lutte désespérée, notre parti a sauvé l'honneur de la patrie! (Oui! oui!) C'est là son honneur et sa récompense. (Oui! oui! — Applaudissements prolongés.)

Je n'ai rien à vous dire ici de Paris assiégé. Vous connaissez mieux que moi cette histoire, qui s'est accomplie sous vos yeux et à laquelle vous avez pris part. Quand j'ai quitté Paris, je l'ai laissé ardent, prêt à tous les sacrifices pour une défense héroïque. Quand je l'ai retrouvé, il était vaincu, désolé, décimé, exaspéré par les efforts mêmes de ce patriotisme qui, sans utilité pour la France, avait fait l'admiration du monde.

Mais tandis qu'il donnait ce grand exemple d'une résistance glorieuse entre toutes, alors que, souffrant le froid et la faim, il se débattait sous l'horrible poids de l'impuissance à laquelle on le réduisait, la France entière se relevait, faisait face à l'ennemi; la province n'avait qu'un cri: délivrer Paris!

C'est au milieu de ces tragiques angoisses que s'est scellée l'indissoluble alliance, que s'est refaite la solidarité entre la France provinciale. Non, quoi que disent nos adversaires, il n'y a plus deux Frances que l'on puisse diviser au profit des convoitises monarchistes. Il n'y a plus deux Frances, l'une recevant un mot d'ordre hostile à Paris, l'autre se laissant égarer par un sentiment de dédain ou d'aigreur contre la province.

Il n'y a plus qu'une seule France, glorieuse unité morale, qui est le prix des immortels sacrifices de vingt générations antérieures!

Vous qui vivez ici éloignés de nos luttes journalières, sachez cependant qu'on cherche encore aujourd'hui à creuser un fossé entre le travailleur des champs et celui des villes. Ce sont des esprits méchants et pervers, ceux qui veulent ainsi diviser la démocratie contre elle-même.

De même qu'il n'y a pas deux Frances, il n'y a pas deux démocraties; il n'y en a qu'une seule, fondée sur la concorde et l'étroite solidarité de toutes les classes de la nation. (Applaudissements.)

Après les douleurs du siége, alors que pendant l'insurrection Paris était livré en victime aux haines furieuses attisées contre lui, vous avez eu le spectacle de toutes les communes de France, grandes et petites, se jetant au milieu des combattants, les adjurant de mettre bas les armes, essayant de faire triompher les idées d'apaisement et de conciliation; vous avez vu ensuite cette politique de solidarité et de concorde sanctionnée par les élections municipales; et ce premier mouvement d'indépendance locale après la guerre a été le prélude heureux de toutes les élections politiques partielles qui, depuis le 8 février 1871, ont été le témoignage constant, répété, unanime de la volonté du pays, de vivre désormais sous l'égide de la République.

Ce premier cri d'indépendance locale et d'attachement à la République a été poussé par la démocratie qui, au milieu des désastres de la France, avait pris définitivement conscience de sa force toute-puissante et aussi des devoirs que la toute-puissance impose. Frappée, abattue, gisante, la France s'est recueillie. Ce recueillement marque une date dans l'histoire de notre pays. Il faut refaire la France ! ce mot se trouva sur toutes les lèvres comme il était dans tous les cœurs républicains. Il faut refaire la France et la République seule peut nous y aider. Notre parti, messieurs, dont le patriotisme est à la hauteur de la foi politique, résolut de se dévouer à cette tâche. C'est sous l'inspiration de ce grand et généreux dessein que je suis rentré dans la vie publique en juillet 1871; et c'est vous encore qui m'avez rendu mon siége dans l'Assemblée. Dès ce moment, j'étais en parfait accord avec vous, avec toute la démocratie. Ne voulant rien laisser au hasard, je saisis l'occasion de m'expliquer publiquement devant les électeurs d'une autre grande ville, à qui la République doit beaucoup, devant les électeurs de la ville de Bordeaux; à la veille des élections, j'ai voulu exposer quelles étaient, à mon sens, les conditions nouvelles de l'action politique de la démocratie.

Qu'ai-je dit alors?

J'ai dit que, ayant un germe d'État républicain, il fallait le développer, l'entourer de soins et de sollicitude. J'ai dit qu'après la surprise du suffrage universel au 8 février 1871, momentanément tenus en échec par lui, il fallait nous attacher à le gagner à force de raison, de propagande, de persuasion; qu'il fallait renoncer aux moyens qui avaient illustré autrefois le parti républicain, sous la monarchie et sous l'Empire, quand on refusait au parti républicain sa place au soleil. J'ai dit qu'à l'opposition systématique, militante, héroïque, chevaleresque, que faisaient nos prédécesseurs, il fallait substituer une opposition légale, constitutionnelle, parlementaire, scientifique, disputant pied à pied le terrain, établissant, au sein de la République, la lutte pacifique des partis, qui n'est autre chose que la rivalité des idées. (Très-bien! — C'est cela! — Bravos.)

Cette politique nous imposait beaucoup de ménagements, beaucoup de précautions, et enfin l'emploi d'une infinité de moyens termes. Mais où? Dans le Parlement, sur le terrain naturel des transactions politiques, dans le domaine réservé à la confection des lois, à la triture des affaires, dans ce qu'on peut appeler le ménage quotidien de la vie politique du pays.

Voilà où les concessions, de la part du parti républicain, sont nécessaires, justes, souvent avantageuses pour nous, toujours efficaces sur l'opinion; elles nous ont permis d'affirmer peu à peu ce pouvoir qui n'avait de la République que le nom, et qui, par une heureuse fortune, se trouvait aux mains d'un homme plus digne qu'aucun autre de le détenir, d'un homme aux lumières, à la compétence, à l'expérience, à la sagesse, au renom duquel l'Europe entière rendait hommage.

Eh bien, nous ne nous sommes jamais départis de cette politique : il le sait bien! et je suis sûr que, lorsque les fumées du combat sont dissipées, son regard revoit ces journées où

notre intervention a été décisive, non pas seulement en faveur
de l'un ou de l'autre de ses ministres, mais de l'existence de
son propre gouvernement. (Très-bien! très-bien! — Bravos.)
C'est à quatre ou cinq reprises — qui sont dans la mémoire
de tous et que je n'ai pas besoin de rappeler — que, sans incliner ni abaisser nos consciences, que sans froisser la rigueur
de nos principes, mais certainement en ne nous conduisant
pas comme des hommes de parti, nous avons apporté au gouvernement un concours sans lequel il aurait péri. (Oui! oui!
— C'est vrai!)

Le pays a toujours approuvé cette politique; il en a compris
toute la valeur aussi bien que ceux-là mêmes qui en ont si souvent ressenti les heureux effets et recueilli les bénéfices. On
l'apprécie, cette politique, à l'heure du danger, croyez-moi,
messieurs, car il arrive entre les gouvernements et les oppo-
sitions, dans leurs relations mutuelles, ce qui se produit, dit-
on, entre les marins en détresse et les saints. Pendant la
tempête, il n'y a pas d'ex-voto qu'on ne promette, de prières
qu'on n'adresse au saint; puis, quand la tempête est passée,
le saint en est très-souvent pour les services qu'il a rendus.
(Hilarité prolongée. — Applaudissements.)

Mais nous, qui n'avons pas la prétention d'assimiler notre
concours à rien qui ressemble à l'intervention de quelque per-
sonnage céleste (nouveaux rires), nous qui nous conduisons
en simples mortels, nous continuerons à prêter jusqu'au bout
ce concours à la fois nécessaire et désintéressé, parce que c'est
à la fois rendre service à qui a droit qu'on lui en rende, mais
encore à la chose auguste entre toutes qu'il représente, à la
République. (Salve d'applaudissements.)

Une voix. — Soutenez-le quand il a raison, résistez-lui
quand il a tort. (Oui! oui! — Bravos.)

M. GAMBETTA. — Quand je dis que la République est chose
auguste entre toutes, je m'explique. Ce n'est pas seulement
parce que c'est la forme du gouvernement pour laquelle nous
avons toujours lutté et qui représente, pour notre raison comme
pour notre cœur, ce qu'il y a de plus noble, de plus juste,

de plus grand dans les relations humaines ; mais c'est surtout parce qu'il y a dans cette forme de gouvernement plus d'avenir pour la France ; parce que, mutilée comme elle l'est, appauvrie comme on la laissera dans quelques jours, menacée comme elle restera longtemps encore, il n'existe pas, en dehors de la République, d'autre moyen de lui refaire la force matérielle et la force morale qui lui permettent de redevenir ce qu'elle doit être et de reprendre sa place au milieu du concert européen, non pas en dominatrice, — je n'ai pas de tel rêve pour mon pays, — mais comme une des aînées dans la famille des peuples. (Bravos.)

Messieurs, c'est comme patriote qu'il faudrait surtout être républicain. Autrefois, nos adversaires, contraints par la discussion, reconnaissaient que la République est la forme politique par excellence pour donner le plus libre jeu au mouvement intellectuel et matériel du pays ; que c'est la forme où le système économique tout entier peut être le mieux assuré comme fonctionnement et régularité, où les agents sont le mieux en état de remplir leur mission avec des frais généraux moindres. Messieurs, ce ne sont pas les seules raisons qui doivent faire aimer la République et pour lesquelles on doive la défendre, l'affermir et l'améliorer ; c'est surtout parce que, pour tout homme qui aime sa patrie, qui veut lui rendre sa prospérité, son lustre et sa grandeur, il n'y a plus, il ne reste plus rien en dehors de la République. (Longs applaudissements.)

Voilà pourquoi je dis qu'aujourd'hui être patriote, c'est être nécessairement républicain. (Très-bien ! — Oui ! — Bravos).

La considération qui a dominé toute notre conduite politique, c'était de hâter la venue de ce jour, — ah ! non pas un jour de joie ! en peut-il être encore au milieu du deuil national ? — mais de ce jour de soulagement où le sol serait évacué par l'étranger ; atteindre ce but et voir à l'horizon, — non pas à la frontière, hélas ! nous l'avons perdue ! (Mouvement.) — voir à l'horizon disparaître le dernier fusil à aiguille : telle était l'image toujours présente à nos yeux dans les travaux des bureaux, au milieu des luttes de la tribune, à l'Assemblée. Nous ne pensions pas qu'il fût de notre devoir de rien livrer au hasard aussi longtemps que le sol de la patrie ne serait pas parfaitement affranchi.

Ce n'était pas là un calcul de parti. Non, messieurs ; car cette politique ferme et prudente, nous voulons la continuer après la libération du territoire. Fruit de nos réflexions, elle est approuvée par la conscience du pays tout entier ; elle n'est pas seulement la vérité, elle est aussi la sagesse. Par conséquent, elle ne peut pas être accidentelle ; elle ne doit pas durer seulement pendant un, deux ou trois ans de session, elle doit se prolonger même après la fondation définitive de la République. En effet, messieurs, c'est avec cette politique de sagesse et de prévoyance qu'on pourra, au sein d'une liberté républicaine, créer des mœurs républicaines et établir, sans chocs, sans violences, le jeu régulier de ces deux grands partis qui doivent se partager les membres d'une société bien réglée : le parti des esprits novateurs et progressistes, et le parti des plus timides et des plus conservateurs. C'est dans le balancement exact de ces deux partis que peut se maintenir le véritable équilibre qui fait seul l'ordre dans l'État. Telle est, messieurs, la politique que nous avons suivie, à laquelle nous voulons rester fidèles. Et il est bien désolant, — laissez-moi le dire, car il n'y a même que cela qui soit désolant dans la situation actuelle, — il est désolant et cruel de constater que cette politique n'a pas été comprise du parti conservateur et de ses chefs, qu'elle soit encore calomniée sans trève ni merci. A l'heure qu'il est, nous sommes dans une de ces crises politiques où nos adversaires, ne nous tenant aucun compte de notre modération, de nos actes et de nos votes, veulent nous traiter comme si nous avions été violents, agressifs, passionnés et injustes, et comme si nous professions des théories, des projets de réforme qui seraient le renversement de toutes les bases de la société. (Voix nombreuses : C'est une indignité !)

Eh bien ! expliquons-nous, messieurs, il le faut. N'est-il pas

véritablement affligeant de voir des hommes que l'opinion de
tous les partis est habituée à respecter, — j'éviterai de prononcer des noms, si vous le permettez (oui ! oui !) — prendre dans
les circonstances actuelles un rôle, une attitude, un langage
qui véritablement à lieu de surprendre ?

Savez-vous ce qu'on dit à l'heure actuelle ?

On dit ceci : Le moment est favorable pour protester contre
l'affectation du parti républicain à ne vouloir que des républicains de vieille date pour le représenter ; pour procéder contre
certaines théories excessives, subversives, dangereuses, con-
damnées par l'expérience de tous les temps, et enfin, messieurs, l'on ajoute — parce qu'on arrive toujours à dire, dans
la lutte, plus qu'on ne pense — le moment est favorable pour
opposer l'esprit d'ordre à l'esprit de révolution.

Messieurs, pour juger de la valeur de ces déclarations de nos
adversaires, il est peut-être utile de revenir un peu en arrière.
Que se passe-t-il dans ce pays depuis tantôt deux ans ?

De tous les côtés, de toutes parts, toutes les fois que le
corps électoral est interrogé, qu'il s'agisse d'une élection au
Conseil municipal, au Conseil d'arrondissement, d'une élection
au Conseil général, d'une élection politique, — j'irai même
plus loin, car la politique se mêle à tout à notre époque, —
qu'il s'agisse d'élections aux chambres ou aux tribunaux de
commerce, que voyons-nous ? quelle est la première pensée
qui vient aux électeurs des villes et des campagnes ? Nom-
mons, disent-ils, un candidat qui veuille en finir avec la persis-
tance des élus du 8 février à rester au pouvoir ; qui veuille en
finir avec l'incertitude, l'équivoque ; qui veuille et sache noti-
fier à tout le monde qu'il est temps, plus que temps, de convoquer le suffrage universel dans ses comices, de l'interroger,
de l'appeler à élire des mandataires, soit pour la monarchie,
soit pour la République, mais dont le titre, dont le mandat
soient absolument incontestables et à l'abri de toute discussion,
de toute critique.

Voilà, dans le langage le plus modéré, et en même temps
le plus précis et le plus exact, ce qui s'est passé dans les

37,000 communes de France. (Oui! — Marques générales d'approbation.)

En a-t-on tenu le moindre compte? Avez-vous entendu dire que ces faits, qui se sont reproduits partout dans le pays, aient modifié le choix d'un préfet ou la nomination d'un juge? Avez-vous entendu dire que ce qui s'est passé ait pu faire supprimer l'état de siége dans un des nombreux départements qui en sont frappés? Et, surtout, avez-vous entendu dire que l'Assemblée de Versailles ait songé à s'en aller?... (Hilarité et bravos.)

Non, vous n'avez rien appris de pareil, hélas! et si j'avais seulement le quart de cette bonne nouvelle à vous apporter, je serais le plus heureux des hommes. (Rires.)

Le pays, alors, a vu qu'il avait beau manifester son opinion, on ne l'écoutait pas! Le pays n'a que le suffrage universel pour faire connaître ses idées ; encore les occasions de les faire connaître sont-elles laissées au hasard de la mort quand il lui arrive de faire des vides dans l'Assemblée. C'est seulement lorsqu'il y a un siége vacant que le suffrage universel est appelé à se prononcer ; c'est seulement le jour où il faut y pourvoir, et non le lendemain, que le suffrage universel peut manifester sa volonté et son opinion, et donner une impulsion dans tel sens ou dans tel autre; c'est ce jour-là seulement que le citoyen, que l'électeur français peut et doit faire connaître au reste du pays, où des élections n'ont pas lieu, au gouvernement, aux partis eux-mêmes, ce qu'il demande, ce qu'il veut, ce qu'il exige; car il a le droit d'exiger. (Très-bien! — Bravos.)

Voilà donc ce suffrage universel qui s'épuise en manifestations absolument nulles; il a beau multiplier ses arrêts; il a beau chercher la formule la plus claire ; il a beau inventer le mandat le plus défini et le plus précis, le mandat impératif, le contractuel ou le synallagmatique, tout y passe, il s'évertue à trouver de nouveaux moyens, de nouveaux procédés; tous ces efforts n'aboutissent à rien; on n'entend rien, on ne veut rien entendre de ce que dit le pays, ni à

Versailles ni, permettez-moi de le dire, dans les sphères du pouvoir. (Bravos.) Rebuté dans toutes ses tentatives, mais non découragé, le pays s'est dit alors : Peut-être existe-t-il encore un autre moyen, en dehors des élections générales à l'Asssemblée, en dehors des élections aux Conseils municipaux, d'arrondissement ou généraux, de manifester notre volonté : nous pouvons la manifester, par exemple, à l'occasion de telle ou telle élection partielle de député. C'est ce qui a été fait. Mais qu'a-t-on dit ? On a dit : Oh ! ce sont les gens du Var qui ont voté ! mais ce sont là des gens exaltés, passionnés, ce sont des gens incandescents ! Or, comment voulez-vous que nous réglions notre politique sur l'opinion décidément trop ardente des gens du Var ? (Hilarité générale. — Applaudissements.)

Après cette réponse, le pays, sans perdre patience, s'est dit encore : Si, dans une manifestation générale, on pouvait avoir l'expression collective, universelle, de l'opinion de la France sur un point de politique donné, on ne pourrait plus nous objecter ce qui s'est passé dans le Var, en Algérie ou ailleurs ; c'est alors, messieurs, qu'on a pensé au droit de pétition, et qu'on s'est mis à l'exercer.

On a reconnu que le droit de pétition était un droit sacré, mais que s'est-il passé ?

On a donné l'ordre aux agents inférieurs, — et vous savez le zèle que mettent les agents inférieurs à exécuter les ordres venus d'en haut (rires), d'empêcher de se produire, non pas la signature isolée, réfléchie d'un homme qui la donne dans son cabinet ou son comptoir et qui l'expédie par la poste, mais les signatures collectives. On a dit aux agents inférieurs que, sous prétexte d'ordre public, il fallait empêcher qu'on se groupât pour signer des pétitions, empêcher les réunions clandestines, et on considérait comme telles les réunions qui avaient lieu dans un café, dans un cabaret, ou sous le portique des théâtres, dans tous les lieux publics ouverts aux citoyens désireux de signer et résolus à le faire. On a multiplié tous les moyens d'intimidation ; tout le monde s'y est mis, les magis-

trats, le haut personnel des grandes compagnies, les direc-
teurs des grandes administrations, la gendarmerie, les fonctionnaires de l'ordre civil, depuis les plus élevés jusqu'aux
secrétaires des mairies. Et puis l'état de siége, dont 43 départements sont encore frappés, a joué son rôle aussi ; sait-on
bien ce qui peut arriver sous l'état de siége ? C'est ainsi, messieurs, que ce mouvement pétitionniste, commencé dans le
but de faire connaître l'opinion du pays, a été entravé.

Mais, malgré tous ces obstacles, en dépit de ce mauvais vouloir, de toutes ces réglementations indignes d'un pouvoir soucieux de recueillir les échos de l'opinion, on a pu atteindre le
chiffre d'un million de signatures au bas de pétitions demandant la dissolution de l'Assemblée de Versailles. (Bravos.)
Parmi ces signatures, beaucoup ont été données au prix de
bien des périls, car il y a de braves gens — j'en connais, —
qui ont perdu leur emploi pour avoir signé la pétition de la
dissolution, qui ont été chassés de leur administration après
quinze ans de services et qui ont ainsi perdu la ressource qui
faisait vivre leurs familles. Ces obstacles, ces entraves, ces
procédés vis-à-vis des signataires de la pétition ont dû singulièrement, vous le comprenez du reste, en arrêter la propagation ; il s'ensuit que ce million de signatures a un prix ines-
timable et que, pour les gens loyaux et sincères, une telle
manifestation si imposante et si nouvelle devrait être décisive.
Or, savez-vous ce qu'on a fait à Versailles ? On a voté un ordre
du jour par lequel ces messieurs ont déclaré — non pas en
propres termes, mais peu s'en faut — qu'ils ne relevaient que
de Dieu et de leur conscience. (Hilarité générale.)

Quant à la première de ces puissances, elle laisse commettre tant de choses dans ce monde que son invocation n'a
jamais été une garantie bien efficace dans la direction des
affaires humaines. (Très-bien ! très-bien ! — On rit.) Quant à
la seconde, à la conscience des hommes publics, permettez-
moi de dire que, lorsqu'ils sont appelés à juger leur propre
conduite politique, il leur est très-difficile toujours de se
donner tort. (Rires. — Bravos.)

Tel a été l'accueil qui a été fait à cette revendication énergique et autorisée du suffrage universel. Le pouvoir, par l'organe d'un de ses plus éloquents orateurs, s'est associé à l'in-
terdiction, en fait, de l'exercice d'un droit que lui-même avait
reconnu et proclamé en théorie. Le pouvoir ne s'est pas contenté d'agir ainsi, et c'est ici que j'entrerai tout à fait dans les
détails : puisque je vous rends le compte que je vous dois des
affaires publiques, je veux vous le rendre complet. (Très-bien!)
Le pouvoir ne s'est pas contenté d'interdire en fait le droit de
pétition ; il a compris que les gens dont le pouvoir politique
était menacé par les pétitions sentiraient tout le prix de sa protection, et que le moment était peut-être venu de s'entendre
avec eux pour les couvrir et les protéger. Aussi, messieurs,
c'est dans cette séance du 14 décembre 1872, où l'on para-
lysait les pétitionnaires pour la dissolution de l'Assemblée, où
l'on résistait à la voix du pays, c'est dans cette même séance
que malheureusement le pouvoir, les ministres du gouvernement de M. Thiers, ont conclu, avec les représentants de la
majorité de Versailles, un accord d'où est né le projet de loi
des Trente. Vous le connaissez, messieurs, vous en avez suivi
la discussion, j'en suis sûr, avec la plus extrême sollicitude.
(Marques d'assentiment.)

Ce projet de loi, je ne veux pas le juger au point de vue de
ce qu'on a appelé les chinoiseries qu'il contient. (On rit.) Je
ne m'occupe pas de ce côté puéril et mesquin d'une aussi importante mesure, et je vais droit à ce qu'il renferme d'important, c'est-à-dire au péril le plus grave qu'ait encore couru la
cause de la démocratie française.

Qu'est-ce, messieurs, que le projet des Trente? C'est un accord intervenu entre une partie du gouvernement et la majorité de l'Assemblée de Versailles pour doter la France, et la
République, s'il y a lieu, comme disent ces messieurs, d'institutions particulières de nature à assurer la sécurité de l'avenir.

Il faut voir ce qu'il y a au fond de ce langage abstrait.

Eh bien ! il y a trois choses. Il y a d'abord une loi contre le suffrage universel; ensuite, l'établissement, par cette Assemblée de Versailles, d'une Chambre haute ou d'une seconde Chambre, — appelez-la comme vous voudrez, — destinée à refréner la Chambre future quand on l'aura nommée; et enfin, brochant sur le tout, il y a, dans ce projet de loi des Trente, une disposition qui permettra de régler l'organisation des pouvoirs et du gouvernement de la République. En d'autres termes, nommés pour faire la paix, ces messieurs pensent et disent qu'ils ont maintenant à faire autre chose encore. Oui, ils ont été nommés pour faire la paix et uniquement pour cela, puisque c'est à peine si la question de la guerre à continuer a été posée; le pays ne leur a pas donné d'autre mandat; car enfin, messieurs, on peut bien le dire, ce n'étaient pas de vraies élections qui avaient eu lieu, à en juger par la confusion et la bigarrure qui se manifestaient sur toutes les listes, où se trouvaient réunies et associées les opinions politiques les plus contradictoires et les plus équivoques; c'était sous la douloureuse impression de la chute de la France, sous le poids des Prussiens, que ces élections s'étaient faites. On estimait qu'une Assemblée ainsi établie aurait le sens de se retirer après la conclusion et la ratification de la paix. Il n'en a rien été. Pourquoi? Parce qu'elle poursuit un plan, parce qu'elle médite des desseins politiques que je veux vous exposer et qui, selon moi, doivent aujourd'hui, dans la crise électorale que nous traversons, nous décider à prendre parti pour tel ou tel candidat. Ce plan, ces desseins politiques, quels sont-ils?

Messieurs, pour tous les esprits, même pour les plus prévenus, la libération du territoire doit mettre un terme aux pouvoirs et à l'existence de cette Assemblée. Or, l'Assemblée de Versailles veut éviter, si c'est possible, de tomber sous le coup d'une pareille échéance; elle veut reculer le terme de cette dissolution exigée par le pays : c'est dans ce but qu'elle a affecté de saisir le pouvoir constituant. Après s'être donné à soi-même, à une majorité d'environ 100 voix, ce pouvoir constituant, malgré la résistance et les protestations des députés libéraux et républicains, l'Assemblée affiche une autre prétention non moins audacieuse, la prétention d'exercer ce pouvoir constituant sans l'épuiser , la prétention , exorbitante et scandaleuse, de faire aujourd'hui une chose, demain une autre et, après-demain , de les défaire toutes les deux , sauf à recommencer à nouveau cette toile de Pénélope constitutionnelle. (Rires.) Messieurs, au moment où cette prétention sur le pouvoir constituant s'est produite, quand bien même elle aurait été l'opinion de l'immense majorité de l'Assemblée, il me semble — c'est mon opinion — qu'en présence des manifestations si claires de la volonté nationale , le gouvernement ne devait pas s'y associer. (De toutes parts : Non! non!) C'est pourtant ce que le gouvernement a fait. Il s'est associé à une pareille prétention et c'est à ce moment même qu'il a conclu l'accord, passé le contrat contenu dans la loi des Trente. Or , je vous le demande, messieurs, est-ce que s'opposer à la réalisation de ce contrat, qui n'est pas encore effectué , c'est faire acte d'opposition révolutionnaire, c'est faire acte d'exaltés? Est-ce, en un mot, poursuivre le renversement du gouvernement républicain? Témoigne-t-on d'une grande bonne foi, dans le camp de nos adversaires , quand on ne veut pas que nous nous opposions à une tentative qui nous semble grosse des plus grands périls. (Non! non! — Marques d'assentiment.)

Non, évidemment non ; en refusant au gouvernement de le suivre dans cette politique , en lui déniant le droit de traiter avec l'Assemblée d'une Constitution à faire de concert avec elle , nous ne faisons qu'exécuter notre mandat. Permettez-moi de le dire personnellement, messieurs, le mandat que j'ai reçu en juillet 1871 consistait à fonder la République, mais à l'aide du suffrage universel de la nation , librement exprimé, avec le concours d'une Assemblée républicaine, investie d'une autorité suffisante pour organiser un gouvernement. Ce mandat d'alors se résumait, comme celui qu'aujourd'hui même la démocratie parisienne donne au candidat qu'elle a choisi , par ces mots : Dissolution et République. (Très-bien ! — Applaudissements unanimes.)

Nous avons donc résisté, nous résistons encore aujourd'hui, et comme nous avons été vaincus à la Chambre, comme nous y avons été en minorité, je vous demande quelle doit être maintenant notre conduite, celle de tous les républicains qui ont voté avec nous et de tous ceux qui ont signé la demande de dissolution de l'Assemblée. Cette conduite doit-être — ou je ne comprends plus rien aux choses de la politique — de demander, au suffrage de son parti, aide, concours et assistance; nous venons donc vous dire : nous avons été en minorité; nous avons été battus dans l'Assemblée ; mais l'opinion que nous y avons soutenue, nous avons affirmé qu'elle était votre opinion, c'est vous qui avez aujourd'hui la parole ; c'est à vous qu'il appartient de parler. Et maintenant que la question vous est posée on ne voudrait pas que vous tinssiez le même langage que celui que nous avons fait entendre, en votre nom, à l'Assemblée ! Et il y a des hommes qui vous disent en ce moment, sous le prétexte mensonger que vous pourriez nuire au gouvernement républicain, que vous ne devez pas vous prononcer aujourd'hui d'une façon aussi énergique ! (C'est cela ! — Très bien !)

Quant à moi, je ne comprends pas cette politique. Je vous l'ai déjà dit, messieurs : dans l'enceinte du Parlement, j'ai toujours été disposé à consentir aux transactions et aux compromis que comporte la lutte parlementaire, parce que, dans le Parlement, il n'y a pas le pays, mais seulement ses représentants, on peut, sur tel point, avec tel parti, avec tel groupe parlementaire, amener, à l'aide d'un arrangement discuté, d'un concert délibéré, tel ou tel résultat qu'on désire, parce qu'on le croit avantageux au pays. Mais quand on se présente dans l'arène électorale, quand il s'agit de puiser à la source même de l'influence des partis et que l'on demande au pays, à la nation entière, de faire sentir au gouvernement le poids qu'ils pèsent, vous voulez qu'on transige ? Messieurs, une pareille transaction ne serait qu'une usurpation sur votre souveraineté, ce serait une part de votre juste influence qu'on vous déroberait et qu'on donnerait à l'adversaire.

Est-ce que nous pouvions nous prêter à de pareils compromis ? (Non ! — Jamais ! — Très-bien ! — Bravos.) C'est là, messieurs, un des premiers principes de la politique, j'ose le dire, car la politique, qu'est-ce, après tout ? C'est l'art de faire intervenir les forces organisées d'un pays dans la direction générale de ses affaires. Eh bien ! je vous le demande, vous avez une opinion, elle est représentée depuis trois ans et elle n'a pas triomphé. Or, de deux choses l'une : ou vous vous êtes trompés, et alors il faut le reconnaître ; ou, au contraire, vous avez la conviction que vous avez donné le conseil le plus sage au gouvernement et à la nation elle-même, et alors il faut persister. Car, si vous ne persistiez pas, savez-vous ce qu'on dirait au lendemain de l'élection ? Les représentants du parti républicain nous ont combattus au nom de leurs commettants, mais leur parti les a désavoués ; au scrutin, d'ailleurs, ce parti a été compté et trouvé sans influence et sans force. (C'est vrai ! — C'est cela ! — Bravo !)

Nous vivons dans un temps où ce qu'on apprécie au plus haut prix, c'est la force ! C'est avec la force que l'on compte avec le moins de vergogne. Quand c'est la force matérielle, on peut lui résister quelque temps ; on le fait toujours avec honneur. Quand, au contraire, c'est la force morale, on peut lui résister aussi quelque temps, mais non sans déshonneur ; et, pourvu qu'on ait la liberté de discussion quelque part, la honte de cette résistance ne tarde pas à être traînée à la lumière du jour, et la force morale finit par vaincre et par s'imposer. (Très-bien ! très-bien ! — Salve d'applaudissements.)

Après tout, messieurs, sommes-nous donc si exigeants et si exclusifs ? De quoi s'agit-il ? Il s'agit de faire, non-seulement à Paris, — car on ne parle, on ne s'occupe que de Paris, tandis que nous savons tous qu'il y a des élections à faire dans douze départements : huit le 27 avril et quatre le 11 mai, — il s'agit, dis-je, de faire non-seulement à Paris, mais dans douze départements français, des élections politiques. Il ne s'agit nullement de faire acte de stratégie parlementaire. C'est bien ici qu'apparaît la profonde erreur de l'homme éminent qui est au pouvoir. Il s'imagine qu'il pourra transporter dans le domaine électoral les finesses, les expédients, les procédés, les mille et une ruses qui lui réussissent si bien dans les coulisses de Versailles. (Rires. — Marques d'approbation.) Il ne veut pas voir que cette erreur sera pour lui la cause de l'échec qui l'attend, parce que ces petits moyens ne valent rien dans le pays, parce que ce que demande la nation, ce ne sont pas des habiletés ; ce dont elle a besoin, ce n'est ni de finesse ni de ruse. Que veut-elle? De la clarté, de la logique, de la simplicité. (C'est cela ! — Très-bien! — Bravos.)

Elle ne comprend pas toutes ces combinaisons, elle n'entre pas dans toutes ces minuties. Elle dit : je veux la République, je ne veux pas d'équivoque, je demande la dissolution de l'Assemblée et je ne veux pas consentir à ce que cette Assemblée organise la République, non jamais. Cette idée ne pourra pas entrer dans ma cervelle, dit ce pays gaulois, que vous fassiez organiser la République par des légitimistes, par des bonapartistes ou par des orléanistes qui peuvent tout organiser, tout, excepté la République. (Oui ! — Oui ! — C'est cela ! — Applaudissements prolongés.)

Toute la science des hommes d'État, toute l'éloquence des orateurs les plus consommés y passerait qu'on ne changera pas, grâce au ciel ! la nature de notre esprit ; qu'on ne changera pas cette soif de vérité et cet amour de justice que notre nation a de tout temps éprouvés et qu'elle éprouve aujourd'hui plus que jamais. Non ! on ne changera pas notre caractère national en un jour, et à Paris moins qu'ailleurs. (Bravos.) Et rassurez-vous, messieurs, vos frères, vos compatriotes de la province parlent et agissent comme vous parlez et agissez vous-mêmes; ils ont voté comme vous dans le passé; ils voteront encore comme vous dimanche. (Très-bien! très-bien ! — Marques unanimes d'approbation.) Prenez, en effet, les élections qui se sont faites depuis deux ans. Elles ont eu partout le même caractère; qu'elles se soient passées dans le département du Nord, où il y a 400,0000 électeurs, sur les côtes du Finistère, dans les Bouches-du-Rhône, dans le Var ou l'Hé-

rault, dans le Gard ou la Gironde, dans les Vosges ou dans
l'Yonne ; sur tous les points, la France a été unanime dans la
même réponse ; elle a dit partout, et toujours avec la même
formule, dans les mêmes termes, sur des noms d'hommes qui
ont une physionomie semblable : ce que je veux, c'est la fin
de cette Assemblée et une politique opposée à celle qui a été
suivie jusqu'à ce jour. De plus, elle a partout et toujours dit
au pouvoir : Ce n'est pas pour vous ébranler, pour vous renverser, que je me prononce ainsi dans toutes les élections, c'est
pour vous gagner, c'est pour vous éclairer, c'est pour vous per-
suader; écoutez la voix qui monte de toutes les communes de
France et votre pouvoir cessera d'être à la discrétion de quelques voix dans l'Assemblée de Versailles, il sera le plus fort
et le plus respecté des pouvoirs parce qu'il reposera sur la
majorité du suffrage universel, sur la majorité du pays. (Oui !
— C'est cela ! — Très-bien ! — Salve d'applaudissements.)

Car, messieurs, remarquez-le bien. Sur le nombre de 163
députés qui sont entrés dans cette Assemblée de Versailles depuis 1871, voulez-vous me citer un député, un seul, — ah !
si, il y en a un, c'est M. Martin, d'Auray (Morbihan) (Rires.)
Mais après celui-là, citez-m'en donc un seul autre, parmi ces
députés, qui représente la politique de la majorité ? Voyons !
qu'on nous le montre, qu'on nous le fasse voir. (Rires. —
Très-bien ! — Bravos.) Est-il sérieusement possible d'imposer
plus longtemps à un pays une politique et une administration
désavouée, répudiée, condamnée par tous les scrutins qui ont
été ouverts depuis le 2 juillet 1871? (C'est cela ! — Bravos
répétés.)

Cependant il y a terme à tout, et les nations, les peuples se
fatiguent. Messieurs, croyez-vous que ce soit une sage politique que de refuser systématiquement à ce grand corps électoral l'ombre même d'une satisfaction? Quant à moi, je trouve
cette politique téméraire et extrême; je disais qu'elle n'est
pas la politique qui convient à un grand et noble pays, dont les
forces sont chancelantes et qui a besoin des plus grands ménagements. C'est de la politique à outrance, à laquelle nous

patriotes, dont la République est le gouvernement, nous devons résister dans l'intérêt même de notre gouvernement; et quand nous parlons de résistance, nous ne faisons pas appel à d'autres instruments de lutte que ceux qui nous sont assurés par la loi; nous ne demandons pas d'autre auxiliaire que la loi devant laquelle, dans un pays libre et maître de lui-même, nous devons tous nous incliner : vous, pouvoir, comme nous, opposition. (Oui! — Très-bien! — Bravos.)

Cette grande démocratie, qui dans quelques mois, je l'espère, pourra démontrer, en étant universellement consultée, qu'elle est la nation elle-même (oui! oui!), cette démocratie, que réclame-t-elle donc? Quelles sont ces revendications? quels sont ses griefs? Que demande-t-elle donc, enfin, pour qu'on ne réponde à ses représentants que l'injure à la bouche, pour qu'on s'acharne à la calomnier dans une presse immonde qui devrait avoir disparu, mais qui semble fleurir surtout dans les pays d'état de siége comme dans son climat naturel?

Cette grande démocratie, mais c'est tout simplement le pays tout entier, et c'est le pays le plus travailleur, le plus patient et le plus obéissant qu'il y ait dans le monde; la démocratie chez nous, c'est le travailleur français, c'est-à-dire celui qui certainement, de tous les hommes assujettis aux charges et aux règles de toute société organisée, discute le moins et paye l'impôt avec le plus de régularité et de facilité, parce que, quelles que soient les charges dont on le frappe, un sentiment profond le domine, le sentiment de l'intérêt national. (Très-bien! — Applaudissements.) N'a-t-il pas prouvé son obéissance, son zèle, son patriotisme depuis ces douloureux événements de la guerre? Où avez-vous vu le moindre signe de résistance? Où avez-vous entendu la moindre plainte contre ces charges qui venaient frapper le travailleur français? Ah! oui, il y a eu des plaintes, mais des plaintes intimes, intérieures; on s'est resserré dans l'intérieur du ménage. Mais où, encore une fois, a-t-on dit que ces charges étaient trop lourdes? Nulle part. C'est que cette nation est toute au travail. C'est qu'elle ne demande qu'à produire pour racheter

sa propre faute. Pourquoi faut-il, hélas ! que nous ayons à
payer aussi pour les effroyables crimes commis par ce pouvoir
que vous connaissez? (Oui ! — Très-bien !) Cette nation, honnête et laborieuse, qu'a-t-elle demandé au lendemain de la
guerre? On ose parler de bouleversement social ! Quelle injustice, messieurs, dans cette accusation ! Rappelez-vous le cri
unanime poussé par cette nation au lendemain de la guerre :
Nous avons été vaincus par un peuple plus instruit que nous.
Des écoles ! Donnez-nous l'instruction ! Versez à flots la lumière et la science ! (Très-bien ! — Salve d'applaudissements.)
Voilà la passion subversive, la passion satanique de cette nation. (Rires.) Elle demande depuis un siècle à ceux qui la
mènent de lui donner l'instruction, l'éducation ; elle leur demande qu'on ouvre des écoles, qu'on multiplie les maîtres,
qu'on lui distribue à profusion la vérité scientifique. (Oui !
oui ! — C'est vrai !) Depuis deux ans et demi que nos malheurs sont arrivés, avez-vous appris qu'on ait fait quelque
chose pour les écoles? Avez-vous appris qu'on les ait augmen-
tées? Ah ! oui, il y a des municipalités républicaines qui ont
ouvert de nouvelles écoles et je ne tenterai pas de vous raconter la série de difficultés, de procès, de destitutions, de
suppressions que l'ouverture de ces nouvelles écoles a en-
traînés. (On rit.)

L'école, l'instruction, quel rêve ! et que nous en sommes
loin encore ! Quant au mot obligatoire, on se refuse absolument à le prononcer à Versailles. (Rires et marques unanimes
d'approbation.)

A la vérité, ce peuple a des exigences bien autrement insensées ! Savez-vous bien ce qu'il ose demander, ce peuple
appelé à vivre dans une société libre et progressive, qui doit
être jugé par des hommes, qui doit nommer ses fonctionnaires
en les recrutant dans ses propres rangs? Il demande une éducation qui soit de nature à le rendre propre à l'exercice de
ses droits et de ses devoirs de citoyen, qui lui donne des
idées appropriées à la société dont les rapports sont civils et
laïques. Il demande une chose qui est représentée par un

seul mot qui soulève tous les anathèmes, il demande l'éducation laïque. Qu'est-ce, après tout, que l'éducation laïque? C'est tout simplement l'éducation des hommes par des hommes dignes de ce nom. (Salve d'applaudissements.) Et à combien s'élèverait la dépense pour établir gratuitement cette éducation nationale? Quels sacrifices exigerait-elle de ce peuple qui a su trouver si aisément des milliards pour les donner aux barbares? Quelle somme faudrait-il s'imposer véritablement pour former la taxe qui doit servir à proscrire et chasser ce qui est plus funeste encore que les barbares, car c'est ce qui enfante les barbares chez nous, l'ignorance? (Explosion d'applaudissements.) On n'a jamais osé aborder ce problème et le regarder en face.

L'idée de la défense commune et obligatoire de la patrie s'était associée tout naturellement à l'idée de l'instruction gratuite et obligatoire, la nation a réclamé le service obligatoire.

Elle l'a réclamé, d'abord pour empêcher le retour des effroyables catastrophes où elle avait failli périr; elle l'a réclamé ensuite pour amener, dans un intérêt supérieur de paix sociale, la fusion et le rapprochement des classes; elle l'a demandé pour que, à l'origine même de la vie, chacun, étant coude à coude dans le rang pour la protection du foyer, apprît que le sang de tous ses enfants est d'un prix égal pour la patrie, pour qu'on cessât enfin d'envoyer les uns combattre et mourir à la place des autres. (Sensation. — Vifs applaudissements.)

A ce peuple qui formulait cet insensé programme (rires), qu'a-t-on donné? On a donné une loi informe, mal faite et contradictoire, qui vaut moins que le système antérieur.

Dans l'ancienne législation, au moins, on ne pouvait se racheter du service militaire qu'à prix d'argent, tandis qu'aujourd'hui la faveur en exempte au moins autant que l'argent. (Oui! — C'est vrai! — Marques générales d'assentiment.)

Et, pour établir ces deux grandes réformes, l'école et le service obligatoires, pour les nourrir, pour les alimenter, si vous

voulez me permettre cette expression, il fallait de l'argent.
Pourquoi hésiter — la nation ne le voulait pas — à entrer
dans une autre réforme pratiquée presque partout? Il fallait
arriver à l'établissement de l'impôt, je ne dis pas le meilleur,
mais de celui qui se rapproche le plus de l'égalité des charges,
à l'établissement de l'impôt qui prend le revenu là où il est
déjà formé, et qui ne frappe pas là où toutes les ressources
sont nécessaires pour arriver à la formation de ce revenu. Oui,
notre démocratie, imprudente et téméraire, demandait l'établissement de l'impôt sur le revenu. (Rires. — Bravos.)

Que lui a-t-on répondu? On lui a dit que l'impôt sur le revenu, c'était l'impôt du désordre et du socialisme. L'impôt du
désordre! un impôt qui existe dans la féodale Allemagne, dans
l'aristocratique Angleterre, en Amérique, en Suisse, en Dane-
marck, en Italie. Il n'y a que chez le Grand-Turc où il ne
soit pas appliqué! (Hilarité. — Bravos.)

Et cependant vous n'avez pas appris que ces pays, qui ont
ainsi admis et pratiqué l'impôt sur le revenu, soient livrés à
l'abomination du désordre et de l'anarchie? (Rires.— Applaudissements.)

Il y avait encore d'autres questions dont la démocratie demandait la solution : la séparation de l'Église et de l'État, la
réforme de la magistrature, et d'autres encore que je n'énu-
mèrerai pas en ce moment. Mais la démocratie, — ne nous
lassons pas de faire remarquer ce caractère nouveau de ses
demandes, qui devrait bien faire réfléchir ses adversaires, —
la démocratie ne dit plus aujourd'hui : Tout ou rien. Elle ne
dit plus : Si ce gouvernement ne m'accorde pas toutes les réformes que je lui demande, je le combattrai et il tombera ;
il disparaîtra s'il ne me satisfait pas pleinement. Non, la démocratie ne tient plus ce langage. Elle dit aujourd'hui : Procédons par gradation, faisons notre progr amme, commençons
par le commencement, ne touchons pas à toutes les questions
à la fois, ne faisons pas table rase, procédons avec ordre et
enchaînement. Tout d'abord, ajoutait-elle, il faut être instruit,
armé, et avoir des ressources assurées ; et elle bornait son am-

bition à ces trois réformes également urgentes. Pouvait-on la satisfaire facilement? En aurait-il coûté beaucoup de satisfaire à ces trois demandes de l'opinion publique également justes, au lieu de dépenser deux ans et demi en luttes stériles, en complots insensés, en projets de restauration qui amèneraient des catastrophes effroyables? Était-il possible de décréter l'obligation et la laïcité de l'école, d'établir l'impôt sur le revenu et de faire une armée qui eût été véritablement une égalité du service pour tous? (Oui! — Oui! — Adhésion générale.) Pourquoi donc ne l'a-t-on pas fait? Par impuissance, par mauvais vouloir. Nous sommes bien forcés de le constater.

Dès lors, messieurs, le devoir strict, impérieux, qui s'impose à tout homme soucieux non-seulement de la forme républicaine, mais de la démocratie, c'est, chaque fois qu'il dépose un bulletin de vote, d'y inscrire ces trois questions, non pas à Paris seulement, mais partout où le scrutin est ouvert. Jusqu'à présent la démocratie républicaine n'a pas manqué à ce devoir. Partout on a imposé aux divers candidats qui ont été élus depuis deux ans ce programme des trois questions premières à résoudre. Ils ont accepté le mandat, mais ils ont été impuissants à réaliser les réformes. C'est ce qui fait dire à certaines personnes : A quoi servirait-il de recommencer une épreuve inutile ? De nouveaux élus, chargés de réclamer les mêmes réformes que leurs prédécesseurs, seront-ils plus heureux à Versailles pour les obtenir ? Et, sous le prétexte que le nouvel élu de Paris n'obtiendrait rien, on vous engage, on vous invite à voter pour un candidat qui veut tout le contraire de ce que nous demandons et qui prolongerait indéfiniment cette situation équivoque, cette politique impuissante et stérile. (Rires. — C'est bien ! — Applaudissements.)

Cette démocratie, qui a su borner ses réclamations, qui surtout a su établir une gradation dans ses revendications, est-elle, comme on se plaît à le dire, exclusive, envieuse et défiante? Répugne-t-elle, comme on le prétendait ces jours-ci dans une autre réunion, à toute supériorité intellectuelle et sociale? Il faudrait cependant s'habituer à parler la langue des hommes, au lieu de chercher à les effrayer avec des calomnies, comme on effraye les enfants avec des croquemitaines. (Très-bien ! Bravo !) Non ! la démocratie n'a pas de défiance à l'adresse des hommes de bonne foi qui font amende honorable, qui reconnaissent que leur passé monarchique a été une erreur. Où a-t-on vu que nous ayons repoussé dans nos journaux, dans nos cercles, dans nos réunions, des hommes de bonne foi? Parmi ceux-là qui n'étaient pas dans nos rangs, beaucoup étaient éloignés de nous, parce qu'ils étaient trompés. Vous n'imaginez pas, j'en suis certain, que les millions de *oui* que l'empire sophistiquait et attirait à lui par tous les moyens, étaient tous déposés dans l'urne par des bonapartistes. (Non ! non ! — Assentiment général.) Non, en effet, c'étaient simplement des hommes étrangers à la politique qu'on enjôlait, qui croyaient à la paix quand on les conduisait à la guerre, qui croyaient à l'économie dans les finances du pays quand on les menait au déficit. Ils acceptaient de confiance toutes les promesses, et ils votaient sincèrement, dans l'espoir qu'elles se réaliseraient. Mais ils allaient à l'erreur, parce qu'ils n'étaient pas éclairés. Ce que voyaient ces millions d'électeurs dans le gouvernement impérial, c'étaient d'abord l'égalité civile dans la pratique du suffrage universel, et c'était, à un point de vue étroit et de peu de portée, la sécurité pour leur épargne. L'ordre au dedans; ils le croyaient assuré, et on les trompait encore sur ce point. Aujourd'hui, ces bons et loyaux Français viennent dire : Nous nous sommes trompés et nous venons à vous; nous aurions dû vous écouter plus tôt et voter avec vous, nous eussions ainsi évité la mutilation de la France. Les avons-nous rejetés, les avons-nous repoussés ? Non ! non ! (Bravos. — Très-bien !)

Ceux à l'égard desquels la démocratie se montre sinon défiante, au moins exigeante, ce sont ceux qui ont changé de camp et de parti, qui ont approuvé toutes les doctrines ; ce sont ceux qui ont su, il y a vingt-trois ans, escamoter la République, assurés qu'ils étaient, qu'après avoir joué leur comédie, ils pousseraient cette République débile et confiante dans les bras du prince qui se chargerait de l'étouffer. (Salve d'applaudissements.)

Mais les temps sont changés. Nous ne redoutons plus les conspirations de l'Élysée. L'homme qui est à l'Élysée est un honnête homme, un homme de discussion, et voilà qui doit rassurer les timides et les inexpérimentés, à qui l'on voudrait faire croire que nous revenons à la situation de 1850 et 1851. Ne perdons pas de vue cependant que la majorité de l'Assemblée de Versailles est composée d'hommes qui partagent les passions de cette malheureuse époque, et qui tiennent le même langage qu'autrefois. Et l'on voudrait que, de près ou de loin, nous eussions confiance dans leurs paroles et que nous consentissions à supporter plus longtemps la menace qu'ils tiennent suspendue sur la République, et qui, vous le sentez bien, tarit toutes les sources de la prospérité publique ! (Oui ! oui !) L'ignorance du sort que nous réserve cette Assemblée, c'est là ce qui fait qu'on ne travaille pas à longue échéance, que les transactions se ralentissent, que les commandes deviennent plus rares, qu'on est inquiet sur tous les marchés du pays. En effet, les gens d'affaires ne recherchent dans la politique que la sécurité, et ils ont raison. Mais qui est-ce qui les menace ? Est-ce la République ? Non. Ce qui les menace et ce qui prolonge le marasme dans lequel sont les affaires, c'est la réaction. (C'est cela ! — Oui ! oui — Applaudissements prolongés.)

C'est la réaction qui a inventé ce langage qui consiste à dire que la démocratie est l'ennemie des supériorités sociales ; c'est la réaction qui déclare que la démocratie repousse les hommes supérieurs et distingués. Messieurs, s'il y a une vérité bien établie, c'est précisément le contraire de cette calomnieuse invention. (Oui ! — Oui ! — Bravos.)

Ce n'est pas dans un pays qui s'est toujours placé à la tête des peuples, par ses goûts artistiques, par un travail supérieur dans toutes les directions et dans toutes les branches de l'industrie, par une recherche constante de ce qui est beau et grand, ce n'est pas dans un tel pays qu'on peut dire que la démocratie est jalouse du génie, envieuse du mérite, ennemie des supériorités intellectuelles et morales. Ce n'est pas à Paris qu'on peut tenir un tel langage, ni même en France. Qu'on le réserve, si l'on veut, pour d'autres nations dont leur jalousie contre nous a fait toute la haine. (Bravos répétés.)

Le suffrage universel est difficile à tromper sur certains hommes. Il sait que tel qui se présente à lui comme le défenseur de ses intérêts, comme le protecteur des idées républicaines, n'est pas véritablement trempé pour remplir cette mission ; un secret instinct l'avertit et l'éclaire quand les hommes qui se présentent à lui viennent d'un certain camp, et, avant de se prononcer, il leur demande des gages. Le parti démocratique fait, en agissant ainsi, ce que tous les partis ont fait et feront dans tous les temps. Messieurs, s'il y a un parti qui, loin d'être exclusif et fermé, n'a pas toujours bien placé sa confiance, je peux le dire ici, dans cette assemblée, dans cette réunion, c'est assurément le parti démocratique. Elle serait trop longue et trop humiliante à faire, la liste de ceux qui sont venus à vous, que vous avez accueillis, exaltés et poussés au premier rang, de ceux que vous avez soutenus de vos applaudissements, de vos sympathies pendant des années et qui, au moment même où il s'agissait de rendre les services qu'ils vous avaient annoncés et promis, se sont dérobés subitement ! (Oui! oui ! — Applaudissements.)

Savez-vous, messieurs, quel est le danger spécial à la démocratie, car tous les partis ont un côté défectueux, par lequel ils sont plus malades que d'autres et plus exposés aux défaillances ? Eh bien ! j'ose le dire, ce n'est pas le soupçon et la défiance, ce n'est pas l'esprit de secte, l'exclusivisme non plus, qui sont le mal de la démocratie, c'est bien plutôt une inclination trop vive et trop prompte à l'approbation, aux applaudissements, c'est surtout cette déplorable tendance à croire qu'un homme peut incarner une idée. Rien de plus faux et de plus dangereux. Quant à moi, je vous le déclare, je lutterai constamment contre cette confusion qui a été trop souvent la cause de nos plus cruels revers. (Bravos.)

Dans le monde, dans les salons, dans les réunions intimes, on entend souvent un mot qui est sur toutes les lèvres et qui est le secret de toutes ces apostasies que nous avons vues. Lorsqu'un homme est arrivé, porté par le parti républicain, au premier rang dans la vie publique, les hommes des autres partis l'entourent, ils le voient, ils le pratiquent et le caressent, et ils lui laissent entendre que la différence est grande entre le point où il est parvenu et celui d'où il est parti ; on lui fait comprendre qu'on pourrait s'entendre et traiter avec lui ; qu'il peut devenir l'agent et l'instrument des meilleures réformes. C'est par là, malheureusement, qu'on agit, non pas seulement sur les consciences débiles, mais sur les consciences malsaines ; et savez-vous quel est le terme élégant dont on se sert dans cette situation ? On lui dit à cet homme que l'on cherche à corrompre par le subtil poison de la flatterie : pourquoi ne laissez-vous pas là ces gens qui ne vous valent pas ? On n'est pas un homme d'État quand on ne sait pas *couper sa queue.* (Hilarité. — Bravos.)

Voilà la langue de ces messieurs. Or, couper sa queue, c'est quitter son parti, c'est le trahir. (Très-bien ! — Applaudissements.)

C'est pourtant là ce qu'on vous engage, par mille moyens, à faire. Mais, messieurs, quand on appartient d'esprit et de cœur à un parti, quand on s'y est dévoué, quand on le connaît bien, quand on est prêt à résister à la fois à ses faiblesses et à ses excès, quand on est sûr de ne pas plus se laisser aller à ses emportements qu'à ses défaillances, on comprend alors que la véritable place d'un homme d'État, c'est de rester dans le rang, au milieu de ceux qui vous ont porté, qui vous ont soutenu, pour les éclairer, les instruire, les modérer quand ils s'emportent, les exciter quand ils perdent courage, pour les gouverner enfin. (Profonde sensation. — C'est vrai ! — Vous avez raison ! — Vifs applaudissements.)

Car les partis qui veulent gouverner doivent apprendre

d'abord à se gouverner eux-mêmes, et c'est à quoi leurs chefs doivent tout d'abord leur servir et s'appliquer. Tous ensemble, les chefs et les partis, doivent arriver aux affaires. Ce n'est pas, messieurs, ce qui nous est échu avec plus d'un homme que nous avons poussé. A mesure qu'on le poussait, il est advenu que l'homme quittait le parti, pour les affaires. (Rires. — Très-bien! — Bravos.)

Heureusement pour la République, la plupart des hommes qui, depuis trois ans, grâce à cette lutte terrible par laquelle ils ont passé, ont surgi dans la province et à Paris, bien que portés inopinément aux affaires, ont su les apprendre à force de vouloir, de résolution, de labeur, d'application; aujourd'hui ils les savent. Nous sommes le nombre, et, si nous voulons nous appliquer à apprendre, ne serons-nous pas bientôt l'intelligence? Or, quand nous serons le nombre et l'intelligence à la fois, le jour ne tardera pas à venir où nous ferons de la République, non pas une dérisoire étiquette, mais une réalité féconde. (Salve d'applaudissements.) Messieurs, je le répète, parce que c'est ma profonde conviction, on ne gouverne et on ne dirige son parti qu'à la condition de rester au milieu de lui, de partager ses malheurs et ses espérances, de s'associer à ses sacrifices et à ses dévouements. Ce qui a empêché la démocratie française de commander toujours le respect aux autres partis, c'est d'avoir créé trop de transfuges. Mais qui les a faits, ces transfuges? Est-ce votre esprit de soupçon ou bien votre empressement à vous laisser séduire? Est-ce votre confiance trompée? N'est-ce pas plutôt leur propre ambition? (Très-bien! — C'est cela! — Applaudissements.)

Messieurs, ce qui s'agite aujourd'hui dans notre grande cité républicaine, ce n'est pas la lutte entre deux hommes, ce n'est pas une querelle électorale, ce n'est pas même une question purement parlementaire; ce qui s'agite à l'heure actuelle, c'est la question de savoir si on fera à la démocratie sa place dans les affaires du pays. (Oui! — C'est cela! — Très-bien!) Ceux qui se décorent du nom de classes dirigeantes disent et cherchent à faire croire que la démocratie est sauvage, bru-

tale, inexpérimentée, incapable et inculte ; qu'on doit la gouverner, mais qu'elle ne pourra jamais gouverner. Eh bien !
messieurs, rien de tout cela n'est vrai ; je dis qu'il faut abjurer
cette idée fausse et dangereuse ; je dis qu'il faut arriver à
comprendre enfin que la démocratie, qui est la force du pays,
doit entrer dans la gestion des affaires de ce même pays et y
prendre sa place et son rôle. (Applaudissements répétés.)
C'est ce que j'ai exprimé d'un mot dans un de ces voyages
que j'ai faits en France, non pas pour faire des discours,
comme le disent de misérables rhéteurs, mais pour apprendre,
sur place, à connaître les populations qui composent notre
démocratie. A l'ouest, au nord, au sud, savez-vous ce que
j'ai vu, ce que j'ai constaté ? Savez-vous ce qu'on ne me par-
donne pas d'avoir dit ? C'est que la France est partout la
même, c'est qu'une unité admirable anime sur tous les points
le parti républicain, c'est que partout il entre aux affaires en
forçant la porte de ces vieilles citadelles d'où il avait toujours
été exclu ; il est dans les Conseils municipaux, d'arrondissement et généraux, et, partout, il y gère aujourd'hui les intérêts du pays aussi bien que ses devanciers ; demain, il les
gérera mieux. (Oui ! oui ! nous en répondons. — Très-bien !
— Applaudissements.)

Devant un pareil spectacle, j'ai pensé, messieurs, qu'il ne
fallait pas rester muet ; j'ai pensé qu'il fallait dire au pays :
Relève-toi, car tes richesses sont inépuisables ! Relève-toi, car
il y a dans cette nation une sève, une force vierge que l'on n'a
pas encore utilisée, et à qui la France devra la restauration
de sa prospérité et de sa grandeur ! (Bravos enthousiastes.)
Avais-je l'intention de présenter cette force nouvelle comme
une menace ? Nullement. Je la considérais, au contraire, et je
l'ai dit, comme un élément d'ordre et de pacification, à la condition que les politiques comprissent qu'ils avaient devant eux
non pas une révolution, mais une évolution politique et sociale.
(Explosion d'applaudissements. — Sensation.)

C'est ce que j'ai désigné d'un mot, qui a eu, je suis loin de
m'en plaindre pour notre cause, le plus grand retentissement.

J'ai voulu dire et j'ai dit que partout on constate le même phénomène, que partout on assiste à la même floraison magnifique et féconde de la démocratie. Les nouvelles couches sociales dont j'ai parlé, c'est le monde du travail qui veut entrer dans le monde de la politique, parce qu'il en a le droit et qu'il en est devenu capable. (Longs applaudissements.)

Ce sont là des choses justes, vraies, utiles à dire partout, utiles à dire surtout, ici, à Belleville, à Belleville le mal famé (hilarité générale), à Belleville dont les scribes de la réaction cherchent à faire un fantôme qui n'excite plus que la risée des populations. Apprenez-le donc, mes amis, en France il n'est plus un village, aussi éloigné qu'il soit du centre, où l'on ne vous connaisse; il n'est pas un point en France, où quand on parle de Paris, il ne surgisse, à ce nom si cher et si glorieux de Paris, une immense acclamation de reconnaissance, de respect et d'admiration. Ces sentiments si nobles, tous les Français les éprouvent. Aussi, messieurs, c'est ma ferme espérance : quand on le voudra, la France manifestera son admirable unité, cette indestructible solidarité de toutes ses communes, qui, après tant de désastres et de deuils, nous ramèneront à ces grands jours ,dont nous ne devons jamais oublier le souvenir ni perdre l'enseignement, aux grands jours de la fédération française de 1790, où toute la France vint à Paris se dire le secret de ses indomptables espérances. (Double salve d'applaudissements. — Cris répétés de : Vive la République! — Vive Gambetta !)

Après ce discours, qui a causé dans l'auditoire la plus vive impression, la parole a été donnée à M. Martin Nadaud, qui a prononcé une chaleureuse allocution, pleine d'avis sages et patriotiques sur la conduite à suivre dans la lutte actuelle. Il a terminé cette petite harangue, à la manière anglaise, en mettant aux voix la candidature de M. Barodet. Elle a réuni l'unanimité des suffrages.

L'assemblée s'est séparée ensuite dans le plus grand ordre, chacun versant à la sortie son offrande pour subvenir aux frais de l'élection.

DISCOURS

PRONONCÉ A NANTES

Le 16 Mai 1873

MESSIEURS ET CHERS CONCITOYENS,

Permettez-moi, en me levant, de boire aux progrès de la démocratie nantaise, de boire aux triomphes récents que le suffrage universel vient de remporter ici et par lesquels il vient d'affirmer de la manière la plus éclatante la solidarité qui réunit toutes les villes, — que dis-je, toutes les villes? toutes les municipalités de France, — dans la même défense de leurs franchises communes.

Mais une fois ce tribut payé à la municipalité de Nantes, après cet hommage rendu à votre corps électoral, permettez-moi d'aborder directement le sujet de notre entrevue.

Il y a plus d'un an que j'ai pris, à l'égard de vos amis, l'engagement de venir vous visiter, de me rendre au milieu de vous pour y recueillir vos impressions, pour me pénétrer de vos propres pensées, pour étudier avec vous l'état du parti républicain dans ce riche et beau département de la Loire-Inférieure, à qui — laissez-moi le dire — il reste quelque chose à faire s'il veut placer sa bonne réputation républicaine d'aujourd'hui à la hauteur de celle que lui avaient faite vos devanciers dans la carrière et qui de Nantes avait fait le premier centre politique de l'Ouest. Messieurs, cette dette que j'avais contractée à l'égard de vos amis, qui vous représentaient l'année dernière à notre réunion d'Angers, je suis bien heureux, bien touché de pouvoir la payer aujourd'hui en aussi bonne et en aussi nombreuse compagnie. (Très-bien! très-bien!)

Depuis cette époque, il s'est passé bien des événements en France. Depuis un an, en effet, nous avons assisté au duel le plus dramatique qui puisse se rencontrer dans les annales d'un peuple. Nous avons vu une nation tout entière, gagnée à la cause de la démocratie et de la République, procéder lentement, sagement, pacifiquement, légalement, à l'élimination lente, à l'expulsion progressive d'un système de gouvernement politique que cette nation rejette et répudie parce que ce système représente le passé. A partir du mois de juillet 1871, date à laquelle il faut toujours revenir, parce qu'elle a été comme l'aurore de la renaissance politique du pays (Bravos. — Oui! oui!), nous avons vu le suffrage universel, tout d'un côté, signifier modérément, mais résolûment, à ces mandataires du premier moment qu'il avait envoyés en février 1871 siéger à Bordeaux, que, la paix étant faite et leur tâche spéciale accomplie au point de vue politique, ils n'étaient pas en harmonie avec la majorité de l'opinion. Le suffrage universel a recherché ensuite toutes les occasions, dans les questions relatives aux intérêts de la commune, du département ou de l'État, de bien démontrer, de bien établir que la France avait résolu de mettre un terme au mandat qu'elle avait conféré après la guerre, sous le coup de l'invasion. Cette démonstration s'est poursuivie, depuis un an, avec un caractère progressif; et c'est là, messieurs, ce qui est surtout frappant. Les premiers choix du suffrage universel n'avaient qu'une signification relativement et modérément hostile à l'Assemblée monarchique de Versailles; mais à mesure que la résistance de l'Assemblée s'est accentuée et à mesure que l'on a vu se resserrer, devenir plus compacte et plus résistant aux volontés de la France ce noyau d'hommes qui, sentant très-bien que le mandat qu'ils ont reçu est épuisé en leurs mains, qui, sachant le sort qui les attend lorsqu'ils comparaîtront devant leur juge naturel, ne veulent pas se déposséder de l'autorité qu'ils détiennent injustement ; à mesure que le pays a vu cette résistance, cette inattention, cet aveuglement, il a voulu faire, il a fait des choix de plus en plus significatifs. (Oui, c'est cela ! très bien ! très-bien ! — Bravos.)

Messieurs, c'est le pays qui a fait ces choix et non pas, comme ont osé l'inventer les journaux hostiles, un parti occulte, clandestin, ténébreux. Non ! messieurs, on ne remue pas la France à l'aide d'une organisation ténébreuse et qui ne pourrait pas s'avouer ; non ! on ne met pas le suffrage universel tout entier en mouvement au moyen de complots souterrains. (Marques d'adhésion. — Bravos.)

Ce qui a fait que la France s'est prononcée pour la République, et qu'elle a choisi des candidats de plus en plus significatifs, de plus en plus militants, il faut le répéter sans cesse, messieurs, c'est que la France a vu que ses premiers avertissements n'avaient pas été entendus, que ses premiers avis avaient été rejetés ; c'est elle qui a cherché, qui a trouvé le moyen de porter jusqu'à Versailles, jusqu'au pouvoir, sa voix méconnue, sa voix dangereusement méconnue. (C'est cela ! — Trèsbien ! — Applaudissements.)

Et remarquez-le bien, messieurs, elle s'y est prise de telle sorte que la légalité, que la prudence et la sagesse sont restées tout entières du côté du corps électoral, c'est-à-dire du côté de cette masse à qui l'on reproche avec un dédain ridicule de vouloir tout courber dans le pays sous la brutalité du nombre. (Bravo ! Bravo ! — Salve d'applaudissements.) Oui, messieurs, notre parti vient de prouver une fois de plus par sa prudence, sa modération, par les choix habiles et heureux qu'il a su faire pour établir les légitimes griefs du pays ; il vient de prouver surtout, par la sage restriction du mandat conféré aux derniers élus, que notre éducation politique accomplit chaque jour de nouveaux progrès et que nous méritons de plus en plus la confiance de la nation. Et l'on voudrait faire croire que tous

ces résultats ont été obtenus à l'aide d'une organisation secrète, ténébreuse ? Messieurs, cela est impossible ; car à mesure que les élections se succédaient dans le pays, on a pu
assister à une complète et magnifique évolution des couches
les plus nombreuses et les plus profondes du pays vers la République : à tel point, messieurs, qu'après les dernières élections, on a pu faire ce calcul, dont la conséquence, immense
et décisive pour nous, écrasante pour nos adversaires, est que
si l'on supprimait des listes électorales les électeurs républicains des villes, pour n'y maintenir à côté de tous les électeurs
des campagnes que ceux, dans les mêmes villes, dont les votes
sont réactionnaires, nous triompherions encore, grâce à cette
sorte d'élan unanime qui s'est emparé de la race tout entière
et qui entraîne sans distinction les villes et les campagnes de
la France. (Bravos. — Applaudissements prolongés.)

Il est impossible, en présence d'une démonstration aussi
rigoureuse et d'un triomphe aussi décisif de la volonté nationale, de fermer plus longtemps les yeux. On ne pourrait plus
dire maintenant comme autrefois : L'opinion est avec nous, le
pays nous suit. Que parlez-vous des résultats de certaines
élections isolées ? Ce sont là des agitations superficielles sans
aucun retentissement et qui n'ont pas d'écho dans le fond de
la conscience nationale. Non, on ne pourrait plus tenir un pareil
langage. La France entière s'est prononcée. Alors, messieurs,
voyant qu'on ne peut plus rallier l'opinion ni lui faire ratifier
la politique de l'Assemblée de Versailles, à quoi pense-t-on
aujourd'hui ? Il faut le dire tout haut, messieurs, parce que
c'est un devoir : on pense à se retourner contre ceux-là dont
on tient son mandat, contre ceux-là qu'on a trouvés parfaitement libres, parfaitement capables, parfaitement moraux en
février 1871. (Hilarité.) On se retourne contre le suffrage universel et on lui dit : Puisque tu ne veux plus sanctionner notre
souveraineté, nous allons te décapiter ! (Oui ! oui ! — Applaudissements prolongés.)

Messieurs, nous n'en sommes encore qu'aux menaces ; mais,
si des menaces on passait à l'exécution, il faudrait élever la

voix plus haut encore et dénoncer au pays une telle entreprise,
en l'appelant de son vrai nom. Or, à moins que la raison de
l'homme ne soit un vain mot, cela s'appelle, dans une langue
politique bien faite, une véritable usurpation, un véritable attentat. (Oui! — C'est cela ! — Bravos répétés.) Car l'attentat,
c'est la révolte de celui qui doit obéir contre celui auquel
on doit l'obéissance ; et l'usurpation, c'est l'asservissement
d'une autorité légitime et légale par une autorité qui empiète
illégitimement et illégalement sur l'autorité première dont
elle émane. D'un côté, il y a l'universalité des citoyens s'exprimant par le suffrage universel ; d'un côté, il y a la France
tout entière revendiquant l'exercice de sa souveraineté ; et,
d'un autre côté, il y a des mandataires qui n'ont d'existence
politique que celle que la France leur a donnée, qui n'agissent
et ne votent qu'en vertu d'une délégation antérieure du suffrage universel, le vrai et le seul souverain. Eh bien ! je vous
le demande, lorsque ceux-ci veulent diminuer, amoindrir la
souveraineté de ceux-là, de quel côté est l'usurpation, de quel
côté est l'entêtement, de quel côté est l'attentat, de quel côté
est la tentative révolutionnaire ? (C'est cela ! — Très-bien ! —
Applaudissements.)

Voilà la vérité, messieurs, sur la situation ; et cette vérité,
toute la France l'aperçoit aujourd'hui. Ne nous lassons donc
pas de le répéter, puisque tout le démontre : la démocratie est
avant tout, aujourd'hui, un parti d'ordre et de gouvernement.
Ce qu'elle poursuit sans relâche, à travers les revendications
successives, c'est la stabilité, c'est la constitution du gouvernement véritablement définitif, et non pas de ces gouvernements qui, sous prétexte de garantir, d'assurer l'ordre en
perpétuant le pouvoir entre les mains d'une même famille,
ont été impuissants à faire autre chose qu'à pousser la France,
tous les quinze ans, comme par une sorte de bail contracté avec
le malheur et les catastrophes, soit dans les crises des révolutions, soit dans les abîmes de la honte ! (Mouvement. — Marques unanimes d'adhésion.) La France républicaine veut pré-
venir le retour de ces révolutions périodiques, elle veut ne

finir avec ces mouvements passionnés trop souvent rendus nécessaires par les fautes d'un despotisme aveugle et malsain;
en finir avec les crises violentes qui, entendez-le bien, ne coû-
tent véritablement qu'au peuple, car c'est lui, en définitive,
lui seul, qui les paye de son sang, de ses chômages et, plus
tard, de sa proscription. N'est-ce pas le peuple, en effet, qui
est d'abord la victime sanglante des révolutions dans la rue, et
qui plus tard encore devient le transporté des pontons? (Oui!
Très-bien! — Vifs applaudissements. — Cris répétés de : Vive
Gambetta!) C'est donc le peuple qui est le plus intéressé à ce
qu'il n'y ait plus de révolutions, puisque c'est avec sa subs-
tance qu'on les fait, et qu'il en paye toutes les conséquences.
Il ne faut plus à aucun prix de ces révolutions stériles et violentes qui surgissent tout à coup comme des forces spontanées
et incoercibles, qui jaillissent du sol, hâtives et prématurées,
non préparées, non étudiées, sans personnel, sans réformes
prêtes, sans garanties ni pour les droits, ni pour les intérêts.
Quel est le fruit ordinaire de ces tentatives désespérées? Elles
amènent inévitablement ces sauvages et éhontées réactions où
le pays laisse sa bonne renommée, sa dignité morale en même
temps que sa fortune. (Salve d'applaudissements.) Aussi bien,
messieurs, ne faut-il plus dans ce pays qu'on dise que le parti
républicain est révolutionnaire, dans le mauvais sens de ce mot
dont on a tant abusé; le parti républicain a une tradition à laquelle il entend demeurer fidèle, puisque c'est à la fois son
honneur et sa force; cette tradition, c'est la Révolution française! Oui, messieurs, nous sommes les héritiers et les continuateurs de la Révolution française, mais c'est tout autre chose
que d'être des révolutionnaires de profession.

La Révolution française, c'est purement et simplement la
loi nouvelle parmi les hommes. Les efforts des siècles sont
venus aboutir à la Révolution française, pour produire parmi
les nations des bienfaits plus grands que l'affranchissement
d'une Église, comme a fait la Réforme du XVIe siècle. La Révolution française, c'est l'affranchissement de toutes les créatures vivantes, non-seulement comme individus, mais comme

membres d'une société collective. De telle sorte, messieurs, que, pour ceux qui poursuivent l'établissement de la justice, il n'y a rien en dessus ni en dehors de la Révolution française. Elle reste pour nous le dernier mot des conquêtes de l'esprit politique. Aussi, que voyons nous depuis soixante-quinze ans? Nous voyons l'esprit du passé s'épuiser à faire des révolutions contre la Révolution française pour lui barrer le chemin et la faire rétrograder.

Aujourd'hui que nous sommes en possession de la forme de notre gouvernement, qu'il ne suffirait pas à coup sûr d'avoir proclamée pour avoir résolu tous les problèmes politiques et sociaux qui nous intéressent, mais sans laquelle on ne peut les résoudre, — aujourd'hui que nous sommes en possession de la forme républicaine qui n'est pas une solution, mais un moyen, c'est avec cet outil, avec cet instrument supérieur à tous ceux qui ont été employés jusqu'à présent, que nous devons chercher à faire passer, dans la législature et dans les mœurs, des idées et des doctrines depuis longtemps exprimées et, premièrement, cette grande et juste idée de l'égalité civile et politique. (Mouvement d'adhésion.) Je n'ai pas dit, remarquez-le bien, une égalité niveleuse, jalouse, ambitieuse et chimérique ; j'ai voulu parler de cette égalité civile et politique qui nous a été promise il y a quatre-vingts ans, qui a été inscrite au frontispice de nos constitutions comme sur le fronton de nos édifices publics, et qui paraît un décor de théâtre, mais que jamais on n'a fait réellement entrer dans nos usages ni dans nos lois. (C'est cela ! — Très-bien ! — Bravos prolongés.)

C'est cette œuvre que le pays poursuit avec une persévérance et dans des conditions de succès plus ou moins propices depuis que le problème est posé. Et si, en ce moment, vous le voyez calme, réfléchi, attentif, c'est qu'il a la certitude qu'en lui laissant le suffrage universel, qu'en lui laissant la République non-seulement comme gouvernement, mais aussi comme moyen de gouvernement, il arrivera fatalement, par la force des choses, à reprendre et à continuer pacifiquement l'œuvre interrompue de la Révolution française. C'est dans ce but, messieurs, qu'il demande d'abord à se débarrasser d'une Assemblée qui n'exprime nullement les aspirations de la France, où l'on ne trouve même plus de véritables partis politiques bien disciplinés et bien groupés ; d'une Assemblée enfin qui ne représente plus qu'elle-même, et, je l'ai dit et je le répète, ce n'est véritablement pas assez. (Rires. — Très-bien ! très-bien !)

Il a été procédé, dans les quatre cinquièmes du territoire de la France, par suite de renouvellements successifs, à plus de 170 élections de députés depuis la nomination de l'Assemblée de Versailles. On a interrogé des populations d'origine, de mœurs, de tendances les plus différentes, et elles ont toujours répondu de la même manière, elles ont toujours suivi le même programme, élu les mêmes hommes ; car, on a raison de le dire, messieurs, le parti républicain est le parti impersonnel par excellence, et, soit qu'on les trouve à la tête, soit qu'on les tire du milieu de notre parti, les hommes qui le composent se ressemblent, parce qu'ils partagent les mêmes idées, professent les mêmes principes, tiennent le même langage, et qu'ils ont les mêmes mœurs en servant sous le même drapeau. (Très-bien ! — Applaudissements.)

La France ayant ainsi affirmé, sur tous les points de son territoire, la même politique, on devrait penser que ces mandataires de la première heure, investis par elle, dans des jours cruels et néfastes, de son autorité, vont entendre sa voix, se ranger à son avis, comprendre qu'on ne doit pas, qu'on ne peut pas lutter contre l'opinion se manifestant avec tant d'unanimité et d'énergie, que c'est folie de se mettre en révolte contre le sentiment public quand on n'est pas téméraire, quand on veut l'ordre, puisqu'on crie si haut qu'on veut l'ordre. (Rires.) L'ordre, messieurs, l'ordre vrai et durable, où devrait-on le chercher ailleurs que dans un accord sincère, dans une harmonie parfaite entre la volonté nationale nettement exprimée et ceux qui ont reçu la délégation de cette même volonté ? Ne devrait-on pas comprendre, en effet, que, pour fonder l'ordre véritable, la première condition est que la

volonté du pays soit suivie, respectée et exécutée par les fonc-
tionaires et par les hommes de l'État placés à la tête de la
nation? Si cette condition n'est pas réalisée, ce ne sera que
du désordre. Les pouvoirs publics seront en lutte contre la
nation.

C'est là, messieurs, ce que j'appelle l'anarchie. (Oui! oui!
— Marques d'assentiment.)

Je disais tout à l'heure que, dans tous les départements où
les élections viennent d'avoir lieu, le pays s'est toujours prononcé dans le même sens. Quand je dis tous, c'est une erreur.
Il y a eu deux départements qui ont rompu cette bienfaisante
unité et empêché notre triomphe d'être complet. De ces deux
départements, l'un est à vos portes : c'est le Morbihan ; l'autre, c'est la Charente-Inférieure, et Nantes, qui se trouve entre
ces deux départements, me semble être un pays excellent pour
y parler de ce double échec.

Pourquoi avons-nous succombé dans le Morbihan? Et tout
d'abord, je reconnais que de pareilles défaites sont pleines de
promesses lorsque, dans la lutte, on s'est touché de si près.
Dans de telles conditions d'insuccès, on peut croire qu'avec du
zèle et de l'énergie on obtiendra prochainement la majorité.
Cependant il faut rechercher pourquoi nous avons échoué à
deux reprises successives dans le Morbihan, lorsque nous
avions pour candidat un homme aussi justement estimé que
l'honorable M. Beauvais, et dont l'influence est établie dans
son pays. A quoi donc attribuer cette défaite? Eh bien! je le
dis sans détours, il faut l'attribuer à cette circonstance que,
dans ce pays du Morbihan, nous avons rencontré d evant nous
le grand obstacle, l'influence cléricale. (Oui! — Bravos.)

Ah! que l'Église se consacre à ce qu'elle appelle ses devoirs,
qu'elle reste dans ses temples, qu'elle s'y livre à une propagande purement religieuse, qu'elle ne cherche qu'à diriger
des consciences dans le domaine surnaturel où elle se meut,
je n'ai rien à objecter. Mais qu'elle devienne un parti politique,
qu'elle se transforme en une faction qu'on trouve à chaque
pas dans la vie civile, qui descend constamment dans l'arène

électorale ayant avec elle et pour elle les fonctionnaires qu'elle pousse, qu'elle presse, qu'elle renverse ou qu'elle élève à son gré, voilà, messieurs, ce que je ne comprends pas, et c'est cependant ce qu'elle fait aujourd'hui ; elle se sert aujourd'hui des fonctionnaires comme elle se servait autrefois du bras séculier.

Dans l'ancien temps, l'Église disait : Ce n'est pas moi qui verse le sang. Trop souvent, hélas ! on l'a versé pour elle et dans ses intérêts. Aujourd'hui elle dit encore : Ce n'est pas moi qui m'ingère dans la politique ; les affaires temporelles ne sont pas de mon domaine. Et cependant partout on y sent sa présence, elle s'en occupe et la dirige à son gré, mais par procuration. (Oui ! — Très-bien ! — Applaudissements prolongés.)

Messieurs, il est de notre devoir de dénoncer cette intervention occulte, tout à fait contraire à une saine politique. En effet, il n'est pas bon, il n'est pas sage, il n'est pas profitable, même aux intérêts religieux qu'on veut défendre, de transformer l'Église en un parti de combat dans l'État ; il n'est avantageux pour personne, ni pour le gouvernement, ni pour la société, ni même pour les fidèles pieux et sincères, intelligents et avisés d'une Église, qu'il y ait une faction là où il ne devrait y avoir qu'une association religieuse. (Très-bien ! — Applaudissements.) Cette action souterraine, intolérante, abusive, tyrannique du clergé, où s'exerce-t-elle principalement et sur quel terrain triomphe-t-elle ? Vous le savez et vous m'avez déjà répondu. Il faut bien dire d'ailleurs que ces triomphes de l'esprit clérical deviennent de plus en plus rares. Vous avez assisté à des démonstrations où l'on sentait plutôt le besoin de réchauffer un zèle qui s'éteint que l'ardeur d'une foi bien sincère. (Hilarité.) Malgré ces pèlerinages et ces miracles presque journaliers et que l'on annonce (nouvelle hilarité), le clergé n'en voit pas moins décroître de plus en plus son influence électorale, et nous savons qu'il ne lutte plus guère avec avantage que dans les localités où il n'y a point d'écoles, point de presse et point d'esprit public ; que dans les contrées où l'on n'a pas pris l'habitude de juger, d'examiner les choses de la politique, que là enfin — car l'Église fait flèche de tout bois et se sert de tous les moyens — où il y a prédominance, dans la langue, du patois sur le français, et où les idées générales ont plus de peine à pénétrer. (Marques générales d'approbation.)

C'est en effet dans les contrées du pays couvertes de la tache noire de l'ignorance que l'esprit clérical travaille et triomphe, et notre devoir se trouve ainsi tout naturellement tracé. Il faut, messieurs, maintenir énergiquement cette première revendication du parti républicain, qui réclame l'enseignement partout. Oui, il faut partout installer le maître d'école, mais un certain maître d'école, un maître d'école sans costume romain, un maître d'école français, parlant la langue des citoyens français, et non pas un maître d'école parlant une langue dont le véritable vocabulaire, le véritable dictionnaire est encore au Vatican (Très-bien! très-bien! — Salve d'applaudissements), un maître d'école véritablement dévoué aux idées de la société moderne, et non pas une sorte de prédicant ennemi de cette société et croyant faire œuvre pie toutes les fois qu'il l'attaque, qu'il l'ébranle, qu'il la décrie, qu'il la dénonce à la suspicion des faibles et des ignorants. Tenons-nous donc fermement attachés à la partie de notre programme relative à l'instruction gratuite, obligatoire et laïque, si nous voulons faire disparaître cette tache électorale. C'est là qu'est notre devoir; mais ce devoir, nous ne pourrons le remplir dans toute son étendue que lorsque nous aurons une Assemblée véritablement résolue à entreprendre cette tâche difficile et à prêter sur ce point son concours à tous les bons citoyens. Jusque-là, mes amis, ayons patience, puisque nous n'avons rien à attendre de l'État; mais ne cessons pas d'agir dans le domaine de l'action personnelle et quotidienne. Il vous appartient individuellement de franchir les limites de votre territoire pour vous créer des relations dans le département voisin et pour y faire la propagande de vos idées. Il ne faut pas rester cantonnés chez vous; il faut aller dans le pays voisin pour y porter à votre tour la bonne nouvelle, car, nous aussi, nous avons la bonne nouvelle à apprendre aux ignorants, aux déshérités qui gémissent encore sous le joug de l'ignorance et de la peur. Ce joug funeste, ils en sentent bien le poids si lourd, mais ils ne peuvent ni le soulever ni le secouer, parce qu'ils ne se sentent éclairés ni appuyés par personne : c'est ainsi qu'ils se résignent à le porter et qu'ils traînent et finissent leur vie toujours courbés sur le sillon, sans jamais lever les yeux vers la lumière. (Mouvement. — Applaudissements.)

Ce devoir de propagande appartient aux hommes qui m'écoutent; c'est à eux d'aller dans les campagnes : ils y feront vraiment l'œuvre pie par excellence, celle qui consiste à émanciper un homme. Cela, messieurs, c'est aussi une religion, qui pourrait bien être la véritable. Cette religion s'applique à prendre un homme ignorant, rempli de préjugés, défiant, soupçonneux, égoïste, et, rien que par la persuasion, par la douceur, par la pénétration, elle s'applique à l'amener à soi, à l'élever, à lui faire comprendre ce qu'il y a de beau, ce qu'il y a de grand dans l'homme, et surtout dans ses rapports avec ses semblables au triple point de vue de la famille, de la cité et de la patrie; dans cet échange de pensées, de sentiments et de services mutuels qui est comme la véritable consécration du sentiment de dignité que l'homme doit inspirer à l'homme, et qui est le véritable fondement de la justice. (Mouvement. — Applaudissements prolongés.)

Examinons maintenant ce qui s'est passé dans l'autre département où nous avons échoué. Ah ! il y a des gens qui mieux que nous sont à même de connaître et d'apprécier les raisons de l'insuccès du candidat républicain modéré qui s'est présenté dans le département de la Charente-Inférieure. C'est un fort honnête et fort galant-homme, digne entre tous, qui a donné des gages au parti républicain dans le passé, et parfaitement apprécié par ses compatriotes. Il avait à lutter avec un concurrent qui avait exercé dans le département sa profession de... préfet à poigne. (Hilarité prolongée.)

Dans ce pays qu'il avait administré, il avait laissé des sou-

venirs, c'est certain (nouvelle hilarité); mais il avait surtout
laissé d'anciens subordonnés, d'anciens collaborateurs de cette
politique électorale de *l'activité dévorante* qui, lors du plébiscite, nous a causé un mal cruel dont nous nous souvenons
encore, puisque c'est ce fatal plébiscite qui nous a perdus!
(Oui! — Mouvement.) Tel était l'adversaire opposé à la démocratie républicaine par la coalition de tous les conservateurs. Pour en parler en passant, cette coalition édifiante est
une sorte d'association à responsabilité illimitée entre les représentants des trois dynasties différentes qui se disputent la
tâche de faire le bonheur de la France. (Hilarité générale. —
Applaudissements.) Dans cette coalition on trouve de tout :
des légitimistes, des orléanistes, des cléricaux, car pour ceux-ci
tout est bon, pourvu que la sacristie règne et gouverne. (Très-
bien ! — C'est cela ! — Bravos.) On y trouve aussi des bonapartistes, et ce sont même ceux-là qui sont les gens d'affaires
de la société conservatrice ; ce sont eux aussi qui se présentent lorsqu'il s'agit de faire quelque coup difficile. (Hilarité.—
Applaudissements prolongés.) Tout ce bel ensemble s'appelle
le parti conservateur... (Nouvelle hilarité.) Les bonapartistes,
dans ce parti, portent, non pas le drapeau, car on n'est pas
d'accord sur cet insigne, mais le guidon. Le guidon conservateur fut remis cette fois aux mains de l'ancien préfet impérial, de M. Boffinton, pour le nommer, — car je ne sais pas
pourquoi on ne causerait pas politique dans une réunion
d'amis, comme on peut le faire dans les journaux de toutes
nuances, comme on le fait dans l'Assemblée; il n'y a pas là
de secret, il n'y a pas là de mystère, et nous avons le droit,
en respectant les personnes, de promener notre investigation,
de faire porter notre examen sur tout ce qui intéresse les affaires du pays. (Très-bien ! — Approbation générale.) La lutte
s'engage. Que va-t-il se passer?

Messieurs, s'il ne s'agissait que du triomphe de M. Boffinton, à quelques milliers de voix de majorité, je ne vous entre-
tiendrais pas de cette élection ; mais nous allons y trouver, en
y regardant de près, un grief des plus sérieux contre le gou-

vernement tout entier, contre l'Assemblée aussi bien que contre le pouvoir exécutif lui-même. Je ne le dis pas sans regrets; mais je dois le dire.

La facilité relative avec laquelle le candidat légitimisto-orléanisto-cléricalo-bonaparto-conservateur (hilarité prolongée) a passé tient surtout à l'appui qu'il a rencontré dans les sympathies actives des fonctionnaires du département de la Charente-Inférieure. En effet, comme je vous l'ai dit, le candidat a retrouvé là, sauf le préfet qui tenait sa place, l'administration qu'il y avait connue autrefois, et sur le dévouement de laquelle il pouvait compter. Mais, dira-t-on, et le 4 Septembre? n'est-ce donc rien? Il ne s'est pas produit un certain fait à cette date? L'objection est juste, messieurs; mais voici ce qui est arrivé : Le 4 septembre, un très-grand nombre de fonctionnaires du département avaient été remerciés ; mais la réaction est revenue, la République sans républicains a fleuri, et, grâce à cette floraison, on a ramené les anciens fonctionnaires de divers ordres ; on les a réinstallés dans les mêmes places qu'ils occupaient, aux yeux des mêmes populations, comme si l'on voulait bien établir qu'il ne s'était rien passé le 4 septembre. Et aujourd'hui, dans ce département dont la députation compte au moins un ministre, — un des plus éminents et des plus importants, — et d'autres membres assez sympathiques au pouvoir, il arrive que ce ministre, qui a charge de veiller sur le personnel des fonctionnaires, et que les amis du pouvoir tombent en minorité devant M. Boffinton, parce qu'on lui a restitué ses anciens collaborateurs. Voilà le fruit de la République sans républicains; voilà à quoi on est exposé quand on s'entoure de fonctionnaires hostiles au gouvernement que l'on sert, de fonctionnaires qui se réclament de tous les régimes, qui se tiennent en réserve pour toutes les restaurations, qui ont toute espèce de professions de foi prêtes, sauf une profession de foi républicaine, à moins que, par un coup vraiment miraculeux, un beau jour la République ne devienne tellement définitive, qu'ils puissent, sans compromettre leur avenir, se déclarer convertis pour le reste de leur vie. (Hilarité générale. — Applaudissements répétés.)

Toutes ces choses, messieurs, quoique nous les disions d'une façon peut-être plaisante, sont graves, très-graves même, parce qu'elles prouvent que le pouvoir, malgré ses déclarations sincèrement et loyalement républicaines, n'a pas encore puisé en lui-même une conscience suffisante de sa force et de son prestige, une idée assez haute de sa mission, de son rôle, de ses devoirs politiques et sociaux pour gouverner la France avec des fonctionnaires véritablement animés de l'esprit républicain. Messieurs, cette contradiction choquante entre les déclarations du gouvernement et le caractère, les pratiques, les discours et la conduite de ses fonctionnaires, est un véritable danger politique. Elle justifie comment il se fait que la France se lasse et s'irrite. La France se dit en effet : Quand donc cette situation cessera-t-elle ? Quand donc en finirez-vous avec cette politique de rébus impossible à suivre et à deviner, avec cette charade en action, où le chef de l'État se dit républicain et où les fonctionnaires déclarent qu'il ne faut pas leur parler de la République, cet état précaire, provisoire dont, ajoutent-ils, on nous débarrassera avant peu ? Comment voulez-vous qu'un pays puisse s'accommoder d'un tel système de gouvernement ? Comment voulez-vous que le jour où il trouve l'occasion de manifester sa pensée, il ne le fasse pas dans les termes les plus explicites, dans les termes les plus fiers, les moins équivoques, les plus fermes et les plus accentués ?

Et puis, quand un pouvoir reçoit de semblables avertissements, on dit qu'il hésite, on dit qu'il ne veut pas tenir compte des manifestations de l'opinion publique. Messieurs, je ne le crois pas, je ne veux pas, je ne peux pas le croire ; je ne le croirai que lorsque je l'aurai vu, et alors je dirai tout haut à mon pays ce qu'il faut en penser. (Très-bien ! — Applaudissements.)

Cette question du choix des fonctionnaires est maintenant la vraie, la grave question, parce que c'est là que se trouve pour les populations le signe visible de la sincérité républicaine ; elle est pour les populations la preuve visible qu'elles attendent, à savoir qu'on est véritablement entré dans l'ordre républicain. En effet, les populations ne peuvent pas comprendre qu'on soit, qu'on vive en République lorsqu'elles n'ont sous les yeux, chargés de la direction à donner, que des fonctionnaires notoirement convaincus d'avoir été toujours les plus cruels adversaires de la République et des républicains. La France, ce pays qui est un pays de logique, de loyauté, de sincérité, ne peut pas supporter plus longtemps qu'on lui présente l'étiquette sans la chose, et la signification des dernières élections n'a pas d'autre valeur, d'autre portée. La France, par ces élections, a réclamé que sous l'étiquette on mit enfin la chose. Le suffrage universel n'a point exprimé d'autre vœu : République d'abord avec l'intégrité du suffrage universel; République ensuite avec des institutions démocratiques. (Oui ! oui ! Très-bien ! — Bravos.)

Et maintenant, le sens des élections étant ainsi connu, apprécié, examiné, criblé par tous les partis, par tous les journaux, dans toutes les conversations, est-il nécessaire de faire justice de cette campagne de la panique qui a été organisée, préparée ; de cette terreur qui est sortie tout entière des écritoires des scribes stipendiés de la réaction ? Est-il nécessaire, devant des Français, devant des hommes intelligents, devant des gens de travail, de loyauté et d'honneur, qui examinent sincèrement les choses, de leur dire qu'on ne les mène ni au pillage, ni au pétrole, ni à l'incendie ? (Rires.) Ce serait vous faire injure que de faire devant vous de pareilles protestations, et je vous demande pardon d'avoir fait allusion en passant à de semblables billevesées, bonnes tout au plus pour des enfants. (Très-bien ! — Marques unanimes d'assentiment.) Messieurs, ce qui inquiète la France, ce qui inspire des craintes aux hommes d'affaires, ce ne sont pas les dernières manifestations du suffrage universel, ce sont les desseins hautement avoués de la réaction, ce sont les projets que l'on prête à certains factieux, ce sont les doutes qu'inspirent certains hommes, dont on cherche à pénétrer les intentions. Voilà pourquoi aujourd'hui, dans les comptoirs du négociant, ne règne pas la confiance la plus entière, pourquoi l'on compte et recompte les délais d'échéance ; pourquoi l'on mesure strictement ses dépenses personnelles, pourquoi les grosses commandes sont ajournées, pourquoi la demande se ralentit, pourquoi enfin la production est stagnante. On se dit : Oui, nous avons la République, mais elle est aux mains de conspirateurs qui rêvent de la renverser, pour ramener la monarchie. Je ne parle pas, bien entendu, du pouvoir, du gouvernement ; je ne doute pas, je vous le répète, de sa sincérité républicaine, vous savez bien de qui je parle?... (Oui! oui!) Je parle de ceux qui ont juré une haine à mort à la République, de ceux dont les espérances seront ruinées par l'établissement véritable et définitif de la République et qui, par dépit, par entraînement, peuvent se trouver portés à un certain moment à prendre des résolutions désespérées et violentes, lesquelles, sans réussir, jetteraient dans la société le trouble, le désordre et la ruine. (C'est cela! — Bravo! — Applaudissements.)

Voilà ce qui inquiète les hommes réfléchis, les observateurs politiques et les hommes d'affaires. Et voilà ce qui explique pourquoi vous voyez ce pays se tourner vers le pouvoir et lui dire : Mais n'hésitez donc pas! ne voyez-vous pas dans quel abîme on va jeter la France ; nous, républicains, nous allons vers vous, venez avec nous ; établissons des lois sages, respectées, avec une administration pacifique, mais véritablement loyale, et non pas avec une administration corrompue et dans laquelle se trouvent trop de représentants de ces régimes antérieurs et que la France a définitivement répudiés. Pourquoi doutez-vous du pays? Ce suffrage universel, dont les décisions répétées et imposantes semblent vous effrayer, qu'a-t-il voulu dire, qu'a-t-il rappelé? Il a rappelé, il réclame le Message du 13 novembre. C'est ce Message, votre plus grand titre de gloire, votre œuvre la plus haute, celle qui vous met dans l'histoire à la tête de vos contemporains, c'est ce Message que vous avez eu tort de laisser protester ; c'est ce

Message, acclamé par l'Europe et la France, que le suffrage universel a voulu ratifier ; c'est votre pouvoir que les électeurs ont eu l'intention de soutenir de leurs votes en envoyant à l'Assemblée des républicains sincères et dévoués. (Oui ! oui ! de toutes parts. — Salves d'applaudissements. — Cris répétés de : Vive la République ! — Vive Gambetta !)

Eh bien ! messieurs, je dirai encore une fois, avec toute l'énergie dont je suis capable, je ne peux pas croire, je ne veux pas croire, quels que soient les hommes ondoyants et divers qui entourent la personne respectée du chef de l'État, quels que soient les conseils perfides qu'on lui donne, les prétentions absurdes ou dangereuses dont on peut l'entretenir ; quelles que soient les combinaisons parlementaires ou autres dont on veuille l'effrayer, il ne me paraît pas, dis-je, en présence d'un verdict aussi éclatant, aussi solennel que celui qui a été rendu par la France, que le sens pratique si exercé de l'homme éminent qui préside à la République, que sa grande expérience aux heures de crise puissent lui faire défaut en un tel moment. Il est impossible — du moins je le crois.— qu'il ne tourne pas la barre vers le point où la France veut marcher, c'est-à-dire vers la République définitive. (Explosion d'applaudissements. — Cris prolongés de : Vive la République ! Vive Gambetta !)

Il n'en sera pas ainsi ; mais si ce malheur devait arriver, il ne faudrait, mes chers concitoyens, ni vous alarmer ni vous abattre ; il faudrait, au contraire, redoubler d'énergie, vous serrer les uns à côté des autres, abjurer toute espèce d'esprit d'amour-propre, de querelles de personnes et présenter compactes, unis, invinciblement liés les uns aux autres, tous les membres du parti républicain faisant face à l'ennemi. (Mouvement.)

Oui ! si le malheur voulait que le chef de l'État, par défaillance, par complaisance, ou ne tenant pas un compte suffisant de l'opinion, se laissât glisser du côté de nos ennemis et que, de près ou de loin, il prêtât la complicité de son patronage à des prétentions insensées, je dirai plus, criminelles, il ne faudrait pas désespérer, car, si éminent que soit un homme, quelque place considérable qu'il tienne parmi ses concitoyens, un peuple ne périt pas si un homme vient à lui manquer. (Très-bien ! très-bien ! — Salve d'applaudissements.)

Il conviendrait alors d'apporter dans les luttes politiques un esprit de cohésion, un sentiment de discipline, un sang-froid et une fermeté dont nous avons déjà donné bien des exemples depuis deux ans ; mais l'heure approche où peut-être vos chefs devront-ils exiger de vous de nouvelles preuves plus répétées et plus continues. Citoyens, la session qui va s'ouvrir sera grave et redoutable ; notre adversaire est dans la situation du matelot qui sent son navire couler et qui préfère se faire sauter plutôt que de se rendre. Ne laissons pénétrer dans nos âmes aucun mouvement d'impatience et observons froidement notre ennemi. Attendons-le, fermes et silencieux, ne nous laissons désunir par rien, subissons même tous les défis sans y répondre. (Mouvement.) Et pourquoi ? Il y a, ne l'oublions pas, un parti qui éprouve toujours le besoin de rétablir l'ordre et de sauver la société. (Hilarité. — Applaudissements.) Nous sommes payés pour connaître les hommes de ce parti, nous nous souvenons de leurs actes et nous nous rappelons ce qu'est l'ordre qu'ils procurent. Nous savons de quoi est fait ce parti et par quoi il est suivi ; aussi ne lui donnons jamais ni le prétexte ni l'occasion de sauver l'ordre. (Très-bien ! très-bien ! — Applaudissements répétés.)

Aussi, messieurs, nous nous replierons sur nous-mêmes, nous combattrons nos adversaires légalement et nous vous dénoncerons, à vous, les membres du suffrage universel, c'est-à-dire les vrais souverains du pays, nous vous dénoncerons leurs piéges, leurs combinaisons et leurs calculs, et, quand nous aurons dévoilé toute leur misérable stratégie, jeté la lumière dans leurs conspirations ténébreuses, quand la France verra clair dans leurs intrigues, nous attendrons les entreprises de ces messieurs et on en fera justice. (Bravos et applaudissements prolongés. — Très-bien ! — Très-bien !)

Telle est, messieurs, — et permettez-moi de finir sur cette

parole, — la ligne de conduite qu'il faut adopter et suivre : discipline, concorde, expectative. Jusqu'ici les fautes de nos adversaires nous ont profité. On a pu voir en France, jour par jour, de quel côté était le fanatisme, de quel côté l'esprit d'agitation et de désordre. Ils n'ont pas fait une démarche, allant quêter un roi au dehors, faisant des programmes de restauration, traitant la question du drapeau, proposant des commissions exécutives, ébranlant le pouvoir du chef de l'État, troublant, par leurs propositions inconsidérées, l'œuvre patriotique et nationale qu'il avait entreprise, et qu'il a si heureusement menée à bonne fin, la libération du territoire ; (C'est vrai ! C'est vrai !) pas une seule de ces fautes : agitations cléricales, pétitions en faveur du pouvoir temporel, demande de répression contre ce qui ressemblait, de près ou de loin, à l'exercice de la libre pensée, pas une seule de ces fautes, grâce à l'attitude du parti républicain, n'a manqué de s'étaler aux yeux du pays, pleine, entière et éclatante : et c'est précisément par la comparaison respective de la conduite du parti républicain et de celle des partis hostiles que la France, en pleine liberté de jugement, a choisi et s'est prononcée pour la démocratie républicaine. (Marques générales d'assentiment. — Applaudissements.)

Persévérons donc dans cette conduite ; redoublons d'attention, de prudence, de sagesse ; sachons enfin nous préparer partout à toutes les éventualités, à tous les périls. Il faut que les hommes qui veulent jouer un rôle dans la démocratie, que les hommes jeunes surtout se mettent au travail et échangent entre eux le fruit de leurs études ; que le personnel républicain qui a apparu depuis trois ans dans notre pays, qui a envahi tous les postes électifs, se fortifie et grandisse, afin qu'après avoir donné des exemples de son sage esprit d'ordre, il donne maintenant des gages de sa compétence, de sa capacité, de ses aptitudes. Alors vous ne serez plus un parti militant, vous serez la nation entière capable de se gouverner elle-même. Et qui pourra lutter longtemps contre la volonté de la France ? Personne. Mais, messieurs, il y a une condition indispensable, et sur laquelle je ne saurais trop insister, il faut nous abstenir partout de toute espèce de désordre matériel, de toute agitation vaine et inutile. Quiconque, ayant le suffrage universel, se porterait soit à une violence, soit à une excentricité, serait un criminel et un criminel d'État, car il compromettrait la chose même qui doit refaire l'État, régénérer la France et la remettre, au dedans comme au dehors, à sa vraie place ; il compromettrait la République. (Applaudissements prolongés. — Marques unanimes d'assentiment.)

Donc, pour nous résumer, ayant confiance dans la sagesse déjà éprouvée et dans l'accord unanime du parti républicain, sur toute la surface du pays, messieurs, nous ne cesserons pas de réclamer la dissolution parce qu'elle est la préface nécessaire de l'organisation de la République ; ensuite nous dénierons aux royalistes, nommés dans l'effarement de la peur, le droit d'organiser cette République, car que serait une République organisée par des monarchistes ?

Citoyens, je le disais à Grenoble et je le répète à Nantes, ce serait une ignoble comédie ! (Explosion d'applaudissements. — Cris répétés de : Vive la République ! Vive Gambetta !)

DISCOURS

PRONONCÉ A VERSAILLES, LE 24 JUIN 1873

POUR

L'ANNIVERSAIRE DU GÉNÉRAL HOCHE

————

MES CHERS CONCITOYENS,

Après les événements accomplis depuis notre dernière réunion, après les paroles si touchantes et si vraies, où nous
avons tous reconnu l'accent de la vérité ; sous l'empire de
cette émotion que communique seul le sentiment de la tradition et de la famille, après les souvenirs qui nous étaient rappelés tout à l'heure par M. Carnot, n'attendez pas que je
revienne à mon tour sur la noble existence de Hoche, sur les
exemples qu'elle contient, sur les vertus qu'elle fait éclater.
C'est une tâche qui a été trop parfaitement remplie pour que
la pensée me vienne d'y rien ajouter. Comment ne pas vous
dire cependant, messieurs, que si quelque chose est de nature
à frapper l'attention publique et à nous réconforter, — non-
seulement nous tous qui sommes ici, mais tous ceux du
dehors, — à raffermir nos convictions, à fortifier nos espérances dans la crise, plus bouffonne que redoutable, que nous
traversons (bravos et rires), c'est, à coup sûr, notre réunion

ici, sous le toit de cet homme de bien, de cet homme de cœur que son patriotisme rattache au drapeau de la République (Bravos. — Très bien !), de ce digne citoyen qui, dans Versailles, depuis de longues années et en face du pouvoir avilissant et corrupteur de cet empire abhorré, que de misérables impuissants ne craignent pas de laisser publiquement réhabiliter, sans doute parce qu'ils s'en font les plagiaires, a dévoué ses efforts à faire revivre cette pure et grande figure de Hoche, offrant ainsi à la France, au pays, à l'armée, la contemplation d'un véritable Français qui a donné son sang pour la patrie, qui fut le plus grand des citoyens, le plus brave des capitaines, le plus généreux des soldats, et à la mémoire duquel la France peut chaque année rendre hommage, sans amertume et sans dissidences, et sans trouver, dans l'existence de ce héros, une ombre, une tache qui ternisse l'éclat de sa gloire ? (Bravos prolongés.)

Nous voilà donc assemblés, mais non pas aussi nombreux que nous l'eussions désiré. Ce n'est pas, messieurs, que le nombre nous eût fait défaut ; le nombre ne nous manque jamais, et c'est précisément parce que nous avons pour nous le nombre assuré, inévitable, c'est parce que ce nombre tant redouté se montre, dans les circonstances actuelles, attentif et recueilli que vous voyez éclater tant de haines, tant de provocations impuissantes et désavouées à l'avance. Aussi, quand nous nous réunissons en petit nombre, c'est qu'il nous plaît qu'il en soit ainsi, c'est qu'il ne nous convient pas de faire le jeu d'adversaires ou trop naïfs, ou trop roués, et de tomber dans leurs piéges éventés par avance. (Oui ! — Très bien !.— Bravos.) Mais il nous suffit d'être ensemble, dans cette maison, entre amis connus les uns des autres, pour qu'il nous plaise également de parler du passé, du présent et de l'avenir de nos idées, dans ce Versailles qui appartient à la démocratie républicaine, qui est bien nôtre et qui a toujours été nôtre depuis 89 jusqu'à ce jour, jusqu'à la minute actuelle où je parle, sans s'être jamais démenti, car on dirait qu'il y a une tradition d'indépendance à laquelle elles ne manquent jamais pour ces villes qui sont la résidence des rois et qui, les voyant de plus près, connaissent mieux que toutes les autres villes de France la vanité et les périls, la sottise et les dangers des fastueuses monarchies.

Oui, messieurs, il est utile qu'on le sache partout, ce Versailles que l'on croit royaliste et réactionnaire a toujours été vibrant à chaque vibration de la France ; depuis 84 ans, il n'a jamais laissé à aucune ville dans le pays l'honneur et l'avantage de le devancer. Paris, lui-même, qui est si voisin et si semblable, Paris n'a jamais devancé Versailles. En 1815, en 1830, en 1848, en 1870 (1), savez-vous ce qui est arrivé ? Il faut le dire en face de ces inconscients qui l'ignorent. C'est Versailles toujours, qui, au milieu de toutes les autres villes de France, acceptait et proclamait le premier l'événement général qui s'accomplissait à Paris, de telle sorte que si l'on a cru, en venant ici, se retirer dans une sorte de camp retranché de la réaction, on s'est trompé, car vous tous, citoyens de Versailles, vous êtes tous des serviteurs fidèles de la Révolution française, vous tous, les présents et les absents. (Oui ! oui ! — Bravos.) Depuis trop longtemps le soupçon et la défiance, la calomnie et l'injure pèsent sur cette noble et majestueuse cité. Il faut qu'on sache que Versailles est à l'unisson de toutes les grandes agglomérations qui ne vivent et respirent que pour la République. On a fait de Versailles la capitale cadette de la France, et il le méritait ; Paris reste son aîné. Versailles est digne de venir immédiatement après Paris, car il n'a jamais marchandé ses efforts à la défense du droit et de la patrie. (Très bien ! — Bravos.)

Messieurs, nous sommes à un an de date de cette première réunion qu'on rappelait tout à l'heure et qui, au lendemain de cette souillure si noblement supportée, — l'étranger envahissant jusqu'à vos foyers les plus intimes, — avait été comme une sorte de reprise de vous-mêmes, non pas certes dans une

(1) Le 4 septembre 1870, à dix heures du matin, le Conseil municipal élu de Versailles proclamait la déchéance de l'Empire et la République. (Extrait des procès-verbaux du Conseil municipal.)

pensée de revanche, — ce sont là des mots qui nous sont pour longtemps encore interdits, — mais comme une sorte de purification patriotique de votre ville au lendemain du départ de l'ennemi. (Mouvement.) L'an dernier, dans cet hôtel des Réservoirs, que de mesquines querelles de police nous ferment aujourd'hui, ce que vous cherchiez en vous réunissant, ce n'était certainement pas à créer une agitation ni une sédition politiques capables de faire trembler nos adversaires ; vous teniez, au moment où la France commençait à se retrouver libre, à lui montrer, pour ranimer son courage, la noble et bienfaisante figure de Lazare Hoche, général des armées de la première République, pacificateur de la Vendée, le plus illustre des Français nés dans votre grande et généreuse ville de Versailles. (Applaudissements prolongés.)

Nous voulions cette année continuer ce culte du souvenir ; nous aurions désiré, en nous retrouvant ensemble, nous consoler des défaillances que nous subissons à l'heure actuelle, échapper pour un moment à ces étreintes que subit la France, à ce deuil qui nous pèse et dont nous sentons, cependant, que notre pays pourrait victorieusement sortir, si l'exercice de sa souveraineté lui était rendu. Nous ne voulions pas faire acte de parti ; nous souhaitions simplement de nous remettre en présence du génie même de la patrie, nous retremper au souvenir de celui qui en fut l'incarnation la plus pure ; nous voulions parler de la France en rappelant la vie, en retraçant l'histoire d'un des plus glorieux fils de la France. (Oui ! — Très bien ! — Applaudissements.)

On ne l'a pas voulu, on ne l'a pas permis. Mais, messieurs, puisque nous sommes réunis, il faut retourner la question et savoir — l'occasion est propice — pourquoi cette réunion, qui avait été si facile, et qui avait paru si naturelle il y a un an, est aujourd'hui contestée, gênée, embarrassée, empêchée, et pourquoi il y a une sorte d'acte de courage, non de notre part, mais de la part du digne ami qui a bien voulu offrir son toit à des amis de vingt ans pour causer de questions qui intéressent à la fois la patrie et la République.

Que s'est-il passé depuis notre dernière réunion?

Messieurs, parlons ici sans passion, puisque nos adversaires ont toujours le tort — volontaire ou inconscient, je l'ignore — de nous représenter constamment aux yeux du pays, dans leurs journaux et dans leurs discours, comme des hommes de passion, incapables de bien juger, incapables de se maîtriser, de réunir des faits, de les examiner, de rechercher les enseignements qu'ils contiennent, de se déterminer d'après les règles que le bon sens vérifie, que la raison accepte et que l'utilité générale du pays commande. Et si je parle ainsi, ce n'est pas pour vous, messieurs, c'est pour ceux qui sont, tous les jours, les victimes de ces déclamations et de ces calomnies. C'est à cause de ceux qu'on redoute et qu'on veut exclure, que l'on cherche à mettre la main sur la bouche des hommes qui peuvent exprimer, sur les projets et les espérances de la démocratie, des opinions régulières, sensées, acceptables, parfaitement scientifiques et justes, fondées sur la pratique de peuples voisins et, par conséquent, démontrées par l'expérience. C'est à l'adresse de ceux qui composent le nombre que l'on a imaginé de dire que tel serait un trouble-fête dans la nation qui oserait parler, en dehors de l'Assemblée de Versailles, sur la politique et les affaires de la France, et qui aurait la prétention d'en entretenir les électeurs dans un pays de suffrage universel, c'est-à-dire dans un pays où tout le monde non-seulement prend une part effective dans le gouvernement de l'État par son vote, mais joue constamment sa propre destinée dans les mêlées électorales, en ne pouvant en rendre responsable que lui seul, quand le scrutin a prononcé.

Hé quoi! messieurs, on trouverait séditieux, factieux, qu'un citoyen, investi par le suffrage de ses concitoyens des pouvoirs nécessaires pour les représenter, sortît de l'enceinte où se font les lois pour aller vers ceux à qui on doit les appliquer et qui, seuls, délèguent le pouvoir de les faire! (Très-bien! très-bien! — Vive approbation.)

On trouverait étrange, subversif — ce sont les expressions qu'on emploie — de voir ceux-là qu'on appelle le parti ra-

dical, aller vers ceux qui les ont créés, constitués, commis-
sionnés, qui leur ont donné le mandat dont ils tiennent tous
leurs droits de représentants, pour leur rendre compte du
mandat, de la commission, pour leur expliquer ce qu'on a
fait, en quoi on s'est rapproché de leurs volontés, en quoi on
s'en est écarté, ce qu'on a eu l'intention de faire soit en con-
formité avec leurs intérêts, soit en contradiction avec leurs
désirs! Et cette conduite loyale, honnête, normale, pacifica-
trice, qui a pour but d'apaiser les passions, de faire disparaître
les idées fausses et de réduire les chimères, d'avoir raison des
utopies, de modérer les excès de zèle et les impatiences, de
discipliner les élans, les ardeurs et les énergies, ce travail
régulier, légal, moralisateur et ordonnateur de la paix entre
les classes et les hommes, on le traiterait de faction, de sédition, et l'on voudrait l'interdire! Cela est impossible, messieurs, et nous ne saurions le tolérer! (Très-bien! — C'est
cela! — Applaudissements répétés.)

Aussi, messieurs, toutes les fois que j'en trouverai l'occasion, qu'elle soit petite ou grande, — et je vous demande
pardon de me servir d'une pareille opposition dans les termes,
car il n'est pas de petite occasion pour dire la vérité, ne fût-ce
que devant un seul de ses semblables, — je protesterai en
faveur du droit de compte-rendu et de propagande. (Vive
approbation.) En effet, il n'est pas au monde de devoir plus
impérieux que de dire la vérité, que de consacrer sa vie à la
défendre et que d'y conformer sa conduite; et, n'eût-on
arraché qu'une seule conscience à l'erreur, n'eût-on envahi
qu'une seule intelligence, oui, n'en eût-on ramené qu'une
seule à la vérité, au droit et au juste, qu'on pourrait mourir
content, sans les pompes d'un culte quelconque... (Salve
d'applaudissements. — Oui! oui! — Très-bien!) et défier les
diatribes de ses détracteurs : une seule intelligence émancipée,
c'est une grande victoire sur l'erreur, et il n'en est pas de
plus noble dans le monde! (Nouveaux applaudissements.)

Voyons les choses de près, messieurs. Au fond, comment
agissent nos adversaires? Est-ce que, dans ce monde qui nous

environne, vous n'entendez pas émettre, tous les jours, cette opinion qu'il existe, quelque part, un pouvoir de constitution divine, mais de représentation humaine, qui a seul le dépôt de la vérité dans toutes les questions, qui a la puissance de lier et de délier, qui opère sur les consciences, et qui ne prétend à d'autre mission dans le monde que de sauver des âmes? Or, ce que font ceux qui émettent une pareille prétention et qui s'y disent autorisés, pourquoi ne nous appartiendrait-il pas de l'entreprendre, dans l'intérêt d'une autre cause que celle de nos adversaires, d'une cause non moins sainte, non moins élevée, non moins sacrée et non moins juste, que dis-je? de la seule cause juste? Pourquoi ne nous appartiendrait-il pas de faire la propagande du prosélytisme à travers toutes les entraves officielles ou officieuses, d'aller droit aux intelligences asservies et, nous retournant vers cette doctrine qui a placé ses oracles au Vatican, de lui dire : Si tu parles pour Dieu, je parle pour l'homme; si tu combats pour les choses surnaturelles, moi, je combats pour l'établissement de la justice et la propagation du bonheur parmi les hommes? Car, messieurs, ne l'oubliez pas, nous ne combattons point pour des rêveries, mais pour des faits; non pas pour des idéalités, mais pour des réalités; nous n'aspirons pas à faire des saints, mais des citoyens, nous luttons pour donner à notre pays des hommes libres, des patriotes, nous luttons pour la France! C'est une assez grande chose dans le monde. Pourquoi donc ne jouirions-nous pas des mêmes droits que ceux qui luttent pour l'Église romaine et pour ses doctrines? (Double salve d'applaudissements.)

Encore une fois, messieurs, plus que jamais il est nécessaire d'indiquer, de préciser cet antagonisme, d'opposer l'un à l'autre ces deux systèmes d'éducation générale ; car, soyez-en certains, puisque vous le voyez tous les jours, tout s'efface, tout disparaît aujourd'hui en présence de ce grand et redoutable conflit.

Les hommes menacent de se diviser en deux camps ainsi tranchés : le camp de ceux qui s'inclinent sous l'obéissance passive à un dogme que rien ne justifie, et le camp de ceux qui ne se réclament que de la libre raison et de la dignité humaine. Messieurs, dans ce grand duel qui tient le monde attentif, ils deviennent bien petits et bien mesquins, les intérêts de ces deux ou trois familles qui prétendent avoir le droit de commander à notre pays ! Non, le bonapartisme, la légitimité, l'orléanisme, et je ne sais quelle autre combinaison d'aventure ne sont rien quand on les met en présence de ce combat singulier si tragique et qui semble avoir pris notre pays pour théâtre, de ce duel de la raison contre l'oppression de la raison. (Bravos prolongés.) Plus nous allons, et plus la politique de ce pays se dessine dans ce sens, et, si quelque spectacle est fait enfin pour dessiller les yeux de la France hésitante, c'est l'apparition de ce spectre du passé qui, loin de se déguiser, s'avance à pas lents et calculés, mais ouvertement, de ce spectre qui a la prétention de remettre la main sur la France et de la replacer sous le joug du passé. (Jamais ! non, jamais ! la France n'y consentira !) Vous dites jamais ! et vous avez raison de prononcer ce mot. Messieurs, je peux rendre, à cet égard, un témoignage absolument certain, car, dans les divers voyages que j'ai faits à travers la France, j'ai pu rencontrer, sur quelques points du territoire, des divisions, des dissentiments, des tiédeurs même, au point de vue de la vraie politique à suivre ; mais il y a un sentiment dans lequel j'ai trouvé la France toujours unanime et vibrante, toujours semblable à elle-même, toujours émue et agitée par la même antipathie, soit que l'on se trouvât sur les bords de la Méditerranée ou de la Manche, ou bien au centre du pays ; partout j'ai entendu, pour peu qu'on descendît et qu'on prêtât l'oreille, que ce fût sous la cabane du pauvre ou dans la maison d'un homme plus aisé, le cri de révolte contre le cléricalisme, car le cléricalisme, c'est le retour de la France vers l'ancien régime, et la France a rejeté l'ancien régime avec horreur et pour toujours. (Oui ! oui ! — Très-bien ! — Applaudissements.)

Ce sentiment d'antipathie, messieurs, est général et indestructible. Aussi bien suffira-t-il que ceux qui ont jugé à propos de renverser du pouvoir l'homme qui, en somme, a accompl la plus grande tâche qu'il y eût à accomplir depuis deux ans, l'affranchissement du territoire, — il leur suffira, dis-je, de laisser entrevoir, aux yeux de la France attentive et clairvoyante, l'arrière-pensée du cléricalisme pour qu'à l'instant même, sans discussions, sans dissidences politiques, la France regarde du regard qui convient ces gens qui prétendent être les maîtres chez nous, et pour qu'elle les attende, impassible et de sang-froid, jusqu'au moment où, pour réaliser leurs détestables desseins, ils chercheront à sortir de la légalité Jusque-là, calme, immobile, elle pourra bien les laisser faire sans trop s'émouvoir en apparence ; mais quand les fautes auront comblé la mesure, le jugement de l'opinion se fera entendre, et le suffrage universel, même menacé, même sophistiqué, même mutilé, de sa grande voix couvrira la voix de ces misérables rhéteurs qui peuvent l'injurier, mais qui ne sont de taille ni à le bâillonner, ni à l'asservir. (Applaudissements prolongés.)

Et s'il y a, messieurs, aujourd'hui, un enseignement à tirer de la réunion qui nous rassemble, c'est que, si des changements, des mutations, se sont produits dans les personnes, à coup sûr il n'y a rien de changé dans les choses. La France n'a pas changé de volonté, le pays n'a pas changé de résolution, les pouvoirs n'ont pas changé de nom, la légalité est restée la même. Les divisions des coalisés royalistes sont aussi profondes, que dis-je ? plus profondes ; car, à la veille de la chasse, on est d'accord ; mais quand le gibier est abattu, on cherche à dépecer la proie, et chacun en veut le plus riche morceau. (Hilarité. — Très bien ! — Bravos.) Messieurs, envisageons la question avec sang-froid : en réalité, rien n'est changé ; le pouvoir a passé dans d'autres mains, mais c'est au nom de la République que cette transmission du pouvoir a eu lieu ; c'est là une décisive et solennelle démonstration qui a permis au pays d'apprécier la valeur de ce mécanisme républicain tant et si souvent discuté. On a vu le pouvoir changer de mains au nez et à la barbe, permettez-moi cette expression,

de quatre prétendants différents (Hilarité vive et prolongée.),
et cependant l'ordre n'a pas été troublé. Pourquoi? Parce que
le pouvoir était impersonnel, parce qu'il pouvait changer de
mains, mais qu'il ne changeait pas de titre, et que ce titre
suffit pour assurer l'obéissance et le respect de la loi. (Mouvement. — Très-bien ! — C'est cela.)

Ce qui se passe n'est donc pas fait pour nous abattre, et, à
coup sûr, nous n'avons pas même à redouter la présence au
pouvoir du plus fragile des cabinets. (Rires.) Messieurs, je per-
drais mon temps à discuter la valeur personnelle des hommes
qui le composent et l'on pourrait y voir des intentions de
satire ou d'épigramme fort éloignées de ma pensée. Je
prends les choses telles qu'elles sont, et je dis, parce que
c'est là un jugement qu'il convient de porter devant la démocratie française qui appréciera mes paroles, je dis qu'il y a
dans la situation actuelle deux éléments : d'une part, une
majorité légale, toute-puissante, mais transitoire et passagère,
qui est aujourd'hui à l'extrême, demain au centre et, après-
demain, d'un autre côté ; une majorité qui dépend de la
volonté de la nation, que celle-ci peut changer par un contingent nouveau de volontés nouvelles et qui, par conséquent,
est modifiable et changeante comme signification et comme
caractère ; et, d'autre part, au-dessus de cette force légale
mais provisoire, légale mais commutable, un pouvoir qui est
le pouvoir présidentiel républicain, et qui ne peut être que
républicain. Messieurs, en parlant de ce pouvoir présidentiel
républicain, essentiellement républicain, j'ai le droit, en mon
nom et au nom de mes amis, de me réclamer des déclarations
solennelles dont celui qui en est investi a fait précéder la
prise de possession de la magistrature suprême. Il y a eu là,
en dehors et au-dessus des partis, un pacte avec le pays tout
entier. Le pays a fait confiance à ces paroles, et j'ajoute qu'il
y a là le plus sacré et le plus synallagmatique des contrats,
qui ne pourrait être brisé que par un coup de force d'en bas
ou par un attentat d'en haut. Eh bien ! je crois que, de part
et d'autre, la violence serait également coupable, et que le

mónde et l'histoire jugeraient avec la dernière sévérité quiconque sortirait de la légalité pour entrer dans le crime. (Très-bien ! très-bien ! — Applaudissements.)

Messieurs, je ne suis pas assez nouveau-venu dans la vie politique pour prendre le change que cherchent à nous offrir nos adversaires. Je les connais de longue date, je les ai vus à l'œuvre les uns et les autres ; je vous fais grâce du portrait et de la description de leur caractère, de leurs manœuvres, de leurs méchancetés ordinaires ; je veux seulement dégager un seul trait qui leur est commun à tous, c'est celui-ci :

Ils affectent d'entrevoir, dans les autorités constituées du pays, les pouvoirs publics d'abord, l'armée ensuite, puis la magistrature et d'autres forces sociales, je ne sais quel complot attendu pour quelque détestable entreprise. C'est là un outrage à ceux dont on escompterait ainsi la collaboration coupable et, pour ma part, je renvoie cet outrage à ses auteurs, convaincu, entendez-le bien, de la loyauté de celui qui tient le pouvoir suprême, convaincu surtout — et ici j'entends dire toute ma pensée — des sentiments d'honneur, de patriotisme et d'obéissance absolue aux intérêts supérieurs de la loi et du pays, qui animent tous les rangs de l'armée française sans distinction. Et sans servir dans ce moment, je l'affirme en toute concience, les intérêts de tel parti plutôt que ceux de tel autre, je dis que, dans un pays aussi agité que le nôtre, en dépit de quelques collisions savamment préparées par les coupe-jarrets de Brumaire et de Décembre, nous avons cette suprême consolation que jamais l'armée n'a été et ne sera l'instrument de *pronunciamientos* politiques. (Très-bien ! très-bien ! — Bravos prolongés.) L'armée est au-dessus de pareils actes et elle n'a pas plus besoin de nos paroles que des paroles intéressées qu'on lui adresse d'autre part. Aussi, messieurs, je vous le dis, n'ayez aucune inquiétude ; continuez à vous servir des lois pour la propagation de vos idées ; continuez à démontrer tous les jours à ce peuple qui vous environne l'excellence et la supériorité de la constitution républicaine ; continuez à démontrer par des comparaisons, par des faits, les avantages

incontestables de la démocratie républicaine sur tous les régimes dynastiques et monarchiques ; prouvez à ce pays qu'en
face de l'Europe qui nous regarde, et qui s'apprête à profiter
de toutes nos faiblesses et de toutes nos défaillances, il n'y a
plus qu'un refuge, plus qu'un rempart, plus qu'un asile, non
pas seulement pour des républicains, mais pour des Français :
c'est une République sincère et définitive, amie des sages progrès et capable de résister à toutes les réactions; une République, gouvernement supérieur de la démocratie, dans laquelle
la France — s'étant ressaisie elle-même et ayant assujetti tous
ses enfants au service militaire et tous ses citoyens à des contributions justes et également réparties, ayant réalisé l'immense et nécessaire réforme de l'éducation nationale —
pourra, dans une heure décisive, présenter tous ses fils égaux
et régénérés comme un faisceau indissoluble devant l'ennemi.
(C'est cela ! Très-bien ! très-bien ! — Salve d'applaudissements.)

DISCOURS

PRONONCÉ A L'ASSEMBLÉE NATIONALE, LE 12 JUILLET 1873

SUR

LES NOUVELLES COUCHES SOCIALES

———

M. LE PRÉSIDENT. — La parole est à M. Gambetta.

M. GAMBETTA. — Messieurs, ce qui m'amène à cette tribune, un peu tardivement, ce sont les paroles qui ont été prononcées par l'honorable M. de Kerdrel. Quoiqu'il ne m'ait pas désigné nommément, il s'adressait d'une façon tellement claire à celui qui a l'honneur d'être à cette tribune, que j'ai dû les relever et demander à l'Assemblée de me permettre d'y répondre en quelques mots. M. de Kerdrel lui-même a reconnu, avec sa franchise ordinaire, que c'était bien moi qu'il avait entendu désigner.

Voix à droite. — Plus haut !

M. GAMBETTA. — Tout à l'heure, messieurs. (Rires et mouvements divers.)

Tout à l'heure... messieurs, je veux rester dans l'attitude qni convient quand il s'agit de donner des explications de doctrine politique. (Mouvement.)

M. de Kerdrel m'a reproché d'avoir jeté dans le pays une expression qui, à son sens, ne contiendrait pas moins qu'une théorie de guerre civile, d'antagonisme et d'hostilité irréconciliable de diverses classes les unes contre les autres.

A droite. — On n'entend pas !

A gauche. — Écoutez, vous entendrez !

M. Gambetta. — Et, généralisant son sentiment, il n'était pas loin de nous considérer comme représentant dans la société française un principe général de sédition, que nous porterions même jusqu'aux colonies.

Messieurs, il y a assez longtemps que cette expression de « nouvelles couches sociales, » de « couches sociales différentes, » a été employée ici même, et avant moi, par divers membres de cette Assemblée, pour que, s'il ne s'agissait que du mot lui-même, je n'eusse ni à le revendiquer, ni à le défendre.

Mais évidemment, puisque l'on me fait de cette expression une application personnelle, et que d'ailleurs on prétend en faire sortir des théories politiques de nature à porter dans la société le trouble et le désordre, j'ai dû croire que l'occasion était propice, qu'elle était bonne pour exprimer ma pensée, pour la limiter, pour ramener à leur véritable valeur ces deux mots que l'on a défigurés par passion politique, par entraînement, par hostilité, par l'effet de cette antipathie que certaines personnes conservent contre leurs adversaires politiques, par toutes ces préventions enfin qu'on a depuis tantôt un an amassées autour d'une expression parfaitement simple en elle-même, et qui, dans ma pensée, n'était que la traduction exacte des faits accomplis ou en train de s'accomplir sous nos yeux, dans le mouvement du suffrage universel lui-même. (Écoutez ! écoutez !)

J'affirme donc, messieurs, que lorsque je disais que l'on peut définir et partager la société française en deux grandes fractions, dont l'une s'obstine à demeurer attachée au passé et s'acharne à faire obstacle à l'avenir, et dont l'autre marche de plus en plus vers l'organisation d'une démocratie pacifique et légale ; quand je parlais de la République, et que je la signalais comme l'idéal particulier du gouvernement des nouvelles couches sociales, c'est-à-dire de celles qui ont été créées par la Révolution française, favorisées dans leur développement par l'application des idées, des théories et des lois de la Révolution française, et qui ont pris peu à peu, obscurément d'abord, d'une façon plus sensible, plus claire, plus intelligente par la suite, conscience et possession d'elles-mêmes à l'aide du suffrage universel, j'affirme que je ne faisais que décrire un phénomène politique et social qui s'accomplit en France dans les couches profondes de la société. (Assentiment à gauche.)

Messieurs, je pense, et je regarde cette opinion comme incontestable, qu'à côté et au-dessus de ce monde nouveau, de ce monde qui est heureusement arrivé non-seulement au travail, à la propriété, mais à la capacité politique, il y a un autre monde parfaitement respectable, sans doute; investi d'une grande tradition; ayant joué un rôle considérable dans la formation première de la nationalité française, mais qui, plus pénétré de certaines idées sur le gouvernement non-seulement de ses propres intérêts et, si vous le voulez, des intérêts généraux de la société, et même sur la direction et la conduite de ces classes prétendues inférieures, mineures et incompétentes, garde, à travers toutes nos vicissitudes révolutionnaires, une façon particulière de comprendre la politique, les devoirs et les relations de l'État vis-à-vis des simples citoyens.

Je pense encore, messieurs, qu'il y a là un monde qui finit, mais un monde dont il faut tenir le plus grand compte dans la balance des forces politiques, car il a conservé, à travers nos révolutions successives, sinon des priviléges, au moins une suprématie pour laquelle il lutte, une prépondérance qu'il ne veut pas se laisser arracher. Et je ne lui en fais pas un reproche, remarquez-le bien. Je ne m'étonne pas de cette lutte, et je ne suis pas éloigné de trouver qu'elle peut être expliquée et justifiée. Mais, messieurs, il n'en reste pas moins certain que, plus on étudie la société qui est sortie du droit de suffrage individuel et universel, et plus on s'aperçoit qu'il y a aujourd'hui comme deux Frances : une France de la Révolution française et une France... (Réclamations à droite.)

Plusieurs membres à droite. — Il n'y a qu'une France !

M. DE MARCÈRE. — Deux Frances, c'est inexact !

M. GAMBETTA. — N'abusez pas d'un mot dont vous saisissez parfaitement le sens. Je veux dire qu'il y a dans la société française deux courants, deux tendances, qui sont représentés par des hommes, par des passions, par des intérêts rivaux, antagonistes... (Non ! non ! sur plusieurs bancs.)

Pardon, messieurs, vous répondrez...

M. CÉZANNE. — Nous sommes tous Français et égaux ; il y a des whigs et des torys, il n'y a pas deux Frances.

M. GAMBETTA. — Messieurs, il m'est absolument impossible de répondre aux interruptions.

Quelques membres à droite. — Il n'y en a pas.

M. GAMBETTA. — Si, il y en a : l'honorable M. de Cézanne m'interrompt pour me dire : « Il n'y a pas deux Frances ; il y a des whigs et des torys ; » il y a donc, et je suis bien obligé de les signaler, deux tendances ! (Réclamation.)

C'est une interruption ! Vous ne l'avez pas entendue, mais moi qui l'ai entendue et qui tiens compte de l'opinion de mon honorable collègue, je suis bien obligé de m'y arrêter.

Messieurs, veuillez considérer que vous avez demandé l'explication de ma pensée, je vous la donne, non-seulement parce que je vous la dois comme Assemblée politique, mais pour faire justice d'une série d'accusations injustes, à mon sens, de critiques et de réclamations hostiles qu'on a cherché à exploiter contre moi, contre le parti que je sers, en faisant de ce mot « nouvelles couches sociales » un drapeau de désordre, un brandon de discorde. C'est contre cette interprétation injuste que je proteste.

Ce que je veux établir, c'est que je n'ai fait absolument que prendre acte de ce qui se passe dans ce pays-ci, depuis que nous avons le suffrage universel. Le suffrage universel, en effet, a eu pour principal résultat de créer une nouvelle couche sociale et politique, car le propre de tous les régimes électoraux est de créer ou de défendre des classes, ou de les étendre, ou de les restreindre.

Il est certain que dans un pays où, comme sous la Restauration, le cens était restreint, où on était en présence non pas d'une véritable aristocratie, mais d'une oligarchie qui gouvernait l'État, qui cherchait à faire rebrousser chemin à la France, qui voulait remonter le cours des siècles... (Exclamations à droite.) Messieurs, ne protestez pas...

Un membre à droite. — Cela n'en vaut pas la peine.

M. GAMBETTA. — ...Il est bien certain que la moitié au moins de ceux qui siégent sur les bancs du Centre droit, ou du moins leurs pères, ceux qui renversaient cette Restauration pour installer la monarchie de 1830 (Applaudissements à gauche), croyaient à cet effort pour ramener la France en arrière.

Eh bien, je dis que le système électoral de la Restauration avait fondé un personnel politique, une classe politique particulière qui gouvernait l'État d'après ses théories, ses intérêts et ses passions de classe politique. (Interruptions à droite.) J'ajoute que la Révolution de 1830, en étendant le système électoral, a élargi le cercle de cette oligarchie, mais qu'elle a constitué, encore à l'état d'oligarchie politique, des classes gouvernantes, dirigeantes, comme vous le dites, monsieur de Kerdrel ; que la France était gouvernée, pour tout dire d'un mot qui résume toute ma pensée, à l'aide d'une classe, d'un personnel qui n'était encore à cette époque qu'une minorité dans la nation, car elle se composait de 281,000 électeurs sur 30 millions d'habitants.

Il est donc certain que chaque système électoral correspond à un système social, et que toutes les fois qu'un régime électoral fonctionne pendant deux, quatre, dix et quinze ans, il crée, entendez-le bien, à son image, une nouvelle classe sociale et politique. Pourquoi ne voudriez-vous pas que ce qui s'est passé sous le système oligarchique, avec le cens tout à fait restreint de la Restauration comme avec le cens un peu plus élargi du gouvernement de Juillet, ne se fût pas accompli avec le régime du suffrage universel, dont l'établissement sera l'éternel honneur de la Révolution de 1848. (Applaudissements à gauche. — Exclamations sur quelques bancs à droite.)

Une voix à droite. — Et l'empire ?

M. GAMBETTA. — Vous dites : Et l'empire ? Ah ! ce mot-là,
on peut le relever sans crainte, car ce que je vais répéter ici,
je l'ai dit dans une autre enceinte, quand l'empire était debout. Après que la révolution du 24 Février a eu doté chaque
Français de la capacité politique, comme la Révolution de 89
l'avait doté de la capacité sociale, il est venu une Assemblée
réactionnaire, aveugle, affolée par des mots comme ceux
qu'on fait aujourd'hui résonner aux oreilles de la France.
(Interruptions à droite. — Applaudissements à gauche.)

Vous savez très-bien ce que je veux dire, vous savez et tout
le monde sait par quel système de panique organisée, de terreur voulue et simulée, on en est arrivé à porter la main sur
le suffrage universel ; comment l'empire s'est trouvé tout armé
pour mettre à la raison cette oligarchie parlementaire imprudente, et comment il a trouvé, aux yeux des nouvelles couches
sociales, paysans et ouvriers, je ne dis pas une excuse, mais
un prétexte pour le coup d'État. (Très-bien ! très-bien ! et
applaudissements à gauche.)

Par conséquent, l'interruption : Et l'empire ! se retourne
contre celui qui l'a faite. Mais ce n'est pas un mot oiseux qui a
été lancé ; il faut le relever et le méditer, car il peut devenir pour
vous tous, messieurs, que l'on accuse de nourrir de coupables
desseins contre le suffrage universel (Réclamations à droite),
un enseignement dont vous saurez peut-être profiter. (Applaudissements à l'extrême gauche. — Interruptions à droite et au
centre.)

M. DE RESSÉGUIER. — Qu'en avez-vous fait du suffrage
universel quand vous étiez au pouvoir ? Vous l'avez confisqué.

M. DAHIREL. — Vous l'avez supprimé entièrement.

M. DE RESSÉGUIER. — Vous n'avez pas le droit de parler du
suffrage universel. Vous l'avez confisqué.

M. LE PRÉSIDENT. — N'interrompez pas ; cette discussion se
prolonge déjà depuis trop longtemps.

M. GAMBETTA. — Je dis donc que le suffrage universel ayant

fonctionné depuis vingt ans, ayant fonctionné d'une manière plus ou moins libre... (Interruptions à droite.)

M. DAHIREL. — Malgré vous !

M. HENRI FOURNIER... et ayant été interrompu après le 4 Septembre.

M. LE VICOMTE DE LORGERIL. — Qu'avez-vous fait après le 4 Septembre? (Rumeurs à gauche.)

M. HENRI FOURNIER. — Pourquoi n'a-t-il pas fonctionné après le 4 Septembre ?

M. GAMBETTA. — Le suffrage universel a fonctionné...

M. DAHIREL. — Malgré vous! (Réclamations à gauche.)

(Des interruptions sont échangées entre les membres qui siégent à droite et à gauche.)

M. GAMBETTA. — Le suffrage universel ayant fonctionné...

M. DAHIREL. — Malgré vous ! (Nouvelles réclamations à gauche.)

M. LE PRÉSIDENT. — Veuillez ne pas interrompre.

M. GAMBETTA. — Le suffrage universel, je le répète, ayant pendant vingt ans fonctionné sous l'empire, ayant fonctionné à partir de la paix... (Interruption.)

M. DAHIREL. — Malgré vous !

M. GAMBETTA. — Malgré moi, je vais vous le dire ; mais laissez-moi parler.

Plusieurs membres à droite. — Pourquoi l'avez-vous confisqué ?

M. GAMBETTA. — M. Dahirel prétend que c'est malgré moi.

A droite. — Oui! oui !

M. GAMBETTA. — Oui! oui! Après? Quand vous le répéterez cent fois !

Un membre à gauche. — On veut vous empêcher de continuer ; ne répondez pas !

Un autre membre à gauche. — M. le président oublie de rappeler à l'ordre les interrupteurs. Si nous interrompions ainsi, nous serions rappelés à l'ordre.

M. LÉON GAMBETTA. — Le suffrage universel ayant fonctionné dans différentes circonstances, avant comme après la guerre, — non pendant la guerre, — et j'estime encore, monsieur Dahirel, qu'il ne pouvait pas fonctionner pendant la guerre... (Exclamations ironiques à droite.)

M. DAHIREL. — Je demande la parole.

M. LÉON GAMBETTA. — Eh bien, le suffrage universel... (Interruptions à droite.)

Un membre à droite. — Au lieu de consulter le suffrage universel, vous avez pris le pouvoir.

M. GAMBETTA. — Oui ! il était enviable, le pouvoir, dans ce moment-là ! (Exclamations à droite.)

Quelques membres à droite. — Pourquoi l'avez-vous pris ?

M. GAMBETTA. — Je ne l'ai pas pris. (Si ! si ! à droite.) En ce moment, personne ne voulait se le disputer. (Nouvelles et bruyantes interruptions à droite.)

Si vous vouliez me permettre de compléter ma pensée, je terminerais brièvement et je vous fatiguerais moins de ma présence.

Un membre à droite. — Oui ! — Très-bien !

A gauche. — A l'ordre ! à l'ordre ! Bruit prolongé.

M. TOLAIN. — Que l'interrupteur mette son nom à l'*Officiel*, afin qu'on le connaisse.

M. SCHOELCHER. — C'est une inconvenance.

M. GAMBETTA. — Messieurs, je comprends toutes les impatiences ; mais vous pourriez renoncer à ce système de provocations peu courtoises, car je suis résolu à aller jusqu'au bout (Très-bien ! très-bien ! à gauche) et à ne pas manquer de patience, pour mon compte.

Eh bien, messieurs, dans les observations que vos interruptions ont si souvent coupées, j'avais l'honneur de dire, après avoir esquissé très-brièvement les résultats naturels des divers régimes électoraux, que le suffrage universel lui aussi a mis au jour dans ce pays-ci une nouvelle couche sociale, et j'ajoute que c'est cette nouvelle couche sociale que depuis deux ans on voit apparaître partout, sage, modérée, patiente, maîtresse d'elle-même (Interruption à droite), capable de

mettre la main aux affaires et de les bien diriger, répétant
chaque jour à ceux qui représentent l'ancien monde politique :
Voulez-vous enfin prendre votre parti de l'état démocratique
indestructible et inévitable de la France? Voulez-vous nous
faire une part dans la gestion des affaires du pays? Voulez-
vous qu'il n'y ait plus de haines de classes à classes? Reconnaissez la démocratie! (Interruptions à droite. — Bravos et
applaudissements à gauche.)

M. LE VICOMTE DE LORGERIL. — Ce que nous n'avons pas...
(Bruit.)

A gauche. — A l'ordre! à l'ordre !

M. GAMBETTA. — Reconnaissez la démocratie et la démo-
cratie avec sa forme de gouvernement, sa forme nécessaire
(Ah ! ah !), essentielle, la République! (Exclamations à droite.
— Applaudissements à gauche.)

Aussi bien, messieurs des classes dirigeantes, comme vous
n'avez pas voulu prêter l'oreille à un semblable contrat, il se
passe tous les jours dans le pays quelque chose de plus considérable qu'une révolution soudaine, que ces journées plus ou
moins militantes dont on tient les annales dans notre histoire
malheureusement, depuis quatre-vingt-quatre ans ; il s'accomplit, en ce moment même, non pas sous vos yeux, puisque
vous ne voulez pas le voir, mais sous les yeux de tous les observateurs attentifs et impartiaux, une véritable révolution
légale et sociale.

Partout où depuis soixante ans, entendez-vous bien, dans
les Conseils généraux, on n'avait pu faire pénétrer une minorité appréciable d'hommes sortis des rangs du peuple, ayant
ses aspirations... (Interruptions à droite), ayant ses aspirations, ses idées et ses espérances ; partout ou presque partout
le suffrage universel a écarté... sans y mettre toujours des
ménagements, mais cela tient à ce qu'on n'a pas entendu les
paroles de conciliation et de transaction sur le terrain républicain... (Exclamations ironiques à droite. — Vive approbation
à gauche.)... Le suffrage universel a écarté des gens qui auraient pu rendre de réels services, s'ils avaient compris le rôle

qui leur était offert, de tuteurs, d'éducateurs et de guides du peuple. Le peuple lui-même s'est installé aux affaires, et c'est cette éclosion que, sous le nom de nouvelles couches sociales, fruit du suffrage universel, j'ai saluée à Grenoble ! (Vifs applaudissements à gauche.)

Et je dis, messieurs, que vous avez beau chercher à défigurer ma pensée, à en faire une sorte de drapeau rouge, je dis que vous ne parviendrez pas à égarer le bon sens de ce pays ; il sait très-bien que je ne suis pas partisan des théories niveleuses, que je ne suis pas un homme de chimères et d'utopies, et que si je demande l'accession, l'avénement de la démocratie aux affaires, c'est que je ne suis désireux que d'une chose, relever la France par l'ordre matériel et moral... (Très-bien ! très-bien ! — Applaudissements prolongés à gauche.) Et si quelque chose est fait pour donner à ce mot de « nouvelles couches sociales » sa consécration, son véritable caractère, c'est la politique que l'on nous apporte et que l'on fait ici depuis tantôt deux mois, politique qui n'a qu'un nom, que la France connaît, contre laquelle elle s'est déjà prononcée, contre laquelle elle se prononcera toujours, c'est la politique de l'ancien régime contre la politique de la Révolution ! (A l'ordre ! à l'ordre ! à droite. — Nombreux et vifs applaudissements à gauche. — L'orateur, en retournant à son banc, est félicité par un grand nombre de ses collègues de ce côté de l'Assemblée.)

DISCOURS

PRONONCÉ A L'ASSEMBLÉE NATIONALE, LE 14 JUILLET 1873

SUR

LA PRATIQUE DU DROIT DE RÉUNIÓN

M. LE PRÉSIDENT. — La parole est à M. Gambetta.

M. LÉON GAMBETTA. — Messieurs, le projet de loi pour lequel le Gouvernement réclame l'urgence...

Quelques voix à droite. — La clôture ! la clôture !

Autres voix du même côté. — Non ! non ! — Laissez parler !

M. LÉON GAMBETTA. — Messieurs, le projet de loi que le Gouvernement vient de proposer...

Quelques voix à droite. — Nous demandons la clôture !

Un membre à gauche. — Voilà la liberté de la tribune !

M. LÉON GAMBETTA... et pour lequel M. le comte Jaubert réclame l'urgence, a pris sous sa parole sa véritable portée et sa véritable signification.

Avec M. le comte Jaubert on est presque toujours certain d'aprendre gaiement la vérité, qui, quelquefois, se dissimule. (On rit.)

M. Gaslonde. — Dites spirituellement.

M. Léon Gambetta. — Il a dit non sans justesse que c'était moins la liberté de la tribune parlementaire qui était en question qu'une autre liberté d'un genre moins nouveau qu'il n'affecte de le croire, qu'il a appelée la liberté du balcon.

M. De Rainneville. — Les deux libertés, comme les deux Frances !

M. Léon Gambetta. — Et, messieurs, quoique je ne sois pas plus en cause qu'un autre en cette matière... (Rires à droite.)

M. Audren de Kerdrel. — Pas moins !

M. Léon Gambetta...je crois, messieurs, qu'il est peut-être bon de faire observer à l'honorable comte Jaubert et à bien d'autres esprits qui poursuivent ici la même politique que notre honorable collègue, que la liberté du balcon a besoin d'être garantie et protégée aussi bien que la liberté de la tribune. (Oui ! oui ! Très-bien à gauche. — Exclamations à droite.)

Qu'est-ce à dire, messieurs? Mais ce n'est pas autre chose. Et M. le comte Jaubert le sait bien, lui qui a peiné quarante ans de sa vie pour établir dans ce pays la monarchie constitutionnelle et le régime légal des Assemblées parlementaires, et les luttes en plein soleil, et le *fair play* des Anglais, la liberté de discussion, le droit de ramener à soi les hommes par la persuasion, par la voie des réunions, par tous les moyens légaux de propagande.(Bruit à droite. —Très-bien ! très-bien à gauche.)

Que M. le comte Jaubert me démente si je me trompe ! (Applaudissements à gauche.) Eh bien, messieurs, je dis que ces efforts ont été tentés pendant quarante-cinq ans dans ce pays, non sans quelques heures de prestige et de grandeur.

L'école à laquelle M. le comte Jaubert s'est rattaché, et dont il a été un des plus brillants représentants, cette école, de de quelles traditions s'inspirait-elle? à quels souvenirs faisait-elle appel ? On ne disait pas, comme récemment : Passons l'Atlantique ! non, on nous conviait à passer la Manche ;

on nous faisait le tableau véritablement enchanteur de ce pays où l'aristocratie et la royauté juxtaposées vivent sans secousse, sans collision... (Rumeurs à droite. — Parlez! parlez)! sans collision, ou au moins sans conflits sanglants, avec un monde aussi passionné, aussi laborieux, plus grossier et plus misérable à coup sûr que les travailleurs français.

On disait aux hommes trop ardents de la démocratie française : Prenez-là des modèles ; imitez ces luttes légales ; voyez comme en Angleterre les conflits se dénouent par la propagande !

Et on citait les noms de Cobden, de Bright ; on nous invitait à entrer dans cette arène pacifique de contradiction, de dialectique, où le progrès est la conquête de la raison et bientôt celle de la majorité. (Très-bien! très-bien! et applaudissements à gauche et au centre gauche.)

Eh bien, messieurs, qu'est-ce à dire?

M. LE COMTE DE MAILLÉ. — Ils n'attaquaient pas la Chambre !

M. LÉON GAMBETTA.— L'honorable comte de Maillé m'interrompt pour me dire : « Ils n'attaquaient pas la Chambre ! » (Exclamations à gauche.)

Je fais appel à ceux de nos collègues qui ont lu les comptes rendus de ces scènes presque violentes, — car il n'y a pas que les Français qui aient le sang chaud et prompt; les Anglo-Saxons ont aussi leurs emportements, leurs passions parfois brutales, leurs manières vives de trancher les questions, ou au moins de se pousser un peu dans les réunions publiques, — je fais appel aux souvenirs de ceux de nos collègues qui ont lu ces récits. Il en est parmi nous, et jusque sur le banc des ministres, qui les ont examinés de plus près, qui les ont décrits, qui en ont exposé, dans une publication spéciale ou dans une Revue qui est presqu'une institution politique en France, des peintures exactes et justement remarquées. Il en est quelques-uns d'entre vous qui ont des sympathies pour un prince dont vous connaissez les travaux et qui a eu pour but précisément de mettre en lumière, dans un livre loué par ses amis et qui a failli devenir la base d'une enquête spéciale de la part de l'Assemblée nationale, la description de cette animation, de cette lutte, de cette liberté d'association, de réunion, de protestation, de propagande. De telle sorte que nous en sommes à envier le spectacle de la liberté individuelle chez nos voisins.

M. LE COMTE DE DOUHET. — L'Angleterre est un pays complétement organisé, tandis que la France ne l'est pas ! (Bruit.)

M. LÉON GAMBETTA. — A l'aide de quels procédés les Anglais peuvent-ils pousser à la conquête légale des libertés et des droits qu'ils réclament? A l'aide de la liberté du balcon, oui, du balcon, dont vous parliez tout à l'heure, parce qu'ils ont le droit de se réunir autour de plates-formes, sur les places publiques, dans les édifices construits par la munificence des citoyens qui appartiennent à l'aristocratie elle-même, et qui, plus soucieux ou plus intelligents de leurs intérêts et comprenant mieux leurs devoirs, savent qu'il n'y a qu'un moyen de diriger les démocraties dans les voies de la justice, c'est de leur tendre la main, c'est de leur ouvrir les portes de l'arène légale, c'est de les instruire par la pratique même de la liberté. (Applaudissements à gauche.)

En conséquence, permettez-moi de dire que cette liberté, dont on croit se défaire par une épigramme, est la plus essentielle de toutes dans une démocratie. Essentielle pour nous surtout, car, malheureusement, nous avons affaire à un peuple auquel on a mesuré d'une façon bien avare l'instruction et la science... (Réclamations à droite. — Approbation à gauche), à un peuple qui ne lit pas, qui ne s'intéresse pas aux œuvres écrites. Et alors, le vrai droit pour lui et le véritable moyen, non-seulement d'apprendre, mais de se discipliner, de se gouverner lui-même, c'est le droit de réunion, c'est la liberté de propagande. (Très-bien à gauche.)

Plusieurs membres à droite. — A la question.

M. LÉON GAMBETTA. — Voilà le droit avec lequel vous pourrez espérer distinguer ce qu'il y a de bon parmi les éléments confus qui bouillonnent dans les démocraties, faire un juste départ entre les chimères et les idées réalisables. Par conséquent, messieurs, débarrassez-vous de ces superficielles façons de juger les choses.

Allez au fond, et vous reconnaîtrez que, de même que la liberté de la tribune est ici sacrée pour l'instruction et la direction du pays, de même pour éclairer, pour moraliser les masses, il y a une liberté sacrée, nécessaire ; c'est cette liberté que vous raillez, et dont vous ne comprenez pas qu'il vous appartient à vous-mêmes de faire usage pour instruire les campagnes, pour parler à vos électeurs. Usez-en, mais faites-nous une liberté égale, suivez ces Anglais que vous voulez imiter, faites le *fair play.*

Voilà comment on gouverne les démocraties. Si vous voulez les bâillonner, de plus robustes bras que les vôtres s'y sont brisés déjà bien des fois, vous y périrez comme vos devanciers, et vous ne laisserez que le souvenir d'une politique auss insensée qu'impuissante. (Applaudissements à gauche. — Réclamations et murmures à droite.)

DISCOURS

PRONONCÉ LE 28 SEPTEMBRE 1873

AU BANQUET

DONNE PAR LA VILLE DE PÉRIGUEUX

———

M. Gambetta avait depuis longtemps pris l'engagement d'aller visiter nos amis de la démocratie républicaine du sud-ouest. Mettant à profit la cordiale invitation de M. du Bruel, ancien représentant du peuple, consul général de France à Genève, révoqué par le gouvernement du 24 Mai, M. Gambetta est arrivé lundi, 22 septembre, accompagné de M. E. Spuller, au château de Sept-Fonds, vaste maison de campagne située à cinq kilomètres de Périgueux, et s'y est installé suivant le désir exprimé par le propriétaire.

Dans cette résidence, pendant toute la semaine, M. Gambetta a reçu de très-nombreuses visites des républicains de Périgueux, qui sont venus à Sept-Fonds pour s'entretenir avec l'honorable député de la situation présente du pays et des projets que la réaction médite d'exécuter à la rentrée de l'Assemblée nationale.

Jeudi, dans la soirée, il est allé à Périgueux pour assister au dîner offert en son honneur par M. le docteur Guilbert, ancien préfet du gouvernement de la Défense nationale, à toutes les personnes qui, après avoir accepté et rempli des fonctions administratives dans l'intérêt de la République, ont été destituées successivement pour plaire à la réaction. Après le dîner chez

M. Guilbert, M. Gambetta s'est rendu chez M. Fournier-Laurière, ancien maire révoqué de Périgueux, qui avait réuni dans
son salon tout le Conseil municipal de la ville, à l'effet de le
remercier de l'invitation qui lui a été adressée par le Conseil
d'assister aux fêtes municipales données par la ville de Périgueux, à l'occasion de l'inauguration de la statue du général
Daumesnil.

Samedi, 27 septembre, au château de Sept-Fonds, l'affluence
des visiteurs a été plus grande que de coutume. On peut évaluer
entre trois cent cinquante et quatre cents le nombre des personnes qui sont accourues des divers points du département,
des quatre arrondissements de Nontron, de Bergerac, de Sarlat,
de Ribérac, pour s'entretenir avec M. Gambetta des affaires de
la démocratie. On remarquait, parmi ces visiteurs, un grand
nombre de maires, de conseillers généraux et d'arrondissement,
dont l'influence sur leurs concitoyens tient à leurs sentiments
républicains hautement professés et connus. La réception de
toutes ces personnes n'a pas duré moins de quatre heures. On
s'était spontanément divisé par régions, et l'on pénétrait dans
les appartements par groupes de cinquante à soixante personnes.
Chacune de ces réceptions, marquée au coin de la plus sincère
cordialité, a donné lieu à un fraternel échange de pensées et de
vues sur la situation. La conversation s'engageait sur la politique, sur le présent et l'avenir de la République. Chacun y
prenait part, apportant ses observations personnelles, faisant
connaître ses propres opinions. M. Gambetta résumait, dans une
courte allocution finale, l'ensemble des faits examinés et des
déclarations produites, et terminait par des conseils dont la
fermeté autant que la prudence ont été justement appréciées.

La plus importante de ces réceptions partielles a été celle des
visiteurs venus des départements limitrophes. Elle se composait
de plus de cent personnes. Les visiteurs de la Charente et de la
Vienne ont été présentés par notre confrère et ami M. Massi-
cault, rédacteur en chef de la *Charente;* ceux du Lot-et-Garonne
et du Lot, par M. Louis Mie, avocat à Périgueux, dont l'infati-
gable dévouement à la démocratie est si connu dans tout le midi
de la France; ceux de la Haute-Vienne, de Limoges et de Saint-
Yriex, par M. Georges Périn, représentant de ce département à
l'Assemblée nationale; ceux de la Corrèze, de Tulle et de Brives,
par M. Maillard, avocat à la cour d'appel de Paris, en ce moment
en vacances parmi ses concitoyens. Dans cette entrevue, M. Gambetta, après avoir entendu et recueilli toutes les observations

communiquées par les visiteurs, a prononcé une allocution qui a embrassé rapidement toutes les questions à l'ordre du jour, et l'assemblée s'est séparée avec la conviction que la sagesse, la discipline, l'inébranlable patience de la démocratie républicaine sauront contenir et déjouer les projets tramés contre les institutions existantes. Chacun a emporté la certitude que partout l'idée républicaine et démocratique est en progrès.

La royauté du droit divin, qui amènerait infailliblement la domination des prêtres et des nobles, est en horreur aux populations. Lasse de tant de commotions politiques, soucieuse avant tout de se préserver de l'inévitable révolution produite par le rétablissement de la monarchie, quelle que fût cette monarchie, et qui serait, comme l'a dit M. Thiers, la plus redoutable de toutes, la France aspire à se reposer dans la République sincèrement libérale et démocratique de tant d'agitations funestes. Le pays est las du provisoire; ce qu'il veut, c'est la République définitive et solidement assise; or, cette République ne peut être constituée que par une Assemblée nouvelle, élue spécialement pour cet objet avec un mandat parfaitement défini et à l'abri de toute contestation.

Cette heureuse et féconde journée laissera un long souvenir dans la démocratie du sud-ouest.

Dimanche 28 septembre, la ville de Périgueux a solennellement inauguré la statue du général Daumesnil. De grandes fêtes ont été données à cette occasion. M. Gambetta avait été invité à y assister.

Dans la soirée, un banquet a été offert par la municipalité de Vincennes.

Cette réunion a eu un caractère essentiellement privé. Aucun des représentants de l'autorité n'était présent. Le banquet était présidé par M. Gambetta. Après plusieurs discours, le maire révoqué de Périgueux a porté un toast à M. Gambetta. Voici en quels termes il s'est exprimé :

MESSIEURS,

Le toast que je vais porter sera certainement chaudement applaudi par vous tous.

A Gambetta !

C'est-à-dire au citoyen illustre qui ne douta pas de la France, et s'il ne put lui faire obtenir la victoire, lui conserva du moins ce glorieux privilége des heureux vaincus : l'honneur !

A Gambetta ! Dans une République à peine sortie du berceau, sur un sol disputé pas à pas à l'étranger, il sut établir un gouvernement sur la seule base de la force morale et du patriotisme de tous ; il sut créer ces armées, qu'on est fier d'avoir possédées quand elles peuvent écrire sur leur drapeau : Coulmiers, les batailles de l'Est et le siége de Paris.

A Gambetta ! dont le nom, après cette fête, restera uni, dans notre admiration, à celui de Daumesnil ; tous deux ont aimé la patrie, tous deux ont tenu haut le drapeau tricolore.

A Gambetta ! enfin, le guide de la démocratie, son espoir pour le jour où la République, solidement établie, débarrassée des tâtonnements monarchiques, radieuse et sereine, régnera en France, assurant les droits de tous par les efforts de tous.

Messieurs, je remercie l'illustre citoyen qui a bien voulu venir nous visiter ; je bois à son retour au milieu de nous, je bois à Gambetta.

M. Gambetta a répondu par le discours suivant :

MESSIEURS ET CHERS CONCITOYENS,

Ce n'est pas sans émotion que l'on entend de telles paroles, et il faudrait qu'au milieu des déceptions de la vie publique l'âme d'un républicain eût perdu tout ressort pour ne pas vibrer jusqu'à se briser sous l'impression de semblables discours, qui traduisent des sentiments si bienveillants et si généreux. Vos applaudissements, venant donner à ces paroles comme une consécration, me laissent profondément ému et reconnaissant, mais tout à fait incapable d'y répondre comme e le voudrais ; c'est-à-dire d'une façon digne, non pas seulement des hommes qui sont ici, — car, après tout, les hommes sont peu de chose dans la mêlée des partis et en face de la grandeur des idées qu'ils défendent — (applaudissements),

mais dignes surtout de la grande cause qui vient d'être si noblement rappelée, et que nous sommes tous résolus à défendre
jusqu'à notre dernier soupir.

Messieurs, dans le discours de notre ami, M. Laurière, il
y a une assimilation que la postérité et l'histoire ont, seules,
le droit de faire, entendez-le bien. Quoiqu'elle ait été faite par
un cœur sympathique et généreux, je dois la repousser. Mais,
puisqu'on veut bien reconnaître que j'ai quelque droit de parler au milieu des républicains, mes frères, et en leur nom,
qu'il me soit permis de ne point laisser s'introduire parmi nous
un langage trop complaisant, où un homme quel qu'il soit tient
toujours trop de place, où, peu à peu, il refoule et écrase l'idée
qu'il représente. Citoyens, ne donnons jamais à penser que
cette auguste incarnation de la justice parmi les hommes, la
République, c'est-à-dire la vertu, devenant le levier du gouvernement des hommes (bravos), puisse dépendre de l'existence d'une personne, du hasard, de la maladie, des infirmités
d'un organisme, au lieu de reposer, immuable et éternelle,
sur le droit et la volonté respectée d'une nation toujours libre.
(Applaudissements prolongés.)

Permettez-moi donc, mon cher Fournier-Laurière, ces quelques mots de réserve et de correction, après les paroles que
vous avez fait entendre; d'ailleurs vous avez, ce jour-ci, mérité un honneur auprès duquel ne peuvent compter pour rien
ni les applaudissements de vos amis ni la reconnaissance de
vos concitoyens. Que vous est-il donc arrivé? Le voici : toute
votre ville en est encore émue. Vous qui avez tout fait pour
cette ville, vous qui lui avez donné la lumière et l'eau, la sa-
lubrité et le bien-être, vous qui, jour et nuit à la tâche, avez
remis ici tout en ordre sur la voie publique comme dans les
finances, vous, le maire que toute cité devrait envier et que
tout gouvernement devrait soutenir, au milieu de vos travaux,
dans votre œuvre de zèle et de dévouement, vous avez été
tout à coup frappé, suspendu, révoqué ! au nom de quoi? au
nom de l'ordre... mais de l'ordre moral. Et par qui? Par vos
adversaires politiques. (Salve d'applaudissements. — Accla-

mations.) Voilà le grand honneur qui vous est échu. (Nouveaux applaudissements.)

Mais si vous avez encouru les arrêts ou plutôt les arrêtés (rires) de l'ordre moral, le suffrage de vos concitoyens, — auquel est venu se joindre, dès que la mesure qui vous frappait a été connue, le suffrage de tout le reste de la France, — vous réserve la compensation certaine que la justice et le bien accompli rencontrent tôt ou tard dans ce monde. Car, messieurs, laissez-moi exprimer cette conviction tout intime, c'est dans ce monde que les œuvres reçoivent leur sanction ; quoi qu'on en dise, la justice est parmi nous, elle arrive boiteuse ou rapide, trop rapide souvent ; nous l'avons bien vu après notre irréparable faute du plébiscite ; trop lente aussi quelquefois, elle arrive sûrement ; cette confiance en la justice fait notre force et nous soutient. Pour moi, je n'en ai, je n'en connais point d'autre ! — (Sensation et applaudissements répétés.)

Messieurs, on rappelait tout à l'heure cette époque fatale où le pays, abandonné, trahi par ceux-là mêmes qui, pendant vingt ans, s'étaient fait, non pas ses guides, mais ses exploiteurs, ne rencontra, au milieu de désastres sans nombre, ni armée régulière, ni finances, ni administration, ni diplomatie, Tout s'était écroulé à la fois, et, la bande impériale s'étant retirée, la France nue, garrottée et gisante, était réduite à subir les injures et les souillures de l'étranger. Elle se releva, grâce à la République. (Oui ! oui ! c'est vrai.) Aussi, messieurs, je ne laisserai jamais dire, sans protester, que notre pays a manqué de patriotisme. Non ! il n'en a manqué à aucune heure, et, dès le lendemain de la capitulation et de la défaite, il a tout donné, il a tout apporté, des hommes, de l'argent, des ressources matérielles. Il a dit : prenez et employez ces choses, et on les a employées. Si la défaite est venue, si la victoire n'a pas récompensé les efforts et les sacrifices, il faut savoir le dire, c'est parce qu'il y a eu des hommes et des partis politiques qui, tablant sur les revers de la France, ont tout énervé et tout arrêté, préférant la capitulation, la défaite, l'abaissement de la patrie à l'abdication de leurs convoitises particulières. (Marques d'adhésion. — Applaudissements prolongés.)

Messieurs, je reviens sur tous ces faits douloureux pour établir deux points qui sont connus au dehors, que l'univers sait, et qu'il faut que la France sache bien à son tour : à savoir que notre peuple ne s'est pas abandonné, que notre nation s'est retrouvée, qu'elle s'est retrempée dans l'extrémité même de ses malheurs, que les âmes se sont élevées à la hauteur des désastres éprouvés, et que des efforts inouïs ont été faits pour résister à l'invasion, efforts dénigrés chez nous, mais admirés par le reste du monde. (Très-bien! très-bien! Applaudissements).

Ces souvenirs si tristes, citoyens, ont leur côté glorieux : loin de moi la pensée d'en faire honneur à tel ou tel parti. C'est la France entière qui s'est levée, c'est à elle qu'on faisait appel, et c'est elle, elle seule qui a répondu. Ce n'est pas nous, qu'on le sache bien, qui avons jamais distingué la couleur des drapeaux qui marchaient à l'ennemi ; non, jamais, je le déclare hautement, une pensée aussi impie ne m'est arrivée esprit! (Salve d'applaudissements.)

C'est pour cela que je suis profondément humilié, pour l'honneur et pour le renom de ma patrie, de voir s'élever autour des républicains qui ont servi la France, je ne sais quelles susceptibilités jalouses, je ne sais quels ombrages mesquins du genre de ceux que l'on témoigne aujourd'hui. Aussi, messieurs, en ce moment même, si un devoir impérieux s'impose à vous, c'est le souvenir de ceux qui manquent ici ; c'est à ceux-là qu'il faut porter un toast, non pas au nom d'un parti politique, mais au nom du sentiment national, au nom de la France tout entière.

Messieurs, après les défaites que nous avons essuyées et qu'il faut maintenant réparer, le sentiment qui doit dominer dans nos cœurs, qui doit nous exciter et nous soutenir, c'est le sentiment de la patrie ; et si j'avais pu croire que ma présence à ce banquet, où vous m'avez convié, devait avoir pour effet d'en exclure les représentants de la vaillance française, les défenseurs du drapeau français, ceux qui n'ont jamais fai=

bli, ceux qui n'ont jamais capitulé, ceux qui n'ont jamais
rompu d'une semelle... (Adhésion unanime. — Très-bien !
très-bien ! très-bien ! — Bravo. — Double salve d'applaudissements.)

Si j'avais pu penser, dis-je, que ma présence pût entraîner
leur exclusion de ce banquet, oui, malgré la joie profonde que
j'éprouve à presser la main fraternelle de cette démocratie qui
est ici réunie, et à laquelle j'ai voué toutes mes forces, toute
mon intelligence, — je ne serais pas venu. (Sensation profonde.) Je ne serais pas venu, parce qu'il y a quelque chose
qui m'importe plus que nos fêtes républicaines, c'est le rôle,
c'est la mission, c'est la place de ceux qui représentent la
vaillance de la patrie devant l'étranger. (Explosion d'applaudissements. — Bravos unanimes.)

Ils seraient des calomniateurs tous ceux qui interpréteraient
mes paroles autrement qu'elles ne doivent l'être. Je ne les
prononce pas dans un mesquin intérêt de parti ; je les dis
parce qu'il y a quelque chose de supérieur à la République, de
supérieur à la liberté de la pensée, c'est la France, c'est l'indépendance de la France, c'est la passion, c'est la religion de
la France ! (Oui ! oui ! — Très-bien ! — Bravos et applaudissements répétés.) La France résume tout pour moi : liberté de
la raison, progrès et justice, République ; tout cela, c'est la
France ; voilà pourquoi il n'y a rien, il ne peut rien y avoir
au-dessus de la France. (Nouveaux applaudissements.)

Aussi j'ai le droit de dire, parce que c'est une vérité qui
s'impose à tous, que, désormais, il ne peut plus être fait de
séparation ni de rupture entre la France et le parti républicain, entre la France et la démocratie. J'en atteste notre histoire. Est-ce que ce malheureux et noble pays a jamais pu
trouver une réparation ou un refuge contre les désastres accumulés par les monarchies successives, ailleurs que sous
l'égide et l'abri de la République ? Et lorsque cette République
s'était dévouée, quand elle s'était pour ainsi dire sacrifiée,
après qu'elle s'était soumise à toutes les malédictions pour secourir la patrie, alors ses adversaires, comme une meute

acharnée, se sont retournés contre elle, criant, aboyant, hur-
lant pour chercher à la rendre responsable des malheurs
qu'elle s'était donné mission de réparer.

C'est ainsi qu'ils ont essayé de troubler l'esprit du peuple,
de pervertir la clairvoyance du paysan, cette création immortelle de la Révolution française (applaudissements unanimes),
et celle de l'ouvrier, cette autre création de la science moderne
appliquée à la conquête de la nature. (Nouveaux applaudissements.) Ils sont parvenus seulement à troubler l'esprit du bourgeois, qui devait être l'initiateur, le conducteur et le guide de
la famille française, en lui faisant renier ses traditions et sa
gloire, son génie et ses intérêts, pour le faire se précipiter,
tremblant, aux pieds d'un maître.

Ils ne réussiront pas, messieurs... ; mais je ne suis pas ici
pour parler de notre politique intérieure, et une autre fois...
(Très-bien! très-bien! — Applaudissements répétés.)

A ce moment, l'orateur, en proie à une vive et profonde émotion, s'arrête, s'assied un instant, se relève et continue :

Je vous demande pardon, messieurs. Au milieu de l'émotion qui me gagnait, j'ai oublié ce qu'on ne doit jamais oublier
dans des fêtes analogues, c'est Paris et le souvenir de tout ce
qu'il a fait pour la France. Je ne serais pas son représentant,
son mandataire, si je m'asseyais sans constater la présence ici
de la municipalité de Vincennes, et pour nous, Vincennes, c'est
Paris, confondu dans une étroite solidarité avec la municipalité
de Périgueux, affirmant, dans cet admirable culte de la vertu
nationale, leur intime union, démontrant que c'est l'esprit de
Paris, que c'est l'âme de Paris qui vit et palpite dans l'âme de
la province, et que c'est le sentiment de l'unité française qui
rattache la province à ce Paris souffrant et glorieux, toujours
cher à toute la nation. L'union est si parfaite qu'on ne sait,
dans ce culte du dévouement, de l'héroïsme, à qui revient
l'initiative. Est-ce au département de la Dordogne, qui a été
le berceau de Daumesnil, de ce héros simple et modeste, qui

enseigne aux militaires d'aujourd'hui que, pour s'inscrire au Panthéon des grands hommes, le génie n'est pas toujours nécessaire, et qu'il suffît simplement de faire son devoir ! (Très-bien ! très-bien ! — Applaudissements.) Ou bien cette initiative appartient-elle à la municipalité de Vincennes, dont les représentants sont venus assister à la fête que vous donnez pour perpétuer la mémoire de Daumesnil ? Admirable confusion mutuelle qui nous rappelle ces premiers jours, jours superbes, de la Révolution française, où, pour se donner le baiser fraternel, pour se communiquer la même pensée, les mêmes frères, les mêmes Français envoyèrent de tous les points du territoire des délégués des provinces à Paris. C'est cette fédération nationale, — non pas une fédération qui implique le désordre, la division et l'anarchie, — qui nous a réunis tous en un admirable faisceau, et qui a constitué la patrie française ; c'est cette fédération nationale qui a définitivement associé vos destinées les unes aux autres, et qui nous a vraiment appris à tous qu'il vaut mieux mourir tous ensemble plutôt que de rien laisser distraire de notre admirable patrimoine national. Mais, hélas ! cruel retour sur nous-mêmes ? ces paroles nous rappellent qu'il manque des verges au faisceau de la République ! (Profonde sensation.)

Messieurs, à la municipalité de Vincennes, qu'on pourrait presque appeler la municipalité de Paris, et à la municipalité de Périgueux ; aux patriotes absents, à la France, à la République ! (Acclamations et applaudissements prolongés.)

L'auditoire se sépare, en proie à une vive émotion.

DISCOURS

PRONONCÉ LE 3 OCTOBRE 1873

AU CHATEAU DE LA BORDE

près Châtellerault

———

En quittant Périgueux, M. Gambetta s'est rendu au château de La Borde, près Châtellerault, chez M. Adolphe Escarraguel, qui lui avait annoncé l'intention de réunir autour de lui les membres les plus autorisés et les plus influents de la démocratie républicaine du département de la Vienne.

Pendant les quatre jours qu'il a passés dans cette résidence, M. Gambetta a reçu de nombreuses visites : le vendredi 3 octobre, notamment, plus de soixante personnes sont venues à La Borde pour apporter à M. Gambetta l'expression des sentiments et des vœux des populations ouvrières des campagnes relativement aux intrigues monarchiques et à l'affermissement définitif des institutions républicaines.

Le soir, un grand dîner de vingt-cinq couverts a été offert par M. Adolphe Escarraguel.

Au dessert, il a porté le toast suivant :

MESSIEURS,

Voulez-vous me permettre de porter un toast à un homme qui, alors que l'empire gouvernait la France, a su, dans nos assemblées publiques, élever, devant cet empire autoritaire, le drapeau de la démocratie avec un éclat remarquable;

— A l'homme qui, plus tard, aux heures pénibles et douloureuses de la France, alors que la ville de Paris faisait de si patriotiques efforts pour soutenir courageusement la lutte, confiait sa personne et sa vie aux voies aériennes pour venir, dans la France étonnée, apporter encore son énergie et sa résolution inébranlable ;

— A l'homme qui va dans l'Assemblée actuelle défendre encore, avec l'énergie qu'il a développée dans les deux premières phases dont je viens de parler, et aussi avec l'éloquence qui lui est propre, les intérêts et l'avenir de la véritable souveraineté, la seule légitime, la souveraineté nationale !

Je vous propose, messieurs, comme son hôte et son ami, de boire à la santé de M. Gambetta. (Assentiment général. — Très-bien ! — Très-bien !)

M. Gambetta, se levant, répond :

MESSIEURS,

Je réponds aux cordiales et fraternelles paroles de notre hôte en buvant :

A la République !

A la démocratie française !

A l'union de toutes les fractions du parti républicain ! (Bravo ! bravo ! assentiment général.)

MESSIEURS,

Si vous pouviez, comme je le peux, moi, tous les jours, voir et connaître de près ce grand parti républicain, qui bientôt perdra le nom de parti pour devenir la patrie elle-même (Marques d'adhésion), si vous pouviez voir dans tous les rangs, dans toutes les conditions, ce qu'il recèle de trésors de bonne volonté, d'esprit de sacrifice, de générosité native qui ne calcule jamais, d'ardeur spontanée, toujours prête à s'élancer, dans toutes les circonstances, vers qui lui tend les bras et qui se présente comme son défenseur, vous comprendriez le profond respect, l'amour sans bornes, le dévouement sans mesure que doit inspirer cette démocratie française à tous ceux qui ont l'honneur de la servir. .

Pour ne parler que de nos récents malheurs, d'autant plus cruels qu'ils étaient immérités, si vous aviez pu voir avec quelle générosité notre nation, surprise et éperdue, donnait, sans compter, ses enfants, ses richesses, ne réclamant en retour que d'être organisée, d'être commandée, d'être unifiée pour faire face à l'ennemi, alors vous comprendriez quel sentiment d'humilité personnelle, quel sentiment de circonspection et de réserve je dois garder au fond du cœur, moi qui ai bien vu que, dans ces grandes crises, nul homme ne peut se flatter de gouverner les nations, au sens étroit où les sauveurs de profession entendent ce mot. Dans ces moments terribles, messieurs, on est tout au plus l'interprète des nations ; on les sert ; on se dévoue à leur cause ; on cherche, autant que possible, à mettre au net, à traduire la pensée supérieure qui les agite ; mais ne croyez pas qu'il dépende d'un homme si fermement trempé, si résolu, si dévoué qu'il puisse se montrer, de tout faire et de tout accomplir ! Ne croyez pas que sa volonté puisse à elle seule faire merveille.

Il n'y a de vrai et d'efficace que l'action de tout un peuple où les citoyens pensent et agissent par eux-mêmes, où ils se concertent entre eux, où ils ne prennent des hommes que comme des serviteurs, que comme des mandataires, sans les laisser jamais empiéter sur les prérogatives souveraines et imprescriptibles de la nation. (Marques d'approbation. — Bravos.)

Tel est cependant le spectacle auquel nous sommes menacés d'assister, car, enfin, ce ne serait pas répondre aux préoccupations qui nous réunissent ici, que de ne rien dire de l'anxiété qui nous est commune avec toute la nation. Messieurs, pourquoi nous dissimulerions-nous à nous-mêmes, en dépit de ces airs de fête, de la cordialité de ce banquet, de l'éclat de ces lumières et de ces fleurs, de l'expansion qui nous anime sous ce toit hospitalier, que nous éprouvons, malgré tout, un sentiment amer ; que nous nous sentons aux prises avec un ennemi terrible qui nous tend des piéges, qui nous dresse des embûches, et qu'il faut vaincre à tout prix, si nous voulons que la République demeure victorieuse et triomphante.

Voilà ce qui nous agite. Comment de pareils attentats sont-ils possibles encore dans ce pays? Parce que notre généreux pays a trop souvent commis la faute de donner aveuglément sa confiance ; parce qu'il a suffi, à certaines époques, qu'un homme, ou qu'un groupe d'hommes, ou qu'un parti apparût sur la scène politique et dît au peuple français : Tu veux la paix, je te l'assurerai, je te donnerai par surcroît la prospérité ; mais, avant tout il me faut un blanc-seing, il faut que tu t'en rapportes toujours à moi, il faut que tu abdiques entre mes mains. Et quand le peuple a consenti, dans un moment de stupeur et d'égarement, dans une heure d'aveuglement, quand il a ainsi donné le blanc-seing qu'on lui demande, toujours le châtiment arrive, prompt et inexorable, parce que, je ne me lasserai pas de le répéter, toute faute est châtiée : l'arrêt, l'arrêt terrible apparaît et s'exécute. (Sensation. — Marques d'approbation.)

Oui, nous avons péri en septembre 1870 parce que la nation s'était donnée au maître, et parce qu'elle l'avait accepté, toléré trop longtemps. (Oui! — Très-bien!)

Aujourd'hui que nous propose-t-on encore malgré toutes les leçons du passé? De nous donner un nouveau maître. Messieurs, je le dis avec effroi, mais avec certitude : si nous nous remettons volontairement sous le joug de la monarchie, de nouveaux châtiments, c'est-à-dire de nouveaux malheurs, nous attendent. (Très-bien ! très-bien ! — Applaudissements.)

Messieurs, il faut que les épreuves que nous avons subies profitent enfin à quelque chose. Au spectacle de la patrie mutilée, ruinée, vidée d'argent par l'étranger, mais encore capable, par la concorde, par le travail, par le génie de l'épargne qui lui est propre, de se relever de ses revers, il faut que la France inspire à ses enfants le sentiment de leurs devoirs, en eur assurant l'éducation, en leur conservant leur part de souveraineté par le suffrage universel, en reconstituant l'armée nationale, en dénouant avec sagesse, mais avec fermeté, les liens qui rattachent l'Église à l'État, en mettant la réforme et le progrès partout où est l'abus et la routine, en substituant l'esprit d'ordre et de légalité à l'agitation impuissante et désordonnée, la légalité, messieurs, mais la vraie légalité, celle qui s'inspire du respect des droits de tous, non pas une légalité hypocrite et menteuse, comme cette légalité à l'aide de laquelle on prétend disposer, à une voix de majorité, d'une nation comme d'un vil troupeau. (Très-bien, très-bien!)

Messieurs, ne nous lassons pas d'avertir ceux qui seraient assez téméraires pour vouloir appliquer une telle légalité, que le peuple ne pourrait pas y donner son consentement. Revenons sans cesse à cette thèse si profondément vraie, que les peuples, pas plus que les individus, n'ont le droit de stipuler leur servitude; que les droits de ceux qui font partie d'une nationalité ne s'aliènent pas et ne peuvent se transmettre, comme des hochets, de berceau en berceau. (Marques générales d'approbation. — Bravos.)

Quand on a proclamé que le suffrage universel était l'expression définitive de la souveraineté nationale, on a voulu dire que tout citoyen français, par le fait seul qu'il avait pris naissance sur le sol de la patrie et satisfait à tous les sacrifices d'impôts du sang et d'argent, par le fait seul qu'il était partie prenante dans les charges, devait être partie prenante aussi dans le règlement des affaires du pays.

Suffrage universel signifie que tout Français a une part de souveraineté pour sa tête dans le Champ-de-Mai de la nation. C'est ce qui fait que notre souveraineté politique n'est semblable à aucune autre; nous avons cet honneur entre tous les peuples que, malgré nos divergences passagères, nous avons toujours tendu vers un état social et politique fondé sur le sentiment de justice générale dans le monde; cela est si vrai que lorsque les Français ont déclaré leurs droits, ils les ont fait en faveur de tous les hommes et de tous les citoyens. (Approbation générale. — Bravos.)

C'est cette grande et noble tradition qu'il faut reprendre. Il est temps de dire que la France républicaine a, elle aussi, sa tradition que trop de gens oublient. Voyons! qui a mis en circulation dans le monde cette grande idée de la justice? Qui a promulgué la déclaration des droits? Qui a fondé l'indestructible unité de la nationalité française? Etaient-ce des démagogues, des gens inconnus échappés de l'atelier ou sortis de derrière la glèbe? Ceux qui traçaient la nouvelle charte de la France étaient des esprits distingués, oui, mais se réclamant, avant tout, de nombreuses générations, et de ces générations épargneuses, travailleuses et intelligentes qui, s'emparant du mot de Louis XIV, dirent : l'Etat, c'est nous, et installèrent la nation chez elle. C'est à la bourgeoisie que revient l'honneur de cette émancipation du peuple tout entier ; c'est elle qui s'est honorée en reléguant la royauté à sa vraie place, en la subordonnant à la France et à la Loi, expression de la volonté générale, ce qui était admirablement indiqué par la belle formule : La nation, la loi, le roi ; c'est elle qui, substituant le droit national à la royauté, a supprimé le roi pour faire régner la nation ; c'est elle qui, avec une puissance et un éclat incomparables, a refait la France entière dans son unité législative, administrative, financière et militaire et qui, ayant groupé toutes les forces nationales en un magnifique faisceau, l'a lancée à travers le monde, battant la coalition et faisant la propagande de la liberté. (Bravos répétés.)

Messieurs, que voyons-nous aujourd'hui? On voudrait nous ramener à l'ancien régime. Et qui médite cette entreprise? Les hommes qui sont les indignes descendants de la grande bourgeoisie libérale et nationale de 1789! Faut-il croire que le règne politique de la bourgeoisie est terminé? On pourrait presque le dire, à considérer le spectacle des intrigues monarchiques à l'heure actuelle; mais, heureusement, il y a des hommes qui n'abandonnent pas leurs traditions, et, pour ma part, j'en connais qui ne vont pas à Froshdorff, qui ne renient pas les couleurs de leur drapeau et qui, sincèrement, se sont ralliés à la cause de la démocratie. Ce sont ceux-là qu'il faut adjurer de rester fermes, et qu'il faut appeler à la défense des principes proclamés par leurs pères. Une heure solennelle va sonner pour cette bourgeoisie.

Elle peut reprendre un grand ascendant sur le peuple français. Il dépendra de ses représentants à l'Assemblée de faire un acte politique qui, pour jamais, nous débarrasse de l'anarchie et de la dictature. Oui, si ces bourgeois petits ou grands, selon une formule récente, comprennent la gravité de l'intérêt du moment, ils peuvent, en se ralliant fermement autour du drapeau de la République, en imposant silence aux conspirateurs et aux intrigants, ils peuvent sauver de leurs propres mains la République, c'est-à-dire assurer encore à eux et à leurs descendants de longues et bienfaisantes années d'influence sur la direction des affaires publiques, c'est-à-dire préparer et cimenter l'union des classes ; c'est-à-dire fonder sur un pacte d'indissoluble alliance, entre le prolétariat et la bourgeoisie, le relèvement et la grandeur même de la France ! (Adhésion unanime. — Bravos).

Voilà le rôle que ces hommes peuvent jouer. Pourquoi, messieurs, nous serait-il défendu d'espérer? Les nations ont aussi leurs années de bonheur, et la nôtre a été assez éprouvée pour qu'enfin la fortune puisse lui sourire. Pourquoi nous serait-il défendu d'espérer que ces hommes comprennent l'étendue et la noblesse de leur mission?

Revenus à Versailles, après avoir entendu et écouté les populations qu'ils ont visitées, ils rapporteront, comme moi-même, une impression unanime, causée par une même pensée irritée, qui éclate de toutes parts, qui est semblable sur tous les points du territoire, et qui, partout, se traduit par ces paroles : Prenez garde ! républicains, c'est le monde moderne qui est en péril; mais prenez garde surtout, vous, conservateurs, car si la réaction que quelques-uns préméditent venait à s'accomplir, elle serait le prélude et la préface de la plus terrible révolution ! Donc les droits et les intérêts sont ici d'accord pour tracer une ligne de conduite semblable à ceux qui sont les héritiers de la Révolution française, aux descendants de cette bourgeoisie qu'on appelait autrefois le Tiers-Etat, et à ceux qui appartiennent à ces nouvelles couches sociales nées à la vie publique depuis l'établissement du suffrage universel, qui ne demandent ni injustices, ni désordres, mais qui veulent exercer leurs droits.

Il faut que cette union se fasse en présence de cette Europe qui nous épie, et qui s'apprête à nous faire cette suprême injure de défendre, à la face de la France, la liberté de penser que nous aurions laissés périr. Deviendrions-nous ce dernier boulevard de l'esprit clérical, et assisterions-nous à ce spectacle honteux pour nous d'une nouvelle Sainte-Alliance, défendant cette fois, non pas l'ancien régime, mais l'esprit moderne et ses droits? Messieurs, je n'en puis, je n'en veux pas douter : les héritiers de la Révolution française, les hommes qui aiment leur pays écarteront de la France cet horrible avenir. Est-ce que tout le monde ne s'est pas battu pour la défendre ? Est-ce que tout le monde, en France, n'a pas donné pour panser ses blessures ? Eh bien ! l'égalité unanime des sacrifices implique aujourd'hui l'égalité définitive et incontestée des droits politiques, et je le dis bien plus au nom du patriotisme qu'au nom du parti républicain : la République est nécessaire ; il faut qu'elle soit forte et respectée ; elle ne peut l'être que par la concorde et l'action de tous les républicains. Poussons donc à l'union de toutes nos forces contre l'ennemi commun. (Oui ! oui ! — Bravos.)

Il faut qu'à la rentrée de l'Assemblée, tous ceux qui se réclament du principe électif, qui reconnaissent que la monarchie est un régime politique épuisé, qu'on ne peut plus faire vivre cette grande, cette ardente, cette besogneuse démocratie sous la tutelle d'un roi; il faut que tous ces hommes oublient leurs querelles, leurs antagonismes, leurs divisions, et que tous, réunis dans une seule et même pensée, remontant à 89, s'inspirant de cet esprit qui réveilla, exalta et sauva la France, disent ensemble : nous ne nous séparerons pas sans avoir assuré la République dans ce pays pour nous et nos descendants.

A l'union de tous les républicains de la veille, de l'avant-veille et du lendemain ; car, à l'heure du péril, il n'est plus de ces distinctions à faire ; à l'union de tous les républicains pour sauver la patrie ! (Sensation. — Bravos et acclamations.)

TABLE DES MATIÈRES

27

FIN DE LA TABLE DES MATIÈRES.

Saint-Germain. — Imprimerie E. Heutte et Cie.

Imprimerie Eugène Heutte et Ce, à Saint-Germain.

www.ingramcontent.com/pod-product-compliance
Lightning Source LLC
Chambersburg PA
CBHW072001270326
41928CB00009B/1503